中華文明史

第二卷

主　　编　　袁行霈　严文明

本卷主编　　张传玺　楼宇烈

本卷副主编　王邦维

北京大学出版社
PEKING UNIVERSITY PRESS

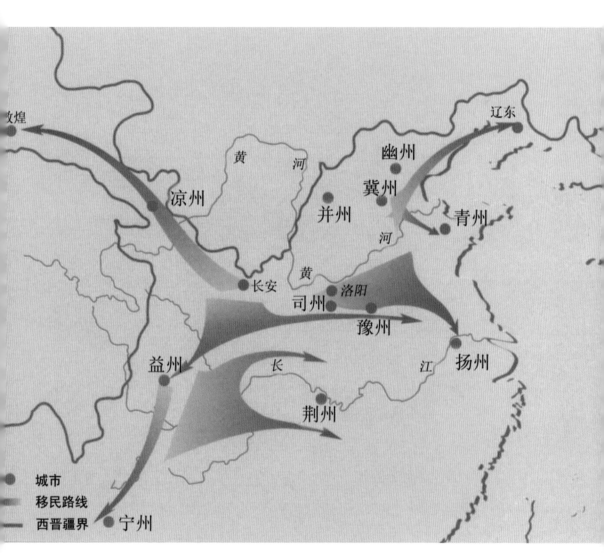

彩图1　西晋末年汉族流民路线图

彩图2　北齐娄睿墓壁画出行图

彩图3 河北满城西汉中山靖王刘胜墓出土错金博山炉

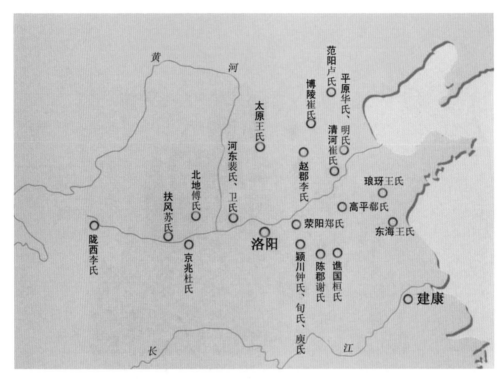

黄　河

范阳卢氏

平原华氏、明氏

博陵崔氏

清河崔氏

太原王氏

琅玡王氏

河东裴氏、卫氏

赵郡李氏

高平郗氏

北地傅氏

荥阳郑氏

东海王氏

扶风苏氏

洛阳

陇西李氏

京兆杜氏

颖川钟氏、荀氏、庾氏

陈郡谢氏

谯国桓氏

建康

长　江

彩图4　魏晋中原大族郡望分布图

彩图5　二牛抬杠式农耕法，甘肃嘉峪关出土魏晋砖画

彩图7 金粟山大藏《放光摩诃般若波罗蜜经》，中国国家图书馆藏

彩图6 汉红地人面纹缂毛残片，新疆洛甫县山普拉墓葬出土

彩图8 《金刚般若波罗蜜经》，姚秦释鸠摩罗什译，明万历年间金笔抄本，首都博物馆藏

彩图9 甘肃永靖炳灵寺北魏石窟

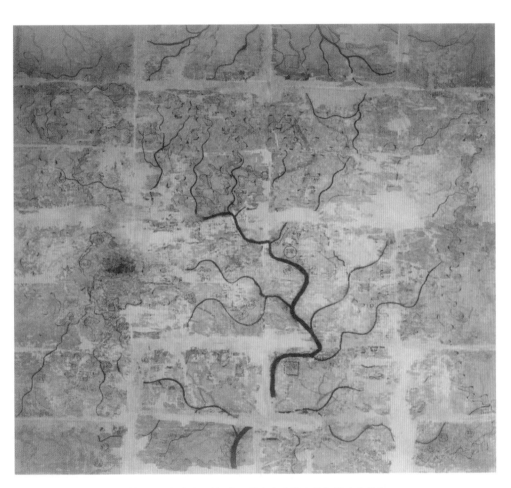

彩图10　长沙马王堆3号汉墓出土的军队驻屯图（局部）

彩图11　长沙马王堆1号汉墓帛画

彩图12　西汉彩绘乐舞杂技群俑，山东济南无影山出土

彩图13　河北满城西汉中山靖王妻窦绾墓出土的"长信宫灯"

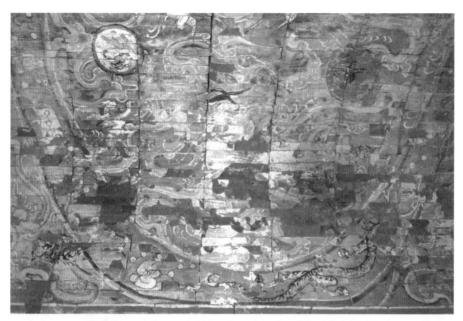

彩图14　西安交通大学附属小学西汉墓主室顶部天象图（局部）

彩图15　汉代彩绘陶舞俑，身穿深衣

彩图16　甘肃嘉峪关魏晋五号墓出土的驿使砖画

目　　录

绪　　论

　　本卷所述历史的时间起讫,从秦始皇建立秦王朝(公元前221)开始,历经西汉、东汉、三国、两晋与十六国、南北朝,至隋朝建立(581)为止,首尾大约800年。历史演进的空间范围,古代文献大致提供了一个轮廓:《汉书》卷二八下《地理志下》谓,以黄河、长江、珠江三大流域为主体,"地东西九千三百二里,南北万三千三百六十八里"〔1〕。以及《后汉书》卷一一八《西域传》曰:"西域内属诸国,东西六千余里,南北千余里,东极玉门、阳关,西至葱岭,其东北与匈奴、乌孙相接。南北有大山,中央有河,其南山东出金城,与汉南山属焉。"〔2〕当然各有关朝代的疆域会略有出入。四邻相接触的国家或民族,东有朝鲜半岛和日本列岛诸国,西有中亚和南亚诸国,南有中南半岛诸国,国家较多,国名时有变化。中国在这些国家中,国土最大,人口最多,社会经济最发展,文明程度也最高。

　　这段历史可分为时间大致相等的两个阶段:前400年为秦、西汉、东汉时期,其主要特点是政治上大一统;表现在中华文明史上,主要特征是汇集总结先秦已经出现的一切文明因素而加以升华、光大、巩固、发展。后400年为三国、两晋、十六国、南北朝时期,其主要特点是政治上分裂割据、混战不止;表现在中华文明史上,有破坏,也有贡献。破坏,主要表现为社会动荡不安,经济凋敝,人口散亡,这是尽人皆知的。贡献,主要表现为北方和西方众多进入黄河流域的少数民族比较全面地接受了以中原王朝所实行的政治制度和汉文化为主体的先进文明,从而促成了自秦汉以来第一次民族大融合,为此后在中原地区出现隆盛的隋、唐大帝国以及周边民族的文明与进步创造了有利条件。

第一节　中央集权制是中国封建时代
政治文明的主要标志

　　秦始皇创立中央集权制度　中央集权制度是国家统一、社会稳定、民族和睦的重要条件　郡县制的曲折发展

图 0-1　秦始皇像,刘旦宅原作,李砚云改作

西周创立的国家制度是与以血缘关系为纽带的宗法制度密切结合的"家""国"不分的制度。《左传》僖公二十四年曰:"昔周公吊二叔之不咸,故封建亲戚,以蕃屏周。"[3]在这样的制度下,中央行"世卿世禄"制,地方行"分土封侯"制,任人唯亲,分散割据,社会发展缓慢。

　　秦始皇(图 0-1)消灭六国之后,比较彻底地废除了西周的这种制度,汇总了战国时期各国进步制度的萌芽,创立了一套全新的国家制度,这就是中央集权制度。这套制度的基本组织结构是:一、皇帝为国家元首,握有至高无上的、统治全国的权力。二、中央机构由三公、九卿两级组成。三公为皇帝的行政、军事助手,九卿则分工负责庶政;还有列位将军以掌征伐。三、地方行政为郡县两级制,由皇帝任命行政、军事长官。上述主要官吏的选任,不论亲疏,而要选贤任能。这些制度都与当时新确立的以地主

土地所有制(即私有制)为基础的社会经济的状况及其发展的要求相适应,也与整个社会历史发展的总趋势相适应。《汉书》卷一九上《百官公卿表上》曰:"自周衰,官失而百职乱,战国并争,各变异。秦兼天下,建皇帝之号,立百官之职。"[4]同书《地理志上》曰:"秦遂并兼四海,以为周制微弱,终为诸侯所丧,故不立尺土之封,分天下为郡县。"[5](图0-2)这说明了中央集权制在当时是全新的制度。

图0-2　秦朝疆域图

可是秦始皇在位只有 11 年,秦朝的寿命只有 14 年,创始之功在秦,继承、完善、发展之功则在西汉。关于这一点,班固之父、著名史学家班彪曾说:"汉承秦制,改立郡县,主有专已之威,臣无百年之柄。"[6]中央集权制自秦朝迄于清朝,历两千余年,中经大小数十个朝代,基本上都行之有效。

中央集权制从总体说来,有助于我国古代的多民族、大一统国家的形成和发展,亦有助于社会经济、文化的发展和创新。之所以这样,是由于制度的理性特点比较突出。西周时的国家观念是:"溥天之下,莫非王土;率土之滨,莫非王臣。"[7]"王土"虽大,仅是一个空洞概念,虽行分封制,但缺乏统一管理,任其自生自灭。"王臣"分隶于各级贵族,同于奴仆或农奴,人格并不独立。而秦始皇"并一海内,以为郡县,天下和平"。这在制度上保证了上下一体的有效管理,可以稳定社会秩序。对于人民群众则实行"上农除末,黔首是富"的政策,以使"男乐其畴,女修其业,事各有序"[8]。此时的农民已获得人格的独立。即使奴隶,也获得了人的资格。这是孔子的"天地之性人为贵"[9]的人本思想在秦始皇的政策、法令中的体现。

中央集权制具有多民族政权的性质。至于"多民族"国家的形成,则有一个长达两千余年的发展过程,秦朝只是起步之时。秦朝设有卿一级的民族事务官员两人。如《汉书》卷一九上《百官公卿表上》曰:"典客,秦官,掌诸归义蛮夷,有丞";"属官有行人、译官、别火三令丞";又曰:"典属国,秦官,掌蛮夷降者";"属官,九译令"等。在地方的民族聚居区设"道",即所谓"有蛮夷曰道"[10],相当于县。西汉武帝时,大批的匈奴部众来归,汉在西北各郡的匈奴人聚居区设"属国",地位相当于郡,各设属国都尉以监护之,都尉的属官有丞、候、千人等。又在西部和西南部的新置郡的民族聚居区广为设道。至西汉后期,道数多达 32 个[11]。武帝还在东部长城沿线的上谷、渔阳、右北平、辽西、辽东五郡,安置了众多乌桓族内迁部众,设护乌桓校尉以监护之。东汉时,护乌桓校尉驻宁城(今河北宣化西北),监护自辽东至朔方十郡乌桓,又兼领鲜卑族事务。曹魏和西晋时仍沿此制。

中央集权制度体现了国家上下的整体性,国家要制定较详密的法律,以经国治民。秦朝的法律今已不存,但在湖北云梦发掘出来的秦简中可以窥见一斑[12]。西汉的法律也已不存,但《汉书》卷二三《刑法志》说:武帝时,《汉律》

增到 359 章,大辟 409 条,1882 事,死罪决事比 13472 事[13],亦可见其繁密。至于设官分职,都是因事而立。如经略边疆,稳定社会,劝课农桑,兴修水利,治涝救荒,抑制兼并,开关梁,弛山泽,铸货币,一度量,兴学校,宣教化,选官吏,行臧否,观天文,修历法,如此等等,都要在中央政府的指挥下运作。

关于废分封、置郡县一事,在历史上亦有争议。最早的争议发生在秦始皇的朝廷上,一方以丞相王绾为首,另一方以廷尉李斯为代表,事情发生在尽灭六国的当年。王绾说:"诸侯初破,燕、齐、荆(楚)地远,不为置王,毋以填(镇)之,请立诸子。"李斯反对说:"周文、武所封子弟同姓甚众,然后属疏远,相攻击如仇雠,诸侯更相诛伐,周天子弗能禁止。"他主张:"今海内赖陛下神灵一统,皆为郡县,诸子功臣以公赋税重赏赐之,甚足,易制。天下无异意,则安宁之术也。置诸侯不便。"双方各有理由。始皇的最后裁决曰:"天下共苦战斗不休,以有侯王。赖宗庙,天下初定,又复立国,是树兵也,而求其宁息,岂不难哉!廷尉议是。"[14]始皇批准了李斯的主张。可是不久,王绾所担心的事情发生了,由陈胜、吴广发动,而由项羽、刘邦、田儋、田荣以及燕人响应的反秦势力,正是起兵于旧"燕、齐、荆",最后导致了偌大秦王朝的灭亡。

关于王绾与李斯、秦始皇的政见分歧及秦朝速亡一事,在此后两千年间一直成为一重大问题,而为众多关心政事的人所争论。一般说来,各人的倾向都与论者本人的背景有较大关系。如西汉初年的刘邦,就对秦之速亡心有余悸。他虽继承了秦的郡县制度,但却大封子弟为九个王国,几乎占去旧时燕、赵、齐、魏、楚等国的全部疆土,为当时西汉全部疆土的三分之二;朝廷直接管辖的地区只有 15 郡,局促于旧秦国的疆域之内。这就是西汉早期实行的分封与郡县并行制。文献对于刘邦的心态有不少表述。如《汉书》卷一四《诸侯王表序》曰:秦王政"为皇帝,而子弟为匹夫,内亡骨肉本根之辅,外亡尺土藩翼之卫。陈、吴奋其白挺,刘、项随而毙之,故曰:周过其历,秦不及期,国势然也"。又曰:"汉兴之初,海内新定,同姓寡少,惩戒亡秦孤立之败,于是剖裂疆土,立二等之爵:功臣侯者百有余邑,尊王子弟,大启九国。"大者跨州连郡,小者亦有数十县;此外,还有一群为数众多的侯国。这样的分封制度在秦朝是不曾有过的,在西汉初年,确也曾起过"卒折诸吕之难,成太宗之业"的作用。可是曾几何时,这些皇子皇孙"小者淫荒越法,大者睽孤横逆,以害身丧国"[15],乃至觊觊皇位,发动了"七国之乱"。此叛乱平定后,又历景、武二帝一再削藩,直至"诸侯惟得衣食租税,不与政事"[16],重新建立起了"强本干,弱枝叶之势"[17],皇帝才得安枕。

可是西晋初建,此类事又再发生。原因是曹魏时期亦不封宗室,后为司马炎所乘,取而代之。司马炎以此为戒,于是"遵周旧典,并建宗室,以为藩翰"。所封同姓王 27 国,公侯伯子男 500 余国,封户几占全国户口之半。诸王"出拥旄节,莅岳牧之荣;入践台阶,居端揆之重"[18]。司马炎想赖此"历经长久,本支百世"[19],可是事与愿违。这些皇族一朝大权在手,就互相倾轧,窃权篡国,最后爆发了"八王之乱",战火燃遍关中和大河南北,长达 16 年之久,以致哀鸿遍野,生灵涂炭,国家的元气大伤,一蹶不振。当内迁的匈奴人以不大的兵力起而造反时,西晋王朝很快就灭亡了。由此看来"分封"已是过时的旧制度,每次行用,不论动机如何,最后终于失败。

唐朝的著名政论家柳宗元说:秦末农民大起义,是由于徭役、赋税过重引起的,"咎在人怨,非郡邑之制失也"。西汉发生七国之乱,"有叛国而无叛郡","秦制之得亦明矣"。他又说:废分封,置郡县,是废"私"立"公"。"私"是指宗法分封制,"公"是指选贤任能制。最后他还指出:"公天下之端自秦始。"[20]柳宗元之说还是有道理的。

第二节　封建地主经济发展的特点与国家干预的必要

土地私有制的确立和发展　土地买卖　土地兼并与国家干预　私营工商业的发展　盐铁专卖制的产生

西周和春秋时期,对社会上的主要生产资料实行封建国家或领主贵族世袭所有制,所谓"溥天之下,莫非王土"或"封略之内,何非君土"[21]以及"工商食官"[22]等等,都是对这一制度的说明。在这一制度下,农业劳动者皆为农奴或奴隶,工商业者则为奴仆身份,他们对主人皆有依附关系,人格不独立,生产缺乏积极性,生产力低下。这种土地所有制到春秋中期开始破坏,土地私有制开始萌芽。大约到战国中期，土地私有制就有了相当的发展。当然私有土地是从"占有"开始的。如果这种占有为法律所承认，那才算真正私有。马克思说："私有财产的真正基础，即占有，是一个事实，是不可解释的事实，而不是权利。只是由于社会赋予实际占有以法律的规定，实际占有才具有合法占有的性质，才具有私有财产的性质。"[23]恩格斯说："完全的、自由的土地所有权，不仅意味着毫无阻碍和毫无限制地占有土地的可能性，而且也意味着把它出让的可能性。"[24]土地买卖是土地私有权的最高标志，到春秋后期，土地的真正买卖关系虽不曾发生，但已出现了"卖宅圃"的情况[25]。到战国中后期，土地（主要指耕地）已和一般商品差不多，可以自由买卖了。如《汉书》卷二四上《食货志上》引董仲舒曰："至秦则不然，用商鞅之法，改帝王之制，除井田，民得卖买。"[26]又《史记》卷八一《赵奢列传》曰："（赵）母上书言于王曰：'括不可使将。……今括一旦为将，东向而朝，军吏无敢仰视之者，王所赐金帛，归藏于家，而日视便利田宅可买者买之。'"[27]

秦灭六国之后，"商鞅之法"普遍推行于全国。始皇三十一年（公元前216），下令"使黔首自实田"[28]，这标志着土地私有制在统一国家的范围之内获得合法的地位，也使当时以农业为主的社会经济制度向前跨进了一大步。西汉以后，土地买卖关系更加发展，土地私有权更加巩固。小土地私有者出卖田地之例如，《汉书》卷二四上《食货志上》引晁错曰："当具有者半贾而卖，亡者取倍称之息，于是有卖田宅鬻子孙以偿责者矣。"[29]《汉书》卷七二《贡禹传》曰："臣禹年老贫穷，家訾不满万钱，妻子糠豆不赡，裋褐不完。有田百三十亩，陛下过意征臣，臣卖田百亩，以供车马。"[30]有钱有势的人家购买田地的事例也很多。如《史记》卷一一七《司马相如列传》曰："卓王孙不得已，分予文君僮百人，钱百万，及其嫁时衣被财物。文君乃与相如归成都，买田宅，为富人。"[31]《汉书》卷八一《张禹传》曰："禹为人谨厚，内殖货财，家以田为业。及富贵，多买田至四百顷，皆泾渭溉灌，极膏腴上贾，它财物称是。"[32]

不仅这样，此时在土地买卖关系中已使用了具有法律文书性质的契约，这在世界经济史上是少有的。土地买卖契约与买卖其他财物的契约的程式基本相同，而行文更严格规范。现存的契约原件有《受奴卖田契》，已残，为西汉武帝后期至东汉光武帝初年的遗物。文字如下：

"□置长乐里受奴田三十五亩,贾钱九百,钱毕已。丈田即不足,计亩数环钱。旁人淳于次孺、王充、郑少卿,古酒旁二斗,皆饮之。"[33]

前半部所缺者,是立契时间、缔约双方的籍贯、身份和姓名等。土地契约是土地私有权的法律凭证。

土地私有制产生以后,尤其是个体农民的生产积极性有很大的提高。《墨子间诂》卷九《非命下》曰:"今也,农夫之所以早出暮入,强乎耕稼树艺,多聚叔粟,而不敢怠倦者,何也?曰:彼以为强必富,不强必贫;强必饱,不强必饥,故不敢怠倦。"[34]这是说个体农民为什么要努力生产的主要原因。又《吕氏春秋·审分览·审分》曰:"今以众地者,公作则迟,有所匿其力也;分地则速,无所匿迟也。"[35]这是说农民在集体劳动时并不出力,分地单干时则不遗余力。所以这样,无非是为了争得一己的温饱。正因为如此,社会生产力得到了新的发展。

在土地私有制度下,大土地所有者的表现也与西周、春秋时代的贵族领主不同,他们中的多数对于田地的生产条件、经营管理,乃至佃客、僮仆的劳动、生活状况,还是比较关心的。拥有田庄的地主更是如此。如西汉后期的樊重,

图0-3 汉代陶猪圈模型

"世善农稼,好货殖。重性温厚,有法度,三世共财,子孙朝夕礼敬,常若公家。其营理产业,物无所弃;课役童隶,各得其宜,故能上下戮力,财利岁倍,至乃开广田土三百余顷。其所起庐舍,皆有重堂高阁,陂渠灌注。又池鱼牧畜,有求必给。尝欲作器物,先种梓漆,时人嗤之,然积以岁月,皆得其用,向之笑者咸求假焉。赀至巨万,而赈赡宗族,恩加乡闾。"[36](图0-3)西汉中期的宁成在民间时,经营"陂田千

图0-4　东汉弋射收获画像砖，四川大邑安仁乡出土

余顷，假贫民，役使数千家，……致产数千万"[37]。西汉末年的马援在落魄时，
"转游陇、汉间，……因处田牧，至有牛马羊数千头，谷数万斛……乃尽散以班
昆弟故旧，身衣羊裘皮裤"[38]。一般地主对佃户的地租剥削率大约为"见税什
五"。地主的经济力量较雄厚，其组织再生产、改善耕作条件、兴修水利、抗拒
自然灾害的能力都较强，如不遇特殊情况，这种生产关系是有利于生产发展和
社会稳定的(图0-4)。

可是，土地私有制发生后，继之而来的是贫富分化与土地兼并，农民的灾
难亦紧随而至。西汉前期，行"重农抑商"政策亦无济于事。大量的农民相继
破产，许多商人则发家致富。当时的政论家晁错曰："此商人所以兼并农人，农
人所以流亡者也。"他对于"重农抑商"政策评论曰："今法律贱商人，商人已富
贵矣；尊农夫，农夫已贫贱矣。"[39]他说这是历史的颠倒。此后，情况日益严

重,出现了"富者田连阡陌,贫者亡立锥之地"的局面。其实,这是封建社会土地私有制发展的必然现象,也是封建化的必然现象。可是当时有些读书人却认为,这是井田制破坏的结果,归罪于土地买卖的出现。

由于问题严重,有人开出了一些"济世良方",就是寄希望于"井田制"。由于时代已经不同,主张恢复井田制的极少,而主张根据社会实际,采取一些所谓接近井田制的措施者较多。如最早提出建议的董仲舒对汉武帝说:"古井田法虽难卒行,宜少近古,限民名田,以澹(赡)不足,塞并兼之路。"西汉末年,师丹向哀帝建言:"古之圣王莫不设井田,然后治乃可平。……今累世承平,豪富吏民訾数巨万,而贫弱俞困。……宜略为限。"[40]这是"限田之议"的由来。董仲舒的建议,汉武帝并未采纳。武帝另有主张[41]。师丹的建议虽为哀帝所采用,可是不久因遭外戚既得利益集团的反对而取消。后来王莽不仅批判了西汉的土地占有不合理的状况及三十税一的欺骗性,还规定"今更名天下田曰王田,奴婢曰私属,皆不得卖买"[42]。这就是要恢复井田制度,当然不久也告失败。

虽是这样,但总的说来,却提出一个重大而十分有意义的问题,就是在私有制度下,封建国家应当在必要时有权干预私人危害生产、危害社会、危害国家的经济行为。当然这种干预应当是合理可行的。例如东汉末年的政论家仲长统曰:"今者土广民稀,中地未垦;虽然,犹当限以大家,勿令过制。其地有草者,尽曰'官田',力堪农事,乃听受之。若听其自取,后必为奸也。"[43]又三国初期的司马朗则曰:"以为宜复井田。往者,以民各有累世之业,难中夺之,是以至今。今承大乱之后,民人分散,土业无主,皆为公田,宜及此时复之。"[44]前者主张收草荒田为国有,不准"大家"乱占,但却允许贫苦农民自垦。后者则为曹操在许下和各州郡置田官,大力发展军屯和民屯提供了理论根据。曹魏屯田不仅有利于恢复黄河流域的社会经济,安置了广大的流民,也积蓄了强大的物资力量(图0-5)。邓艾在淮水流域以五万人屯田,连营四百余里,穿渠三百余里,溉田二万顷。每年约可积谷五百万斛。"每东南有事,大军出征,泛舟而下,达于江、淮,资食有储,而无水害。"[45]

西周时期实行"工商食官"制度,这是一种奴隶制度。在春秋、战国时期,个体工商业者较多,但私营工商业的发展,则是在西汉前期,这是中国古代社

图 0-5　三国魏屯垦砖画，甘肃嘉峪关出土

会经济发展的一次飞跃时期，也是一度辉煌的时期。大的工商业家，如蜀郡的卓氏，"即铁山鼓铸，运筹策，倾滇蜀之民，富至僮千人。田池射猎之乐，拟于人君。"齐的刀间，"逐渔盐商贾之利，或连车骑，交守相，……起富数千万"[46]。小的手工业者，如小铁匠，则"家人相一，父子戮力，各务为善器，器不善者不集。农事急，挽运衍之阡陌之间。民相与市买，得以财货五谷新弊易货，或时赏。民不弃作业，置田器，各得所欲。"[47]至于物资交流的情况，《史记》卷一二九《货殖列传》曰："汉兴，海内为一，开关梁，弛山泽之禁，是以富商大贾周流天下，交易之物莫不通，得其所欲。"[48]

可是，私营工商业的发展有其积极的一面，也有其追求暴利，不顾质量，囤积居奇，盘剥小民的一面。其消极面，常常引起社会不稳定，因而为官府所忌。严重者，还会遭到官府的打击。如汉武帝时，因伐匈奴和救济灾民而国家府库大空，可是"富商大贾或蹛财役贫，转毂百数，废居居邑，封君皆低首仰给。冶铸煮盐，财或累万金，而不佐国家之急，黎民重困。"[49]于是汉武帝下令收盐铁

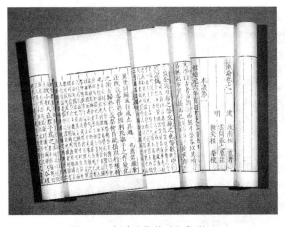

图0-6 桓宽《盐铁论》书影

归国营,在中央设盐铁丞,在地方设盐官和铁官,垄断对盐和铁的产销。此举不仅很快改善了国家的财政状况,还有一个冠冕堂皇的政治理由,即如汉武帝的财政助手桑弘羊所说:"令意总一盐铁,非独为利人也;将以建本抑末,离朋党,禁淫侈,绝并兼之路也。"[50]（图0-6）

盐铁国营制度就是"盐铁专卖制",这在古代中国是一个新生事物,有其积极的意义。汉武帝创行了这项政策,充实了财政,支援了经略四方,奠定了祖国南部、西南部和西域的边疆。此外,又以国家之力,进一步勘察资源,扩大开采,推动了盐铁业的生产和销售,铁器种类因之增多,产品质量也有提高,使用范围不断扩大,从而改善了农业生产工具,推动了农业生产的发展。当然盐铁专卖也存在不少缺点,盐铁官的官气太重,生产只管数量,不问质量,还有依靠官势,欺压用户等。但这在封建时代是不可避免的。东汉时,基本上不行盐铁专卖。魏晋南北朝时行时止。

第三节　大一统形势下的文化复兴

以士补官　以教辅政　整理古籍　复兴学术　文化发展与新学科兴起
大一统文化观的形成　人本主义的发展

春秋、战国时期曾是中国古代文化史上"百家争鸣"的黄金时代。自秦始皇"焚书坑儒"之后,"百家争鸣"的局面已经消失。西汉初期,民间虽有少数老学者口授某些先秦学术,但其影响甚微。主政者自高祖刘邦至于文、景二帝,均以黄老、刑名之言为是。朝廷虽置学官,但"诸博士具官待问,未有进者"[51]。至武帝时,情况大变。他初登皇位,即表示对长期礼坏乐崩的情况甚为伤悼。于是下令招天下方正贤良文学之士,以听取意见和建议。此时,春秋公羊学家董仲舒提出了"罢黜百家,表章《六经》"[52]的建议,主张以"春秋"之说为经典,在政治思想上实现"大一统"。他还建议,在京师长安兴太学,置明师,培养人才,以选拔官吏。他批评

图0-7 伏生授经图,传唐王维作

了原有的选官制度,如任子和赀选[53],认为高级官吏的子弟和有钱的人"未必贤",主张从太学生中选拔"英俊"。他强调说:"小材虽累日,不离于小官;贤材虽未久,不害为辅佐。"[54]董仲舒的建议反映了统一的、中央集权的强大国家的需要,为汉武帝所接受。建元五年(公元前136),置《诗》《书》《易》《礼》《春秋》五经博士,博士均为今文学家,这在政治上确立了以今文经学为代表的儒学在中国古代政治、文化中的主导地位。元朔五年(公元前124),丞相公孙弘又建议"为博士官置弟子五十人",又置"如弟子"若干人,这些学生都要由太常及郡国县道邑选拔推荐而来,每年考试一次,选拔优秀者补为中央及地方官府的下级官吏,可逐步升迁。司马迁说:"自此以来,则公卿大夫士吏斌斌多文学之士矣。"[55]这些士人以儒者为主,奠定了儒政结合的政治规范(图0-7)。

关于古籍的收集,汉武帝也起了巨大的推动作用。《汉书》卷三〇《艺文志·序》曰:"汉兴,改秦之败,大收篇籍,广开献书之路。"这当是包括了刘邦初入咸阳时,萧何收秦图籍及少数人从老儒学《诗》《尚书》等事。武帝即位,下诏曰:"礼坏乐崩,书缺简脱,朕甚闵焉。"[56]他为了收集、整理古籍,"于是建藏书之策,置写书之官,下及诸子传说,皆充秘府"。至成帝时,又使谒者陈农

求遗书于天下。命众多学者分类整理校订收集的古籍,由刘向负责对每部古籍写出提要,后来其子刘歆编成《七略》。其《辑略》为总论,下分《六艺略》《诸子略》《诗赋略》《兵书略》《术数略》《方技略》六部,为全部古籍的总目录。其中战国时期的原著不多,由西汉前中期的老儒转口传授的较多,西汉人的研究性著作及新著更多。此目录由班固改写为《汉书·艺文志》,计"六略三十八种,五百九十六家,万三千二百六十九卷"[57]。这些古籍的收集整理,不仅保存了大量的古代典籍,也为此后的学术思想文化的发展提供了基础。

西汉学术以儒学为经学。经学由于始传底本的不同,有今文经学与古文经学之分。今文经学被列入学官,由今文经学家任博士,以传授弟子,久之形成学派。至宣帝时,太学中的学官,《易》有三家,《书》有三家,《诗》有三家,《礼》有一家,《春秋》有二家,共十二博士,东汉初,增至十四博士。古文经学亦在民间流传,研究者不很多。东汉的古文经学家贾逵、马融、郑玄等兼通今文经。郑玄破除各家传统,广采众说,遍注群经,得到今、古文两派经学的推崇,号称"郑学"。贾逵的学生许慎为了反对今文经学派根据隶书经典,穿凿附会,曲解经文,用了22年的时间,写成《说文解字》一书,收小篆9353个,古文(战国文字)、籀文(西周、春秋文字)1163个为重文,每字标明字形,注出音读,推究字义,全书分为540部,全部解说13.3万多字,是我国最早的一部编辑完善、内容丰富的字典。其他各学派也有很大发展,各立门户,传其学说。如董仲舒大讲"天人感应",东汉王充则讲"天道自然"。魏晋兴起"玄虚淡泊,与道逍遥"思想。而后又有《无君论》《神灭论》等。道教兴起,佛教传入,思想文化更加丰富。

两汉时期的文学也很发展,《汉书·艺文志》所著录者,为"诗赋百六家,千三百一十八篇"[58],绝大部分为西汉人之作。此时的辞赋最为兴盛,诗歌有新的发展。汉武帝设立乐府采集民歌,配乐演唱,影响极大,其中有不少诗歌反映了人民的悲惨遭遇以及妇女不幸的命运。《古诗十九首》是东汉后期中下层知识分子的作品。这些知识分子在黑暗社会中,为求功名利禄,背井离乡,四处奔走,他们将对社会的感触,倾注到作品中,有些作品反映了人生无常、及时行乐的思想,或走投无路、忧愁苦闷的心态。这些诗歌改变了赋体的呆板形式,真实地抒发了作者本人的思想感情。

　　汉代以后的新兴学科很多,重要学科之一是历史学。其代表著作有西汉司马迁撰的《史记》,东汉班固撰的《汉书》,刘宋范晔撰的《后汉书》[59],西晋陈寿撰的《三国志》等,后代合称之为"前四史"。《史记》之前亦有史书,如《春秋左氏传》《国语》《世本》《战国策》,贾谊撰《楚汉春秋》等。只有《春秋左氏传》的史观尚算明确,其他只是一些史料而已。"前四史"则不同,如《史记》,在司马谈临终前,执其子迁之手而泣曰:"今汉兴,海内一统,明主贤君忠臣死义之士,余为太史而弗论载,废天下之史文,余甚惧焉,汝其念哉!"[60]这番话启发了司马迁形成了"大一统"的历史观,并渗透入《史记》的写作中。此后的主要史书继承了这一观点并发扬光大。如《汉书·地理志》《后汉书·郡国志》及《魏书·地形志》等都载录了当时国家的全部郡县、户口,以及山川、关隘、历史、风俗,还有已经内属或尚未内属的周边民族及其地区。至于《史记》所开创的"纪传体"编写体例,有相当的科学性,为历代史家所继承,成为两千年来史书的主要体例。

　　新兴的"地理学"也很重要。代表著作有北魏郦道元撰的《水经注》。此书以东汉桑钦撰《水经》所记全国137条水道为纲,补以支流小水1252条,逐一探求源流,述其变迁,详记所经郡县、山陵、原隰、城邑、关津及地理、历史、名胜、古迹等,对有关史事多所考证,是我国古代的一部全面系统的综合性地理名著。

　　一定的文化是一定的政治、经济的反映,秦汉大一统的政治、经济形势改变了战国时期诸侯割据混战时期的狭隘的文化观,而促使大一统的文化观迅速形成(图0-8)。秦汉的大一统不是简单、暂时的军事统一,而是长期、稳定的政治统一,其内涵包括了行政的统一、民族的包容与人格的尊重,这在文化中都有反映。史书中具有大一统的思想内容者,前已述及。这一思想在其他著作中亦有很多。如秦始皇碑文曰:"六合之内,皇帝之土,西涉流沙,南尽北户,东有东海,西过大夏,人迹所至,无不臣者。"[61]东汉王充《论衡》曰:"今上即命,奉成持满,四海混一,天下定宁……周时仅治五千里,汉氏廓土牧荒服之外。"[62]西汉扬雄《甘泉赋》曰:"东烛仓海,西耀流沙,北晃幽都,南炀丹崖。"[63]东汉张衡《应间》曰:"今也皇泽宣洽,海外混同,万方亿丑,并质共剂。"[64]上述所引,不仅反映了国家在政治上的统一,也已包含有多民族("亿丑")的意义在内。

图 0-8　秦峄山刻石北宋拓本

由于大一统思想已深入人心,在一些人的政见、言论中,时有流露,即使在全国处于分裂割据状态下也是如此。如三国时期,占据中原地区的曹操在《让县自明本志令》中说"荡平天下,不辱主命"[65],表明了他有统一全中国之志向。又占据今四川、云南、贵州的蜀国丞相诸葛亮,在《后出师表》中曰:"先帝虑汉、贼不两立,王业不偏安,故托臣以讨贼也。"[66]临近中原地区的少数民族也深受大一统思想的影响。如世代居住在东北地区,过着狩猎、游牧生活的鲜卑族拓跋部,在其内迁河套一带建国时,首领拓跋珪(道武帝)即命部众"离散诸部,分土定居,不听迁徙,其君长大人皆同编户"[67],即所谓"息众课农"[68]。此举推动了鲜卑族在文明化的道路上向前迈进了一大步。其孙太武帝拓跋焘,"制定文字","起太学于东城,祀孔子,以颜渊配",并加强完善了中央集权制度。又征请卢玄、崔绰、李灵等汉人贤俊为谋臣。对内尽力政事,劝农平赋,抑富济贫,平政理讼。对外平乱征暴,开疆拓土,励志"廓定四表,混一戎华"[69]。经过他十余年的奋斗,终于在太延五年(439)最后结束了十六国120余年的混乱局面,实现了北部中国的统一。地理学家郦道元曰:"绵古芒昧,华戎代袭。"[70]可见在他看来,汉族与少数民族互换统治地位是正常之事。

在文学作品中有不少诗歌表现了民族间互相包容的情况。如东汉明帝时,汶山郡以西的白狼、唐菆等部约130余万户、600余万口,请求内属。他们作歌三章,计44句,每句4字,共176字,献给明帝,备述"慕化归义"之意。歌词译成汉文,题为《远夷乐德歌》《远夷慕德歌》《远夷怀德歌》[71]。南北朝时期,北方的民歌包括了北方少数民族的民歌,亦有不少汉族民歌,多以反映社会情况、北国风光为主要内容,以慷慨爽朗为其特色。著名的如《敕勒歌》,原为鲜卑语诗歌,后译为汉语;又如《木兰诗》,是汉族民歌。这些诗歌的词句通俗,叙事生动,为广大群众所喜爱。

人本思想在春秋、战国时期已经产生,并有初步发展,孔子、孟子等都是这一思想的倡导者。不过那时仍是在封建贵族的统治之下,这种思想要见诸法律,付之实施,很不容易。可是到西汉时期,情况大有不同。汉武帝初即位时,曾以"天人之征"策问董仲舒,仲舒详细阐述了"人之所以贵"的道理,他的主要理论根据是孔子的"天地之性人为贵"。他说:"人受命于天,固超然异于群生……明于天性,知自贵于物。"[72]这就是说,即使奴隶,也不能视同牛马。他又主张:"去奴婢,除专杀之威。"颜注引服虔曰:"不得专杀奴婢也。"[73]在封建社会中,尤其是封建社会前期要完全消除残害奴婢、略卖奴婢等情况是不可能的。能使奴婢在法理上获得"人"的地位,已是进步的表现。西汉末,王莽代汉,在变法时,曾批判了当时对奴婢的不合理处理,拟用朝廷命令的办法,取消"奴婢"之名,从而提高、改善他们的社会地位。所下诏令曰:"又置奴婢之市,与牛马同兰,制于民臣,……,逆天心,悖人伦,谬于'天地之性人为贵'之义……今更名……奴婢曰'私属',皆不得卖买。"[74]对王莽改革的全面评价,这里不谈;但改革奴婢制度一项的进步性不能否定。

东汉初,光武帝即位的次年,又下令解放奴婢。从建武二年(26)至十四年(38),共下令六道。解放奴婢的范围,包括了因贫穷而被"嫁妻卖子"者,王莽时没入官者,被略者等。有违抗命令而不解放奴婢者,以"略人法从事"。刘秀还在建武十一年(35)二、八、十月中,三次下令禁止残害奴婢。如诏令曰:"天地之性人为贵。其杀奴婢,不得减罪。"所举事例,有"敢炙灼奴婢论如律,免所炙灼者为庶民","除奴婢射伤人弃市律"[75]等。

上述解放奴婢、禁止残害奴婢的政令、政策的规定、推行,反映了大一统的、中央集权的国家制度的进步性。这些政策、法令对于稳定社会秩序,发展社会经济、文化,都有积极的作用。

注 释

[1] 《汉书》,中华书局,1962年标点本,第6册,第1640页。

〔2〕《后汉书》,中华书局,1965 年标点本,第 2914 页。

〔3〕《左传》,中华书局,1982 年,影印《十三经注疏》本,下册,第 1817 页。杜注:"吊,伤也。咸,同也。周公伤夏、殷之叔世,疏其亲戚,以至灭亡,故广封其兄弟。"近人杨伯峻曰:"二叔,管叔、蔡叔。杜预本马融之说,谓二叔为'夏、殷之叔世'误。说详王引之《述闻》及李贻德《辑述》。咸,终也。不咸谓不终也。说详杨树达先生《积微居小学述林·诗敦商之旅克咸厥功解》。"(《春秋左传注》,中华书局,1981 年,第一册,第 420 页)

〔4〕《汉书》,第 3 册,第 722 页。

〔5〕《汉书》,第 6 册,第 1542 页。

〔6〕《后汉书》卷四〇上《班彪列传》,第 5 册,第 1323 页。

〔7〕《毛诗正义》卷一三《小雅·谷风之什·北山》,中华书局,1982 年,影印《十三经注疏》本,上册,第 195 页。

〔8〕《史记》卷六《秦始皇本纪》,中华书局,1959 年标点本,第 1 册,第 245、247、245、252 页。

〔9〕《汉书》卷五六《董仲舒传》。颜注:"师古曰:'《孝经》载孔子之言也。性,生也。'"第 8 册,第 2516 页。

〔10〕《汉书》,第 3 册,第 730、735、742 页。

〔11〕《汉书》卷二八下《地理志下》,第 6 册,1640 页。汉代的零陵、广汉、越隽、武都、陇西、天水等郡都设有道。

〔12〕睡虎地秦墓竹简整理小组编:《睡虎地秦墓竹简》,文物出版社,1978 年。

〔13〕《汉书》,第 4 册,第 1101 页。

〔14〕《史记》卷六《秦始皇本纪》,第 1 册,第 238—239 页。

〔15〕《汉书》,第 2 册,第 393、394、395 页。师古曰:"《易·睽卦》九四爻辞曰:'睽孤,见豕负涂'。睽孤,乖刺之意。乖离而独处。"

〔16〕《汉书》卷一四《诸侯王表序》,第 2 册,第 395 页。

〔17〕《史记》卷一七《汉兴以来诸侯王年表序》,第 3 册,第 803 页。

〔18〕《晋书》卷五九《八王列传序》,中华书局,1974 年标点本,第 5 册,第 1590 页。

〔19〕《晋书》卷三七《宗室列传·史臣曰》,第 4 册,第 1114 页。

〔20〕《柳河东集》,上海人民出版社,1974 年,第 3 卷,第 43—48 页。

〔21〕《左传》卷四四昭公七年,影印《十三经注疏》本,下册,第 2047 页。

〔22〕《国语》卷一〇《晋语四·文公》,商务印书馆,1935 年 12 月初版,1959 年 10 月上海第 2 次印刷,第 133 页。

〔23〕 马克思:《黑格尔法哲学批判》,《马克思恩格斯全集》,人民出版社,1956 年,第 1 卷,第 382 页。

〔24〕 恩格斯:《家庭、私有制和国家的起源》,人民出版社,1972 年,第 164 页。

〔25〕《韩非子》第 11 卷《外储说左上》曰:"王登一日而见二中大夫,予之田宅,中牟之人弃其田耘、卖宅圃而随文学者邑之半。"《韩非子集解》,商务印书馆"国学基本丛书"本,1935 年第 3 版,第 3 册,第 30 页。"卖宅圃"还不同于通常所说的耕地买卖。

〔26〕《汉书》,第 4 册,第 1137 页。

〔27〕《史记》,第 8 册,第 2447 页。

〔28〕《史记》卷六《秦始皇本纪》"集解"引徐广语,第 1 册,第 251 页。黔首:农民,百姓。

〔29〕《汉书》,第 4 册,第 1132 页。

〔30〕《汉书》,第 10 册,第 3073 页。

〔31〕《史记》,第 9 册,第 3001 页。

〔32〕《汉书》,第 10 册,第 3349 页。

〔33〕 中国科学院考古研究所编:《居延汉简甲编》,壹《图录正编》2544A、B;陆《编辑后记》。古,与"沽"通。

〔34〕 商务印书馆"国学基本丛书简编"本,1936 年 10 月第 3 版,上册,第 181 页。叔,与"菽"通。

〔35〕 张双棣等:《吕氏春秋译注》(修订本),北京大学出版社,2000 年,第 532 页。

〔36〕《后汉书》卷三七《樊宏传》,第 4 册,第 1119 页。

〔37〕《汉书》卷九〇《酷吏传·宁成》,第 11 册,第 3650 页。

〔38〕《后汉书》卷二四《马援列传》,第 3 册,第 828 页。

〔39〕《汉书》卷二四上《食货志上》,第 4 册,第 1133 页。

〔40〕《汉书》卷二四上《食货志上》,第 4 册,第 1137、1142 页。

〔41〕 汉武帝于元狩四年(公元前 119)至元鼎三年(公元前 114)间,实行算缗钱政策。以违令而没入地主、商人的"财物以亿计,奴婢以千万数,田大县数百顷,小县百余顷,宅亦如之。于是商贾中家以上大率破。"国家在各地设农官,经营没收的田地,没入的奴婢分到诸苑养狗马禽兽。事见《史记》卷三〇《平准书》,第 4 册,第 1435 页。

〔42〕《汉书》卷二四上《食货志上》,第 4 册,第 1144 页。

〔43〕《后汉书》卷四九《仲长统传》引《昌言·损益篇》,第 6 册,第 1656 页。

〔44〕《三国志》卷一五《魏志·司马朗传》,中华书局,1971 年标点本,第 2 册,第 46 页。

〔45〕《晋书》卷二六《食货志》,中华书局,1974 年标点本,第 3 册,第 785—786 页。

〔46〕《史记》卷一二九《货殖列传》,第 10 册,第 3277、3279 页。

〔47〕 郭沫若：《盐铁论读本》卷六《水旱》，科学出版社，1956 年，第 70 页。

〔48〕 《史记》卷一二九《货殖列传》，第 10 册，第 3261 页。

〔49〕 《史记》卷三〇《平准书》，第 4 册，第 1425 页。

〔50〕 《盐铁论读本》卷一《复古》，第 12—13 页。

〔51〕 《史记》卷一二一《儒林列传·序》，第 1 册，第 212 页。

〔52〕 《汉书》卷六《武帝纪·赞》，第 6 册、第 10 册，第 3117 页。

〔53〕 任子：二千石以上的官吏任满一定年限者，可举子弟一人为郎。赀选：有赀五百万钱
以上者，可以为郎。

〔54〕 《汉书》卷五六《董仲舒传》，第 8 册，第 2512—2513 页。

〔55〕 《史记》卷一二一《儒林列传·序》，第 10 册，第 3119—3120 页。

〔56〕 陈国庆编：《汉书艺文志注释汇编》，中华书局，1983 年，第 4 页。又注引王先谦《汉
书补注》引《刘歆传》语。

〔57〕 《汉书》卷三〇《艺文志·跋》，第 6 册，第 1781 页。

〔58〕 《汉书》卷三〇《艺文志》，第 6 册，第 1755 页。据陈国庆编《汉书艺文志注释汇编》
统计，为 106 家 1321 篇。

〔59〕 《后汉书》90 卷，只有纪、传，无表、志。萧梁时，刘昭把西晋司马彪撰《续汉书》中的
八志收入，并为作注，分成 30 卷，至北宋时，合刊为一书，成为今本，共 120 卷。

〔60〕 《史记》卷一三〇《太史公自序》，第 10 册，第 3295 页。

〔61〕 《史记》卷六《秦始皇本纪》，第 1 册，第 245 页。

〔62〕 王充《论衡》卷一九《宣汉》，见黄晖撰《论衡校释》（三），商务印书馆，1935 年，第
825 页。

〔63〕 《汉书》卷八七上《扬雄传》，第 11 册，第 3532 页。

〔64〕 《后汉书》卷五九《张衡传》，第 7 册，第 1904 页。"万方亿丑，并质共剂。"言全国各
民族互相进行经济、文化交流。质、剂，交易中使用的契约，《周礼》卷一四《地官·
质人》曰："凡卖价者质剂焉，大市以质，小市以剂。"《司市》疏谓：质，长券，用以购买
马牛之属。剂，短券，用以购买兵器、珍异之物。

〔65〕 《曹操集》文集卷二《让县自明本志令》，中华书局，1959 年，第 43 页。

〔66〕 《诸葛亮集》文集卷一《后出师表》，中华书局，1960 年，第 6 页。

〔67〕 《魏书》卷八三上《外戚上·贺讷传》，中华书局，1974 年标点本，第 5 册，第 1812 页。

〔68〕 《魏书》卷二《太祖纪》，第 1 册，第 20 页。

〔69〕 《魏书》卷四上《世祖纪上》《世祖纪下·史臣曰》，第 1 册，第 70、71、109 页。

〔70〕 《水经注·序》，见《水经注疏》，段熙仲点校、陈桥驿复校本，江苏古籍出版社，1989

年,上册,第 1 页。

〔71〕 《后汉书集解》卷八六《南蛮西南夷列传》,商务印书馆"万有文库"本,第 16 册,第 3157—3158 页。文山郡,今四川茂汶一带。白狼等部为古羌氐等族之后,今彝族等的祖先。歌词为当时的犍为郡掾田恭译。注引夷人本语录自《东观汉记》。

〔72〕 《汉书》卷五六《董仲舒传》,第 8 册,第 2516 页。

〔73〕 《汉书》卷二四上《食货志上》,第 4 册,第 1137、1139 页,注(11)。

〔74〕 《汉书》卷九九中《王莽传中》,第 12 册,第 4110—4111 页。

〔75〕 《后汉书》卷一下《光武帝纪下》,第 1 册,第 57 页。

第一章　多民族大一统的中央集权国家
制度的创立和曲折发展

秦朝是我国第一个多民族的大一统的中央集权的封建王朝。虽只存在了十多年，但为此后历代王朝的基本政治制度奠定了基础。汉承秦制而有所发展，此后的三国、西晋、东晋和十六国、南北朝时期，在分裂割据、多民族纷争的过程中，各民族广泛接触，逐步融合。主要表现为进入中原的少数民族领袖积极招任汉族士人，学习、倡用汉法和汉文化，积极探索在中原和更广大的地区建立多民族的、统一的国家政权及其相应的制度和政策。有些试验失败了，有些获得了一定的成功，有的成功很大。这些都是中华文明史上光辉的一面，都为古代中国的再次大一统积累了经验，创造了条件。

第一节　秦始皇建立统一的多民族的国家

秦始皇废除分封制，创建中央集权制度　为发展经济文化而统一有关制度和文字　奠定疆域，初步建立统一的多民族的国家

秦始皇在最后消灭六国，建立统一国家的当年（公元前221），就在政治制度方面，废除了自西周以来实行了八百余年的分封诸侯的制度，创建中央集权制度。这种制度是适应新兴的封建地主制经济的需要而在战国时期逐步产生发展起来的，秦始皇把这一制度系统化、完善化，并推行于全国。这一制度自中央到地方由三个主要环节构成。

第一个环节就是建立大一统国家的元首制度，称"皇帝"，这是夏、商、西周

三代所没有的。三代时,制度不严,西周以王为元首,徐、吴、楚等边远诸侯都自称王。到了战国中期以后,中原地区的诸侯相继称王。秦王嬴政消灭六国之后,举行廷议。他说:"寡人以眇眇之身,兴兵诛暴乱,赖宗庙之灵,六王咸伏其辜,天下大定。今名号不更,无以称成功,传后世。"大臣李斯等也说:"昔者五帝地方千里,其外侯服夷服,诸侯或朝或否,天子不能制。今陛下兴义兵,诛残贼,平定天下,海内为郡县,法令由一统,自上古以来未尝有,五帝所不及。"于是君臣协议,秦王裁决,号曰"皇帝"。他还决定,自称"始皇帝",皇位世袭,"后世以计数,二世三世至于万世,传之无穷"[1]。这就是"秦始皇"一称的由来。皇帝拥有至高无上的权力,从中央到地方的主要官吏,都由皇帝直接任免,都按照皇帝的律令和意志办事。皇帝还握有军权,只有皇帝才能调动军队。皇帝制度的建立,消除了落后的宗法家长式的国王制,规定了国家制度的中央集权性质。

第二个环节是成立中央政府机构,就是朝廷,以协助皇帝领导全国政、军事务。朝廷中的最高职位,为三公,即丞相、太尉、御史大夫。丞相是"百官之长","掌丞天子,助理万机"。秦设左、右丞相,以右为尊;太尉掌军事;御史大夫为副丞相,主管监察。三公之下,设有九卿,分领庶政。如奉常[2],掌宗庙礼仪;郎中令[3],掌宫殿警卫;卫尉,掌宫门屯卫;太仆,掌御用车马;廷尉,掌刑法;典客[4],掌边疆民族事务;宗正,掌皇族、宗室谱系、名籍;治粟内史[5],掌财政;少府,掌山海池泽之税及皇帝的生活供应。九卿之外,还有列卿若干,因需要而设,如中尉掌京师治安;将作少府掌修治宫室等。三公和九卿及列卿等,各有自己的府寺部属,以处理日常事务。大事总汇于丞相,最后由皇帝裁决。

西周的政治制度非常原始,基本上脱胎于血缘家族,受宗法制度制约,是一种贵族种姓政治。在中央,无明确的组织机构,为国王办事的职事人员为"世卿世禄",国事家事的界限不清,争权夺利严重,极易黑暗腐朽。秦朝的三公九卿制为官僚政治,职事人员为有才能的文武官员,皆受命于皇帝,各有职分、等级、俸禄,公与私分明,政绩有考课,讲效率,有升迁,体制划一,组织完善,为此后历代王朝的中央机构开创了有效模式。

第三个环节是地方行政制度,就是郡、县两级制。秦始皇初并六国时,分全国为三十六郡,后增至四十余郡。郡设有三长:郡守为一郡之长,掌管政治、

图 1-1　两诏秦椭量,陕西礼泉县出土,外壁为秦始皇二十六年统一度量衡诏文,外底为
　　　　秦二世元年诏文

军事;郡尉专管军事;郡监,也就是监郡御史,专管监察。郡下设县若干,大县
的主管称令,小县称长,兼管政治、军事;其下设丞,掌文书、刑法等事;尉掌军
事。西周分封诸侯以管理地方,这是以宗法制为基础的封国建藩制度,贵族们
各占山头,互相兼并,战乱不已。秦始皇废分封,置郡县,郡县的主要官吏由皇
帝任免升迁,地方官僚间没有战乱、兼并之事。此制的实行开创了此后两千年
间历代王朝地方行政制度的基本模式。

　　秦始皇为了消除国家统一的主要障碍,促进社会经济、文化的发展,大力
推行土地私有制政策,统一货币、统一度量衡、统一车轨和统一文字。为推行
土地私有制政策,他曾于始皇三十一年(公元前 216)下令"使黔首自实田"[6],
就是令全国人民向当地政府据实登记为自己占有的田地数量,按亩纳税,税
(租)率为十税一。统一货币始于消灭六国的当年,废除六国旧币,以原秦币为
基础,制定新的统一货币。新币分为二等,黄金为上币,以镒(重二十两)为名;
铜钱为下币,外圆,中有方孔,面文有两字,曰"半两",重亦半两。与统一货币
同时,又下令统一度量衡,即废除六国的旧度量衡制度,以原秦国的度量衡为
基础,向全国颁行新的统一的度量衡制度及标准器(图 1-1)。秦始皇下诏曰:
"廿六年,皇帝尽并兼天下诸侯,黔首大安,立号为皇帝,乃诏丞相状、绾,法度
量则不壹,歉疑者,皆明壹之。"[7]在历代发现的为数众多的秦权和量器上,几
乎都铸有或刻有这一诏书的全文。此事足可证明秦始皇对统一度量衡十分

重视,而且有极大的决心。秦始皇还同时下令"车同轨",轨宽六尺,便于在大路上运行。"车同轨"一语在两汉以后,已成为国家统一的同义语。

统一文字,意义尤为重大。汉字本来是同源的,在商和西周时期的600年间,有很大的发展和进步。可是至春秋和战国时期,由于经历了长达500余年的诸侯分裂割据,各自为政,文字在各国自行发展变化,于是,"言语异声,文字异形"[8]。在秦灭六国之后,这种歧异不仅严重影响着各地区间的经济、文化交流,也有碍于国家的政事、税收,而且还是导致分裂割据的严重隐患。秦始皇命李斯等主持统一文字的工作,也是一次重要的文字改革工作。这项工作是以原秦国通行的字体为基础,参照六国的文字,制定了字形固定、笔画简省、书写比较方便的"小篆"(也叫做"秦篆"),作为规范化字体,推行于全国(图1-2)。这次统一文字为此后文化的发展和国家的统一起到了不可估量的作用。不仅这样,中国古代的许多民族和周边不少邻国都使用汉字,或仿照汉字创造了自己的文字,促进了东亚的文化交流。

秦朝的狱吏程邈又根据民间已行用的新字体创造了隶书,隶书字体方正,笔画更加简省,书写方便,到西汉初年,已成为通行字体。

秦始皇灭六国后,继续开疆拓土,奠定边疆。当时,北方的匈奴已建立了奴隶制国家。在秦灭六国期间,匈奴南下,控制了河南之地(今内蒙古鄂尔多斯市)。秦始皇于灭六国后的第六年(公元前215),命将军蒙恬率士卒三十万人北击匈奴,收复了河南地区,并在这里设置了三十四县,从中原迁来大量人口。蒙恬又北渡黄河,据守在今大青山一带,利用地势,修缮、增补旧秦、赵、燕长城,并连接起来,西起临洮(今甘肃岷县),东至今鸭绿江,延袤万余里,这就是著名的万里长城。匈奴退回蒙古高原后,长城以南的形势稳定,社会经济、文化都获得发展,这与秦始皇北防匈奴、修筑万里长城有密切的关系。长城的修建不仅有益于长城

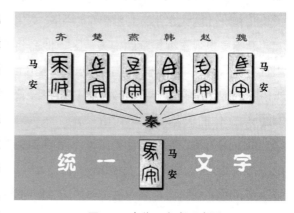

图1-2　秦统一文字示意图

以南的农业民族,亦有益于长城以北的游牧民族。由于长城的存在,基本上制止了游牧民族无休止地南下掠夺,大大减少了南北民族间的互相杀伐、争斗。民族间补充物质需求的方式逐步由暴力改纳入和平有序的轨道。在西汉开始的南北民族间定期的、有组织的"互市"贸易中,汉商或官府以巨量铁器、丝织品和其他农副产品,交换匈奴、乌桓、鲜卑等族的数以千万计的牛羊马匹及皮货等。这样的经济、文化交流都是在长城关口处友好、公平进行的,对南北民族的生产、生活乃至社会发展都有积极的作用。不可否认,长城曾是民族间的军事防御工程,但它亦是民族间和平相处、友好往来的保证与象征,在两千多年的中华民族关系史上发挥过重大的作用。

秦对于南部边疆的经营在灭楚不久即开始了。战国时期,我国的东南沿海和五岭以南主要是越人聚居区。越人是一个古老民族,居住在今浙江和江西东部的为东瓯(东越);在今福建境内的为闽越;在今广东和广西东部、湖南南部的为南越;在今广西西部和云南东部的为雒越,或称西瓯、西瓯骆。这些越人统称"百越"。秦灭楚时,东瓯和闽越相继降秦,秦以今苏南和浙北为会稽郡(治吴,今江苏苏州),在今浙南和福建置闽中郡(治东冶,今福建福州)。后来,继续向岭南推进,大约于始皇三十三年(公元前214),占领了这一地区,并设置了桂林(治今广西桂平)、南海(治番禺,今广东广州)、象(治临尘,今广西崇左)三郡。秦为向岭南运粮运兵,在今广西兴安县的山上,开凿了一条连接向北流的湘江和向南流的漓江的运河,长约33公里,这就是闻名于世的灵渠[9]。灵渠截湘江水引入漓江,不仅有利于当地的农田灌溉和运输,由于沟通了长江和珠江两大水系,对我国南北经济、文化的交流也起了重要作用。

秦始皇也很重视经营西南夷地区。他命将军常频征调巴、蜀士卒,在今四川宜宾至云南曲靖一线的崇山峻岭上,开凿了一条名为"五尺道"的通道,并在所控制的地区设置了一些行政机构。这些经营对促进巴蜀地区和西南夷地区的经济、文化往来起了重大作用。

秦朝的疆域在始皇二十八年(公元前219)所立琅琊台石刻上,有这样的说法:"六合之内,皇帝之土。西涉流沙,南尽北户。东有东海,北过大夏。人迹所至,无不臣者。"[10]后又经秦始皇的数年经营,疆域更有扩大。在这个疆域之内不仅居住着华夏民族,即后来的汉族,还有巴人、蜀人、越人、蛮人和西南夷等众多的民族,秦朝是我国古代第一个统一的多民族的国家。

第二节　"汉承秦制"与汉武帝改革

"汉承秦制"　刘邦的权宜政策　汉武帝改革政治制度　推行职业常备军　整顿财政

　　秦始皇在位仅十一年即死去,他一手创建的秦王朝历二世而亡。可是他所制定、推行的新的制度和政策并未因此而消失,而是为续建的西汉王朝所继承,史称"汉承秦制"[11](图1-3)。

　　刘邦建立西汉之初,面临许多棘手的问题,其中最主要的有三个:一、社会秩序混乱;二、社会经济凋敝;三、政治形势动荡。《史记》卷三〇《平准书》曰:"汉兴,接秦之弊,丈夫从军旅,老弱转

图1-3　"汉并天下"瓦当,陕西临潼栎阳出土

粮饷,作业剧而财匮,自天子不能具钧驷,而将相或乘牛车,齐民无藏盖。"应是实录。《汉书·诸侯王表》讲到秦始皇不分封子弟为侯王,以为藩辅,致使陈胜振臂一呼,天下大乱,称之为"孤立之败"。面临以上三个问题,刘邦虽基本上继承了秦朝的制度,但他同时也采取了一些权宜政策,这些权宜政策在他和吕后统治时期,勉强起些作用;但到文帝和景帝时期,日益不合时宜,甚至起到消极作用。

　　刘邦权宜政策的指导思想是摒弃"法家有为"的思想,改尚"黄老无为",

这是接受了陆贾的意见[12]。主张凡事力求简约,以稳定社会秩序为主。他和吕后所任用的丞相(时称相国),如萧何、曹参等,都恪遵"无为"思想,简化政事。在政治制度方面,大大削弱郡县制,实行分封制,即所谓"郡国并行制"。所封子弟为王者称"诸侯王",高于列侯,共有九国,自北而南,为燕、代、赵、齐、梁、楚、淮阳、淮南、吴,几乎占去了战国时燕、赵、齐、魏、楚等国的全部疆土。朝廷只占有十五个郡,在旧秦国境内和魏、韩、楚的西部。诸侯王在封国内是国君,拥有一定的军权、政权和财权,处于半独立状态。多数诸侯王蔑视国法,为非作歹,鱼肉人民,有的还觊觎皇位。景帝时,就发生了以吴王刘濞为首的"七国之乱"[13],企图推翻景帝,建立自己的王朝。景帝命太尉周亚夫与大将军窦婴率三十六将军,用了三个月的时间,平定了叛乱。七国国王均被杀或自杀,七国都被废除。

刘邦对边疆地区也不积极经营,对匈奴采用"和亲"政策。自刘邦至景帝时,常以宗室女为公主嫁给匈奴单于,每年要赠送匈奴大量的絮、缯、米、酒等物,以求边境平安。可是匈奴贵族几乎年年驱马南下,越过长城,掳掠焚杀,有时"烽火通于甘泉、长安"[14],形势严重。

东越在今浙江南部和福建,秦时建闽中郡以统治。刘邦封东越之闽越部首领无诸为闽越王,惠帝封东越之东瓯部首领摇为东瓯王(亦称东越王),允许他们半独立。岭南地区在秦时,设有南海、桂林、象郡。秦末,原南海郡尉赵佗占领三郡,自称南越王,刘邦登皇位后,予以承认,南越几乎是完全独立。此外,刘邦还放弃了秦时已开拓的西南夷地区,不再设置行政机构。

秦在商鞅变法时,实行过"重农抑商"政策,秦朝建立后,仍有"上农除末"[15]之说。但由于秦朝存在的时间太短,执行的结果如何不得而知。刘邦沿袭这一政策的主要原因,是他在初即位时,农民尚到处流亡,国家财政困难,"而不轨逐利之民,蓄积余业以稽市物,物踊腾粜,米至石万钱,马一匹则百金"[16]。刘邦在"重农"方面,采取了一系列政策,招徕流亡,"复故爵、田宅"[17];减轻田租(税),从什税一减为什五税一;还下令解放因生活困难而卖为奴婢的人。"抑商"方面,主要是"令贾人不得衣丝乘车,重租税以困辱之"[18]。这种政策在实行之初,对稳定社会秩序,恢复发展社会生产,起过一定的作用。但对于商人的约束力并不很大。后来随着农业和手工业的发展,商业日渐活跃。至文帝时,晁错即指出:商人们坐列贩卖,囤积居奇,操纵物价,放高利贷;而许多农民则"卖田宅,鬻子孙,以偿责者"。他说:"此商人所以兼并农人,农人所以流亡者也。""今法律贱商人,商人已富贵矣。尊农夫,农夫已贫贱矣。"可见"重农抑商"政策已行不通。他在此时,提出了一项"贵粟政策",就是"募天下入粟县官(国家),得以拜爵,得以除罪"[19]。国家卖爵可以多得粮食,可以减轻租税;商人为买爵得以提高社会地位,要向农民买粮,粮价得以提高。这样,国家有粮,商人有爵,农民有钱。或说是"一曰主用足,二曰民赋少,三曰劝农功"[20]。文帝接受并实行了这一政策,果然立即见效。商人们竞买爵位,国家粮储大增,长城沿边的军粮充足,又储于内地,农民的生活亦有改善。文帝于行此政策的当年,即减田租为三十税一,次年又全免天下田租,其他赋税徭役都有所减轻。至此抑商政策亦基本废除。商人由于买得高爵而社会、政治地位日高,再加上他们的经济力量,开始勾结官府,为非作歹,投资于土地,成为豪强。汉文帝和儿子景帝相继实行"贵粟政策"和"轻徭薄赋"政策,在几十年中,给国家、社会都带来了繁荣,给农民、商人和地主也都带来了好处。这成为历史上称颂的"文景之治"的基本内容。当然这只是当时政治和社会的一个方面,上述刘邦实行权宜政策而积累下来的主要问题亦日益严重。

汉武帝即位时,国家已很富庶,综合国力很强;而上述的主要问题已形成严重政治矛盾,一触即发。政治与社会已到了必须大力变革的时候。汉武帝是一位有雄才大略的君主,他一即位,就曾用策问的方式向当时一批很有学问的人征询治国之道。所得的结论正如董仲舒所说,"临渊羡鱼,不如退而结网",应当"更化"[21],就是"改革"。

汉武帝改革很全面,而且相当坚决有力。可称得上是全面地"汉承秦制",而且有所发展、完善。其政治改革的主要目标就是加强中央集权。主要措施有五:

一、改革中枢体制,削弱相权,集大权于皇帝。具体做法是:以皇帝身边的尚书令为主,结合亲信侍从,如侍中、给侍中、常侍等,组成"内朝"(亦称"中朝"),为决策机构。以丞相为首的三公九卿组成的朝廷为"外朝",为执行机构。亲信大臣和将军得由皇帝给以"领尚书事"之名,始可参与中枢。

二、实行"推恩令"。即诸侯王死后,除嫡长子继王位者得承袭封国的部分土地外,其余土地由皇帝以"推恩"之名,赐给庶子以为侯国。王国由是一再缩小,亦无政治特权,王国、侯国的主要官吏由皇帝任免,同于郡县。

三、恢复监察制度,而且有所发展。分全国为十三个州部,每部为一个监察区,管几个郡。部设刺史一人,规定"以六条问事,非条所问,即不省"[22]。一条察"强宗豪右",五条察郡守、尉和王国相,凡违法乱纪、仗势欺人、贪污腐化、结党营私等,都在监察之列。后又设司隶校尉,驻京师,专掌对京师百官(三公除外)和三辅(京兆、冯翊、扶风)、三河(河东、河内、河南)、弘农七郡的监察。这些监察官直接听命于皇帝,对皇帝负责,官阶都不高[23],权力却很大。史称这是汉武帝"以内制外,以小制大"的治术。

四、改革军事制度,集军权于皇帝。削弱征兵制,推行募兵制。以募兵为职业兵,常驻京师,以保卫京师和皇帝。侍从军有三支,为期门军、羽林骑和羽林孤儿。前两支主要由侍中、常侍、武骑和陇西、北地等六郡良家子[24]善骑射者组成,约有两千人左右。羽林孤儿由为国战死者的子弟组成,因养于羽林官,教习战射,故称羽林孤儿。此外,还有八支禁卫军,每支约有士卒七百人,由招募的职业兵组成,分属于八个校尉,此禁卫军亦称"八校尉",驻京师,亦用于出外作战。

五、整顿财政,改革币制。西汉前期,币制很不稳定,经常改变。除中央铸币外,还准许地方官府和私人仿铸。因之货币的大小、轻重、规格、质量都很混乱,严重影响民间的商业交换和国家的赋税征收。元狩五年(公元前118),汉武帝下令由上林三官(在上林苑,有钟官、技巧、辨铜)铸造五铢钱,作为法定货币通用于全国(图1-4)。同时宣布废除一切旧币,又严禁地方官府和私人仿铸。五铢钱有周郭,上有"五

图1-4　汉五铢钱

铢"二字,重量相同,式样规整,盗铸不易,流通方便。此货币使用后,情况稳定,一直沿用了三百多年,直到三国时期。

汉武帝在对匈奴作战期间,为了财政的需要,还曾实行过盐铁国营,还有均输、平准等政策。均输是由国家在各地统征物资,运到指定地点出卖。平准是由国家平抑物价的政策。盐铁国营和均输、平准政策都是由商贾出身的人充任执行官吏,因为他们有经商经验。

汉武帝的财政改革不仅改善了国家的财政需要,亦加强了中央集权。

第三节　两汉经略边疆与开通丝绸之路

从"匈奴绝和亲"到"昭君出塞"　"张骞凿空"与开通丝绸之路　汉武帝经略两越,开通海上丝绸之路　渡过澜沧,开通西南丝绸之路

两汉经略边疆是从西汉武帝开始的,最后奠定了中国古代早期大一统疆域的规模则要到东汉明、章二帝时期。

边疆问题,尤其是匈奴的不断入侵,在西汉文、景时期已成为大患。汉武帝即位不久,就开始筹划对策。

元光二年(公元前133),他用大臣王恢之计,在马邑(今山西朔县)设伏,以三十万人击匈奴,匈奴因惊觉而退,汉军无功。从此拉开了汉、匈之间的战幕。此事,史称"王恢谋马邑,匈奴绝和亲"[25]。此后,汉武帝对匈奴进行的战争长达四十余年。战争的决定性阶段集中在元朔元年(公元前128)到元狩四年(公元前119)的十年中,共有大战三次。在前两次大战中,汉收复了今内蒙古鄂尔多斯,设朔方与五原郡;夺得祁连山和河西走廊,先后设酒泉、武威、张掖、敦煌四郡。在第三次大战中,汉以卫青出定襄(今内蒙古和林格尔西北),霍去病出代郡(今河北蔚县),各率骑兵五万,步兵数十万,进击至今蒙古高原北部,连破匈奴军,匈奴被迫北徙漠北。汉匈战争,两败俱伤,汉损失士卒数万人,马十余万匹,无力再进行较大规模的战争;匈奴的损失也很惨重,后分裂为五部,互相攻杀。其中的一部首领为呼韩邪单于,投降汉朝,南徙到长城一带。

图1-5 汉匈奴粟借温禺鞮印

公元前33年,呼韩邪单于到长安,要求与汉和亲,汉元帝以宫人王嫱(字昭君)嫁与呼韩邪单于,呼韩邪立她为宁胡阏氏[26]。元帝亦改年号建昭为"竟宁"[27]。自"王恢谋马邑,匈奴绝和亲"到昭君出塞,其间汉、匈处于战争状态整整一百年。自昭君出塞之后,汉、匈友好相处,有五十余年不曾发生战争,两边的经济、文化交流日益发展。在今大青山一带出土的"单于和亲"砖,文曰:"单于和亲,千秋万岁,安乐未央。"还有很多汉制丝织品、汉式铜鼎、铁剑、漆器、陶器等与匈奴的"鄂尔多斯"式的文化遗物,如蝴蝶展翼状短剑、弧背铜刀、透雕动物形象的铜饰牌等共存,这些文物都证明了自昭君出塞以后,开始了汉、匈之间长期和平友好相处与文化密切交流的新时期(图1-5)。

在汉、匈交战期间,西域曾是两国争夺的地区。汉朝所称西域,原来主要是指今新疆维吾尔自治区。这里沙漠很多,土地很少,人们居于河流灌注的绿洲上,共有三十六国,大国两三万人,最大的有八万人;小国数千人,最小的只有六百多人。以从事农业生产为主的,被称为城郭国家;随畜牧逐水草而居的,没有定处。西汉末分为五十余国。西汉中期以后,西域的概念扩大,今中亚及其以西地区皆称西域。

汉武帝即位不久,就计划在西域争取建立军事联盟,以便东西夹击匈奴。据说,原居于今敦煌、祁连一带的大月氏族在文帝时,为匈奴击破,西徙妫水(今阿姆河)流域,重建国家。汉武帝于建元三年(公元前138)派张骞出使大

图 1-6　敦煌壁画张骞出使西域辞别汉武帝图

月氏(图1-6),张骞在路上,为匈奴截获,羁留十多年后,乘机西逃。先到大宛(今中亚费尔干纳盆地)、康居,后辗转到大月氏。大月氏的老王已被匈奴杀死,新王因满足于现有的生活状况,不愿与汉共击匈奴,亦不愿再回故地。张骞等了一年多,没有满意的结果,就沿南山(今昆仑山)东归。路上又为匈奴扣留,次年(元朔三年,公元前126)逃回长安。张骞出使十三年,历尽千辛万苦,同行者一百余人,回到长安时只剩下他与匈奴侍从堂邑父两人,还有一个匈奴妻子也到了长安。他在西域时,曾到过大宛、康居、大月氏、大夏等国,还了解到旁边有五六个大国,如乌孙(在今伊犁河流域)、安息(今伊朗)、条枝(今伊拉克)、奄蔡(今咸海北)等。他对这些国家的政治、社会、地理、物产、风俗等情况做了较详细的了解,回国后报告了汉武帝。这是中国人对今新疆和中亚、西亚等地有具体了解的开始。

张骞第二次出使西域是在元狩四年(公元前119),目的是约乌孙共击匈奴。乌孙原居于今敦煌、祁连之间,与大月氏为邻,后徙伊列水(今伊犁河)建国,人口约六十三万人。乌孙也不愿与汉共击匈奴。张骞回国后,乌孙派使者数十人陪同回到长安,赠送给汉武帝良马数十匹。张骞出使时,有持节副使和随行人员共三百余人,每人有马二匹,携带牛羊以万数。副使们分别到大宛、康居、大月氏、大夏、安息、身毒(今印度、巴基斯坦)等国,后来亦由各国使臣陪同回到长安。

张骞通西域,史称"张骞凿空","西北国始通于汉矣"[28]。此后,汉武帝积极经营西域。于元封六年(公元前105)、太初四年(公元前101)先后以宗室女细君、解忧为公主嫁给乌孙王。西域南道各国多与汉亲善,汉武帝于太初四年在西域置使者校尉,驻乌垒城(今新疆轮台县东北小野云沟附近),又在渠犁(今尉犁县西)驻兵屯田。宣帝神爵二年(公元前60),汉又控制了西域北道,改使者校尉为西域都护,仍驻乌垒城。从此时起,今巴尔喀什湖以东、以南广大地区都成为西汉王朝的疆域,归西域都护统辖[29]。

今天所说的"丝绸之路"始通于西汉在西域设置行政管理机构之时。当时的道路为由东而西:自长安经河西走廊通向中亚,共有两条道路:一条出阳关,经鄯善(今罗布淖尔附近,即故楼兰),沿昆仑山北麓西行,过莎车,西逾葱岭,出大月氏,至安息,西通犁靬(今罗马);或由大月氏南入身毒。另一条出玉门关,经车师前国,沿天山南麓西行,出疏勒,西逾葱岭,过大宛,至康居、奄蔡。汉使至安息、奄蔡、犁靬、条支、身毒等国者,一年中多时十余批,少时五六批。一批多则数百人,少则百余人。近的,要两三年返回;远的,要八九年返回。当时经这条道路运往西方的商品有蚕丝、丝织品、漆器、铁器等,铸铁和凿井技术也在这时西传。西方输进中国的商品有良马、橐驼、香料、葡萄、石榴、苜蓿、胡麻、胡瓜、胡豆、胡桃等。

西汉末年至东汉初年,中原大乱,旧王朝倾颓,新王朝虚弱,都无力关注西域,匈奴于此时加紧对西域各国的控制和奴役。东汉明帝于永平十六年(73)派军进驻伊吾庐(今新疆哈密),明年任命西域都护,仍驻乌垒城。此时,派班超率吏士36人到天山以南活动,得到南道诸国的支持,杀匈奴使者,控制了南道。后又击退贵霜王国(大月氏人)的入侵,击败匈奴在北道的势力。永元三年(91),班超被汉和帝任为西域都护,西域五十余国相继摆脱匈奴的奴役,归于都护统辖。班超在西域经营30年,至永元十四年,奉召回雒阳。他于八月到雒阳,九月病故,时年71岁。此时的丝绸之路,据《后汉书》卷七八《西域传》曰:"立屯田于膏腴之野,列邮置于要害之路。驰命走驿,不绝于时月,商胡贩客,日款于塞下。"

两越地区在秦始皇时,已设置了四郡,即闽中郡和南海三郡,直隶于朝廷。

可是至西汉前期,此四郡都脱离朝廷,成为东瓯、闽越、南越三个独立王国。汉武帝初即位时,闽越进攻东瓯,东瓯向长安告急。汉武帝派兵救东瓯,闽越退兵,东瓯请求内迁,武帝迁东瓯人于江、淮之间。后来闽越又进攻南越,南越也向长安告急,武帝出兵击闽越,闽越内讧。武帝派陆海士卒进攻闽越,后亦迁闽越人于江、淮之间。

南越王婴齐是赵佗的曾孙,为太子时,曾在长安宿卫,娶邯郸女摎氏为妃。婴齐为王时,立摎氏为后。婴齐死,摎氏子兴继位,母子上书:"请比内诸侯,三岁一朝,除边关。"[30] 丞相吕嘉反对内属,杀摎氏和南越王兴及汉使,另立婴齐的越妻之子建德为王,与汉对抗。元鼎五年(公元前112)秋,武帝遣伏波将军路博德、楼船将军杨仆等以水陆军 10 万人分四路进攻南越,次年破番禺(今广州),俘吕嘉、建德等,以南越置儋耳、珠崖、南海、苍梧、郁林、合浦、交趾、九真、日南等九郡。

今天所说的我国古代海上丝绸之路,是由今两广的某些口岸通向南海、南洋、印度洋的海上航行路线。这条航线的开通不可能是一日之功,而是随着航海技术的发展逐步探索而成。从已发现的考古资料来看,1975 年,在广州发掘出来的属于秦至西汉初年的造船厂遗址,规模相当宽阔,有三个造船台,船台长度估计在 100 米以上,可建造身宽 5—8 米、载重 25—30 吨的木船[31]。自汉武帝在岭南置郡以后,促进了海上交通的发展。据《汉书》卷二八下《地理志下》记载:自徐闻(今属广东)、合浦(今属广西)沿今印度支那半岛近海南行,可达半岛南部及马来半岛各国;又经今马六甲海峡,西过印度洋,可达黄支国(今印度东南)。黄支之南,还有已程不国、皮宗等。汉人远航到这些国家或地区者,带有翻译,采购明珠、璧流离(宝石)、奇石异物等,带去的则是黄金和各种丝织品。那里的人航海来汉朝交易的也日渐增多。汉平帝时,黄支国王曾送来活犀牛。东汉和帝时,天竺几次遣使前来赠送方物。顺帝时,叶调国(今爪哇岛或苏门答腊岛)王遣使赠送方物。桓帝时,大秦国(罗马帝国)王安敦遣使送来象牙、犀角、瑇瑁等。《吴时外国传》记载:"从加郍调州乘大伯舶,张七帆,时风一月余日乃入秦。大秦国也。"[32] 双向交流的海上丝绸之路大约在东汉时已经畅通了(图 1-7)。

西南夷地区包括了今四川和重庆的西南部、贵州西部和云南全部。秦始

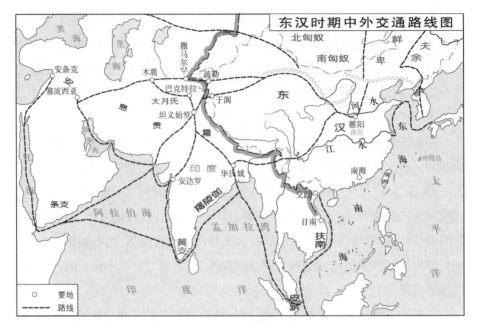

图1-7　东汉对外交通示意图

皇时,只占有四川和云南接壤的东部地区,到西汉初,又全部放弃。张骞从西域归来,说在大夏时见到蜀布和邛(今四川西昌东南)竹杖,据当地人说,是从在身毒的蜀商那里买来的。又知,身毒在大夏东南数千里,在邛西二千里。他对汉武帝说,汉欲通大宛、大夏、安息等国,经河西,易为匈奴、羌人所阻;如自蜀通身毒,路既近,又无阻碍。这就是当时民间通向西南的早期丝绸之路,是一条山水阻隔、民族复杂、不易通行的羊肠小道。

汉武帝时,曾派出十余批人经略西南夷,寻求这条道路。过滇(今滇池一带)而西,至今洱海附近,为昆明夷所阻。武帝封已投降的少数民族头人为王侯;以夜郎部为犍为郡(今四川宜宾),以且兰部为牂牁郡(今贵州黄平),邛都部为越巂郡(今四川西昌),筰都部为沈黎郡(今汉源东北),冉駹部为汶山郡(今茂汶县北),白马部为武都郡(今甘肃西和),滇国为益州郡(今云南晋宁),共七郡,所封王侯各给印绶。20世纪50年代,考古工作者在晋宁石寨山发现的一颗汉式金印,文曰"滇王之印",应是当年的遗物。

西汉中后期,西南七郡的经济、文化发展较快,对附近的民族地区有很大的影响。东汉前期,汶山郡以西的白狼、槃木、唐菆等部约有一百三十余万户、六百万余口,自愿内属。并作颂歌三章,献给东汉皇帝[33]。

益州郡以西的广大地区亦有许多民族,时称哀牢夷。光武帝建武二十七年(51)至明帝永平十二年(69),哀牢夷有两支自愿内属,共有五万余户,五十余万口。汉先在哀牢地区设置哀牢(今云南盈江东)和博南(今永平南)两县,后又设永昌郡(今保山),以郑纯为永昌郡太守。至此时,中国的西南疆域已达于今澜沧江和怒江以西。中原人来到这里的已很多,有人作歌曰:"汉德广,开不宾。度博南,越兰(澜)津。度兰仓(澜沧),为它人。"[34]

永昌郡的南面是掸族聚居区。和帝永元九年(97),掸王雍由调与附近各族遣使到雒阳,奉献珍宝。和帝赐给雍由调金印紫绶,赐给掸族其他贵族印绶和钱帛。安帝永宁元年(120),雍由调又遣使来京,"献乐及幻人,能变化吐火,自支解,易牛马头;又善跳丸,数乃至千"[35]。这些魔术师自言是海西人(大秦国,即罗马帝国)。安帝在宫廷观赏了魔术表演,又封雍由调为"汉大都尉",赐给印绶、金银和丝织品。

从这些事实可以看出,到东汉中期,西南丝绸之路已经开通。

两汉时期的疆域经过汉武帝、汉明帝两代的经营,再加上中原地区迅速发展的经济、文化的影响,其范围已远远超出了秦朝的疆域范围,边疆的民族关系和社会安定程度也超过秦朝。

秦朝统治的时间很短,所留下的述及疆域范围的资料相当笼统。两汉的疆域都有文献记载,比较具体明确。西汉的疆域,北至今大青山、沈阳以北到鸭绿江,南至今海南岛和越南中部,东至东海,西至玉门关和阳关。《汉书·地理志下》曰:汉之疆域东西九千三百二里,南北一万三千三百六十八里。有郡国一百三,县邑一千三百十四,道三十二,侯国二百四十一,已垦田八百二十七万五千三百三十六顷,民户一千二百二十三万三千六十二,口五千九百五十九万四千九百七十八,可见其盛况。关于西域都护辖区,同书《西域传上》曰:"本三十六国,其后稍分至五十余,皆在匈奴之西,乌孙之南。南北有大山,中央有河,东西六千余里,南北千余里,东则接汉,厄以玉门、阳关,西则限以葱岭。"东汉的疆域除西南地区有所拓广外,其他地区与西汉后期略同。关于地方政区的设置,光武帝时有较大的减省,后又稍有增益。据顺帝时统计,有"郡、国百五,县、邑、道、侯国千一百八十,民户九百六十九万八千六百三十,口四千九百一十五万二百二十"[36]。

西汉建都长安,东汉建都雒阳(即洛阳,两汉称"雒阳",三国魏改书"洛阳")。这两个都城规模之宏大,宫殿之壮丽,街道之宽广,物资之丰盛,人口之众多,东亚的邻国都不能与之相比。两个都城都很受重视。至于一些骚人墨客触景生情,以渲染、夸张的笔法描绘这两个都城者就更多了。

西汉建都长安,主要是基于政治上安全的考虑。刘邦在打败项羽,刚刚登上皇位时,原想建都洛阳,当时有个戍卒娄敬建议他放弃洛阳,西都长安。他所说的主要理由是:"秦地被山带河,西塞以为固,卒然有急,百万之众可具也。因秦之故,资甚美膏腴之地,此所谓天府者也。陛下入关而都之,山东虽乱,秦之故地可全而有也。夫与人斗,不搤其亢,拊其背,未能全其胜也。今陛下入关而都,案秦之故地,此亦搤天下之亢而拊其背也。"[37]张良亦说:"关中左殽函,右陇蜀,沃野千里,南有巴蜀之饶,北有胡苑之利,阻三面而固守,独以一面东制诸侯,诸侯安定,河渭漕挽天下,西给京师。诸侯有变,顺流而下,足以委输,此所谓金城千里,天府之国。"[38]刘邦接受了这个建议,即日车驾西行,建都长安。

此时的长安地区是一片瓦砾。原来的秦都咸阳城在渭水以北,秦亡之时,化为灰烬。唯有建于渭南的兴乐宫虽已残破,尚可修复。此宫改名长乐宫,在修复之后,成为西汉宫殿的基础。长乐宫是西汉初帝后寝居和处理政务的场所,规模宏大,建筑很多,著名的有长信宫、长秋殿、永寿殿、永宁殿、鸿台等,有寝宫,亦有专供游乐的场所。

刘邦在位时所修最著名的宫殿是未央宫,由丞相萧何督造,主体建筑前殿东西五十丈,进深十五丈,高三十五丈,是皇帝朝会诸侯群臣的场所,十分壮观。前殿北面,有石渠阁和天禄阁,为两处专门藏书的地方,即皇家图书馆。其他建筑则为帝王处理政事和寝居游乐的场所。汉武帝时,又在未央宫内增建了一些新的建筑,对原有建筑大加修饰。长安城墙是惠帝时修建的,周回六十里左右,城高三丈五尺,四面各有三门,城墙外有河水环绕。汉武帝时,又增建北宫、桂宫、明光宫等,周回各十余里,占去全城的大半。文献记载,长安城内"八街九陌",居民区划分为一百六十里。横门附近设有九个市,以进行商业活动(图1-8)。《三辅黄图》记载,里内"室居栉比",城中繁华之处往往"人不

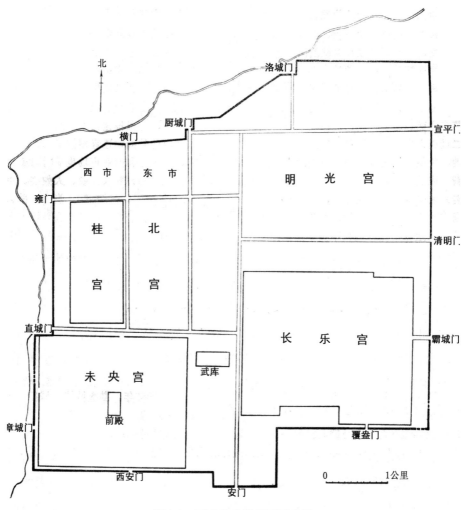

图 1-8 西汉长安城平面示意图

得顾,车不得旋"。覆盎门外还有书市,是儒生们交易书籍、乐器和其他货物的场所,因市场附近有数百槐树列植,因称"槐市"。

汉武帝时,又在长安城外兴修了若干大型工程。其一是在未央宫西兴建了建章宫,周回三十里,大于长乐宫和未央宫,其前殿可以隔城俯视未央宫,又有凌空架设的阁道,可以跨越城池,直通未央宫。其二是在长安城南兴建了明堂和辟雍,为帝王宣明政教之场所;又在城西北建太学,规模也很大。其三是在长安城西南开凿了规模巨大的人工湖,名昆明池,是为训练水兵进攻昆明国

(在洱海边)以打通去大夏之路开凿的。池周回四十里,池内楼船上百[39]。

长安城是西汉的政治、经济和文化中心。《汉书·地理志上》记载:长安县"户八万八百,口二十四万六千二百"。这当是平帝时有户籍的人口,如加上流动人口,其数字当更大。如孝惠、高后时,中央仓储开支,"岁不过数十万石"[40]。可是到武帝时,每年增至六百万石。此开支的迅猛增长,反映了官僚机构的膨胀和人口的增长。

长安是帝王之都,其文娱生活原本比其他城市发达。自丝绸之路开通以后,更为丰富。中原的传统乐器以打击乐器为主,至汉武帝时,自西域传来了箜篌、觱篥、羯鼓、羌笛等鼓吹乐器,大大丰富了中原音乐。在舞蹈方面,自刘邦以来,盛行巴俞舞,这是来自巴蜀和西南夷的舞蹈。至武帝时,舞蹈、角抵、魔术等文娱项目都有新的发展。《史记·大宛列传》曰:西域人"以大鸟卵及黎轩善眩人献于汉。……于是大觳抵,出奇戏诸怪物,多聚观者……及加其眩者之工,而觳抵、奇戏岁增变,甚盛,益兴,自此始。"

刘秀以雒阳为东汉的都城,也是从当时的政治形势考虑的。雒阳"东有成皋,西有殽黾,背河向雒,其固亦足恃"[41]。此外,关中粮食不足,漕运困难,在西汉中期以后,已成为严重问题。雒阳居天下之中,政事、漕运道里便均,虽有人主张仍都长安,可是刘秀还是选定了雒阳。

雒阳城周回约 31 里,全城共设 12 个门,东西两面各 3 个门,南面 4 个门,北面两个门,城内有 24 街。城内的主要宫殿为南宫和北宫。南宫为西汉时所修,东汉初,有所扩建。北宫始建于明帝永平三年(60),五年竣工,为一大建筑群体。其中的德阳殿"周旋容万人,陛高二丈",规模宏伟。城内宫殿和台、观、馆、阁极多。如东观在南宫,原是收藏图籍的地方,为国家图书馆。著名的史书《东观汉记》就是在这里编成的。又如白虎观,在北宫内,东汉章帝时,以今文经学家为主的群儒曾在这里辩驳经义,由班固撰成《白虎通义》一书,流传至今。城南建有明堂、辟雍,意义同于西汉。其西建有灵台,是观测天象的地方。此外,在城外亦建有十余处苑囿园池,著名的有上林苑、灵琨苑、濯龙池、灵芝池等。班固在《东都赋》中描述说:"皇城之内,宫室光明,阙庭神丽,奢不可逾,俭不能侈。外则因原野以作苑,填流泉而为沼,发苹藻以潜鱼,丰圃草以毓兽。"[42](图 1-9)

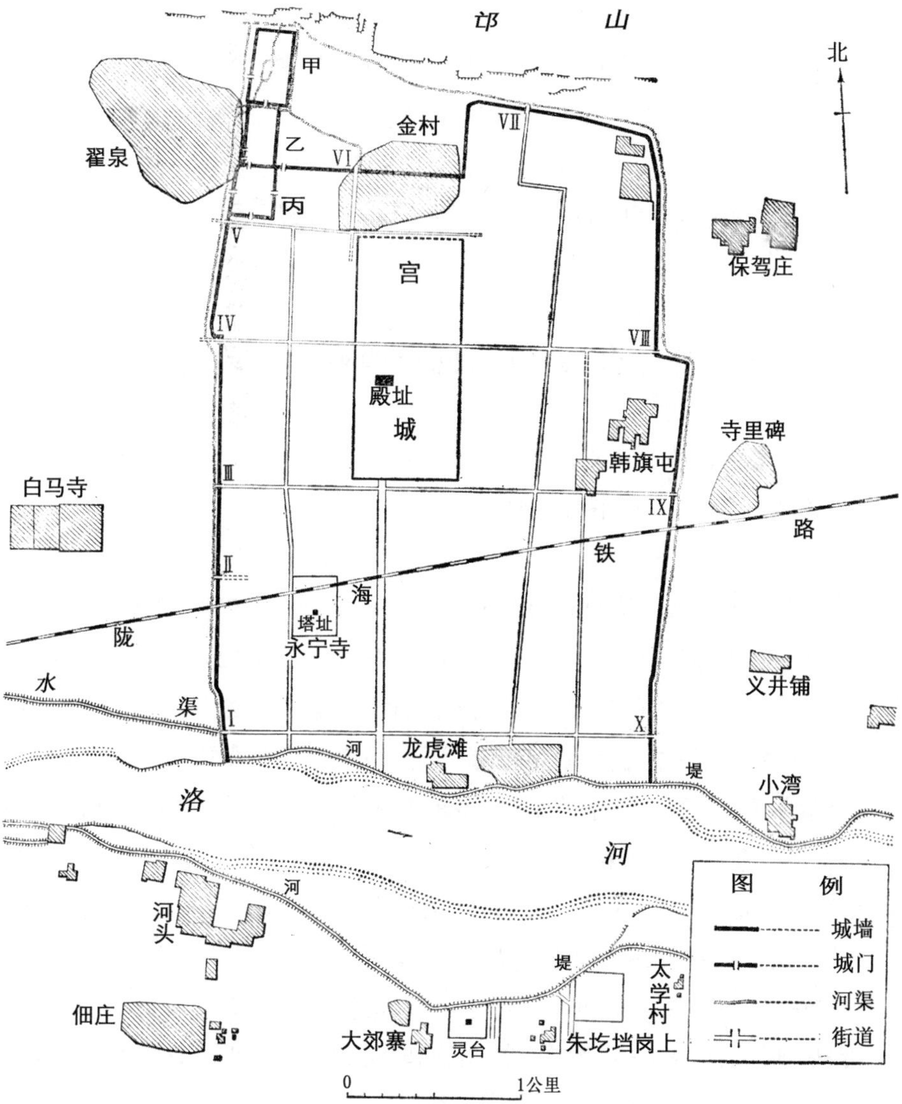

图 1-9　东汉魏洛阳城平面实测图

　　雒阳的物资丰厚,商业发达。明帝时,"作常满仓,立粟市于城东,粟斛直钱二十"[43]。"船车贾贩,周于四方;废居积贮,满于都城。"琦赂宝货,马牛羊豕,妖童美妾,奴婢徒附,应有尽有。此外还有书市,唯物主义思想家王充少年时代曾到雒阳太学受业,"家贫无书,常游雒阳市肆,阅所卖书,一见辄能诵忆,遂博通众流百家之言。"[44]雒阳的文化生活也很丰富。除中原地区的传统文化生活外,自少数民族地区和外国传来的文娱活动也很多。如仲长统曰:"目极角骶之观,耳穷郑、卫之声。"[45]如上所述,安帝时,掸族人来"献乐及幻人,能变化吐火,自支解,易牛马头;又善跳丸,数乃至千"。这些魔术师自谓是大秦国人。其他外国使臣来到雒阳的有韩人(朝鲜半岛南部)、倭国人(今日本)、天竺人(今印度)、叶调人(今爪哇岛或苏门答腊岛)等。

第四节 分与合:东汉后期至西晋的政治发展趋势

东汉后期的黑暗腐朽 黄巾大起义的打击作用 魏蜀吴三国的形成及其发展趋势 西晋统一全国及其两大隐患

东汉王朝的有效统治时间为 165 年[46],其辉煌或比较辉煌的时间大约只有一半,即 80 年,截止于和帝去世时(105)。安帝(107—126),"少号聪敏,及长,多不德"[47]。起初有邓太后掌政,政治比较清明。邓太后死后,安帝与宦官勾结,谋杀邓太后之兄、车骑将军邓骘及其全家,揭开了东汉后期长期的宦官与外戚斗争的序幕。斗争的结果,多是外戚失败。至桓帝(147—167)的后期,桓帝与宦官单超等诛杀了权臣、外戚梁冀,单超等五个宦官首领同日封侯,从此宦官开始长期掌握大权,政治日益黑暗腐朽。《后汉书·朱晖传》附《朱穆传》曰:宦官"手握王爵,口含天宪","天朝政事,一更其手,权倾海内,宠贵无极,子弟亲戚并荷荣任。"他们排斥打击一般官僚士大夫,重用宦官子弟、亲属和投靠他们的官僚,在各地抢夺民财,略取民女以为婢妾。中常侍侯览侵夺宅舍三百八十一所,田地百一十八顷。他的哥哥侯参任益州刺史,侵夺民产以亿计。《后汉书》卷七八《党锢列传·序》曰:"五侯宗族、宾客虐遍天下,民不堪命,起为寇贼。"这一时期,也有一批不愿同流合污而又有忧国忧民思想的官僚,起来反对这些宦官,批评黑暗的朝政。尤其是有众多的太学生以郭泰为首,与上述官僚结合,形成一股政治清流,与以宦官为主体的黑暗势力对抗。太学生还发动学潮,诣阙上书。这场斗争时长三十余年,终因桓帝、灵帝都支持宦官,清流连连失败,还被指控"共为部党,诽讪朝廷,疑乱风俗"[48]。他们有的被杀死；做官的，一律免官禁锢，叫做"党锢"，永禁再为官。

桓帝之后的灵帝，原是河间王刘开的曾孙。他当皇帝后，极力讨好宦官。竟说："张常侍（让）是我父，赵常侍（忠）是我母。"[49] 他为了积聚钱财，在西园公开定价卖官。赚钱皆入私囊，命人回河间买田地，建宅舍。宦官们在他的庇护下，肆无忌惮地搜刮人民，当时有"五邪嗣虐，流毒四方"[50] 之说。同时，在许多地方亦流行着这样一首歌谣："发如韭，剪复生；头如鸡，割复鸣。吏不必可畏，小民从来不可轻。"[51] 此时东汉王朝已处在"山雨欲来风满楼"的形势之下了。

在东汉皇帝和宦官的黑暗统治下，广大农民贫困破产，到处流亡，有的铤而走险。团结在太平道道首巨鹿（今河北平乡）人张角旗帜下的群众，以黄巾为标志，于中平元年（184）二月间，在全国八州，即青、徐、幽、冀、荆、扬、兖、豫，组织了数十万大军，同时起义。他们的口号是："苍天（东汉）已死，黄天当立；岁在甲子，天下大吉。"[52] 起义发动之后，"所在燔烧官府，劫略聚邑，州郡失据，长吏多逃亡，旬日之间，天下响应"[53]。使得东汉灵帝和掌权的宦官集团大为震惊，不仅到处调兵遣将，以保卫京师雒阳，还把当年关押、锢禁起来的所有"党人"统统放出，以求一致对付农民起义军。

就是这样一场席卷全国的农民大起义只战斗了九个月就失败了。河北的张角因病死去，其弟张宝、张梁战死，所部死伤约 20 万人。河南的波才、彭脱等相继战死，所部死伤亦数万人。朝廷派来镇压农民起义军的中郎将皇甫嵩在下曲阳把张宝部下的一千余具尸体堆起，筑成一个大土堆，叫做"京观"，以夸耀自己的武功，并用以恐吓农民。张角的农民起义结束了，可是由他揭幕的这一农民运动并未中止。如张角部失败才三个月（中平二年二月），各地又爆发了以"黄巾"为旗号的新的农民大起义。战斗在中山、常山、赵郡、上党、河内等郡国山区的起义军，约有上百万人，号称"黑山军"或"黑山黄巾"。中平五年（188），青州、徐州一带也爆发了农民大起义，称"青徐黄巾军"。在巴蜀、汉中，还有以五斗米道、天师道为主的农民大起义。虽然这一切农民起义都先后失败了，但在农民起义爆发和战斗的地区，官僚、地主阶级及其统治秩序已遭受到沉重的打击或严重的破坏，东汉王朝从此土崩瓦解。

张角黄巾军被镇压之后，京师雒阳的宦官与官僚的斗争又激烈起来。中平六年(189)灵帝死,中军校尉袁绍一举全部诛杀了大小宦官两千余人。并州(今山西太原)牧董卓率军入雒阳,立年仅九岁的陈留王刘协为帝(献帝),独揽朝政。雒阳一片混乱,各州郡牧守不听朝廷之命,自树旗帜,形成许多大小割据势力。次年,袁绍与关东各地势力联合讨伐董卓,董卓不敌,就劫持献帝西走长安。不久,董卓为部将吕布杀死,部属分裂,互相火并。年仅十多岁的献帝在外逃亡了五年,于196年归依于曹操。关东的联盟瓦解后,又互相攻杀。几年后,逐渐形成为若干较强大的割据势力。其中最主要的,有袁绍,占据冀、青、并三州;曹操,占据兖、豫二州;公孙瓒,占据幽州;刘备、吕布,先后占据徐州;袁术,占据淮南;刘表,占据荆州;刘焉,占据益州;孙策,占据江东;韩遂、马腾,占据凉州;公孙度,占据辽东。此外,还有许多无所归属的中小势力。各种势力又经过了十多年的争夺、兼并,至公元219年,基本上形成了魏、蜀、吴三国鼎立的格局。

三国的形成,是东汉自189年以来分崩离析的形势向再次大一统的形势的过渡。鼎立的时间长达四十余年,这是三国国力相对平衡的结果。其间,三国各有发展和建树,以谋求统一全国。如魏之曹操说:"荡平天下,不辱主命。""江湖未静,不可让位。"[54]蜀之诸葛亮说:"先帝虑汉、贼不两立,王业不偏安,故托臣以讨贼也。"[55]孙吴的情况与魏、蜀不同,无魏之占据中原,国势强大;亦无蜀之为汉宗室,有名义可托。为求得自保,就接受了曹魏所给的"吴王"封号。论其实际,"权外托事魏,而诚心不款"[56]。

在三国中,魏最强大,蜀在诸葛亮死后,政治日趋黑暗,国力薄弱。公元263年,魏命钟会、邓艾两路大军共约13万人伐蜀,直逼成都,蜀国皇帝刘禅投降。265年,魏的权臣司马懿之孙、司马昭之子司马炎废掉小皇帝曹奂自立,是为晋武帝。他于279年发六路大军共二十余万人伐吴,次年,吴国皇帝投降。自东汉分崩离析至此时,长达90年,全国又归于统一。

晋武帝统一全国,改元"太康",以示庆贺。他实行了一些有利于发展生产的政策。在太康十年中,"天下无事,赋税平均,人咸安其业而乐其事"[57]。晋武帝初即位时,曾恭俭寡欲,勤于政事,但在平吴之后,"遂怠于政术,耽于游宴,宠爱后党,亲贵当权"[58]。致使其统治集团的奢侈腐朽的风气有增无已,对广大人民的剥削搜刮亦日益严重。车骑司马傅咸上书曰"窃谓奢侈之费,甚于天灾"〔59〕,可见问题的严重。

晋武帝时已有两大隐患在发展,其一是他所实行的宗室分封制,其二是北方内迁民族与汉族的矛盾。

晋武帝所以实行分封制,自认为是接受了曹魏灭亡的经验教训。他认为曹魏为他所逼,让位与他的主要原因是曹氏不曾分封宗室以为皇室的屏藩。他得到皇位后,学习西周,大搞分封,希望司马氏的统治"历纪长久,本支百世"〔60〕。封同姓王二十七国,公、侯、伯、子、男五百余国。所封户数几占全国户口的半数。受封宗室位高权大,尤其是诸王,如出镇一方,则拥有军、政大权,得自置官吏;如在朝为官,则居卿相之位,权倾内外,专断独行。这样的情况严重削弱了中央集权制度,成为政局不稳的重要因素。290 年,晋武帝死,其子司马衷继位,是个白痴,不久即发生了宫廷内部争权之事,酿成"八王之乱"〔61〕,前后混战了十六年,惠帝、贾后、辅政大臣(晋武帝的岳父)杨骏以及八王中的多数被杀。最后立了惠帝之弟司马炽为帝,是为怀帝。战火从洛阳燃遍大河南北和关中地区,造成严重破坏,再加上天灾不断发生,瘟疫流行,广大人民或死于兵燹,或流离失所,西晋的国力一蹶不振。

北方少数民族内迁的情况始于东汉后期,至曹魏时,内迁者已遍于黄河中下游,今四川、甘肃的少数民族也有迁动。内迁的主要民族有匈奴、羯、氐、羌、鲜卑,史称"五胡"。他们饱受汉官、地主的欺凌和奴役,生活十分痛苦。"八王之乱"时,他们又被利用于争战,死伤很多,因之不断发动武力反抗。294—303 年间,在今山西、关中、四川起兵的匈奴人、氐和羌人、賨人〔62〕共有数十万,大败晋军,建立政权。賨人李雄在成都称王,后称皇帝,国号大成。304 年,匈奴贵族刘渊在汾河流域起兵,初称汉王,后亦称皇帝,建都平阳(今山西临汾),国号汉。他死后,其子刘聪继位。晋怀帝永嘉五年(311),刘聪派其族弟刘曜攻破洛阳,俘晋怀帝。晋在关中的官僚又拥立秦王司马邺为帝,是为愍帝,都于长安。建兴四年(316),刘曜又攻入长安,俘愍帝,西晋灭亡。

此时,西晋琅琊王司马睿为安东将军,驻建邺〔63〕,在南逃的官僚、地主们的拥护下,于 317 年即帝位,是为元帝,建都建康,史称东晋,基本上控制了长江以南地区。黄河流域至长江以北,一时成为"五胡"的天下,长期互相攻杀,先后建立了众多国家,史称"十六国"。

第五节 东晋南北朝时期的经济开发与民族融合

东晋偏安江南 宋、齐、梁、陈的更迭 江南的开发 十六国的兴亡与北魏"混一戎华" 魏孝文帝改革促进了北方民族大融合

西晋灭亡时的年号为"永嘉"。匈奴人刘曜攻破洛阳时,杀死贵族、官僚、庶民三万余人,洛阳变成一片瓦砾。羯人石勒在东郡击败晋军,杀王公以下十余万人。这些事件都使北方的官民十分恐慌,大量人口南逃,史称"永嘉南渡"(彩图1)。

东晋建立之前,南逃人中的有识之士主张北伐。如范阳遒(今河北涞水北)人祖逖上书司马睿(后为东晋元帝),要求北伐。他说:"戎狄乘隙,毒流中原,今遗黎既被残酷,人有奋击之志。"[64]可是司马睿只想安居江南,无意北伐。祖逖死于北伐途中,北伐亦中止。后来桓温数次北伐,曾灭成都的賨人所建汉国(原成国),还打到霸上(今陕西长安东),收复过洛阳,并建议还都洛阳。可是元帝和达官贵人均安于江南一隅,不想北还,所以每次北伐最后都以失败而告终。382年,氐族建立的前秦统一北方。次年,前秦皇帝苻坚以九十万大军南下,企图一举覆灭东晋。东晋以八万人在淝水击败秦军,保住了淮水以南及长江流域,从此在江南站住了脚。

淝水之战以后,东晋统治集团内部争权夺利的斗争愈演愈烈,多次以兵戎相见。后来长江中、上游地区为广州刺史桓玄控制,与朝廷对立;长江下游的江北地区也脱离朝廷而独立。朝廷控制的地区只有东南八郡[65]。此八郡是侨姓士族和吴姓士族集中的地区[66],也是东晋王朝的全部税收承担地。这里的农民遭受多种剥削,痛苦日益加重。此时司马元显掌朝政,强征农民当兵,"东土嚣然,人不堪命,天下苦之矣"[67]。于是399年爆发了以孙恩、卢循为首的农民大起义。这次农民起义历经十二年,几乎扫荡了东晋全境,给予东晋王朝和东南士族地主以沉重打击。至411年,起义失败。

东晋镇压农民起义的主要将领是刘裕。他曾率军灭掉北方的南燕、后秦,

后来在朝中掌权,还整顿吏治,进行过一些改革。420 年,他废掉东晋的小皇帝,自登皇位,国号宋,史称"刘宋"。所谓"南朝"从此时开始。刘裕当了两年皇帝就死了。此后,他的子孙一再争夺帝位,互相残杀,内战连年不断。有一首民间歌谣曰:"遥望建康城,小江逆流萦,前见子杀父,后见弟杀兄。"[68]政治日益黑暗,横征暴敛加重,社会动荡不安,民不聊生。中领军将军萧道成于 479 年废宋顺帝自立,国号齐,史称"南齐"或"萧齐"。萧齐仅存在了二十多年,换了七个皇帝,于 502 年为权臣萧衍篡位,国号梁,史称"萧梁"。萧衍在位 48 年,"民尽流离,邑皆荒毁……售灾亟降,囹圄随满"[69]。此后七年间又换了三个皇帝,于 557 年,为将军陈霸先篡位,国号陈。陈朝时,江陵、襄阳以西已为西魏、北周所夺,江北已为北齐所占,江南的湘州、桂州、广州的刺史、郡守多拥兵割据,朝廷能控制的地区已很少了。至 589 年,隋军南下,陈后主被俘,隋朝再次统一中国。

东晋南朝是中国古代少有的更迭频繁、内战不断、政治黑暗、人民生活痛苦的时代。可是在这二百七十多年中,南方的开发比较好,农业、手工业、商业都相当发展,海外贸易也比较发达。永嘉南渡及其后续来的中原人口,仅登录在册的约有七十万人,漂流不定、不着户籍的"浮浪人"尚未计在内。《晋书》卷六五《王导传》曰:"洛阳倾覆,中州士女避乱江左者十六、七。"可见南迁者不在少数。南来人口带来了北方先进的生产工具和耕作技术,其中包括了铁农具的推广和水利的兴修等。沈约曰:"江南之为国盛矣。……地广野丰,民勤本业。一岁或稔,则数郡忘饥。"[70]南方手工业的发展更为迅速,其中冶铁、青瓷、纺织、养蚕、造纸等技术都超过了北方。水上交通尤为发展,各地区的大小河流都有船只通航,城市与乡村亦有水运通连。海口有番禺(今广州)、东冶(今福州)等南通南洋、西洋,东通日本、朝鲜。

西晋灭亡以后,黄河南北广大地区成为战场,参与战斗的主要是进入中原的所谓"五胡",建立的国家先后有一成(汉)、二赵、三秦、四燕、五凉、一夏,史称"五胡十六国"。五胡之外,参与斗争的还有賨人和汉人,十六国之外还有代、冉魏和西燕。各参与斗争的民族首领都是以暴力为手段以谋求存在和发展。但也有不少有作为的民族首领很重视改善民族关系,学习采用先进的汉文化。如羯人石勒,家贫,十多岁时曾被晋官吏掠卖到山东为奴隶,后来他建立赵国(史称后赵),自立为帝。他既依靠本民族的势力以自固;又重用汉族士人张宾为大执法,总管朝政,建立制度,并收揽其他汉族士人编成"君子营",作为幕僚。他还在都城襄国(今河北邢台)设太学,选送将吏子弟受学。又下令各郡、国立学校,提倡尊孔读经。石勒虽未读书,但"雅好文学,虽在军旅,常令儒生读史书而听之"[71]。

前秦皇帝苻坚,氐族,也是一位杰出的政治家。伯父苻健为帝时,拜他为龙骧将军。"性至孝,博学多才艺,有经济大志,要结英豪,以图纬世之宜。王猛、吕婆楼、强汪、梁平老等并有王佐之才,为其羽翼。"[72]苻生嗣帝位,昏虐无道,乱杀无辜。有说苻坚者曰:"今主上昏虐,天下离心。有德者昌,无德受殃,天之道也。神器业重,不可令他人取之,愿君王行汤、武之事,以顺天人之心。"[73]苻坚遂杀苻生,自即帝位。他任用家世寒微的汉人王猛为中书侍郎,参掌机要。王猛加强中央集权,限制、打击氐族贵族和汉族豪强不法分子,整顿吏治。氐族贵族许多人反对王猛,建有大功的氐豪樊世当众侮辱王猛,并扬言:"要当悬汝头于长安城门!"苻坚得知后大怒曰:"必须杀此老氐,然后百僚可整。"苻坚果然处死樊世,还在朝廷上责骂、鞭挞攻击王猛的其他氐族贵族。后王猛为中书令、京兆尹,在数十天中,诛杀贵戚强豪二十余人。"于是百寮震肃,豪右屏气,路不拾遗,风化大行。"苻坚还重视发展农业生产,奖励开荒,开放山林沼泽,任民樵采,兴修水利,发展交通运输,建起明堂,兴办学校,整齐风俗。于是"关陇清晏,百姓丰乐。自长安至于诸州,皆夹路树槐柳,二十里一亭,四十里一驿,旅行者取给于途,工商贸贩于道。"[74]

苻坚于357年登帝位,370年灭前燕,374年夺晋益州,376年灭前凉和代,至382年,控制西域。至此时,前秦的疆域"东极沧海,西并龟兹,南苞襄阳,北尽沙漠"[75]。这是我国古代少数民族在北部半个中国范围建立起了统一的多民族国家的第一次尝试。苻坚后为实现全国的大一统而南下伐晋,淝水一战大败,前秦从此又分崩离析。

前秦之后,鲜卑族拓跋部在北部中国的事业更获成功。该部曾在今内蒙古南部建立代国,后为前秦所灭。前秦瓦解后,拓跋珪(道武帝)复国,以平城(今山西大同)为国都,改国号魏,史称"北魏""后魏""拓跋魏"或"元魏"。为改变本民族落后的生产和生活方式,拓跋珪大力发展农牧业经济,学习文化,培养人才。他实行"离散诸部,分土定居,不听迁徙,其君长大人皆同编户"[76]的政策,国势日强。又在平城设太学,置五经博士,有太学生一千余人。后来国子学、太学、郡学、乡学都有很大发展。其孙拓跋焘(太武帝)也是一位雄才大略的君主,于423年即位,连年开疆拓土,431年灭夏,436年灭北燕,439年灭北凉。史称他"聪明雄断,威灵杰立。藉二世之资,奋征伐之气,遂戎轩四出,周旋险夷。扫统万,平秦陇,翦辽海,荡河源,南夷荷担,北蠕削迹,廓定四表,混一戎华,其为功也大矣。遂使有魏之业,光迈百王。"[77]至此,在前秦之后50年,鲜卑族在北部半个中国建立起了又一个统一的多民族国家。

太武帝死后二十年,北魏王朝进入了更有成就的时期,就是孝文帝拓跋宏改革的时期。孝文帝即位时(471)年仅五岁,改革的真正主持者是他的祖母、太武帝的儿媳冯太后。至太和十四年(490),冯太后死,孝文帝亲政,继续改革。改革以加强中央集权为主。政治制度方面,首先整顿吏治,规范州、郡、县地方行政三级制,严格监察制度和考课制度,刺史、守、令(长)的任期以治绩优劣决定其时限或升迁。"始班俸禄",统一由国家发放,严惩贪赃枉法。又废除以封建地主为主体的宗主都护制[78],在广大农村实行由官府管理的三长制,即五家立一邻长,五邻立一里长,五里立一党长。这样的基层政权制度可将地主对农民的统治权集中到官府手中。在实行这一制度时,冯太后答复反对派曰:"立三长,则课有常准,赋有恒分,苞荫之户可出,侥幸之人可止。何为而不可?"[79]

在经济制度方面,首先实行均田制。田归国家所有,按户按口分配。男子十五岁以上,受露田四十亩,桑田二十亩;妇人受露田二十亩。年满七十岁,还田于官。桑田为世业,不还官。露田和桑田均不得买卖。对于奴婢和壮牛受田亦有规定。地方官吏各随在职地区给予公田,任职高低,所给公田亦有规定。其次,又相应地制定了定额赋税制度,按户纳税,时称"户调制"。均田制和户调制的实行,稳定了社会秩序,亦改善了国家的财政状况。

太和十八年(494),北魏迁国都于洛阳,这对于统治疆域辽阔的多民族国家是一个重要的政治选择。迁都之后,孝文帝仍继续改革。此时改革的重点是"移风易俗",改变鲜卑族内迁贵族和官僚原有的生活习俗,促进学习、接受汉文化。如"班赐冠服",就是废除鲜卑式官服,改用汉式官服。称鲜卑语为

"北语",汉语为"正音"。孝文帝曰:"今欲断诸北语,一从正音。"[80]规定在朝廷上禁用鲜卑语,使用汉语。还规定改鲜卑族原有姓氏为汉姓。所改汉姓以音近者为准。拓跋氏为首姓,改姓元氏,为最高门第。丘穆陵氏为穆氏,步六孤氏为陆氏,贺赖氏为贺氏,贺楼氏为楼氏,尉迟氏为尉氏等。还鼓励皇族和鲜卑贵族与汉族士族通婚。

孝文帝改革历时二十年,成就是巨大的。此改革是在当时北方各民族长期纷争的影响和推动下进行的,也是鲜卑拓跋部社会进步和北方各民族融合的需要。改革使北方的政治走向进步,社会趋于稳定,民族关系更加密切,社会经济、文化获得发展,为与南朝的统一创造了重要条件(彩图2)。

注 释

〔1〕 《史记》卷六《秦始皇本纪》,中华书局,1959年标点本,第236页。

〔2〕 汉景帝改称太常。

〔3〕 汉武帝改称光禄勋。

〔4〕 汉景帝改称大行令,武帝改称大鸿胪。

〔5〕 汉景帝改称大农令,武帝改称大司农。

〔6〕 《史记》卷六《秦始皇本纪》集解引徐广语,第251页。

〔7〕 左丞相隗状,右丞相王绾。欸与嫌通。

〔8〕 《说文解字·叙》,见段玉裁:《说文解字注》卷一五上,浙江古籍出版社,2004年影印本,第758页。

〔9〕 灵渠东接湘江上游之海洋河,西入漓江上游之大溶江。

〔10〕 《史记》卷六《秦始皇本纪》,第245页。

〔11〕 《后汉书》卷四上《班彪列传》(上),中华书局,1965年标点本,第1323页。

〔12〕 事见陆贾《新语·无为》。

〔13〕 七国为吴、楚、赵、胶西、胶东、淄川、济南。吴发兵二十万,号称五十万,为主力。

〔14〕 《汉书》卷九四上《匈奴传上》,第3764页。

〔15〕 《史记》卷六《秦始皇本纪》,第245页。

〔16〕 《史记》卷三〇《平准书》,第1417页。

〔17〕 《汉书》卷一下《高帝纪下》,第54页。

〔18〕 《史记》卷三〇《平准书》,第1418页。

〔19〕 《汉书》卷二四上《食货志上》,第1133页。

〔20〕 同上。

〔21〕 《汉书》卷五六《董仲书传》，第 2505 页。

〔22〕 《汉书》卷一九上《百官公卿表上》颜注引《汉官典职仪》，第 742 页。

〔23〕 刺史为六百石，司隶校尉为比二千石。

〔24〕 六郡为陇西、天水、安定、北地、上郡、西河。《史记》卷九《李将军列传》"索隐"引如
淳云：良家子"非医、巫、商贾、百工也"。

〔25〕 《汉书》卷九四上《匈奴传上》，第 3765 页。

〔26〕 阏氏：单于妻。

〔27〕 竟宁：竟与境通，边境安宁。

〔28〕 《史记》卷一二三《大宛列传》，第 3169 页。

〔29〕 《后汉书》卷七八《西域传》："西域内属诸国，东西六千余里，南北千余里，东极玉门、
阳关，西至葱岭。"第 2914 页。

〔30〕 《史记》卷一一三《南越尉佗列传》，第 2972 页。

〔31〕 《广州市文物志》编委会：《广州市文物志》第一篇第三节《秦汉造船工场遗址》(撰
稿人：麦英豪)，岭南美术出版社，1990 年。

〔32〕 《太平御览》卷七七一《舟部四》"帆"，中华书局，1960 年影印本，第四册，第
3419 页。

〔33〕 原文汉字对音和译文都保存在《后汉书》卷八六《西南夷列传》及李贤注中 (第
2854—2857 页)。三首歌由当时的犍为郡掾田恭译出，题为《远夷乐德歌》《远夷慕
德歌》《远夷怀德歌》，合称《白狼歌》，备述"白狼王、唐菆等慕化归义"之意。

〔34〕 《后汉书》卷六《西南夷列传》，第 2849 页。

〔35〕 同上。

〔36〕 《后汉书·志第十九》郡国五，第 3534 页。刘昭注引应劭《汉官仪》："永和中，户至
千七十八万，口五千三百八十六万九千五百八十八。"孝桓"永寿二年 (156)，户千六
百七万九百六，口五千六万七千八百五十六人"。

〔37〕 《史记》卷九九《刘敬列传》，第 2715—2716 页。

〔38〕 《汉书》卷四〇《张良传》，第 2032—2033 页。

〔39〕 参看史念海、辛德勇：《西安》，载陈桥驿主编：《中国七大古都》，中国青年出版社，
1991 年。

〔40〕 《史记》卷三〇《平准书》，第 1418 页。

〔41〕 《汉书》卷四〇《张良传》。

〔42〕 萧统：《文选》第一卷《京都上》，中华书局，1974 年影印李善注《文选》，第 32 页。

〔43〕 《晋书》卷二六《食货志》，中华书局，1974 年标点本，第 781 页。常满仓，《通典》一二、《通志》六二作"常平仓"。

〔44〕 《后汉书》卷四九《王充传》，第 1629 页。

〔45〕 《后汉书》卷四九《仲长统传》，第 1640 页。

〔46〕 东汉始建于 25 年，至中平六年(189)灵帝死，尚算有效统治时间。

〔47〕 《后汉书》卷一六《邓禹传》附《邓骘传》，第 616 页。

〔48〕 《后汉书》卷六七《党锢列传·序》，第 2187 页。

〔49〕 《后汉书》卷七八《宦者列传·张让传》，第 2536 页。

〔50〕 《后汉书》卷七《孝桓帝纪·论》，第 320 页。五邪：单超、具瑗、唐衡、左悺、徐璜，即五侯。

〔51〕 《太平御览》卷九七六引崔寔《政论》。文字从严可均《全后汉文》校订。

〔52〕 《后汉书》卷七一《皇甫嵩传》，第 2299 页。"甲子"，汉灵帝中平元年(184)。

〔53〕 同上。

〔54〕 《三国志》卷一《魏志·武帝纪》注引《魏武故事》引《让县自明本志令》，中华书局，1971 年标点本，第 32—34 页。

〔55〕 诸葛亮：《后出师表》，《诸葛亮集》卷一"文集"，中华书局，1960 年，第 6 页。

〔56〕 《三国志》卷四七《吴主传》，第 1125 页。

〔57〕 《晋书》卷二六《食货志》，中华书局，1974 年标点本，第 791 页。

〔58〕 《晋书》卷三《武帝纪》，第 80 页。

〔59〕 《晋书》卷四七《傅玄传》附《傅咸传》，第 1324 页。

〔60〕 《晋书》卷三七《宗室列传·史臣曰》，第 1114 页。

〔61〕 八王：汝南王亮、楚王玮、赵王伦、齐王冏、长沙王乂、成都王颖、河间王颙、东海王越。

〔62〕 賨人：古代巴人称赋税为"賨"，后巴人亦称"賨人"或称"巴氏"。

〔63〕 建邺：建兴元年(313)因避愍帝司马邺讳，改称建康，今江苏南京。

〔64〕 《晋书》卷六二《祖逖传》，第 1694 页。

〔65〕 东南八郡：会稽、吴郡、吴兴、义兴、临海、永嘉、东阳、新安。

〔66〕 侨姓士族：自北方南迁的士族。吴姓士族：本地土族。

〔67〕 《晋书》卷六四《会稽文孝王道子传》，第 1737 页。

〔68〕 《魏书》卷九七《刘裕传》附《刘骏传》，中华书局，1974 年标点本，第 2142 页。

〔69〕 《文苑英华》卷七五四何之元《梁典高祖事论》，中华书局，1966 年影印本。

〔70〕 《宋书》卷五四《孔季恭等列传·史臣曰》，中华书局，1974 年标点本，第 1540 页。

〔71〕 《晋书》卷一〇五《石勒载记》(下)，第 2741 页。

〔72〕《晋书》卷一一三《苻坚载记》(上),第 2884 页。

〔73〕《晋书》卷一一三《苻坚载记》(上),第 2884 页。

〔74〕同上书,第 2895 页。

〔75〕《高僧传·晋长安五级寺释道安传》。

〔76〕《魏书》卷八三上《外戚列传·贺讷传》,第 1812 页。

〔77〕《魏书》卷四下《世祖太武帝焘纪》,第 109 页。

〔78〕宗主原称坞主、壁帅,是西晋末年未南逃的大地主,拥有众多的宗族、部曲和依附农民,组成武装。北魏初期,任命他们为宗主,拥有督护百姓之权,史称"宗主督护制"。

〔79〕《魏书》卷五三《李冲传》,第 1180 页。

〔80〕《魏书》卷二一上《魏咸阳王禧列传》,第 536 页。

第二章　官僚政治的确立与演变

战国变法的急剧政治转型之后,秦汉大一统帝国诞生了。秦汉王朝的君主专制、中央集权和官僚制度,可以说是中国早期的政治文明的最重要成果,奠定了此后两千年来中华帝国的基本特征。相对于同一历史时期世界上另一些政治形态,秦汉王朝的专制官僚政治,无疑提供了更多的法制、秩序和安定。东汉以后的三国分裂、少数民族入主和江左偏安,使帝国堕入了低谷。但在魏晋南北朝,专制官僚政治依然支撑着中华文明艰难前行;十六国、北朝走上不尽相同的历史道路,广泛的民族和文化交融,逐渐孕育出了蓬勃的政治动力,开启了隋唐时代的政治复兴。

第一节　官僚政治的奠基

皇权和相权的变迁　中枢行政架构的科层化与合理化　地方控制的主干:郡县体制　"如律令"和"以文书御天下"

殷周时代的国家,一方面还没能摆脱氏族纽带,呈现出了浓厚的"家国不分"色彩,另一方面又孕育着日趋集中化的权力和日趋复杂化的官员组织。到了战国时期,经济和社会的进步已足以支撑起一个更复杂的文明了,这就呼唤着更高级的管理形式,变法运动遂应运而生。由此建立的官僚政治的基本特点,包括分科分层的官僚组织架构、严格遵循法律法规和充分利用文书档案,以及"选贤任能",依赖职业文官而不是贵族来承担行政等方面。权力分散的贵族政治及分封制度衰败了,伴随着秦朝的统一,一种新的政治体制正式奠

图 2-1　秦阳陵虎符

基,随后便是"汉承秦制"。这个新的体制,就是中央集权、皇帝专制和官僚制度;"官僚帝国"一语,就是对秦汉政治体制的最简练概括[1]。

秦汉王朝的统治者,是如何行使政治统治的呢?

帝国的最高权力属于"皇帝"。君主利用"君权天授说"和"五德说"来自我神化,以证成他君临天下乃是天经地义。皇位继承,采用嫡长子继承的制度以避免纷争。秦始皇用铁腕驭下,"事无小大皆决于上"。发布诏令是皇帝的全权,但事实上一人之智不足以治天下之人,有集思广益之功的"朝议"形式,通常也是重大的政治决策之所出。"朝议"的参与者一般包括:丞相、御史大夫和诸卿,他们是行政机构的领导者;将军及列侯,其议政资格来自其军事责任和传统的权势(图 2-1);以及由士人来担任的大夫、博士、议郎等等,帝国需要士人的学识和政见。各种尊君卑臣的礼制维护着帝王的荣华和威严。

国务的总管者习称"宰相"。"宰相"一般不是正式的官名,而是对拥有议政权和监督百官执行权的大臣的称呼[2]。从秦朝到西汉后期,丞相相当于宰相。汉初的丞相一般由功臣勋旧担任,这时候君、相关系还没定型,丞相一度

图 2-2　在汉西海郡治所龙耆城(今青海海北藏族
自治州海晏县城西面)发现的王莽石匮

位望隆重,敢于对皇帝直言不讳,甚至言所不当言。汉武帝时帝国进入了盛期,君主的专制权力迅速强化,丞相权力相形低落。汉武帝以加官方式选拔官员和文学之士,让他们在内省侍从左右,他们因随时得到天子垂询而得以参与大政。同时宫中传发书奏的尚书,也开始扩展职责、涉身机要事务。武帝在临终前,任用外戚霍光做大司马大将军,领尚书事,为内朝之主,于是将军辅政而领尚书事,开始成为惯例。君主身边的这样一批人,与丞相为首的“外朝”,形成了制衡关系。

西汉后期,丞相制开始向三公制变迁,到东汉初年,太尉、司徒、司空等三公成了宰相。王朝进行这种变革的理由,包括政事繁多、宰相一人难以独兼三公之事等等;从结果看来,丞相的独尊已被三人分权所取代,相对于皇权,相权无疑是被削弱了(图2-2)。

三公的职责是参议朝政、监察百官,仍然拥有宰相资格;同时尚书台又在扶摇直上,到了东汉已被比做“天之北斗”了,“出纳王命,赋政四海,权尊势重,责之所归”,以致有人发出了“虽置三公,事归台阁”的感叹。尚书令的品秩虽不很高,在朝堂上却与御史中丞、司隶校尉专席而坐,号曰“三独坐”。较低品位的官员反而拥有较大实权,这种安排适应了君主专制的需要。东汉多以太傅录尚书事,任以元老名臣,享有高于三公的优厚待遇。丞相在西汉末年一分为三,变成三公,又有大将军辅政以分其权,太傅录尚书事以夺其势,那么汉初丞相一度拥有的独尊地位,到东汉已一去不返了。

传统政治当然有很多不规范的地方,核心圈的权力角逐,经常取决于随机的权势格局。皇帝较为年幼时,母后、权臣就会操纵着更多的权势。汉代的权臣往往出于外戚家族,母后干政和舅氏擅权的情况屡屡出现,尤其显示了“家天下"的早期政治特征,甚至母系社会的某些残余[3]。外戚一旦掌权,则姻亲党羽布列朝廷州郡,这与后代有很大不同。东汉后期,宦官获得了超出"家奴"身份的政治影响力,成了皇帝对抗外戚的得力助手。宦官专权既标志着皇帝一己的继续扩展,但宦官播弄权势贪污违法又恶化了专制,并曾激起了清流士大夫们的强烈抵制,从而造成了新的内部矛盾。

不过比起另一些政治形态,秦汉行政体制毕竟减少了政局变化莫测的随机程度;它们构成了帝国大厦的行政骨架,提供了有章可循的稳定因素。秦与汉初的中央行政机构,以丞相、御史大夫居首。丞相上承天子"助理万机",御史大夫掌管图籍法令,为丞相之副,并拥有考课监察之权。其下列卿——习惯上有"九卿"之说——各有职掌,各卿的官署都采用科层结构,例如太常属官有太乐等六令丞;大司农属官有太仓等五令丞、斡官等两长丞。西汉的丞相府下分曹办事,东汉的太尉、司徒及司空分掌军政、民政和土木工程,其下各有十几曹。值得注意的是尚书台的结构有所进步,西汉分为五曹,东汉设有六曹,三公曹、吏曹、二千石曹、民曹及南主客曹和北主客曹,每曹尚书统尚书郎若干人,其下还有尚书令史。而且从东汉中后期到曹魏形成二十三郎一郎一曹局面。尚书令、仆下属的尚书、丞、郎都由大臣提名,吏部任命,非令、仆所能自决,这种关系具有更多理性行政色彩。总的说来,国家政务的"分官设职"形式日趋严谨,魏晋以下尚书台变成了政务中心,并在隋唐之际发展为吏、户、礼、兵、刑、工六部之制,一直沿用到了明清时代。

西汉王朝前期的地方控制曾经出现曲折:汉初迫于局势分封了若干异姓王和同姓王,异姓王被铲除后,但同姓王势力一度尾大不掉,威胁了中央集权(彩图3、图2-3)。幸好随后的"削藩"显示了中央政权的强大,沉重打击了割据分权的因素。秦汉的郡县制和编户制,使专制权力得以直达每一编户。源于先秦的"齐人""鲁人""楚人"这种籍贯表述,逐渐让位于以郡国为籍贯的表述[4]——郡县制已是臣民安身立命的基本单位。汉代的郡国约一百余个,不经中间环节而由中央政府直辖,郡国是地方行政的重心所在,层次简洁而控制有效。汉成帝时的东海郡有民139.4万人,吏员2203人[5],吏民之比例约为1:633,可见汉代地方行政之简。秦汉郡守掌管着一郡的财政、司法、行政、军事大权,还有辟召和察举权力,比后世地方官的权力大得多。汉代的县级单位

图 2-3　湘成侯相印，上海博物馆藏

已达一千几百个，万户以上的长官称"令"，不及万户称"长"。一县大率方圆百里，所以能治一县者号称"百里之才"。县辖数乡，其下为里和什伍。再通过户籍制和连坐、告奸等制度，皇帝得以把千万小农纳入股掌，使之成为赋役的可靠来源。

　　汉武帝设置了十三州刺史，其职责是以"六条"察州，也就是监察郡守和藩国的不法行为，兼及强宗豪右。刺史的品秩并不算高，只有六百石而已，然而"秩卑而命之尊，官小而权之重，此小大相制、内外相维之意也"[6]。若把郡县乡里系统看成"条条"的话，那么另外还存在着类似"块块"的系统，例如各地设置的数十处盐官、铁官，以及工官、服官、水官、均输官等。他们直属于中央的对口机构，例如盐官、铁官属大司农，工官或属少府，水官或属水衡都尉。少数民族地区的情况有三类："有蛮夷曰道"，"道"是县级单位；对于内属或降附的少数民族，设"典属国"加以管理，在秦简中典属国被称为"典属邦"；至于那些相对叛服无常的部族，则更多是以都护、校尉、骑都尉、中郎将等官持节领护之，例如西域都护、护羌校尉、蛮夷骑都尉、匈奴中郎将等。为平定西域做出了杰出贡献的班超，曾任西域都护达十一年之久。

　　对法律的依赖程度和对文书的利用程度，是衡量官僚制水平的重要标尺。唐王朝的政治体制有"律令体制"之誉，其实秦汉帝国就已初步奠定了"律令秩序"了。商鞅变法之后，秦法逐渐发展得"网密于凝脂"；睡虎地出土的秦律，就体现了一种尽力把各种政治行为都纳入法律控制的意图（图2-4）。旧说

"汉承秦制"，汉廷的法制是上承秦朝的，近年学术界对江陵张家山汉简《奏谳书》的研究又加强了这一观感，甚至计算钱币时以 11 为倍数都与秦相同[7]。汉初法律增为"九章律"，到汉武帝时律令达到了 359 章，汉宣帝时更增益到了 960 卷之多。汉代的法律形式，一般认为有律、令、科、比四类。"律"是较稳定的法律形式，"天子诏所增损，不在律上者为令"[8]。"科"相当于补充法令与施行细则，"比"相当于判例，律文如无相应条款，则"取比类以决之"，如"死罪决事比"之类。秦汉朝廷都非常重视普法工作，有许多向吏民公布法律诏令的措施。此外，遇到复杂棘手的事变，大臣们往往要查阅"故事"来寻找先例。"律令故事"的总汇就是帝国的"法度"。"如诏书""如律令"等语词在文书中大量重现，这种反复重申当有强化法令的权威性之功。汉代地方的司法审理，乡以调处之，初审于县，再谳于郡国，再上于廷尉，其不能决者报皇帝

图 2-4　秦律关于统一度量衡条文的竹简，湖北云梦睡虎地出土

裁之,盖四级三审制。

韩非有"先王寄理于竹帛"之语,秦始皇甚至于不读毕公文不肯休息,君主控御百僚和处理万机,都要通过"竹帛"即文书来完成。刘邦入咸阳,萧何先收秦丞相御史所收藏之律令图书,对此《论衡·别通》有这样的评论:"萧何入秦,收拾文书,汉所以能制九州者,文书之力也。(汉)以文书御天下。"无论秦廷还是汉室,都是"以文书御天下"的。秦律规定,有事必须书面请示,不得口头请示或托人代达,以保障行政信息的真实性。秦汉墓葬及居延、敦煌等地所见简牍,提供了其时行政文书的大量实物,显示了帝国文书的流通量之大,所涉文书种类之多,以及文书制作、传发、保管制度的严密。尚书台是文书出纳的承上启下之点,所以它才由最初仅有四名传发书奏的小吏,而最终发展为天下枢机、政务总汇,可见在文书运行网中所处的节点位置也就是一种政治地位,文书处理权力也就等于政治权力。经君主批阅的诏草还要由丞相、御史或三公府审核平署,发现不妥则可封还,这就构成了一种纠错的机制。

有人认为,秦汉官僚行政的发展水平,远远地超过了同期的罗马帝国,并已和近代的超级国家具有了可比性[9]。确实,仅就以上所述就能看到,秦汉政治体现了一种对政治行政加以理性化安排的文化精神,不夸张地说,这一点深刻而长久地影响了中华文明的倾向和性格。

第二节　文吏与儒生

文吏的"优事理乱"　儒生的"轨德立化"　从"霸王道杂之"到王莽变法　东汉初年的"吏化"　文吏与儒生的融合　从"四科选官"到"贡士以经学为先"

先秦,尤其是战国历史的发展进程,留下了两大重要的政治文化遗产:专制官僚组织和诸子百家文化。前者的承载者,是一个"文吏"群体;后者的承载者,则是士人阶层。文吏和学士的双峰并峙格局,给予此后的历史以重大影响。

文吏相当于职业文官。汉廷把"能书会计"和"颇知律令",也就是文书、财会和法律技能,规定为他们的基本技能,相关的培训和考选都已相当制度化了。"功次升进"和"以能取人"是文吏升迁的基本途径,其功绩、勤务以若干岁、月、日为单位,记录于功劳簿上,还有以若干"算"为单位的计分之法。尹湾汉墓的《东海郡下辖长吏名籍》所记迁除实例约 110 多个,其中标明"以功迁"的就有 70 多例[10],占 65%。秦汉各级吏员都要接受考课,郡国在每年年终时要派员赴京"上计",报告生产、税收、财务、户口、刑狱情况,并接受考课。三年一次的考察是为"大课"。

法家韩非把受训文吏视为治国的最佳人选,说是"吏者平法者也",他们能够忠实高效地贯彻专制者的法治和富强意图。"秦任刀笔之吏",文吏是秦王朝的主要行政承担者,儒生学士则惨遭"焚书坑儒"的打击。汉初的朝廷让功臣和他们的子弟们占据要津,但具体的政务依然委之文法吏。我们都知道,传统中国政治的典型特点就是从士人中录用官员,从而形成了以"学者兼为官僚"为特色的"士大夫政治";但在当时,文法吏高踞政坛。

战国百家学士呈现了浓厚的政治取向,其学说皆"务为治者也"。士人阶层及其文化传统的强大影响,使得中国传统官僚政治呈现为一种意识形态政治,与学术文化变迁建立了千丝万缕的联系。战国秦汉间的政治进展对应着各家学说的此起彼伏,堪称是政治文化史上的奇观。秦用法术为政治指导,而汉初社会凋敝、百废待举,这时候黄老道术的"清静无为"之说,曾一度被统治者用作"休养生息"政策的依据。与秦代"争以亟疾苛察相高"的能吏风貌大异,合于道家理想的所谓"重厚长者",一时颇受青睐。在社会逐渐复苏、走向繁荣之后,汉武帝罢黜百家、独尊儒术的重大转折又发生了。秦以三晋法家指导政治,汉初黄老学显示了南方楚文化的影响,而儒家独尊,则是东方齐鲁文化的胜利。儒家由于传承五经,而被公认是古文化代表和社会教育家,其所倡言的仁义忠孝,都是那个社会的基本道义观念。这就使得儒家在诸子百家中,拥有一种得天独厚的发展潜势(图 2-5)。

汉儒的仁政德治、礼乐教化和君子治国等思想,对帝国政治的影响越来越大。汉武帝建立孝廉察举,为五经博士设弟子 50 人。太学生在西汉末达到了万人以上,各个郡国也广置学官。大夫、议郎和博士任以儒生并参与朝议,为大政献策。孔子逐渐被尊为"素王","以经义断事"成了通行的做法。儒生官僚承担起了"教化"之责,努力沟通了儒学"大传统"和民间"小传统"[11]。

图 2-5　武梁祠画像石（主簿车）

《论衡·程材》："文吏以事胜，以忠负；儒生以节优，以职劣。二者长短，各有所宜；世之将相，各有所取。取儒生者，必轨德立化者也；取文吏者，必优事理乱者也。"这样，儒生与文吏的矛盾，儒家和法家的思想斗争，又尖锐起来。儒生谴责任法不任德的文吏政治，把文吏斥为"俗吏"，宣称儒生才应该是治国的首选。然而汉廷虽在意识形态层面上推崇儒术，在行政层面上却依然遵循着"法治"，用汉宣帝的话说就是"霸王道杂之"，这体现在官僚人选上，就是儒生和文吏兼收并用。

汉代的儒学日益神道化，天人感应、三统五德说以及谶纬之学日益高涨。儒学的神道化固然有以神权压皇权的意思，但也使非理性因素开始干扰政治。西汉后期的儒生们不断地呼吁"奉天法古""制礼作乐"，这种思潮冲破了法家文吏派的抵制，最终促成了王莽的大规模复古改制。王莽的基本信念是"制定则天下自平"，他重定三统五德系统，封古帝王之后，定郊祀和庙祀之制，兴建明堂、辟雍和扩建太学，恢复井田制，改定官名爵名地名，改革货币等等措施，大多是汉儒的一贯主张，而且是以《周礼》《礼记·王制》等儒家经典为蓝本的（图 2-6）。

秦政与王莽"新政"构成了两个极端。从纯用文吏和霸道而儒生仅为点缀的秦政，经由兼用儒生文吏、"霸王道杂之"的汉政，直到充分贯彻"王道"理

图 2-6　河北望都汉墓壁画侍阁图摹本

想,而文吏仅为陪衬的王莽"新政",历史仿佛经历了一个奇妙的两极转向。进而,王莽"乌托邦"式改革的全盘失败,导致了汉代政治文化史一个阶段的结束和另一阶段的开始。秦用法术,汉初用黄老,汉武帝、宣帝"霸王道杂之",直到王莽全力"制礼作乐"、贯彻"王道",其间各种政治学说此起彼伏,王朝意识形态显示了较大幅度的动荡摇摆,这是帝国政治文化尚未定型的表现。但在王莽变法失败后,这不同方向的歧义摇摆,就开始显示出它合力的指向、接近于它的初步归宿了。

　　东汉初年的统治者在意识形态方面继承了王莽的不少做法,然而在涉及国计民生的事务上却奉行非常现实的政策。而且如史所称,"世祖既以吏事自婴,(明)帝尤任文法",史家把这种局面称为"吏化":"世承二帝(光武帝、明帝)吏化之后,多以苛刻为能。"[12]"文法吏"再度活跃起来。尚书台这个中枢机要之所,就几乎为文法吏所充斥;同时"郡国所举,类多办职俗吏"[13]。这种风气波及和帝、安帝之时,还出现了"儒学陵替""时贱经学"的局面。这显然是向汉宣帝的"霸王道杂之"路线的回归了。所以史称"中兴以来,追踪宣帝","汉家中兴,唯宣帝取法"[14]。意识形态上推崇儒术而实际行政中不弃"吏化","王道"与"霸道"日益相互调适,二者的结合达到了更高水平。同时儒者自身的政治理性也大为强化,对帝国法制有了越来越深切的理解。在面对东汉末年的社会危机时,王符、仲长统、崔寔等学者,就充分强调"法制""霸道"。

战国秦汉的儒法之争,始终伴随着儒生、文吏之争。儒生最初只是传承礼乐诗书的民间学者而已,相比于王朝文吏,他们对帝国行政不甚了了。而在其参政之后就不同了,儒生不可避免地开始了"官僚化"历程。自西汉前期的陆贾、董仲舒始,到盐铁会议上的贤良文学们,他们在刑德、治乱、藩国、边防、选官、赋税、盐铁等方面的一系列政见,尽管仍不无迂远之论,但比先秦儒者更现实了。居职从政就必须应付兵刑钱谷,由此才有望升迁而不至谴黜。"习文法吏事,而又缘饰以儒术"[15],经术、文法双修兼通,逐渐变成了时代趋势,开启了"儒生文吏化"的重大变迁。顺应这样的社会需求,甚至出现了兼以经术、法律收徒教授者,如颍川荀季卿以《春秋》、律令为教;颍川钟皓以《诗》《律》为教,门徒千余。许多著名的经师,转身为汉律作注,这包括叔孙宣、郭令卿、马融、郑玄等十余家学者。同样有趣的是,另一方面还存在着文吏的"儒生化"趋势,许多由文法起家者开始转习经术。

汉魏之际王粲作《儒吏论》:"执法之吏,不窥先王之典;搢绅之儒,不通律令之要。……先王见其如此也,是以博陈其教,辅和民性,达其所壅,祛其所蔽,吏服训雅,儒通文法,故能宽猛相济,刚柔自克也!"尽管这个描述富有文学笔调,却独具只眼地概括出了秦汉政治史的一条重要线索:秦汉四百多年中儒生与文吏间充满矛盾、冲突,却又在日益接近、彼此交融,最终是"吏服训雅,儒通文法"。由此形成的亦儒亦吏、非儒非吏、学者兼为官僚的政治角色,就构成了中国古代"士大夫"的最基本特征。

儒法与儒吏关系的重大影响,直接体现在帝国选官制度的变迁之上。与"文吏政治"相应的仕途是所谓"吏道":根据文法技能而选任,以功绩年劳而赏罚升降。但随着儒生逐渐加入政坛,儒生、文吏分途并用,选官体制开始发生变化。

汉代的丞相或三公,按"四科"的分类标准录用掾属,这就是德行、明经、明法和治剧。显然,德行、明经科是面向儒生的,而明法、治剧科则面向文吏。从汉文帝到汉武帝,王朝建立了贤良、秀才诏举制度和孝廉岁举制度。西汉后期的秀才之举,按明经、明律令和能治剧分为三科;东汉顺帝时,孝廉察举又按儒生、文吏、孝悌及能从政分为四科。本来,秦汉各级长官都自行辟召掾属,西汉时属吏以功次而直接升迁为朝官的途径是比较畅通的[16]；东汉的地方属吏进入朝廷，一般则要经过两种选举程序之一，公府辟召或孝秀察举[17]。辟召或察举时的"四科"标准，适应了儒生、文吏两立并用的政治局面。孝廉察举以"孝"立科，体现了"以德取人"的鲜明意向，"求忠臣于孝子之门"成了汉朝选官之特色；但在实际察举中，"孝"又不是孝廉察举的唯一标准，汉廷对吏能依然十分重视。东汉初年实行"授试以职"制度，无论孝廉察举或公府辟召，都要先经过一年到十年的吏员试用期才有资格，从而强化了"以能取人"因素。由郡吏取人，强调实际经验和工作能力，构成了汉代选官的又一特征。

汉武帝"独尊儒术"之后，"公卿大夫士吏斌斌多文学之士"；但又有史料显示，直到东汉前期，选官中仍然有"俗吏繁炽，儒生寡少""儒者寂于空室，文吏哗于朝堂"[18]的情况。东汉顺帝时左雄改革孝廉察举，定制"诸生试家法，文吏课笺奏"，直到这个时候，王朝对儒生和文吏仍是分途录用的。而"家法"和"笺奏"的考试办法，又使以举荐为主的察举制，开始向"以文取人"、采用书面考试的科举制演化。仅仅得到州郡举荐并不能保证得官，被举者还须通过中央考试。所以阳嘉制度，构成了从察举制向科举制过渡的重大中间环节。

东汉儒生、文吏日趋融合的新变动，推动着选官制度的进化。曹魏文帝黄初三年诏："儒通经术，吏达文法，到皆试用。"犹分二科；但魏明帝太和二年诏则申明："尊儒贵学，王教之本也。……申敕郡国，贡士以经学为先。"[19]从此，孝廉之举遂唯以儒生为对象，而不及文吏了。当然，这时的儒生已是充分"文吏化"的儒生了。由此，那种儒生文吏分途并进的选官之法，终于告一段落。学者兼为官僚的"士大夫政治"，由此就成为帝国官僚政治的基本形态了。

第三节　官僚的士族化与门阀政治

秦汉之际世族的断裂　汉代"世族"的积累　魏晋官僚群体的封闭化　士族门阀政治　官僚政治的扭曲和变态

战国秦汉的社会转型，造成了各阶层地位的巨大变动；刘邦依赖一群"亡命无赖"逐鹿定鼎,带来了汉初的"布衣将相之局"[20]。周代那些延续已久的显贵家族衰败了,世族一时出现了断层。汉初的统治者来自"军功受益集团",这是一股新兴的势力。汉初时约有60万将士因军功赐爵而获得田宅,军爵的受益面可达300万人,约占当时人口的五分之一[21];在丞相、列卿、守相等职位上,打天下的英雄们及其子弟在汉高帝时曾占到了97%之多,在惠帝、吕后时为81%,在文帝时仍达50%。此后的一个世纪中,这个阶层逐渐下降、消失[22]。相形之下,文史和儒生们活跃于政治舞台和文化舞台,这两个群体都是流动而开放的。

不过,世族因素依然开始了新一轮的积累。外戚世家的权势在两汉都是突出的现象。并且,尽管西汉社会很富于平民性,官僚政治也是"选贤任能"的,可是总会有某些家庭得以父子、甚至父祖相继居官。越是早期社会,宗法观念越浓厚,家族单位越重要。这些新的世家依靠官位逐渐建立了社会影响,他们的继续发展,还在魏晋以降造成了一个不算短的士族门阀政治时代。

一般认为:"门阀制度源于两汉以来的地方大姓势力,这种地方势力是在宗族乡里基础上发育滋长起来的。"[23]汉代,尤其是东汉,乡里豪右往往拥有成百上千的依附农、徒附,武断乡曲、隐匿人口,并经常"世仕州郡"而垄断了地方政治。同时我们相信,"官场"是滋生"世家"的又一场所,由世代居官逐渐形成了一些官僚世家,诸如"五世二千石""七世二千石卿校"之类。弘农郡的杨氏家族,四世居三公之位;汝南郡的袁氏家族,四世出了五位三公。他们家族发展的起点,主要是通过出仕朝廷,而不是乡里势力。

进一步说,随着社会的文化发展,世代传承学术的"学门"型世家也在不断地滋生。"名士固然不一定从大姓、冠族中产生,但出于大姓、冠族的恐怕要占颇大的比例"[24];"士与宗族的结合,便产生了中国历史上著名的'士族'"[25]。豪右的优越经济条件,得以使其子孙接受教育,成为"学门",以明经资格出仕于州郡朝廷成为官族。豪右、学门和官族三者以"族"为单位相互转化,逐渐形成了闭锁的循环,门阀士族由此而萌生发端。在某种意义上,他们是先秦封建贵族在早期官僚政治中的一种次生形态。

东汉末年,汉室将亡成了普遍预期;"豪杰之士,竞希神器"[26]。不少起义领袖公然建号称帝,这是民间社会蔑视皇权的表现;太平道、五斗米道这样的宗教异端,也大大淡化了辐辏于皇权的臣民意识。战乱使大量人口进入私门或浮游于社会,西晋极盛时人口不过东汉的三分之一。魏晋南朝政府大约只能控制实际人口的半数,甚至三四分之一。风雨飘摇的小朝廷之主,无法与秦汉大帝国的皇帝相提并论了。在风雨飘摇、分裂动荡的时代,士族门阀显示了较大的存活力。世家大族在汉末就已是政坛的实力派了。魏晋以降,保存了文化和人才的士族成了朝廷官僚的主要来源;皇帝不得不尽量从看上去可靠一些的家族中录用人才,这也促成了官僚的世族化。西晋朝廷上几十家大士族垄断着权势,"公门有公、卿门有卿"(彩图4)。洛京倾覆后,南渡的百余家士大夫发展成为侨姓门阀。东晋的建立,全靠琅邪名族的王导、王敦。"王与马,共天下"的谣谚,说明门阀的权势之盛。东晋与皇帝"共天下"者,有王、庾、桓、谢诸家族。庾亮、庾翼兄弟号称"冠冕当世"。桓温炙手可热之时,竟敢于废立皇帝。谢安为相是谢氏最盛之时,淝水之捷不能不归功于他的苦心筹划。晋安帝时桓玄发难,公然篡夺了皇位。史称东晋"朝权国命,递归宰辅;君道虽存,主威久谢"[27]。江东士族朱、张、顾、陆等,地位一直低于侨姓;他们对此曾经耿耿于怀,但出于长远考虑最终接受了东晋的统治。南齐萧道成想任命吴郡张绪为尚书右仆射,王导五世孙王俭便援引先例加以阻止:"南士由来少居此职。"

　　支撑东晋半壁江山的文化士族不足以负起全部军事责任。北来的流民武装构成了江左的军事屏障,成为北府兵的主要来源。淝水之捷,北府兵之功居多。长江上游的江陵、襄阳得以成为重镇,也赖流民之力。出身武人、父祖有居官记录,但又非高门的将领,学者称为"次等士族",他们大多居于边州前线,并构成东晋政治结构的又一组成部分。这样,东晋政治的特征就可以概括为"皇帝垂拱""士族当权"和"流民出力"。"门阀政治"的实质是"门阀与皇权的共治",这是一种"皇权政治的变态"[28]。

　　世代占据要津,拥有选官特权,是门阀士族制度最核心的内容。九品中正制是士族任官特权的重要保障,它诞生于曹丕代汉前夕,其内容是由本籍朝官兼任的中正,定期把士人评定为"上上"到"下下"九品,作为吏部任官的资格。中正品较高,则所能担任的官职也相应较高。形式上中正品的评定应以"才德"为准,可实际上却是"上品无寒门,下品无势族"的。到了南朝,"凡厥衣冠,莫非二品,自此以还,遂为卑庶"。任职资格取决于中正品,而中正品又取决于门第之高下,然则"选贤任能"的官僚政治标准,已被士族政治的身份标准大大扭曲了。谱牒之学,在东晋南朝发达起来;关于家世和婚宦的文簿,被用作士族特权的凭证。由于选官重门第,所以通谱牒之学的才能居吏部之官,以便辨析就职者的家族门第。

这个时候,朝廷上还逐渐形成了一些位望清华的官职,被权贵高门子弟所占据,寒门单贱很难染指,号称"清官"。贵游子弟往往只靠家门权势即可获得上品优状,再由"清官"起家升迁。这些"清官",一般是清贵、清闲之位和文翰之职,文法吏职以及武职是不合文化士族口味的,被看成"浊官"。"清浊",变成了衡量官职资望的又一标尺。曹魏末年,司马氏正式"复五等爵",而五等爵的封授对象,全是西晋的开国功臣及其后嗣。

魏晋门阀在形成过程中,大抵都有一个由儒学转向玄学的过程[29]。门阀的形成与学术的变迁,存在着重大的相关性,这说明以家族为单位世代垄断文化和官位,是士族门阀的最本质特征。玄学的兴盛,使礼法纲常之说相对低落;忠君和勤政的观念,也大大淡薄了。"以理事为俗吏,奉法为苛刻……从容为高妙,放荡为达士。"士族门阀所消耗的政治资源与其政治业绩相比,是很不成比例的。

两晋南朝时期,官僚政治出现了许多变态扭曲。比方说,西晋时候的"录尚书事"并不甚重,而东晋往往以中书监令兼录,"这正是东晋君弱臣强在官制上一个突出表现"[30]。由于权臣屡出,所以丞相、相国之职"多非寻常人臣之职",往往成为擅权篡位之阶。权臣封公、封王,随即置官建台,加"都督中外诸军事"、录尚书事,成了篡位之前"例行公事"的老套。这时都督区形成了一种大军政区,出现了军府与州府(或郡府)两套班子叠床架屋的情况。都督控制的重镇要藩,经常变成了动乱之源。曹魏以下,"州"由监察单位发展为一级行政单位。人口比秦汉大为减少,行政层次却更复杂了,而且州郡的数量也在增加。梁朝后期的州达到了 104 个,郡达到了 586 个,但州郡的户口数则大大减少。东晋为安置流民、保全士族郡望,专门设置了和北方旧籍同名的州郡以处之,这就造成了"版籍为之浑淆,职方所不能记"的混乱,后来不得不"土断"以整齐之。

汉朝的俸禄本来是钱币(东汉是半钱半谷),而江左五朝,力役(如恤、干、扶之类)和禄田变成官员报酬之大宗。萎靡的国家机器,无力通过税收来保证俸禄的发放,就转而听任官员去直接占有人手和经营农田,结果官员的行政服务收入,反而依赖其个人经营。国家也更多地采用了直接控制人身方式来保障人力资源,例如屯兵与屯客制度,就是"国家在特定条件下用豪强征敛方式剥削国家佃客,用私人部曲方式组织国家军队的制度"[31]。又,各个军府、州府往往存在着成百上千、甚至上万的"吏",他们单立为吏籍,终身乃至全家世袭为官府服役,包括从事农垦[32]。

作为官僚行政命脉的法制法规,在此时期也趋于松弛了,"在职之人,官无大小,悉不知法令"[33]。这不仅源于时局动荡,还在于士族的不屑:"刑法者,国家之所贵重,而私议之所轻贱"[34];"江左以清谈相尚,不崇名法,故其时中原律学,衰于南而盛于北。"[35]监察、考课等制度,也往往宪纲俱在而形同虚文。监察考课不足以督责坐享天禄的士族官僚,几乎无事可做的冗散之官又大量繁衍——多封一个官儿,摇摇欲坠的王朝也许就多了一个支持者。君主虽然痛感着"周官三百,汉位兼倍,历兹以降,游惰实繁",不过"若闲冗毕弃,则横议无已;冤笏不澄,则坐谈弥积"[36],照旧是束手无策、左右为难。

第四节　官僚政治的艰难维系和继续进化

宗王政治的二重性　皇权的自我维护　皇子镇要藩、寒人掌机要和武将执兵柄　清议呼吁与法术之学　政治制度的缓慢进化

长期的动荡分裂和士族门阀权势,使魏晋南北朝的政治面貌有异于汉唐,有关的政治萎靡和制度扭曲的情况,我们已经叙述如上了。不过,问题还有另外一个方面:专制集权体制和儒生官僚体制的存在及其连续性,毕竟构成了一个被视为"常态"的"模板";它们依然系一缕于不绝,甚至还推动着制度的缓慢进步,有如冰层之下的潜流。下面就从专制皇权、官僚政治论说、官僚制度进化三个方面,阐发这一问题。

官僚政治是专制皇权的必要工具,同时专制皇权又是官僚政治所需权威的来源。跨文化的比较研究显示,官僚帝国体制的演生动力,在最初必定来自君主,来自其摆脱贵族束缚而垄断决策权力的意愿[37]。魏晋以降官僚政治的扭曲伴随着皇权的低落,但皇帝仍在努力维护专制皇权,尽管迫于形势,经常有异于秦汉大帝国的通常做法。

在皇权尚能够维系专制权威的西晋和南朝中,恰好都出现了"宗王政治",这很值得注意。本来秦废分封而汉廷"削藩",秦汉大帝国都把宗王视为中央集权的障碍。可西晋司马氏却一改故辙,决意重用宗亲,皇子得以封王与政,"出拥旄节,苍岳牧之荣;入践台阶,居端揆之重"[38]。南朝的宗王政治也很突出,"自宋以来,委任宗室子弟,驾御功臣士大夫"[39]。南朝的要藩重镇,大抵委以皇子镇守;中央三省长官人选,出现了士族比例下降、宗室外戚上升的情况,二者权势互为消长。这种有异秦汉的做法,显示了"皇帝作为这个第一家族的代表君临天下,其家族成员有资格也有必要取得更大权势以保持其优越地位"[40]的情况。与秦汉帝国相比就可明白,重用宗室并不意味着皇权的强大,而应视为一种面对政治动荡和门阀特权之时,作为"权宜之计"的自我保护行为。宗亲皇子的争权夺势经常招致政治动乱,例如西晋的"八王之乱"和宋齐的宗室相残;然而委权宗室毕竟可以避免权归异姓,君主们只好饮鸩止渴,两害相权取其轻了。当然,南朝皇帝也采取了一些积极措施,以制约宗王势力的过分发展。

中华帝国的"常态"是专制君主与官僚政治的常态,而不是与士族门阀的结合。只要有可能,皇帝就努力寻求这种结合。魏氏三祖都有法治倾向。西晋司马氏被说成是门阀的政治代表,然而晋武帝在强化专制官僚制上,并不是无所作为:"正郊庙,行通丧,封宗室,罢禁锢,立谏官,征废逸,禁谶纬,增吏俸,崇宽弘雅正之治术,故民藉以安;内乱外逼,国已糜烂,而人心犹系之。"[41]东晋孝武帝时"主弱臣强"的旧例开始改观。北府将领刘裕取代东晋之后,刘宋君主"主威独运,权不外假",恢复了驾驭士族的专制权威,不再与门阀"共天下"了。这个转折显示,由军事活动带来的权力集中,是专制皇权重振的重要动力。这样,魏晋南朝的皇权强度,就呈现为一个两头高、中间低的"马鞍形",低谷就是东晋的门阀政治[42]。

南朝皇权重新振兴之后,有一系列的措施强化专制(图 2-7)。除了使皇子镇要藩外,他们还采用了寒人掌机要、武将执兵柄等做法。中书通事舍人这个机要之职,宋齐以来往往由皇帝的寒人心腹来担当,这些人经常能够操纵权势。又"尚书省的都令史用寒族充任,权力不小","令史实际操纵了吏部,尚书形成挂名"[43]。同时,南朝的高级门阀基

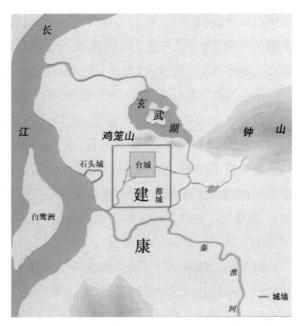

图 2-7 南朝建康城位置示意图

本上已丧失了军事能力,只好把兵权委诸武人或次等士族。机要分于寒人而兵柄分于武将,士族的军政实权由此大大丧失了。

在叙述了皇权沉浮之后,再来看此一时期的官僚政治文化。中古士族所推崇的道家无为思想,销蚀着君权的神圣和法制的威严;但在朝廷之上,儒学仍是帝国的正统意识形态,依然体现于诏令奏议之中,以及事功派官僚的政治论说里面,从而为此一时期衰败的官僚政治提供着文化支持。

西晋一些事功派官僚,如刘颂、刘毅、李重、傅玄等,曾呼吁"清议",这是对朝廷缺乏清廉而趋于萎靡腐朽的回应[44]。还有一批政治家,对选官重门第、中正操铨衡做出了尖锐批评,刘毅著名的《请废九品疏》就把九品官人法斥为"奸府"。高门名士的虚谈废务、浮文妨要,也遭到过激烈斥责。南朝孔宁子主张"才均以资,资均以地",把才能、资历置于门第之上;周朗倡言:"当使德厚者位尊,位尊者禄重,能薄者官贱,官贱者秩轻。"梁裴子野《宋略》认为:"天下无生而贵者。是故道义可尊,无择负贩;苟非其人,何取世族!"这些对士族政治的抵制,所依据的都是战国秦汉以来"选贤任能"的政治传统。

值得注意的还有法术之学。法术本是一种专制官僚政治理论。战国秦汉

的儒法相争,曾经形同水火;但魏晋以来玄学特起,于是强调"尊君卑臣""循名责实""信赏必罚"的法术之学,转而与儒术联手并肩,共同构成了维系官僚政治的思想资源。曹操、诸葛亮、孙权以及不少士人,都显示了法治倾向。在晋元帝企图振作君权、压抑权臣之时,他就对申韩之学显出特殊兴趣。南齐武帝在策试秀才之时,竟公然采用法家论调,提倡耕战而谴责"文儒",以至宣称"今欲专士女于耕桑,习乡闾以弓骑,五都复而事庠序,四民富而归文学"[45]。这就意味着,即使在士族政治时代,秦汉大帝国留下的那些尊君卑臣、选贤任能等原则,依然是正统的信条;哪怕是它们变得像是套话了,但这些套话的反复申说,仍是一种政治传统的薪火相传;其所承载和传递的政治信息,会在未来帝国复兴之时提供"政治模板"。

魏晋以来官僚政治出现了萎靡扭曲的情况,但士族特权的影响主要体现在政治和选官上;至于官僚制度本身,却依旧处于缓慢的发展进化之中。魏晋南北朝"宰相机构和秘书、咨询机构的发展和完善,为隋唐三省官制的出现准备了条件"[46]。尚书台由旧日的"文属"少府而正式独立称"省",真正地变成了有权独立颁下文书、指挥政务的宰相机构。诸尚书与二三十名曹郎,约在宋齐间形成了分领关系[47]。东汉的尚书令史不过21人,西晋时就多到了250余人,齐梁时的尚书令史更达700人之多,增加了30多倍。在晋代曾有人建议把九卿合于尚书,这也是因为,尚书诸曹体制比九卿分工体制更为合理。

尚书省成为国务中心之后,其"掌机衡之任"和草拟诏旨职能,就由中书省接管了过去。西晋的中书省已有"凤凰池"之称了,南朝的中书省里还有分立的舍人省。陈朝"国之政事并由中书省",中书省发展为一个200多人的大机关,其二十一局,与尚书二十一曹郎对口办公。西晋时还形成门下省,其审议章奏诏命以及封驳权力逐渐制度化了,上行及下行文书都须经门下审署。《文馆词林》里收有南朝诏书二十九道,无一不冠以"门下"。皇帝"敕可"的诏草交付门下,门下审署后再呈交给皇帝画"可",在这以后才发付有司执行。决策过程中的纠错机制,显然完善了不少[48]。隋唐的尚书省六部二十四司的制度,以及以中书草诏、门下审议而尚书执行为特征的三省制,因分工明确、制衡严密而为后人盛赞,这个政治成就是从南北朝发展而来的。

考试选官可以说是一种含有现代性的制度,而考试制度,在魏晋南朝居然获得了不小发展。孝廉和秀才的察举，在魏晋时都采用了考试之法，郡举孝廉考试经术，州举秀才考试策论。到了南朝，察举已由举荐孝子或能吏之制，逐渐变为考试文士学人之制了，并且逐渐与学校结合起来。本来，西晋曾在太学之外为权贵子弟增设了国子学，形成了二学并立之制；到了南朝，国子学生可以通过"明经"考试入仕了，这样明经科的地位就逐渐取代孝廉科，形成了秀才科考试文词、明经科考试经术的体制。梁武帝还下令"其有能通一经，始末无倦者，策实之后，选可量加叙录，虽复牛监羊肆、寒品后门，并随才试吏，勿有遗隔"〔49〕，这不仅向寒微人士开放了策试之途，而且还允许自学者申请考试，这跟后来朝廷设科而士人投考的科举制，已越来越接近了。

秦汉本以"若干石"的禄秩做官阶，而曹魏末年出现的九品官品，则在官制度化之后，给了王朝一个调整各色官职资望的良机。例如千石的尚书令被列在官品第三，在九卿之前；六百石的刺史官品第四，列在五品的二千石郡守之前，这些措施都及时反映了它们责权资望的变迁。梁武帝学习北魏，制定了流内十八班和流外七班的官阶序列。这流内、流外之别固然源于士庶对立，但也具有区分士大夫与胥吏、高级文官与低级吏员的功能。还有，魏晋以来将军号迅速地发展为散阶序列，用于标志个人品位，史称"后魏及梁，皆以散号将军记其本阶"〔50〕。传统文官等级制已由汉代禄秩的"职位分等"类型，在魏晋以下转向了"品位分等"了，这就开启了唐宋文武阶官制度的先声。

法律制度在这个时代也有不小的进步。在汉代，"律"和"令"的区别并不分明，而魏晋间的改革使"律"集中于刑律、"令"集中于制度〔51〕，各官府奉行的规程别为"故事"。"由是律始专为刑书，不统宪典之纲矣"〔52〕，这在中国法制史上具有划时代的意义。晋武帝时制定的晋律，其突出优点是"宽简"与"周备"〔53〕；同时编撰的还有"晋礼"，由此汉代律令不分、内容庞杂和礼律不分的情况，一举改观。"格""式"这些法令形式也在萌芽。从汉代"律、令、科、比"体系发展到隋唐"律、令、格、式"体系，魏晋南朝可谓承上启下的阶段。张斐、杜预的法学研究被认为是法理学的重要成就，张斐的《律表》开唐代"律疏"之先河；西晋刘颂还提出了律令所不及者"皆勿论"的主张，这比西方法学"律无明文不为罪"的观点，要早一千余年。

在士族门阀时代，官僚制度依然取得了如上进步，这再次提醒了我们：士族政治只是在历史早期、在特定条件下的官僚政治的一种"变态",它并不构成一种全新的政体(例如"贵族政体"),也远没有造成一种截然不同的体制。它最终要回归于专制官僚政治。

不过相对于蓬勃向上的北朝而言,南朝的历史前景毕竟是有限的。门阀死而不僵,他们虽已屈居皇权之下,却依然凌驾于其他社会阶层之上,这就限制了皇权重振的空间。武将们无法取得与文化士族比肩的社会声望,卑微而有才干者,也被贬低在"寒人""恩倖"的地位。梁武帝的统治被称为"江左建国,莫斯为盛"[54],然而那只是一种虚假繁荣而已。陈朝国土蹙狭而政治萎靡,门阀既已衰败,吴姓士族和南方土豪又无法发展为拥有政治号召力的新兴势力,面对着崛起的北朝,南朝还是走入了历史的死角。

第五节 胡汉融合与南北朝官僚政治的复兴

十六国政治的胡汉杂糅 拓跋皇权-军功贵族-国人武装体制 "胡化"与"汉化"的交错行进 专制官僚政治的复兴和帝国的重振

"五胡十六国"时期北方各少数民族的政权此起彼伏,政治动荡。不过在政局的不确定性中却也孕育着新的可能性,各政权一波一波的"汉化",各民族之间的文化交融,最终在北朝孕育出强大的王权,孕育出军功贵族官僚的统治,并由此带动了专制官僚秩序的全面复兴(图2-8)。

这是一个曲折的历程。在北方走上另一条道路的初期,各少数民族建立的政权,在保留浓厚民族因素的同时,又在寻求专制权力、采纳适合统治编户齐民的官僚行政,这两方面的共同影响,就使得政治体制呈现出了"胡汉杂糅"的各种"变态"。有的政权依然在使用胡式的部落名号和制度,例如匈奴的汉赵政权设置了大单于及单于左右辅,各领"六夷"10万落;又如鲜卑拓跋政权的俟厘、直懃、乞银、羽真、阿干、比和真之类官称,和汉晋官号相去甚远。也有些官名,虽然字面上看着像是汉式名号,但并不是真正的汉魏制度,如石赵的门臣祭酒、门生主书,北魏的典师、内三郎、麒麟官之类。而且对汉制的搬用移植也常出现各种扭曲。北魏初期尚书省的结构、运作就与魏晋很不相同，其南北部尚书分知南北州郡的制度，就依然带有昔日鲜卑南北部制度的影子。北魏的"内行官"系统也很有特色，宫中另有一套内秘书、内尚书、内博士、内兰台及内侍等，独立于外朝的同名官员之外。又十六国以来，镇戍、护军一类军事性设置遍于各地，社会呈现出一派"军事化"的面貌。北魏对境内的一些游牧部落，以其首领为"领民酋长"以统率之。

　　十六国、北朝政治结构的主干，是少数民族皇权、军功贵族和国人武装，因而与东晋南朝有异。政治结构的差异，最终影响到了南方和北方不同的政治前景。在东晋元帝司马睿不得不

图 2-8　北齐骑马文吏俑，山西太原王郭村北齐娄睿墓出土，山西省考古研究所藏

拉着王导同登御座，专制皇权进入低谷之时，北方政权的统治者却显示了强大的军事专制权力。赵国的石虎"立私论朝政之法，听吏告其君，奴告其主"；石虎的太子石宣围猎，文武皆跪立[55]。北魏政权之所以有能力实行均田制和三长制这种大规模改革，被认为是"拓跋氏王权十分强化的结果"；而王权之所以强大有力，则源于前封建因素的浓厚，即自由民的广泛存在并成为皇权的军事

支撑[56]。当时本部族的自由民号称"国人",统治者向他们计口授田的做法,"体现了村社分配土地的遗迹"[57]。由于传统的氏族"同胞"观念,"国人"得到了皇权的保护,反过来他们又为皇权提供了强大支持。

在大多数十六国政权中,军功贵族构成了最大的权势者,其核心则是皇族及姻族。汉赵政权的 263 名官员中,刘渊一族占了 44 人,刘氏宗族占了 30 人[58]。与西晋和南朝的宗王经常造成动乱的情况很不相同,北魏拓跋政权的宗王们很少觊觎皇位,他们"枝叶扶疏"的家族构成了环卫皇权的防波堤。北魏宗王势力之下是异姓权贵和汉族世家。宣武帝曾颁布"五等诸侯选式",规定同姓宗室、异族贵族和"清修"(汉人士族)封公爵者,其出身资格分别是正六品下、从七品上、从八品下,这种差异表明了三种势力的不同地位。

"五胡"政权大都积极招纳汉族士大夫,北魏孝文帝也积极扶植了以"四姓"为核心的汉族士族,并确定了若干鲜卑权贵的崇高门第。不过,北方士族门阀的形成,是以当朝官爵为准的[59];这种"姓族"出自"钦定"的情况,大不同于江左的"士大夫故非天子所命";汉族士族是被征服者,政权的中坚是鲜卑军功贵族。所以尽管北朝也有士族门阀现象,但却不存在门阀与皇权"共天下"的情况。

北朝官僚政治,是在"胡化"和"汉化"的反复交替中曲折发展的。拓跋族在入塞之初保留了很多的部族因素;孝文帝改制则是一个"汉化"的高潮,使洛阳成了北部中国的汉化中心。然而这时代北六个军镇的鲜卑武人地位,由崇高而低落,由"国之肺腑"而"役同厮养"了。六镇起义中一大批胡酋边将突然崭露头角,随后的东魏北齐和西魏北周两个政权都源于六镇鲜卑,他们带来了浓厚的"鲜卑化"因素。在东魏北齐出现了"鲜卑共轻中华朝士"的情况,朝廷上的多次党争,往往以汉族士族受到重创而告终[60]。西魏、北周的"鲜卑化"看来更深刻些,不仅恢复了胡族诸将之胡姓,还向汉人广赐胡姓。在府兵制下军人都要随从主将的姓氏,具有浓厚的部落兵色彩,六柱国对他们"抚养训导,有如子弟"。北周建德四年改军士名为"侍官",军人由"役同厮养",重新成为"国之肺腑"。从某种意义讲,一度有衰解之势的皇权-军功贵族-国人武装体制,由此得到相当的修复;而北朝政治的"汉化"步伐实际也未中止,北周和北齐的制度建设都有值得称道之处。所以,魏末动乱和东、西魏的分裂,其实也是一个各种政治进化因素的重组和调适的演进环节。

南朝皇权的重振动力来自武将和次等士族,而十六国、北朝的军功阶层(贵族和国人),重振皇权的能量比南朝更大。政权不断更迭,皇权却在稳步回升,并在北魏孝文帝改制后迎来了官僚政治的全面复兴,开始展现出比南朝更大的政治活力。

北朝官僚政治的发展保持着强劲势头。北魏的公卿三省制,与南朝已无大不同。北齐尚书诸曹在隶属及分工关系上,比南朝又有所改进。北周的"六官"制,也促进了三公九卿和三省六部关系的调适磨合[61]。门下省是诏敕必经之所,拥有封驳之权,北齐还出现了门下复奏之制,成为后世三覆奏、五覆奏制度的起源[62]。

南朝的考课往往徒具其文,但北魏"官罔高卑、人无贵贱"统统考课的情况,却给人留下了强烈印象。孝文帝和宣武帝颁布了一系列考课的法规,经常亲临朝堂考察黜陟,考第分成九级或七级,有细密的量化计分方法。北齐的考课,还对闲局、平局、繁局做出区别,可称合理。北魏、北齐"选用御史皆当世名辈",而没有南朝那样的御史遭门阀歧视的情况。监察体制在调整磨合中日益协调,廷尉与御史台之间还形成了"寺署台案"(御史台断案,须经廷尉审核签署)的分工制衡关系,有人说这是唐代"三司推事"制度的先声。魏末的东西道大使、畿内大使,看来则是唐代的分道巡行制度之滥觞。

察举和考试制度,十六国时就被众多政权采用了。北凉举孝廉和西凉举秀才之事,在吐鲁番出土文书中得到了印证,《西凉建初四年秀才对策文》是今天能看到的最早的秀才对策原件[63](图2-9)。北魏孝文帝时察举进入盛期,"州举茂异,郡贡孝廉,对扬王庭,每年逾众"[64]。随后社会上便出现了大量的游学之徒,国家考试为他们提供了进身之阶,任官的门第限制日益松弛。与南朝相似,北朝的察举制也在向科举制进化。北齐的地方长官还对秀才进行初试,这实际就是后世"乡试"制度的起源。很值得一提的,还有魏孝明帝有一次以考试选拔御史,参加射策考试的达八百余人;齐文宣帝也曾以考试选拔东西省官,参试者达两三千人。考试选官如此盛况,不仅为东晋南朝之所无,甚至是汉魏以来从未有过的,若是以此来证明北朝官僚政治的蓬勃生机,不为过吧?

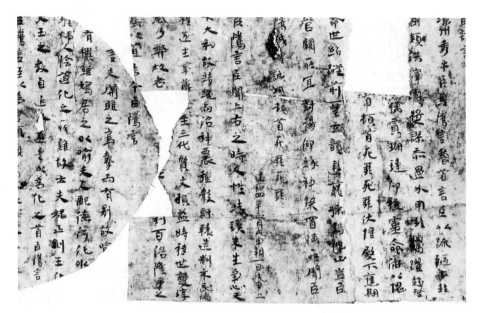

图2-9 十六国西凉秀才对策文残卷(局部)

十六国战乱频仍,但各国的统治者仍未遗略文教,许多政权都设有学校,其规模大的有达上千人的。后赵设有经学、律学和史学祭酒,把"史"设置成专门学科,这是石勒首创。后秦姚兴让儒者教授于长安,诸生自远而至者万数千人。北魏迁都洛阳后设置了国子学、太学及小学三学,再加上律学、书学和算学,逐渐形成了"六学"体制,为唐王朝所沿袭。

正像吕思勉先生所说的那样,十六国统治者"其重视法学,转非中国之主所能逮也"[65]。北魏经一个世纪以上的立法努力,最终在孝文帝、宣武帝的时候,结晶为《魏律》二十篇。程树德评曰:"太和中改定律令,君臣聚堂,考订之勤,古今无与伦比。"[66]陈寅恪指出:"律学在江左无甚发展",而"元魏之刑律取精用宏,转胜于江左承用之西晋旧律"[67]。北齐王朝花费了15年时间精心编定的《齐律》十二篇,更代表了北朝法典的最高成就,成为隋唐刑律的直接来源。

北魏孝文帝对官阶制加以改革,把九品官品分出正从上下阶,别有流外七品,从而形成流内流外制度。这个改革还曾反馈到南朝,促成了十八班及流外七班的产生[68]。这说明北朝的制度建设青出于蓝,其创制能力如此之大,已能向南朝提供制度的反馈了。北周制定的将军号、文散官和戎秩,就是唐代文武散阶制和勋官制的渊源[69]。北朝的爵制乃"是隋唐之制的母体,南朝爵制只能算作远亲"[70]。

以前有这么一种倾向:把北朝的制度进化描述为学习汉晋南朝的进程。这个认识并不全面,北朝制度也有自己的创造。已有学者提出过这样的看法:"同样的制度在北朝就比在南朝运行得更好些。"这尤其提示我们要把视野扩大到制度形式之外,进及于政治文化形态之上。

南北两方的政治面貌,有很多类似的地方,例如北方社会的依附关系、庇荫人口现象同样相当严重,北朝的显贵和士族也拥有着优越的任官特权,等等。不过,北方政权的不同政治结构、胡汉矛盾造成的政治张力,却孕育着突破这一局面的新机。汉族士族既无可能与鲜卑皇权"共天下",便不能像江左冠冕那样"矜高浮诞",只能兢兢业业为异族政权效力。尚武功、重军法的部落传统,在建立政权后顺理成章地演化为崇尚事功、崇尚法制。士庶的界限,在北朝淡薄得多。出身卑微的周、齐新贵,不大可能对由"冢中枯骨"而来的门望、清浊,抱有崇敬之情,像江左那样。西魏宇文泰和苏绰"六条诏书"宣称:"今之选举者,当不限资荫,唯在得人。苟得其人,自可起厮养而为卿相!"[71]

像均田制、三长制这样的重大改革得以完成,编户齐民体制得以重建,充分显示了北朝的国家能力之强大。"国家户籍上以自耕农为主的均田民增多,比之南朝,封建依附者在全部人口中所占比例要少得多。"[72]刘宋的淮北四州在入魏后不久就出现了户口激增,这"正是三长制得到切实推行,取得明显成绩的结果"[73]。自吴至陈三百年中,江南户口几乎没有增长,主要原因在于政府控制的软弱。而十六国时期,北方编户就有了引人注目的增长迹象。北魏末年的河北括户曾使当地丁口增加了一倍之多,东魏括户凡获逃户60余万。隋朝"大索貌阅""输籍定样",进丁达44万余,得口多达164万余。这样的事实都在显示,"从宏观来看东晋南朝和十六国北朝全部历史运动的总体,其主流毕竟在北而不在南"[74]。最终是北方得以统一南朝,是北朝而非南朝构成了隋唐盛世的来源,这不是偶然的。

陈寅恪先生说:"李唐一族之所以崛兴,盖取塞外野蛮精悍之血,注入中原文化颓废之躯,旧染既除,新机重启,扩大恢张,遂能别创空前之世局。"[75]对这"塞外野蛮精悍之血"不妨做一个引申的理解：北方少数民族的制度与华夏制度的剧烈碰撞，最终在北方地区激发出了新的变迁动力与演进契机，交替的"胡化"和"汉化"孕育出强劲的官僚制度化运动，它扭转了魏晋以来的帝国颓势，并构成了走出门阀士族政治、通向重振的隋唐大帝国的历史出口。当然，北朝的军功贵族统治仍非"常态"。就整个中华帝国历史来看，其常态应是"士大夫政治"，即士人承担的专制官僚政治。隋唐科举制，为正在悄悄发展的民间知识分子提供了入仕通道，逐渐形成的"进士集团"在政坛再度承担主角，在这时候，帝国政治就真正回归于常态了。

注　释

〔1〕　本章所论"帝国"和"官僚帝国"概念，可参考如下论述。苏秉琦先生提出了"中国国家起源三部曲"：古国、方国、帝国，帝国始于战国时代。见其《辽西古文化古城古国》，《文物》1986 年 8 期；《中国文明起源新探》，三联书店，1999 年，第 129 页以下。严文明先生的分期则是古国、王国、帝国；从秦到清实行郡县制和中央集权，最高统治者称皇帝，可称"帝国"。见其《黄河流域文明的发现和发展》，《华夏考古》1997 年 1 期。"官僚帝国"概念，可看以色列学者 S. N. 艾森斯塔得的《帝国的政治体系》（阎步克译，贵州人民出版社，1992 年），它指称这样一种政治体制：处于传统君主的治理之下，存在着众多不分化的社会因素，同时又出现了中央集权和官僚组织。

〔2〕　参看祝总斌：《两汉魏晋南北朝宰相制度研究》，中国社会科学出版社，1990 年，第5 页。

〔3〕　牟润孙：《汉初公主及外戚在帝室中之地位试释》，《注史斋丛稿》，中华书局，1987 年，第 51 页以下。

〔4〕　参看胡宝国：《〈史记〉、〈汉书〉籍贯书法与区域观念变动》，载《周一良八十生日纪念论文集》，中国社会科学出版社，1993 年。

〔5〕　《东海郡集簿》，《尹湾汉墓竹简》，中华书局，1977 年，第 77—78 页。

〔6〕　顾炎武：《日知录》卷九《部刺史》，花山文艺出版社，1990 年，第 407 页。

〔7〕　高敏：《汉初法律系全部继承秦律说》，《秦汉史论丛》第 6 辑，江西教育出版社，1994 年。

〔8〕　《汉书》卷八《宣帝纪》文颖注，中华书局，1962 年标点本，第 253 页。

〔9〕　 H. G. Creel, "The Beginning of Bureaucracy in China：The Origin of Hsien", *Journal of Asian Studies*, XXXII, 1964.

〔10〕《东海郡下辖长吏名籍》,《尹湾汉墓简牍》,中华书局,1997 年,第 85 页以下。

〔11〕余英时:《汉代循吏与文化传播》,《士与中国文化》,上海人民出版社,1987 年。

〔12〕《后汉书》卷二六《韦彪传》,第 918 页。

〔13〕《后汉书》卷四一《第五伦传》,第 1400 页。

〔14〕《太平御览》卷九一引华峤《后汉书》及《东观汉纪》,中华书局,1960 年影印本。

〔15〕《史记》卷一一二《平津侯主父列传》,第 2950 页。

〔16〕据廖伯源统计,尹湾汉简中属吏以功次升迁为朝廷命官的情况占到 43.54%,见其《汉代仕进制度新考——〈尹湾汉墓简牍〉研究之三》,《严耕望先生纪念文集》,台北稻乡出版社,1998 年。

〔17〕日人纸屋正和认为:"众所周知,汉代在百石以下小吏和二百石以上官吏之间,横有一道非经察举等不能逾越的森严关卡。"(见其《前汉时期县长吏任用形态的变迁》,《日本中青年学者论中国史》上古秦汉卷,上海古籍出版社,1995 年,第 512 页)这个论断更适合东汉而不是西汉,参看前注。

〔18〕见《后汉纪》卷一五《殇帝纪》载尚敏《陈兴广学校疏》;以及王充《论衡·程材》。

〔19〕《三国志》卷二《魏书·文帝纪》,卷三《明帝纪》,分别见中华书局,1971 年标点本,第 74、93 页。

〔20〕赵翼:《廿二史札记》卷二,见王树民:《廿二史札记校正》,中华书局,1984 年。

〔21〕李开元:《前汉初年における军功受益阶层の成立——"高帝五年诏"を中心として》,《史学杂志》第 99 编第 11 号,1990 年 11 月。

〔22〕李开元:《汉帝国的建立与刘邦集团——军功受益阶层研究》,三联书店,2000 年,第 2 章第 2 节。

〔23〕唐长孺:《魏晋南北朝隋唐史三论》,武汉大学出版社,1992 年,第 42 页。

〔24〕唐长孺:《东汉末期的大姓名士》,《魏晋南北朝史论拾遗》,中华书局,1983 年,第 28 页。

〔25〕余英时:《东汉政权之建立与士族大姓之关系》,《士与中国文化》,上海人民出版社,1987 年,第 220 页。

〔26〕《三国志》卷三五《蜀书·诸葛亮传》,第 935 页。

〔27〕《宋书》卷三《武帝纪下》,中华书局,1974 年标点本,第 60 页。

〔28〕田余庆:《东晋门阀政治》,"后论",北京大学出版社,1991 年。

〔29〕田余庆:《东晋门阀政治》,第 337、354 页。

〔30〕祝总斌:《两汉魏晋南北朝宰相制度研究》,第 190、347 页。

〔31〕翦伯赞主编:《中国史纲要》,人民出版社,1995 年修订版,上册,第 219 页。

〔32〕 唐长孺:《魏晋南北朝时期的吏役》,《江汉论坛》1988 年 8 期。

〔33〕 葛洪:《抱朴子·审举》。

〔34〕《三国志》卷二一《魏志·卫觊传》,第 611 页。

〔35〕 程树德:《九朝律考》,中华书局,1963 年,第 225、311 页。

〔36〕《文选》卷三六王融《永明十一年策秀才文》,中华书局,1974 年影印,第 510 页。

〔37〕 艾森斯塔得:《帝国的政治体系》,第 2 章第 1 节"中央集权政权的演生模式"。

〔38〕《晋书》卷五九《八王传序》,中华书局,1974 年标点本,第 1590 页。

〔39〕 叶适:《习学记言》卷三二《南史二·梁书》,上海古籍出版社,1992 年,第 293 页。

〔40〕 唐长孺:《魏晋南北朝隋唐史三论》,第 52 页。

〔41〕 王夫之:《读通鉴论》卷一一,中华书局,2002 年,中册,第 350、351 页。

〔42〕 田余庆:《东晋门阀政治》,"前言"及"后论"。

〔43〕 祝总斌:《两汉魏晋南北朝宰相制度研究》,第 223—224 页。

〔44〕 参看阎步克:《西晋清议呼吁简析及其推论》,《中国文化》1996 年 4 期。

〔45〕 参看阎步克:《南齐秀才策题中之法家论调考析》,《北京大学学报》1997 年 2 期。

〔46〕 祝总斌:《两汉魏晋南北朝宰相制度研究》,第 385 页。

〔47〕 黄惠贤:《中国政治制度通史》第 4 卷(魏晋南北朝卷),人民出版社,1996 年,第 162 页。

〔48〕 汪贵海:《汉代官文书制度》,广西教育出版社,1999 年,第 155 页。

〔49〕《梁书》卷二《武帝纪中》天监四年正月诏及天监八年五月诏,中华书局,1973 年标点本,第 49 页。

〔50〕《旧唐书》卷四二《职官志》,中华书局,1975 年标点本,第 1805 页。

〔51〕 张建国:《魏晋律令法典比较研究》,《中外法学》1995 年 4 期。

〔52〕 章太炎:《检论》卷三《汉律考》,《章太炎全集》(三),上海人民出版社,1984 年,第 438 页。

〔53〕 祝总斌:《略论晋律的"宽简"和"周备"》,《北京大学学报》1983 年 3 期。

〔54〕《北史》卷八三《文苑传·许善心传》,许善心《梁典序》,见中华书局,1974 年标点本,第 2804 页。

〔55〕《资治通鉴》卷九七晋穆帝永和三年。

〔56〕 王仲荦:《魏晋南北朝史》,上海人民出版社,1979 年,下册,第 523—524 页。

〔57〕 唐长孺:《魏晋南北朝隋唐史三论》,第 126 页。

〔58〕 周伟周:《汉赵国史》,山西人民出版社,1986 年,第 184 页。

〔59〕 唐长孺:《魏晋南北朝隋唐史三论》,第 189 页。

〔60〕缪越:《东魏北齐政治上汉人与鲜卑人之冲突》,《读史存稿》,三联书店,1962 年。

〔61〕刘后滨:《北周官制与南北朝至隋唐间政治体制的演变》,《法门寺文化研究通讯》第 12 期(1998 年法门寺唐文化国际学术讨论会专号),及《史学论丛》1998 年。

〔62〕祝总斌:《两汉魏晋南北朝宰相制度研究》,第 8 章第 5 节。

〔63〕见哈拉和卓 96 号墓出土文书第 21 份《功曹下田地县符为以孙孜补孝廉事》,及哈拉和卓 91 号墓出土文书第 2 份《西凉建初四年秀才对策文》。《吐鲁番出土文书》第 1 册,文物出版社,1981 年。

〔64〕《魏书》卷八四《儒林传序》,第 1842 页。

〔65〕吕思勉:《两晋南北朝史》,上海古籍出版社,1983 年,下册,第 1328 页。

〔66〕程树德:《九朝律考》"后魏律考序",中华书局,1963 年,第 339 页。

〔67〕陈寅恪:《隋唐制度渊源略论稿》,中华书局,1963 年,第 101 页。

〔68〕参看阎步克:《北朝对南朝的制度反馈——以萧梁、北魏官品改革为线索》,《传统文化与现代化》1997 年 3 期。

〔69〕阎步克:《西魏北周军号散官双授制度述论》,《学人》第 13 辑,江苏人民出版社,1998 年;《北周北齐军号散阶制度异同论》,《历史研究》1998 年 1 期;陈苏镇:《北周隋唐的散官与勋官》,《北京大学学报》1991 年 2 期。

〔70〕杨光辉:《魏晋南北朝的封爵制度》,北京大学历史系 1988 年博士论文,第 1—9 页。

〔71〕《周书》卷二三《苏绰传》,中华书局,1971 年标点本,第 386 页。

〔72〕唐长孺:《魏晋南北朝隋唐史三论》,第 105 页。

〔73〕周一良:《从北魏几郡的户口变化看三长制的作用》,《魏晋南北朝史论集续编》,北京大学出版社,1991 年。

〔74〕田余庆:《东晋门阀政治》,第 360 页。

〔75〕陈寅恪:《李唐氏族之推测后记》,《金明馆丛稿二编》,上海古籍出版社,1980 年,第 393 页。

第三章　封建地主经济的发展

秦汉时期是我国古代封建地主经济迅速发展的时期。在这一时期所出现的比此前进步的生产力和生产关系,以及与之比较适应的主要制度和政策,都为此后两千年封建经济的发展奠定了基础。土地私有制的发展带来了土地兼并和贫富两极分化,社会动荡不安。从两汉到南北朝,统治者们都为此而采取过一些限田或均田的制度、政策或措施,有些失败了,有些起过一定的积极作用。

第一节　土地私有制的发展与封建国家的限田政策

土地私有制的确立　土地兼并与贫富两极分化　豪强、世族与宾客、部曲官赋与私租数额的消长　从限田到均田

土地私有制的确立和土地所有权的存在,要以法律的承认为标志。西周实行井田制,土地属于国有,为法律所承认。春秋后期至战国时期,井田制逐渐被破坏,私有制开始产生。可是从现存资料来看,关东六国不见有法律承认的迹象,西方的秦国却在商鞅变法时,"除井田,民得卖买"[1]。合法的买卖是所有权存在的主要标志,由此可知,土地私有制在秦国得以确立。

秦始皇消灭六国、统一中国后的第五年(始皇三十一年,公元前 216),下令"使黔首自实田"[2]。一般认为,这是朝廷下令全国人民(黔首)在国家承认土地私有制的前提下,各民户不论占田多少,一律据实登记,以便"履亩而税"。应当说,中国古代土地私有制至此时才正式确立。

封建国家在全国范围推行一项新的重要制度,不会只有这么一句话,相应的配套政策或措施以及有关律令一定会有的。但直接的资料已难找到,在一些残存的文献或考古资料中,尚有蛛丝马迹。如残存的与户籍有关的秦简中,就登录有户主姓名、妻子、儿女的年龄,以及财产,如田宅、奴婢等。这在"云梦秦简"[3]中有资料可查。秦之户籍总称为图籍或版籍、版图等。刘邦在秦末农民大起义时,首先率军进入秦都咸阳,他的谋士"萧何尽收秦丞相府图籍文书"[4],使刘邦"具知天下厄塞,户口多少,强弱之处,民所疾苦"[5]等,帮助他打败项羽,夺得天下。对于西汉建国后的"汉承秦制",也起了巨大的作用。在居延汉简中亦保存有西汉户籍的片段,每户名下,均登录有属于本户的人口及奴婢、田宅、牛马、车辆等状况[6]。这对"使黔首自实田"之制的研究有参考作用。

土地私有制确立后,人们对田地所有权的观念也有显著的变化,最明显的一点是直呼私人占有的田地为"私田"。如说西汉成帝"置私田于民间"[7],东汉济南王刘康有"私田八百顷"[8]。东汉政论家荀悦曰:"民田……人卖买由己,是专地也。"[9]服虔曰:"专","言专独有之,不属人也"[10]。这些事实可以帮助说明,新的、进步的土地所有制即土地私有制在秦朝时期得到确立,在两汉时期又得到巩固和发展。

土地私有制确立之后,大土地所有制的形成只是一个时间的问题。大土地所有制的形成过程,是以社会贫富两极分化为主要条件的。这一过程对为数不多的官僚、商人、地主来说,是一个不断积累财产的过程,是一个欢欣鼓舞的过程;但对广大劳动人民来说,却是一个贫困破产的过程,是一个极端痛苦的过程。不过从社会发展的角度来说,这一过程是必然的,不可避免的,也是进步的必由之路。

西汉初年,时值秦末农民战争之后,社会上的贫富分化尚不明显,以小土地私有者为主体的自耕农的比率很大,大地主很少。东汉政论家杜林说,当时"邑里无营利之家,野泽无兼并之民,万里之统,海内赖安"[11]。这样的局面,大约持续了三四十年,曾一度遭到严重破坏的社会经济由恢复而发展,并出现了"富商大贾周游天下,交易之物莫不通,得其所欲"[12]的盛况。可是,这只是社会的一个方面,当然也是当时社会的主要方面;还有另外一方面,便是土地

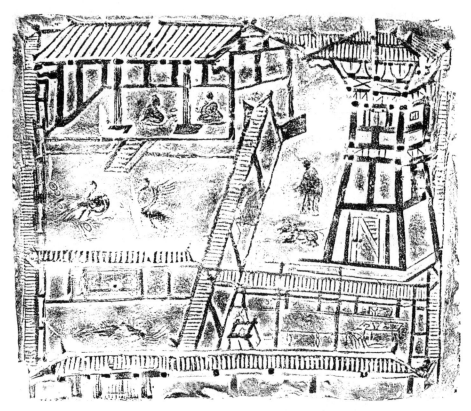

图 3-1　东汉地主庭院生活画像砖,四川成都出土,中国历史博物馆藏

在兼并,贫富在两极分化,这种情况是在不知不觉中悄然进行的(图 3-1)。汉
文帝在位的中期,政论家晁错上疏,深刻揭露了这一事实。他说商人的情况:
"商贾大者积贮倍息,小者坐列贩卖,操其奇赢,日游都市,乘上之急,所卖必
倍。故其男不耕耘,女不蚕织,衣必文采,食必粱肉;亡农夫之苦,有仟伯之得。
因其富厚,交通王侯,力过吏势,以利相倾;千里游敖,冠盖相望,乘坚策肥,履
丝曳缟。"说农民的情况:"今农夫五口之家,其服役者不下二人,其能耕者不过
百亩,百亩之收不过百石。春耕夏耘,秋获冬藏,伐薪樵,治官府,给徭役;春不
得避风尘,夏不得避暑热,秋不得避阴雨,冬不得避寒冻,四时之间亡日休息;
又私自送往迎来,吊死问疾,养孤长幼在其中,勤苦如此;尚复被水旱之灾,急
政暴赋,赋敛不时,朝令而暮改。当具有者半贾而卖,亡者取倍称之息,于是有
卖田宅鬻子孙以偿责(债)者矣。"他最后的结论是:"此商人所以兼并农人,农

人所以流亡者也。"[13]

　　在他看来,这种发展趋势是很难阻挡的,即使由汉高祖制定的"重农抑商政策"实行到此时,也已失去了作用。他评论说:"今法律贱商人,商人已富贵矣;尊农夫,农夫已贫贱矣! 故俗之所贵,主之所贱也;吏之所卑,法之所尊也。上下相反,好恶乖迕,而欲国富法立,不可得也。"[14]晁错曾针对这一情况,提出过"贵粟政策",也就是"入粟拜爵政策",还建议实行"轻徭薄赋政策",这些都为文帝所采纳,并起过积极的作用,使社会状况和贫困人民的生活有所改善。可是土地兼并仍未得到有效的扼制,贫富分化的潜流仍在进行。至武帝即位时,已出现了"富者田连阡陌,贫者亡立锥之地"的局面。据元封四年(公元前107)的统计,关东流民已多达两百余万口,社会危机十分严重。

　　大土地所有制形成的时间约在文帝中期至武帝即位之时,历时三十年左右。早期出现的大地主时称"豪强",就是地方上有势力之人,亦称为豪民、豪右、豪宗、豪门等等。司马迁评论说:"当此之时,网疏而民富,役财骄溢,或至兼并,豪党之徒,以武断于乡曲。"[15]当时最大的地主是官僚地主。如汉武帝之舅、曾任丞相的田蚡,"治宅甲诸第,田园极膏腴,市买郡县器物相属于道"[16]。曾任郎中将的灌夫退职在家,"诸所与交通,无非豪桀大猾。家累数千万,食客日数十百人。波池田园、宗族宾客为权利,横颍川。"[17]酷吏宁成罢官回乡,"赁贷买陂田千余顷,假贫民,役使数千家"[18]。号称"为人谨厚"的儒家丞相张禹"内殖货财,家以田为业。及富贵,多买田至四百顷,皆泾、渭溉灌,极膏腴上贾,它财物称是。"[19]

　　非在官的地主所占田地可能少一些,但此等人户则到处都有,其势力也很大。《汉书》卷七〇《陈汤传》曰:"关东富人益众,多规良田,役使贫民。"

　　官僚、商人和地主都在兼并土地,从西汉中期开始,三者在逐步"一体化"。当年的豪强之名,亦在雅化为郡姓、大姓、名门、世族等等,形成地主阶级最高层位的代称,为社会人群的一极;社会人群的另一极则是广大贫困破产的农民,为了活命而在忍受地主们的无情剥削和奴役。他们也有自己的代称,就是宾客、奴婢、徒附、部曲等等。

　　土地兼并与贫富分化,对于社会生产关系来说,是在转型,是在破坏原有的以自耕农为主体的分散落后的小农经济关系,逐步建立以大土地所有者与无地、少地的农民结合而成的新的租佃关系。这种新的租佃关系虽具有严重剥削与压迫的性质,但在当时,是适合生产力的状况与发展要求的唯一选择,因之也是进步的。

东汉时期,地主与佃农的生活状况,崔寔曾做过这样的描述:"上家累巨亿之赀;斥地侔封君之土,行苞苴以乱执政,养剑客以威黔首,专杀不辜,号无市死之子;生死之奉多拟人主。故下户踦岖,无所跱足,乃父子低首,奴事富人,躬帅妻孥,为之服役。……历代为虏,犹不赡于衣食。生有终身之勤,死有暴骨之忧,岁小不登,流离沟壑,嫁妻卖子。"[20]崔寔所述应当说是当时的租佃关系中最黑暗最悲惨的一面。正常的情况当不致如此严重。一般说来,大土地所有制下,往往以近于庄园制的形式经营其产业,类似于自给自足的封建群体,土地与山林川泽的占有比较稳定,水利条件较好,农具、种子具备,在一般情况下,可以保证农田的生产和简单再生产。而这些条件是个体农民所不具备的。如东汉光武帝刘秀的外公樊家,"世善农稼,好货殖……其营理财业,物无所弃,课役童隶,各得其宜。故能上下戮力,财利岁倍。至乃开广田土三百余倾。其所起庐舍,皆有重堂高阁,陂渠灌注。又池鱼牧畜,有求必给。"[21]这样的地主庄园比较典型,是封建经济的主要基础(图3-2)。

当时社会上与农业有关的剥削有官赋与私租之分。官赋是指国家征收的地租(土地税)和户赋,私租是指地主收取佃农的地租。战国时期,各国的土地税大致均为亩产量的十分之一,叫做什税一。西汉初,"轻田租,什五而税一"[22]。人口税有两种,一为丁税,叫做算赋,即15—56岁的男女,每人每年纳一算(120钱);一为儿童税,叫做口赋,即7—14岁的儿童,每人每年纳二十钱。此外,还有徭役,男子23—56岁之间,每人要服兵役两年。另有两项时间很短的徭役,叫做"更有三品"。即每人每年在本郡服役一个月,叫做更卒(或卒更);不愿服役的,每月出钱两千以代役,叫做践更。又每人每年还要戍边三天,叫做徭戍;不愿服役的,出钱三百,叫做过更[23]。这样的税额总的说来,并不太重。但比较而言,田租比较轻,人口税和更赋则较重,这对无地少地的农民是很不利的,这是众多的农民贫困破产的原因之一。

文帝时,为改善这一状况,进一步实行"轻徭薄赋"政策,主要内容有三项:一、减田租为三十税一。此后成为两汉的定制[24]。二、算赋由一百二十钱减

图 3-2　四川德阳出土播种画像砖,四川省博物馆藏

为四十钱。三、丁男每年在本郡服役一月之制减为"三年而一事。"[25]这些政策与汉文帝的"贵粟政策"等结合推行,为缓和当时的社会危机和促进生产发展起了积极的作用。所谓"文景之治"就是在这一社会背景下出现的。

　　可是,土地兼并在不断发展,大量的自耕农破产之后转向为佃农,部分人沦为奴婢。所谓宾客、徒附、部曲、家兵基本上都属于佃农性质。地主作为土地所有者向封建国家缴纳的耕地税,在文帝以前,为什伍税一;自文帝减租之后至东汉末,一直为三十税一。而地主所收佃农的地租率为"见税什五",也就是私人地租量高于国家地税量的 15 倍。又地主与佃农之间的"人身依附"关系在不断加强,超经济的剥削也在不断加重。

　　关于国家赋税与私人地租数额的消长情况,长期为所谓"轻徭薄赋"这一并不实际的幌子所掩盖。在土地兼并日益加剧、贫富分化日益严重之时,有些人才开始醒悟,并予以揭露。如王莽在改制时,揭露说:"汉氏减轻田租,三十而税一,常有更赋,罢癃咸出;而豪民侵陵,分田劫假,厥名三十,实什税五也。"[26]荀悦亦揭露说:"今汉民(氏)或百一而税,可谓鲜矣。然豪强富人占田逾侈,输其赋太半。官收百一之税,民收太半之赋,官家之惠优于三代,豪强之暴酷于亡秦,是上惠不通,威福分于豪强也。"[27]应当指出,汉王朝实行轻徭薄赋的政策还是应当予以肯定的,但在实际执行中,遭到封建官僚和不法地主的破坏,对此需要具体分析,不可盲目歌颂。

土地私有制是自发产生的,在产生的初期,即为土地所有者和农业生产者带来了经济效益,提高了他们的生产积极性,解放了生产力,促进社会经济的发展。可是,与之伴随而来的土地兼并和贫富分化,日益加剧了社会的不稳定。战国中期,孟子曾主张恢复井田制,当然不可能实现。至西汉武帝初即位时,学者董仲舒建议说:"古井田法虽难卒行,宜少近古,限民名田,以澹(赡)不足,塞并兼之路。"[28]董仲舒并未主张废除土地私有制,实行井田制;只是主张对私人占田的数量加以限制。这一主张开国家干预私人占有土地数量的先河。至西汉哀帝时,师丹等辅政大臣的主张与董仲舒基本相同,他们也认为"豪富吏民訾数巨万",无法恢复井田制,主张"宜略为限"。汉哀帝的"限田"政策就是由他们制定的。此政策过于脱离实际,如规定王、侯、吏民占田不得过三十顷,"贾人皆不得名田、为吏"[29]。这都是无法实现的。所以政策还未出笼,即因遭到在朝的既得利益集团反对,未能实行。

西汉末年,王莽曾为制止土地兼并而大声疾呼,下令说:"今更名天下田曰'王田'",不许买卖。他的改革模式是:"古者,设庐井八家,一夫一妇百亩,什一而税,则国给民富而颂声作。"这就是在恢复井田制度。他说:"敢有非井田圣制、无法惑众者,投诸四裔。"[30]起兵反对他的隗嚣就指责说:"田为王田,卖买不得;规锢山泽,夺民本业,……此其逆地之大罪也。"[31]王莽的改革不到三年即失败了。

西汉的土地兼并,是西汉农民大起义的主要原因。这次大起义确实也对当年的政治家们一筹莫展的土地兼并起了一定的抑制作用,为东汉的光武、明、章三代皇帝创造了一个比较安定的社会环境。东汉中期以后,土地兼并又严重起来,朝廷陷入外戚与宦官斗争、清流与浊流斗争,广大农民的吃饭问题无人过问,最后激起了黄巾大起义。

魏晋南北朝时期,国家长期分裂,战争不断进行,土地仍在兼并,人民大批的流亡,小的军阀可以无限制地向区内人民索赋税,征徭役,可是在中原立足的统治者为要继续取得胜利,就要实行较为切实合理的制度、政策,借以安身立命。曹魏之屯田,西晋的户调式,北魏的均田制,都是在国有土地或土地国有制的名义下推行的,在一定程度上抑制了土地兼并,发展了社会经济。

曹魏屯田,最初是由曹操的丞相主簿司马朗建议的。司马朗是井田制的推崇者。他说:"往者以民各有累世之业,难中夺之,是以至今。今承大乱之后,民人分散,土业无主,皆为公田,宜及此时复之。"[32]"公田"这一概念为曹操接受了;但曹操所为,不是为了恢复古代的井田制,他是一位现实性很强的政治家,他要以公田之名,解决军粮问题。他组织了民屯与军屯。民屯由国家拨给田地,按军事编制组织和保护生产,免除徭役,国家还备有耕牛,供给种粮。用官牛的,地租率为官六民四;不用官牛的,官民对分。史载:建安元年(196),"乃募民屯田许下,得谷百万斛。于是州郡例置田官,所在积谷。征伐四方,无运粮之劳,遂兼灭群贼,克平天下"[33]。军屯的效果也很好,邓艾在淮水流域屯田,用士卒五万,连营四百余里,穿渠三百余里,溉田二万余顷,除去开支,年积谷五百万斛。"每东南有事,大军出征,泛舟而下,达于江、淮,资食有储,而无水害。"[34]曹魏大规模的屯田,不仅满足了军粮供应,对稳定辖区内的社会秩序,恢复发展社会经济都有很大的助益。不过屯田政策与社会上的土地制度无关。军事行动减少,屯田存在的意义也逐渐淡化。人人视屯田为肥肉。如侍中何晏等,"共分割洛阳、野王典农部桑田数百顷"[35]。皇帝也常把屯田和屯田上的客户分赐给臣属和亲信。至咸熙元年(264),曹魏的最后一位皇帝下令,"罢屯田官以均政役,诸典农皆为太守,都尉皆为令长"[36]。屯田之事基本结束,当年所谓的"公田"成批的转入权贵、豪强之手。

西晋行户调式始于280年灭吴不久,主要内容有三,即"占田、课田制","户调制"和"品官占田荫客制"。此制只言占田限额和课租及户调数量,不言土地所有权,亦无授田、还田之制,可见此为一种限田政策。由于限额宽松,对权势之家无所触动,而对游散人口有所组织安排,所以此政策的实施促使社会秩序稳定,生产有所恢复发展。《晋书》卷二六《食货志》曰:"是时天下无事,赋税平均,人咸安其业而乐其事。"

北魏行均田制与西晋行户调式有很大的不同,其主要特点是以土地国有制为其前提。例如在均田令中,公开规定了田地的授、还制度;露田不准买卖,桑田基本上亦不准买卖,只是对桑田之"盈者,得卖其盈;不足者,得买所不足"。其授田限额相当宽松:男子十五岁以上,受露田四十亩,桑田二十亩;妇人受露田二十亩。露田加倍或加两倍授给,以备休耕。年满七十岁还田于官。桑田为世业,不还官。奴婢受田与农民同。壮牛一头,受田三十亩;每户限受四牛之数,不再给桑田。地方官各随在职地区给予公田,刺史为十五顷,太守十顷,治中、别驾各八顷,县令、郡丞六顷。新旧任相交接,不许出卖[37]。

　　均田制之所以具有土地国有制的性质,这与北魏统治者的思想观念很有关系。北魏统治者为鲜卑族的一支拓跋部,原以游牧为生,没有土地私有观念。进入中原以后,为适应农业生产,"离散诸部,分土定居,不听迁徙;其君长大人皆同编户"[38]。对于汉族流民,亦"劝课农耕","计口授田"[39]。其前提均是土地国有或公有制。大臣李安世上疏说:"今虽桑井难复,宜更均量,审其径术,令分艺有准,力业相称,细民获资生之利,豪右靡余地之盈。"[40]"审其径术"为井田制的用语。又唐朝继续实行均田制,《唐律疏议》中对于口分田有这样一段引用《礼记·王制》说西周井田制的律文:"'田里不鬻',受之于公,不得私自鬻卖。"[41]这些均可反映北魏实行均田制的思想理论。然而,实际上北魏均田制不过是北魏统治者对土地所有权的一种法律虚构,已存在了上千年的土地私有制不可能因均田令一下而从此废除。均田制的实质仍是一种限田措施。

　　虽是这样,均田制的实行还是有重大积极意义的。此制的特点是比较切合实际。对贵族、官僚及大地主阶层的利益基本上不曾触动,因之未遭到他们的反对;对农民授田也很优厚。对土地买卖的规定既有稳定土地私有制的作用,亦对土地兼并有所限制。在执行上亦有回旋空间。这些规定对招徕流民和豪强大家控制下的依附农民,开垦荒地,发展生产,都有积极作用。

　　封建土地私有制并不是一项完美的土地所有制度。它在代替封建土地国有制时,有其进步性;但由于私有制的劣根性,从它一产生,就与土地兼并、贫富分化并臻而至,社会一再遭受破坏,连它本身也不能正常存在。它的存在和发展需要国家的适度干预,需要广大劳动人民的斗争。以土地私有制为基础的封建社会也正是在这些干预和斗争中存在和发展的。

第二节　农业生产的发展

铁农具与牛耕的推广　生产技术的进步　两汉兴修农田水利的高潮　大力修治黄河

我国古代农业生产的发展,到西汉进入了一个飞跃的时期,这从当时农田耕种面积的不断扩大,耕作技术的不断改进,单位面积产量的不断提高,以及农田水利的普遍兴修等方面,都显示了出来。其基本原因,是两汉 400 年间的政治与社会长期比较稳定;但还有一个很重要的原因,就是铁农具和牛耕在这一时期迅速推广,并达到了基本普及的程度。

铁农具在春秋中后期已经出现。但从考古发掘来看,仅仅发现有小件农具,如小铁铲、锸、刀等,还不能构成较强的社会生产力。当时已用牛耕。所用犁,大约是用木制,相当拙笨。这时较普遍使用的还是耒耜,最进步的耒耜,是耒与耜合一的农具,并带有铜口或铁口。如韦昭注《国语·周语中》曰:"入土曰耜,耜柄曰耒。"《礼记·月令·季冬》曰:"命农计耦耕事,修耒耜,具田器"。郑玄注:"耜者,耒之金也。"孔颖达疏:"耒下向前曲,接耜者头而著耜。耜,金铁为之。"此时的所谓耒耜已因生产需要而演化为多种器具,而且多装有铁口,有锸、铲、镢等。这些器具用于翻土时,有其先天性的弱点无法消除。主要弱点有四:1. 以人为动力,动力太小;2. 器头狭小,翻土量少;3. 作业为间歇动作,速度太慢;4. 运动方向是倒退而行,操作不便。这四个弱点决定了耒耜类工具的生产效率很难提高。战国中后期出现了"V"形铁犁冠,大约是安装在木犁口上使用的。这种铁犁冠在今河南辉县固围村魏墓与河北易县燕下都均有发现。这是一种新式农具,与牛耕结合,用于翻土时,比铲、锸、镢等要强得多。但从考古发掘的情况来看,铁犁为数极少,而且其口刃很宽,角度超过 90°,造型原始,安装在木犁上使用也不很方便。

秦朝和西汉前期,铁犁已有推广,V 型铁犁在增多。但铁犁推广较迅速的时间开始于西汉中期,可能与汉武帝收铁冶归国营有关。各地出土的铁犁

图3-3 西汉铁犁,上带犁壁,陕西咸阳
窑店出土

的数量大增,而且多为全铁犁。犁的规格多样化、定型化,并迅速成为决定农业命运的生产工具(图3-3)。所以这样,是和新型铁犁的优点分不开的。其主要优点有四:1. 以大牲畜为动力,动力强大;2. 犁头宽大锐利,且带犁壁,翻土量多;3. 作业为连续动作,速度较快;4. 运动方向是面向前进,操作方便。这四个优点决定了铁犁牛耕的生产效率一定会远远超过耒耜类农具。所以,《盐铁论·水旱》曰:"农、天下之大业也,铁器、民之大用也。器用便利,则用力少而得作多,农夫乐事劝功。用不具,则田畴荒,谷不殖,用力鲜,功自半。器便与不便,其功相什而倍也。"现在发现的属于西汉中期的铁犁,其规格、形制已相当合理,为后代铁犁的铸造、形制奠定了基础。

关于两汉时期铁犁及其使用的情况,有如下三点值得重视:

一、铁犁使用的广泛性。两汉时期,铁犁使用的地域范围已相当广泛。从考古发掘来看,自北而南,已发现铁犁或其部件的省份有辽宁、山西、内蒙古、河北、山东、河南、安徽、宁夏、陕西、四川、甘肃、新疆、江苏、福建、贵州、云南等,出土铁犁铧或其部件以百数。而广东省,虽未发现铁犁,但却发现有牛耕的模型。铁犁的广泛使用,说明了铁犁作为一种翻土工具,其功能已非耒耜类农具可比。虽是这样,铁犁的出现、推广,并不完全排斥耒耜类铁农具。相反的,耒耜类铁农具仍在改进、发展、普及。在干旱地区,由于它轻便适用,仍为小型掘土、挖沟的重要工具。在水田地区,汉魏、六朝时期,其耕作方法主要是"火耕水耨",基本上用铲、锸、镢等整田,不用犁耕。

二、铁犁的进步性与定型化。两汉铁犁的进步性与定型化主要体现在以下五点:1. 犁身全铁化,称为全铁犁,厚薄适度、坚固、耐用;2. 犁口锋利化,角度缩小到90°以下,锐利适用;3. 规格定型化,铁犁因需要之不同,而有大、中、小型之分,其形制、厚薄程度亦有差别;4. 犁头犁冠化,使用于多沙石地区的犁头多加装铁犁冠;使用于一般沙土地区的犁头也有加装铁犁冠的,其形制类似战国时期的"V"形犁,但要进步得多,对犁铧的刃部起保护的作用,亦可随时更换;5. 犁铧犁壁化。犁壁又称镜土或犁镜,犁上装有犁壁,便于翻土、起垄,用力少而见功多。

三、用二牛抬杠牵引铁犁的科学性与进步性。耒耜类农具的构造简单,在刃部之外,只需要配有一条合用的木柄即可。可是犁则不同,要用大牲畜为牵引力,没有坚固合用的犁架相配套是不行的。此种犁架必须由四个主要部件构成,此四个部件为扶手(犁梢)、犁床(犁底)、犁辕、犁箭,有的犁架是将扶手与犁床合而为一。此等犁架在两汉时期已经普遍运用了。如发现于山西平陆枣园村、甘肃武威磨咀子、江苏睢宁双沟、陕西米脂与绥德、内蒙古和林格尔、山东滕县宏道院与黄家岭、广东佛山澜石的两汉壁画、画像石上的牛耕图及木陶模型等,都具体生动地反映了这一事实的存在。为此种犁驾辕的都是二牛抬杠,亦有用二马或一牛一马抬杠的。

有人认为汉代犁架及二牛抬杠都是原始性的农具,而唐朝学者陆龟蒙在《耒耜经》中所说的江东用的曲辕犁,由十一个部件组成,最为科学;又认为用一牛驾辕拉犁最为科学。最受指责的是用二牛驾长直辕。总的说来,这些说法有失偏颇。

关于犁架,汉式犁架不仅用于汉代,而且普遍使用于唐宋明清,直到近现代。陆龟蒙所说的曲辕犁,从现存资料来看,唐宋时期使用者极少,只在敦煌壁画中发现有一例,而且为二牛抬杠[42]。只是到明清时,使用短型曲辕犁者才渐多。但汉式犁架的使用仍极多,有的长辕改为短辕,回转方便。

二牛抬杠之所以有那么强的生命力,是因为此种耕作方法与当时所用牵引力的条件相适应。只要牵引对象和牵引力的状况都不改变,二牛抬杠的耕作方法也就不可能改变。据今天的科学实验测定:一头壮牛(黄犍或乌犍)耕地,正常与持久(以 2 小时为限)的牵引能力约为 80—100 公斤,一匹壮马的正常与持久的牵引能力为 30—40 公斤。两汉时期农用牛为牬牛(母牛或阉割后的公牛),此种牛的牵引能力界于壮牛或壮马之间。因此,用一牬牛或一壮马耕田,均有困难。所以在当时,用二牛抬杠是必要的、科学的耕田形式。二牛抬杠以耕田,在汉壁画和画像石中出现得很多(彩图 5)。文献中亦多有记载,如《汉书》卷二四上《食货志上》曰：代田法"用耦犁，二牛三人"。崔寔《政论》曰："今辽东耕犁，……既用两牛，两人牵之，一人将耕。"用一牛耕田的事例也有一些，但为数极少，亦均是用直辕。如上述武威磨咀子木牛犁模型、广东佛山陶水田模型、滕县宏道院画像石牛耕图等皆是。此外，文献记载如《说文解字》"牛部"曰："辈，两壁耕也。"段注曰："谓一田中两牛耕，一从东往，一从西来也。"一牛耕田的事例之所以很少，和壮牛少有直接关系。曲辕犁在唐代及其以后的时间中之所以推广很慢，是因为其曲辕长九尺[43]，约合今之曲辕两倍，比较当时的短直辕的优点并不突出；又因为制作曲辕需要有特殊的制辕材料，在技术上也过于复杂，如在耕地上无特殊情况，用短直辕可以满足耕地需要，而不必求诸曲辕。

西汉时期有关农业的知识已相当丰富，土壤学、作物学等都在发展。广大农民已有相当的辨土、施肥、选种、田间管理等方面的知识。赵过所推广的"代田法"及《氾胜之书》所记载的一些耕种方法都是当时农民的重要生产经验。

赵过时任汉武帝的搜粟都尉，其职务相当于大司农。代田法当是一种以轮耕制为其主要特点的耕作方法。以宽一步（六尺）、长百步的一亩地为例，纵分田地为三畎三陇，畎、陇各宽一尺，布种于畎中，苗长高时，一再用陇土培固根部，以增强作物的抗风旱能力，亦可保墒。次年耕种时，畎、陇互易其位，以调节地力。文献记载，用代田法耕作，其亩产量比用常法可增产一斛（石）以上。代田法适宜于我国西北干旱地区的农业生产。当时，推广代田法的地区有三辅（京兆尹、左冯翊、右扶风）、河东、弘农和居延等边疆地区。

赵过还推广一种用耧车播种的技术。耧车由三个小型犁并排装成，每个小犁装有一只铁制耧角，耧角中空，上通耧斗，斗中盛种籽。播种时，一牛拽引，一人扶耧，一边开沟，一边下种，种籽自耧斗经耧足下播，一日可种田一顷（图3-4）。文献记载，耧车亦有两足和一足的。

西汉后期的农学家氾胜之撰有一本农书，史称《氾胜之书》。书中记载了许多农业生产经验，其中最重要的是区田法，亦称区种法。这种方法是在田地寡少或狭窄的地区，用窝种或沟种以栽培作物，集中施肥和灌溉，便于管理，产量也有保证。北魏时的高阳郡太守贾思勰是一位知识丰富的农学家，他所撰《齐民要术》一书共十卷九十二篇，分别总结记录了当时有关各种农作物、蔬菜、果树、竹木等的栽培、育种，家畜、家禽的饲养，农产品加工及副业生产等经验。他在该书的《自序》中说："起自农耕，终于醯醢，资生之业，靡不毕书。"这是我国古代较早的一部很有价值的农业科学著作。

两汉时期，农田水利事业也迅速发展。皇帝和比较关心农业生产发展的地方官吏起了主导的和重要的作用。

两汉水利的大发展开始于西汉武帝时期。第一

图 3-4　耧车，汉武帝时搜粟都尉赵过发明，此复制品是根据王祯《农书》和山西平陆汉墓壁画复制而成

项水利工程是在京师长安附近开掘的漕渠，兼有漕运和灌溉两种功用。西汉初年，京师长安每年需要粮食数十万石，主要由关东通过黄河西运，入于渭水，再西运至长安。此渭水一段的运程为九百余里，漕运时长为六个月。后来京师用粮年年有增。至武帝时，已增至年需粮六百万石，而渭水之漕运已很难适应需要。元光六年（公元前 129），武帝命水利工程专家徐伯主持开凿漕渠，即自长安开始，沿渭水南岸，向东开掘一条运河，通至黄河。此运河三年修成，全长只有三百余里，漕运一次，所用时间也减少了一半，还可溉田一万余顷。

在此前后，武帝接受了不少人的建议，在关中大兴水利，开成若干灌溉系统，其中重要的有灵轵渠、成国渠、湋渠、六辅渠、白渠等。以白渠最为著名。白渠始凿于太始二年（公元前 95），在渭水之北，西起谷口（今陕西礼泉东北），东入栎阳（今临潼），引泾水注入渭水，大致与郑国渠平行，长二百里，溉田四千五百余顷。灌溉得力，受益农田年年丰收。当时有歌谣曰："田于何所？池阳谷口。郑国在前，白渠起后，举臿为云，决渠为雨。水流灶下，鱼跳入釜。泾水

图 3-5 汉武帝时在宁夏修建的引黄水渠故址

一石,其泥数斗;且溉且粪,长我禾黍;衣食京师,亿万之口。"[44]

其他郡县的地方官吏受汉武帝倡导水利的影响,也一度兴起大搞农田水利之举。西北地区,多开渠引黄河或川谷之水以溉田(图 3-5),中原地区引淮、泗、汶水以溉田。其他地区修整或新开渠塘、陂池也很多,溉田少者数千顷,多者万余顷,各获其利。

东汉前期,朝廷很重视发展农业生产,有一大批地方官吏于劝课农桑之同时,大力兴办水利事业。如汝南太守邓晨在今河南正阳、息县间修复鸿郤陂,起塘四百余里,溉田广袤,年年丰收。后来继任太守何敞又修治铜阳(今安徽临泉)旧渠,不仅有灌溉之利,还增垦田三万余顷。杜诗任南阳太守,大力修治境内陂池,开垦荒地,南阳逐渐富足。马臻任会稽太守,在会稽、山阴两县(今浙江绍兴)修镜湖,周回三百余里,灌田九千余顷。张堪任渔阳太守,在狐奴(今北京顺义东北)开稻田八千余顷,引沽水和鲍丘水(今潮白河)以灌田,年年丰收。时有民歌曰:"桑无附枝,麦穗两歧,张君为政,乐不可支。"[45]此外,广陵、下邳、河东、河内、河南、左冯翊、右扶风、京兆尹,以及陇西、武威等边远地区也多开或修复湖陂沟渠,溉田多者达三万余顷,少者数百顷。

魏晋至北朝时期,朝廷或地方官府一直保持着重农和兴修水利的传统。曹魏时期,为了军事和经济的需要,在今河北地区开凿了为数众多的沟渠,自南而北,重要的有白沟、利漕渠、平虏渠、泉州渠、新河、戾陵堨、车箱渠等。在今河南地区开凿的有睢阳渠、讨虏渠、贾侯渠等。如前所述,邓艾奉命在淮水流域进行军事屯田,穿渠三百余里,溉田二万顷,以五万士卒组成绵亘四百余里的屯田大军,每年所收,除众费开支外,约可积谷五百万斛。"每东南有事,大军出征,泛舟而下,达于江、淮,资食有储,而无水害。"[46]北魏太和十二年(488),孝文帝诏令长城以北、阴山以南的北边六镇和云中、河西、关内各郡,都要开种水田,并要通渠灌溉。因之在关东、关中修复或新开的沟渠、陂池很多,如范阳郡的督亢陂原径五十里,渔阳郡和燕郡之间的戾陵堰原广袤三十里,均已年久毁废,此时相继修复,灌溉田地百万余亩。这些水利的兴修为北方农业生产的发展起了巨大的作用。

这一时期,长江以南的水利事业也有很大的发展。如东晋时期,在晋陵曲阿(今江苏丹阳)修建的新丰塘,溉田八百余顷。在乌程(今浙江湖州)修建的获塘,溉田千顷。南朝时期,在荆州枝江开掘的获湖,以"田多收获"[47]而得名。此外,在田少人多之处则开湖田。沿海地区还修建海塘以保护农田,免遭海潮的侵袭。史学家沈约说,刘宋时,"江南之为国盛矣。……地广野丰,民勤本业。一岁或稔,则数郡忘饥。"[48]

中国古代最大的水患是黄河泛滥,治黄问题为历代王朝的大事。春秋战国时期,由于国家不统一,黄河沿岸各诸侯国虽屡遭河水泛滥之害,但无力进行防治,有时还为了战争的需要,常常"以邻为壑"。至西汉前期,黄河经常泛滥。汉武帝元光三年(公元前132)夏,黄河在瓠子(今河南濮阳南)决口,河水经瓠子河入巨野泽,又入淮、泗等河,泛滥成灾,受灾地区达十六郡。汉武帝曾发卒十万人治理黄河,但由于权臣贪图私利,从中破坏,治河不见功效,人民长期受水灾之苦。直到元封二年(公元前109),武帝自泰山祭天回长安,路过灾区,发现问题严重,立即征发数万士卒堵塞决口,并下令随从他的官员自将军以下,都要前往背负柴薪填堵决口。在决口堵塞之后,武帝下令在新筑成的拦河大坝上盖了一座镇河宫殿,名叫宣房宫,工程才算完毕。从此,河水归槽北行,"梁、楚之地复宁,无水灾"[49]。这是中国古代第一次大规模地治理黄河,其功效时长一百余年。

中国古代第二次大规模地治理黄河是在东汉的前期。

西汉后期,黄河又年久失修。河水"侵毁济渠,所漂数十许县"[50]。汴渠亦溃决,河水自汴渠东侵,淹没兖豫二州的许多郡县。东汉明帝时,命将作谒者王吴和民间水利专家王景主持,规划修治黄河与汴渠。他们自受命之后,自荥阳东至千乘(今山东博兴)海口千余里,勘察地形,决通壅积,疏浚河道,每十里立一水门,以控制水流。共征调士卒和民工数十万人,历时一年多,费钱约有一百亿,终于将黄河治好。从此,黄河又归槽,与汴水分流。两水沿岸出现了大量的淤土,多被开为良田。黄河至千乘海口的堤岸号称金堤千里,经过这次整治,大约有八百余年(至1048)未再发生溃决改道之事。

第三节　官私营手工业的迅速发展

官私交替经营的冶铁业　官私并营的纺织业　技艺精美的漆器业与青瓷业

冶铁业在战国时期已有相当的发展,主要用作农具,用作兵器的还不是很多。官府和民间都有铸造铁器的。秦始皇灭六国后,将关东的一些大冶铁家作为地方豪富势力迁至今南阳、四川等地。这些人家多仍操旧业,成为西汉前期的一批主要私营冶铁家。

西汉前期,冶铁业有国营、官营(地方官府经营)和民营三种,民营又有大冶铁家和小个体经营者之分。

国营和官营冶铁业都以制造军用和官府使用的器物为主,如铸造兵器、车马用具等,劳动者多为征调的刑徒、士卒等,也有徭役和雇工。民营以大冶铁家为主,他们雇用大量的民工或收养众多的僮仆,兼营开矿、冶铸和销售,经营规模十分庞大。如临邛的卓王孙,其祖先是赵国人,自迁来之后,"即铁山鼓铸,运筹策,倾滇、蜀之民,富至僮千人,田池射猎之乐,拟于人君"。临邛的程郑,其祖先也是自赵国迁来,也以冶铁为业,自滇、蜀"贾椎髻之民,富埒卓氏"[51]。南阳的孔氏,是自魏国迁来,仍以冶铁致富,"规陂池,连车骑,游诸侯,因通商贾之利……家致富数千金"[52]。这些冶铁家因世代相袭,谙于经营,能关注市场,改进产品类型,提高产品质量,降低成本,改善经营方法,以致事业蒸蒸日上。

在乡间还有众多的个体经营的小铁匠,他们居于乡里,熟悉农时,与农民结合而形成很好的供需关系。《盐铁论·水旱》曰:小铁匠们"家人相一,父子戮力,各务为善器,器不善者不集。农事急,辄运衍之阡陌之间,民相与市买,得以财货、五谷新弊易货,或时贳。民不弃作业,置田器,各得所欲。"

汉武帝统治时期,在各郡国的深山老林之中,因从事矿冶而集聚的人众很多,不断发生骚乱之事,影响地方安定。更重要的是许多冶铁家集中了大量的财富,此财富极为国家的财政所需,但却握于私人之手。尤其是汉武帝在对匈奴进行战争十多年之后,极感财政亏空,物资缺乏,于是于元狩四年(公元前119),下令收盐铁业归国营,即如近现代实行的专卖政策。从此禁止民营,地方官府的冶铁业亦归国有。这一政策一直实行至西汉末年。

国家垄断经营冶铁业的组织管理:在中央的大司农之下设盐铁丞,专管盐铁事,其职位和品秩与大农丞相等。在盛产铁的地区设铁官,负责铁矿的开采、冶炼及铁器产销等事,其职位和品秩与县令(长)相等,部属员额因需要而设置。不产铁的地区设小铁官,主要任务是收集民间废弃铁器,进行改铸,再供民间使用。各铁官不属地方官府,直接隶属于盐铁丞,所获利益亦归于大司农。

冶铁业归国家专营,其主要益处有两点:1. 迅速充实了国家的财政,为打败匈奴起了重大的支援作用;2. 统一规划全国铁矿的开采,决定铁器的种类、规格和生产数量,对官员和劳动力的设置与组织也比较有计划、有保证,从而把冶铁业的发展向前推进了一大步。从考古发掘的情况来看,出土的属于西汉中后期的铁器比属于西汉前期的明显增多。可以说铁器皿和铁兵器已基本上代替了铜器皿和铜兵器,器皿除农具外,还有铁制手工工具,如斧、锛、锯、凿等,铁制生活用具有灯、釜、炉、剪、刀、镜等;兵器有长剑、长矛、环首大刀、铁戟、铁斧、勾镶等。冶炼技术和器物质量都有所进步。

但是冶铁业归国家专营之后，也暴露出了严重的缺点，如司马迁所说："郡国多不便县官作盐铁，铁器苦恶，贾贵，或强令民卖买之。"[53] 还有些民间士人批评说："县官鼓铸铁器，大抵多为大器，务应员程，不给民用。民用钝弊，割草不痛，是以农夫作剧，得获者少，百姓苦之矣。"[54] 虽是这样，当时的统治者认为冶铁业由国家经营，利大于弊，所以终西汉一代，其政策未改变。西汉末，王莽当政时，一度放弃这一政策，由民间自由经营。东汉建立后，也未再恢复国家垄断经营，而是国营、地方官营和民营三者自由发展。民营者照章纳税而已。三国以后，社会长期战乱，南北朝的情况也如此，官府很重视铁冶业，国营或官营铁冶较多，但民营依然存在。

战国后期，人们已经炼出早期的钢。《荀子·议兵》曰："宛钜铁铊，惨如蜂虿。"杨倞注："言宛地出此刚铁为矛。"即说宛（今河南南阳）已产钢。钢为铁和碳的合金，比生铁坚韧，比熟铁质硬。炼成这样的钢，技术要求比较复杂。所以有百炼成钢之说。西汉时，已开始用原煤或煤饼冶铁，还发明了淬火技术，以增强锻件的硬度，发展了炼钢技术。东汉时，又发明了低温炼钢法。南朝时，陶弘景又发明灌钢法，即把生铁和熟铁放在一起冶炼，之后再加锻打，这样可以锻成优质钢。还有一种"横法钢"，也是经过百炼而成的。

纺织业以丝织业为最进步，有国营与民营之分。国营丝织业不生产商品，主要是为皇家和官府织造服装。西汉时，最主要的国营丝织业有三处：1. 东织室和西织室，设在京师长安，专为皇室织造被服。2. 三服官，设在齐国的都城临淄，每年为皇室制作冬、夏、春（秋）三季的服装。3. 襄邑服官，设在陈留郡襄邑（今河南睢县），专为皇室、贵族和大臣制作礼服。

民营丝织业又分为专业生产和家庭副业生产。专业生产者以生产商品为主，技术比较精工，不过为数不是太多。文献记载，最著名的一家为陈宝光家。据说陈宝光是织花机的发明者，他使用的织花机有 120 条经线，用 120 镊牵动，以脚踏镊，全机运行，可织成多种美丽的丝织品。他的妻子史称陈宝光家，曾传授此织法，使此法在民间广泛流传。

西汉前期，丝织品的纺织和印染技术已经很精巧。这可从考古发现中得到印证。如 1972 年在湖南长沙马王堆一号汉墓出土的丝织品，有绢、罗纱、

图 3-6　长沙马王堆一号汉墓出土的素纱禅衣

锦、绣、绮等，花色有茶褐、绛红、灰、朱、黄棕、棕、浅黄、青、绿、白等，花纹有各种动物、云纹、卷草、变形云纹、菱形几何纹等，织制技术有织、绣、绘画等。有的纱料质轻而薄，和今天的尼龙纱差不多。如其中有一件素纱禅衣，身长 128 厘米，袖通长 190 厘米，重量只有 49 克（图 3-6）。

东汉魏晋时期，养蚕、丝织业有很大的发展，长江流域和五岭以南地区都有推广，尤以今四川地区所产的蜀锦最为名贵。左思的《蜀都赋》说，成都"伎巧之家，百室离房，机杼相和"[55]。三国时期，蜀锦不仅为蜀汉的贵族、官僚、地主所喜爱，魏、吴两国的达官、贵人也很喜爱。《丹阳记》曰："魏则市于蜀，而吴亦资西道。"[56]江南的丝织业发展较晚。东晋末年，刘裕灭后秦，将长安的百工房至建康（今江苏南京），建立锦署，从此，织锦技术在江南迅速传播。

魏晋以后，丝织业不仅在技术方面仍有不断的进步，还在技法和图案上，反映出了中国和中亚、西亚各国在经济、文化交流方面的一些状况。如在今新疆吐鲁番发现的属于魏晋时期的丝织品中，有用波斯萨珊王朝的传统技法织成的纹锦，如在纬线上起花，在图案的联珠套环中织有成对的鸟兽、人物等花纹，也有用同样技法织成的纹锦上，织以莲花、"贵"字、"同"字，或吉祥语等。这些丝织品所反映的情况，有中国技法波斯化的，有波斯技法中国化的，还有由中国人织出的中波双璧式图案的。这种情况说明了丝绸之路在中西经济文化交流上起了重要的作用。

民间的麻纺织业也有新的发展。麻葛织品中的越葛最为著名。越葛产于今浙江杭州一带，亦称越布。东汉时，列为贡品，供皇室使用。东晋南朝时期，用亚麻织的葛布名闻天下,据说,夜间浣纱,天明即可织成布,叫做"鸡鸣布",可见当时的麻织技术已相当进步。

两汉时期的漆器业从技术到规模都有空前的发展,尤其以蜀和广汉等郡的产品最为著名。朝廷在盛产漆器的地区设工官,专为皇室、贵族和高官制造精美的漆器。制造漆器的工序很多,技术复杂,要求标准很高。《盐铁论·散不足》曰:"一杯棬(圈)用百人之力,一屏风就万人之功。"此话并不很夸大。马王堆一号汉墓出土的漆器有一百八十多件,中有耳杯、盘、鼎、壶、钫、盒、屏风等,器胎有木质、夹纻、竹质等,漆层很厚,漆面上绘有草叶、花瓣、云气、动物图案等,质地或庄重,或轻巧,均造型美观,色泽光洁,工艺水平极高(图3-7)。东汉时期的漆器也有很多出土,有些漆器的纹饰十分精美。如在长沙出土的漆彩奁,上绘歌舞、出行、狩猎等场面。有些漆器的口沿上加饰金、银、铜的口沿,叫做钿器,既起加固的作用,又美观大方。在洛阳等地出土的钿器的铜饰上,镶嵌有五颗水晶(或琉璃)珠,使华丽大方的钿器更加光彩夺目。

瓷器是我国古代劳动人民的伟大发明之一。早在商代,已出现了硬度很高的原始瓷器。东汉时,江南地区已经出现了优质瓷器。至三国时,吴国生产的青瓷呈现较深的绿色,施釉较厚,已成为众人喜爱的器具,青瓷制造技术已经成熟。东晋南朝时期,三吴地区一直是青瓷器的主要产地。所产瓷器多饰

图3-7　长沙马王堆一号汉墓出土的云纹漆鼎

以莲花纹,光泽度高,造型与釉色很有特点。由于制瓷器的技艺工巧,生产量不断扩大,部分陶器、漆器和金属器逐渐为瓷器所取代。

制瓷业在北方起步较晚,其制作技术长期落后于南方。但至北魏中期以后,北方的制瓷技术有明显的进步,制瓷的地区也有扩大,其产品在青瓷的基础上又烧造出黄釉、酱釉、褐黄釉、墨褐釉等器皿,器型的种类也有增加,其中仿金属器的饰有仰覆莲的六系青瓷尊是北方青瓷制品的代表作。

第四节　商业的盛衰与交通的发展

抑商政策的松弛与商业的发展　全国经济区域的形成与中心都会的出现
五铢钱的行用　交通事业的发展　邮驿制度的大改革　民族互市

西汉初建立时,由于是在长期战乱之后,人口散亡,经济凋敝,物价飞腾,社会动荡不安。汉高祖刘邦为了较快地稳定社会秩序,恢复发展生产,改善人民的生活,以巩固他的新建王朝的统治,采取了若干对策,其中最重要的一项对策就是"重农抑商"政策。抑商的主要目的在于通过一些贬抑商贾的政治和社会地位的措施,以限制商人的商业活动,从而消除囤积居奇,以稳定物价。具体措施主要有四项:1. 商贾及其子孙不得为官吏;2. 商贾不得拥有私有土地;3. 商贾不得衣着锦、绣、绮、纻、罽等名贵的丝、葛、毛织品,不得乘车、骑马、携带兵器;4. 加倍征收商贾的算赋(人口税,每人征收两算,为二百四十钱)。

抑商政策只是一种权宜之计。商品交换关系的存在和发展,是社会自然产生的,不以人们的意志为转移。西汉初年,随着农业和手工业的恢复与发展,流到社会上的商品日益增多,商品交换关系随之发展是必然的,因之从商的人亦不断增加,商业活动日益频繁,商人们乃交结官府,继续囤积居奇,谋取暴利。原来的"抑商"政策已不起作用。所以至"孝惠、高后时,为天下初定,复弛商贾之律"。大约商贾不得衣丝、乘车以及"重租税以困辱之"等政策皆已废除。对商贾能否占有私田土地,已无明确规定,任其自然;尚保持未变的是"市井之子孙亦不得仕宦为吏"[57]。汉文帝时,晁错上《论贵粟疏》,指出"重农抑商"政策执行的结果,其初衷与社会的实际状况已相颠倒。如说:"今法律贱商人,商人已富贵矣。尊农夫,农夫已贫贱矣。""俗之所贵,法之所贱也;吏之所卑,法之所尊也。""而欲国富法立,不可得也。"因此,他建议实行"入粟拜爵"政策,以救社会之弊。汉文帝接受了这一建议,为商人用粟买爵以改善提高自己的社会、政治地位,大开方便之门。景帝时,"复修卖爵令,而贱其价以招民"[58]。许多商人获得很高的爵位,整个商人阶层的社会地位得到显著提高,而且是合法的。这为商人的商业活动提供了有利的条件和政治上的保证。司马迁在描写文、景时期的商业发展状况时说:"汉兴,海内为一,开关梁,弛山泽之禁,是以富商大贾周流天下,交易之物莫不通,得其所欲。"[59]

关于当时商人的致富之道,司马迁在《史记·货殖列传》中曾简要进行过总结,如说:"无财,作力;少有,斗智;既饶,争时。"无论干什么行业,都要尽心尽力,兢兢业业,艰苦拼搏,精打细算。什么行业都有人发财,什么行业都有人失败,即所谓"富无经业,则货无常主,能者辐凑,不肖者瓦解"。又说,凡能以百万钱而投入农、林、牧、副、渔任何一种行业中,都可发财。他所列举的行业,有繁殖马、牛、羊、彘、鱼,种植木材、果、栗、橘、漆、桑、麻、染料、蔬菜,酿酒、制醋、做酱,屠宰牛、羊、猪,贩卖粮食、薪稿、木材、竹竿,以及船车、木器、漆器、铜器、铁器、牲畜、皮裘、瓜果、蔬菜,或贩卖奴仆、放高利贷、充当买卖经纪人等,都可年获利润二十万,与一个千户侯的收入相等,亦可说"比千乘之家"。他说,受皇帝之封采邑的贵族、大臣、将军是"食租税"。而商人们"无秩禄之奉,爵邑之入,而乐与之比者,命曰'素封'"。同样为世人所尊敬,被视为贤人。司马迁列举了此类人物中的有代表性者:大冶铁家蜀之卓王孙和程郑,宛之孔氏,鲁之曹邴氏;大渔盐家齐之刀间;大货运家雒阳之师史;大田畜家宣曲之任氏;大畜牧家北边之桥桃;大高利贷家长安之无盐氏等。这些人家的财产少者也有数千万,多者巨万,拟于人君。司马迁还列举了一些以小本经营而发大财的,如卖米醋的,卖羊酺的,磨刀剑的,当小贩的,医马的,赌博的,盗墓的,都因发财而名重一时。

司马迁对于商人致富的态度和手段,也有所评论。他认为:"富者,人之情性,所不学而俱欲者也。""故曰:'天下熙熙,皆为利来,天下攘攘,皆为利

图 3-8　东汉市集画像砖,四川新都出土,新都文物保管所藏

往'。"从这些话可以看出,司马迁不同于那些无视现实、故意标榜清高的知识分子。可是,他对于谋求致富的态度和手段,却有所褒贬。他分富为三等,"本富为上,末富次之,奸富最下"。他尤其憎恶那些"弄法犯奸而富,尽椎埋去就,与时俯仰,获其赢利"[60]者,并进行了谴责。

　　随着社会经济的发展,尤其是商品交易关系的发达,西汉时期,在黄河、长江和珠江三大流域相继形成了一些范围较大的经济区,每个经济区中又都有一两个经济中心;这些经济中心当时叫做"都会",所谓"四方辐凑,并至而会"(图 3-8)。其中最重要的经济区及其都会,关中地区有长安,河南地区有雒阳,漳河地区有邯郸,勃碣地区有燕(今北京),海岱地区有临菑,梁宋地区有陶、睢阳(今河南商丘县南),颍川、南阳地区有宛(今南阳),西楚地区有江陵、陈,东楚地区有吴(今江苏苏州),南楚地区有寿春(今安徽寿县),岭南地区有番禺(今广东广州),巴蜀地区有成都等,均号称天下的名都。这些都会都是一个地区的交通中心或枢纽,各都会之间亦有水路或陆路通连,所以为本经济区内的商品集散之地,既调节本区内商品的分配,亦沟通各都会乃至各地区间的物资交流。

　　东汉时期,由于地主经济有很大的发展,自给自足的地主庄园普遍出现。

此后地主庄园在继续发展,加之战争不断,社会动荡不安,对社会经济的发展起了阻碍破坏的作用。可是从总体来说,各地的经济仍有所发展。从三国时起,建康(建业)为六朝的都城,时长三百余年,是江南的名城,也是全国的名城。城内有四个市,商业繁盛,物资丰厚。城内秦淮河两岸的小市集很多。此外,江陵、山阴、寿春、襄阳、成都、番禺等,都是一个地区的政治中心或军事重镇,也是一方的商业中心。主要商品为农产品和手工业品,有粮食、瓜果、蔬菜、丝织品、纸、墨、青瓷器、漆器、金银器、铜器、铁器、食盐及玛瑙、琉璃、玳瑁、香料等。

北方的商业也有很大发展。在北魏孝文帝改革之后,发展更为迅速。以国都洛阳为例:洛阳有居民十万多户,城内外的居民区共分为二百多个里(坊),多分行业或按身份分别居住。洛阳的市场很多,城西南的西阳门外,有"洛阳大市,周回八里"[61],是洛阳最大的市场。在大市的东、西、南、北四面,共有十个里,亦分行业居住。《洛阳伽蓝记》卷四曰:"凡此十里,多诸工商货殖之民。"其中最著名的富商刘宝,为了及时掌握各地的商情行市,竟在各州郡都会遍设联络点,备有马匹,以便向他传送信息。洛阳城南的四个里,"青槐荫陌,绿树垂庭,天下难得之货咸悉在焉"[62]。

秦始皇统一全国之后,下令废除六国旧有的货币,制定新的统一的货币。新币以原秦币为基础,分为二等,黄金为上币,以镒(重二十两)为名;铜钱为下币,文曰"半两,重如其文"[63]。六国旧币的废除,秦朝新币的实行和货币的统一,消除了过去由于币制的混乱而造成的商业交换中的困难,有利于商业的发展。铜半两钱的价值单一,交换方便,圆形中孔,规格一致,个体轻巧,便于携带,是一种进步的币制。

西汉初年,刘邦以为秦钱重,难用,改铸荚钱,重为三铢;黄金废镒,改以斤(16两)为单位。后文帝又改铸四铢钱,其文为"半两",史称"小半两"。此种币制不仅由国家铸造,还准许各地方官府和民间的富人仿铸。于是,同一种货币的大小、轻重、质量、规格都极不相同,货币混乱,有的货币中还掺入杂质,严重影响了货币功能的发挥,对国家赋税的征收和商品交换关系的发展造成很大的困难。汉武帝在位的前期,也曾几次改革货币,都不成功。元狩五年(公元前118),汉武帝下令由上林三官,即上林苑的钟官、技巧、辨铜三令丞负责铸

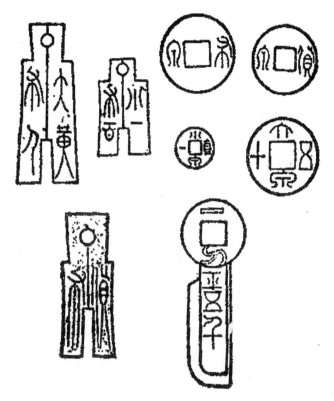

图 3-9　王莽货币

造五铢钱[64]，作为法定的货币，通行于全国；而且严禁各郡、国和私人仿铸。
旧时的货币一律作废。五铢钱有周郭，钱上有"五铢"二字，式样规整，重量为
五铢，盗铸不易，流通方便，这种货币相当稳定。

　　王莽时，为附会周景王铸大钱事，也铸各种刀币以为大钱。后又废刀币和
五铢钱，另造货币二十八品(种)，黄金一品，银货二品，龟宝四品，贝货五品，钱
货六品，布货十品。钱与布均为铜质，为一物，所以总称之为"五物、六名、二十
八品"[65]。王莽共改革币制五次，均失败了(图3-9)。至东汉初年，重铸五铢
钱，废除一切旧币，消除了王莽制造的货币混乱的局面，对社会经济的发展起
了促进的作用。三国两晋南北朝时期国家分裂，战争频繁，政权更迭太快，社
会动乱，物价飞腾，各政权时而废止货币，以"谷帛为币"[66]，时而立钱署，铸铜
钱；但因"人间颇盗铸，多穷凿古钱以取铜"[67]。钱法混乱，屡铸屡废。北魏初
期，无钱法。太和十九年(495)，铸"太和五铢"，行于郡国。后又铸"永安五

铢"，北齐铸"常平五铢"等，有官铸，亦准许民铸，许多铸币小薄，或杂以生铁，钱法混乱。

　　秦汉时期的水陆交通都很发达。秦在统一中国之后，为了加强对全国的统治，就以京师咸阳为中心，在全国范围大修驰道。自咸阳东至浙江、江苏、山东、河北，西至今甘肃东部，南至今湖北、湖南，北至今河北和山西北部及辽宁、内蒙古的南部。驰道宽五十步（一步为六尺），每隔三丈，植树一株，用铁椎夯打路基，使驰道平坦坚实。又修直道，自云阳（今陕西淳化）直达九原（今内蒙古包头市西），堑山堙谷，约一千八百余里，此路为加强北面边防、以对付匈奴入侵的国防驰道。此外，秦为伐南越，曾在今江西、福建、湖南、广西、广东等地修筑道路，又曾在今广西兴安县之骑田岭上，截断湘江上游，西向横开了一条引水渠，注入漓江，这就是闻名于世的灵渠。灵渠长 33 公里，通过湘江和漓江，沟通了长江和珠江两大水系，为我国古代两广地区和长江流域的经济、文化交流起了重要的作用。秦朝还为经营西南夷，自今四川宜宾至云南曲靖一线的崇山峻岭上开凿了一条约宽五尺的通道，史称"五尺之道"，并在沿途设置地方政区，以通于西南夷（图 3-10）。

　　西汉时期的交通，以秦朝所开的驰道等为基础，又有更大的发展，京师长安，水路、陆路四通八达。东有漕渠，通于三晋、三河；西有渭水，通于陇西、天水；北有直道，通于五原、云中；南自秦岭的山谷褒斜道进入汉中，通于巴蜀。诚如《史记·货殖列传》所说："南则巴蜀，亦沃野，……然四塞，栈道千里，无所不通，唯褒斜绾毂其

图 3-10　秦蜀郡古驿道

口。"各经济区与都会之间,都有通道相连。如洛阳,"东贾齐、鲁,南贾梁、楚。"燕,"南通齐、赵,东北边胡,上谷至辽东,……北邻乌桓、夫余,东绾秽貉、朝鲜、真番之利"。江陵,"西通巫、巴,东有云梦之饶,陈在楚、夏之交,通鱼盐之货"。东汉时期,冶铁业进一步发展,铁工具的使用更加普遍,开山辟道之事也就更多。如自关中通向汉中、巴蜀的栈道多次得到整治,不少整治栈道的官员还以刻石的方式记录了有关工程的情况。如镌于东汉明帝永平九年(66)的《汉中太守钜鹿鄐君开通褒斜道碑》,有铭文159字,记录了永平六至九年间修通褒斜道之事,对于工程的缘起、典史、徒役征调、工程项目、器材数量、钱粟开支诸事,均有登录,史料价值很高[68]。又如飞狐道,为自今华北平原通往晋北高原的重要交通道路。《后汉书·王霸传》:建武十三年(37)诏霸将弛刑徒六千人与杜茂治飞狐道,堆石布土,筑起亭障,自代(今河北蔚县)至平城(今山西大同)三百余里。此道至北魏时,又多次整修,因道经灵丘县,故改称灵丘道,亦称直道。又凿通峤道,自零陵(今属湖南)、桂阳(今郴州),越岭南,远达交趾、九真、日南等郡,道长一千余里[69]。还有一条自巴蜀经今昆明、大理、保山,再向西南,可经缅甸,达于印度[70]。当时,中原人被征发到保山一带服役者曾作歌曰:"汉德广,开不宾。度博南,越兰(澜)津。度兰仓(澜沧),为它人。"[71]

六朝时期,南方的交通有较大的发展,主要原因有二:一是这里长期建有地区性的中央政权,二是社会经济的发展迅速。由于政治、军事和商业交换关系的需要,交通事业的发展也很快。六朝境内基本上属于水乡,淮河、长江、珠江三大河流的主流和支流的网络如织,纵横交错,再加众多的湖泊渠塘星罗棋布于其间,使水运十分方便。陆路则以京师建业(建康)为中心,南通荆州、交州,东通三吴、会稽,北自广陵(今江苏扬州)可抵齐鲁,自寿春(今安徽寿县)可抵中原,自襄阳(今湖北襄樊)可抵武关。

北方战乱的时间较长,可是一旦形势稳定,多数统治者也关心交通事业。如《晋书·苻坚载记上》曰:"关陇清晏,百姓丰乐。自长安至于诸州,皆夹路树槐柳,二十里一亭,四十里一驿,旅行者取给于途,工商贸贩于道。"北魏建都平城(今山西大同)时,曾大修灵丘道。迁都洛阳后,又多修道路,通向各方州郡。

秦汉时期,配合道路的兴修而迅速发展起来的邮驿事业,反映了国家大一统并逐步隆盛的情况。当时的邮驿以传送官方文书为主,亦传官员私人信件;兼有安顿过往官差之责。所以在邮驿之内备有送文书的人员或供官差需要的车马等。邮与驿亦有区别,即传递的方式不同。徒步传递曰邮,以马传递曰驿。邮的距离较短,一般为数里至数十里,与邮相类似的还有亭、候等。驿在先秦两汉时期多称为置,其间距多在百里以上。所用马称骑置,所用车称传[72]。

春秋战国时期,邮驿即已相当发展。如孔子曰:"德之流行,速于置邮而传命也。"[73]秦始皇统一中国之后,为发展交通,实行"车同轨"政策,"舆六尺"[74]。还为邮驿制定了一套用马用车的制度。西汉初年,国家财政困难,马匹缺少,邮驿制度虽"承秦不改",但破败的情况比较严重。文帝中期,实行"马复令"政策,命"民有车骑马一匹者,复卒三人"[75]。鼓励人民养马,以补军民马匹之不足。景帝时,除继续实行"马复令"外,又"始造苑马以广用,宫室列馆车马益增修矣"[76]!至武帝时,马匹之多,已达到"众庶街巷有马,阡陌之间成群"[77]的程度,"农夫以马耕载,而民莫不骑乘"[78]。此时,西汉王朝已十分强大,一再加强中央和地方的关系。不久,汉与匈奴之间发生了长期的战争,西起河西,东至辽东,烽火连年不断。由于政治和军事的需要,西汉在此时大力整顿发展邮驿事业;又由于传递文书,尤其是传递军事情报必须恪守三个主要原则,即迅速、准确、安全,于是汉武帝在此次整顿发展邮驿事业的过程中,大力"改邮为置"[79],以适应军事需要。此时所拥有的众多马匹为这次改革提供了物质的保证。

自汉武帝后期至东汉时,反映这一情况的记载很多。如关于通向西域的情况,《汉书·西域传·序》曰:"自敦煌西至盐泽,往往起亭。"《后汉书·西域传·论》曰:"立屯田于膏腴之野,列邮置于要害之路,驰命走驿,不绝于时月。"关于通向西南夷的情况,《汉书·武帝纪》曰:"发巴、蜀,治南夷道。"《食货志下》曰:"凿山通道五百余里,以广巴、蜀。""元光六年(公元前129),南夷始置邮亭。"[80]又《后汉书·循吏列传·卫飒传》曰:桂阳太守卫飒"乃凿山通道五百余里,列亭传,置邮驿"。关于皇帝和后妃利用邮驿自南海郡(治今广东广州)运送水果至国都雒阳的情况,《后汉书·和帝纪》曰:"旧南海献龙眼、荔枝,十里一置,五里一候,奔腾阻险,死者继路。"谢承《后汉书》亦曰:南海"旧献龙眼、荔枝及生鲜,献之,驿马昼夜传送之,至有遭虎狼毒害,顿仆死亡不绝"[81]。

秦汉时期,居住在黄河流域及其以南地区的汉族以农业生产为主,居住在蒙古高原和东北地区的匈奴、鲜卑与乌桓等族以游牧或狩猎为主,各民族的物产不同,收获各异,在生产和生活上需要互补。有些民族头人好以武力掠夺对方作为解决所需要的主要方式,但这常常引起兵连祸结,国破人亡,没有宁日,得不偿失。因之,民族之间的和平互市多被作为一种很好的交换方式而被采用。

民族之间的物品交换最早是由人民群众自发进行的,主要是由汉族的小商贩携少量商品进入民族地区交换。这样的小商贩多是未经官府许可而擅出者,谓之"阑出"。《汉书·西域传下》有所谓"今边塞未正,阑出不禁"之说,即谓此等情况。互市是在民族关系日益复杂的情况下,由民族双方的官方或民族头人组织的定期或临时性的商品交换关系,亦称"合市""和市"。因交换市场多在关塞地区,亦称作"关市"。如《汉书·匈奴传》曰:"匈奴贪,尚乐关市,嗜汉财物,汉亦通关市不绝以中之。"东汉时期,汉与匈奴间的互市有进一步发展。每次互市,汉商以巨量的铁器、丝织品和其他手工业品及粮食等,交换匈奴的数以万计的牛马。汉和羌、乌桓、鲜卑以及西南各族之间,也有定期的互市关系。在非互市的时间中,汉族小商贩仍有阑出阑入的情况,携回的货物多为民族地区的土特产品。

在三国两晋南北朝时期,各政权、各民族之间,各因需要,仍存在着互市情况。如东晋初年,北方的后赵皇帝石勒写信给东晋奋威将军、豫州刺史祖逖,要求"通使交市。逖不极书,而听互市,收利十倍。于是公私丰赡,士马日滋。"[82]北魏与南朝的互市关系也很发展。《魏书·食货志》曰:"自魏德既广,西域、东夷贡其珍物,充于王府;又于南垂立互市,以致南货、羽毛、齿革之属,无远不至。"

第五节　中外经济、文化交流

西域丝绸之路的开通与兴盛　西南丝绸之路的开辟　南海丝绸之路的畅通　与朝鲜、日本的往来

　　西汉王朝在西域设置行政机构以后,尤其是在汉宣帝设置西域都护之后,自中原通向西域之路更加畅通。此路始发自西汉的国都长安,向西经河西走廊,再西则分为两条:一条向西北,出玉门关,经车师前国,沿天山南麓西行,出疏勒,西逾葱岭,过大宛,至康居、奄蔡,此为北道。另一条向西南,出阳关,经鄯善(原名楼兰,今罗布淖尔附近),沿昆仑山北麓西行,过莎车,西逾葱岭,出大月氏,至安息,西通犁靬(罗马共和国);或由大月氏南入身毒,此为南道。这两条道路,就是闻名于世的"(西域)丝绸之路"。汉朝使者自长安至安息、奄蔡、犁靬、条支、身毒等国者,在一年中,多则十余批,少则五六批;一批多则数百人,少则百余人,都携带金币、帛等,近的,要两三年返回,远的要八九年才能返回。

　　当时运往中亚、欧洲的商品,有蚕丝、丝织品、铁器、漆器等,铸铁和凿井技术也在这时西传。西方经"丝绸之路"输入中国的商品,有良马、橐驼、香料、葡萄、石榴、苜蓿、胡麻、胡瓜、胡豆、胡桃等。

　　西汉末年,西域的今新疆部分分为五十五国,互相攻击,中原亦政治混乱,后又发生绿林、赤眉大起义,匈奴乘机再次入侵西域,控制了西域各国,破坏了丝绸之路上的交通往来。东汉初年,鄯善等国王上书光武帝,建议由朝廷派出都护进驻西域。永平十六年(73),光武帝子明帝命将军窦固率军入伊吾庐(今新疆哈密)屯田驻兵。明年,又进军车师(今吐鲁番吉木萨尔一带),置西域都护,驻乌垒城(今轮台县东北小野云沟)。窦固派假司马班超在鄯善、于阗、疏勒等国的支持下,先控制了南道,又击退大月氏贵霸王国七万人的入侵。和帝永元三年(91),在北道的匈奴势力亦被击败,龟兹国降于班超,东汉朝廷任命班超为西域都护,驻龟兹(今库车皮朗旧城)。班超又控制了焉耆,再次控制了北道。永元九年(97),班超派甘英出使大秦(罗马帝国)。甘英西经条支(今伊拉克)、安息(今伊朗)诸国,至安息西界(波斯湾),未过海而还。甘英是我国古代继张骞的副使之后到达西亚的一位重要使节,他虽未能渡海到达大秦国,但已到了条支、安息及波斯湾海岸,这对丝绸之路的发展,对中西交通,都起到了巨大的推动作用。

　　至此,西域又纳入西域都护的控制之下,社会稳定,经济发展,丝绸之路上的往来公私人员和汉胡商旅,其盛况也超过往昔(彩图6)。如《后汉书》卷七八《西域传·序》曰:永元六年(94),"班超复击破焉耆,于是五十余国悉纳质内属。其条支、安息诸国至于海濒四万里外,皆重译贡献"。又《论》曰:"汉世张骞怀致远之略,班超奋封侯之志,终能立功西遐,羁服外域……故设戊己之官,分任其事,建都护之帅,总领其权。……立屯田于膏腴之野,列邮置于要害之路。驰命走驿,不绝于时月,商胡贩客,日款于塞下。"东汉王朝有不少的达官贵人热衷于获得西域的珍贵物产。如外戚窦宪以八十万钱从西域购得杂罽(毡子)十余张,又使人载杂采七百匹、白素三百匹,到西域换取月氏马、苏合香及毾毿等物[83]。外戚梁冀则"遣客出塞,交通外国,广求异物"[84]。

魏晋南北朝时期,中原地区长期战乱,对西域的交通产生过严重的影响;但中原王朝对西域的统辖与管理关系尚基本维持,丝绸之路上的交通往来亦勉强继续。如北魏文成帝兴光二年(455)至孝明帝正光二年(521)的六十余年间,萨珊王朝(今伊朗)派使者来北魏王朝的就有十起,送来不少狮子、驯象和其他珍贵礼物。萨珊国王在送来的国书中曰:"愿日出处常为汉中天子。波斯(萨珊)国王居和多千万敬拜。"[85]我国考古工作者在今新疆、青海、陕西和内地不少省份中发现了一些萨珊王朝的银币和"波斯锦",还有一些拜占庭金币等,这些历史文物都是在北魏时期途经丝绸之路传来的。

西南丝绸之路是指自今四川经云南通向今缅甸、印度的通道,其由来亦很久远。至少在西汉初年,已有了一条民间的羊肠小道,后来有所发展。至西汉中期,汉武帝突然关注这条通道,并一度大力开拓,原因是他企图通过此道通向中亚的大夏等国,与其联合共同打击匈奴。

事情的起因是:张骞第一次出使西域到大夏时,在那里发现产于汉朝蜀郡和西南夷之邛都地区的蜀布和邛竹杖。经打听,得知是从在身毒(今印度、巴基斯坦)经商的蜀商处买来的。张骞又得知身毒在大夏的东南数千里,在邛之西二千里。他认为,汉朝想通于大宛、大夏和安息等国,经过河西走廊而西,路途遥远,又易为匈奴、羌人所阻;如自巴蜀南下西南夷,经身毒,再到大夏等国,路既近,又无匈奴、羌人等的阻碍。张骞回长安后,向汉武帝提出了这个建议,汉武帝甚为赞同,并着手经营西南夷,历十余年。可是汉武帝所派的探路者只达到滇人地区(今滇池附近),再向西,即受阻于洱海附近的昆明夷。后来,汉

图 3-11 云南晋宁石寨山出土的"滇王之印"

武帝在已控制的川、滇、黔部分地区设置了益州郡（原滇国，治今云南晋宁）、犍为郡（原夜郎国，治今四川宜宾）、越巂郡（原邛都国，治今西昌）等七郡。东汉前期，汉的疆域向西南大大扩展，明帝时，已在今云南保山地区设永昌郡（治今保山），另外，还设有哀牢（今云南盈江东）和博南（今永平南）等县。这一地区的主要民族为哀牢夷，已达今云南省的西部边境地区（图 3-11）。东汉在这一地区设治，大大推动了西南丝路的开拓。至此时，原在中国境内的一段西南丝绸之路已经贯通，而在平坦地区已由羊肠小道拓展为阳关大道。

西南丝绸之路的开辟，促进了中国和南亚地区的国家或民族的友好往来。永昌郡之南为掸族聚居区。东汉和帝永元九年（97），掸王雍由调与附近各族遣使到雒阳，奉献珍宝。和帝赐给雍由调金印紫绶，赐给掸族和其他贵族头人印绶和钱帛。安帝永宁元年（120），雍由调又遣使来京，"献乐及幻人，能变化吐火，自支解，易牛马头；又善跳丸，数乃至千"[86]。这些魔术师自言是海西人（指大秦国即罗马帝国人）。安帝在宫廷观赏了魔术表演，又封雍由调为"汉大都尉"，赐给印绶、金银和丝织品等。

秦汉时期的海上丝绸之路是指自番禺（今广东广州）、徐闻（今属广东）、合浦（今属广西）出发，沿今中南半岛东面近海南行，可到半岛南部及马来半岛各国；又西转出马六甲海峡，渡印度洋，可达黄支与印度洋的北岸、西岸各国。

在距今约两千年左右的时间，进行那样远距离的海上航行有无可能？据考古和文献证明,完全有可能。如考古方面:1975 年 8 月,考古工作者在广州市中山四路今文化局院内发掘出了一处秦汉时期的造船工场遗址,船台区有 3 个呈东西走向平行排列的造船台。从船台、滑道的宽度、长度及有关资料考察,1、2 号"两船台可分别建造身宽 5—8 米,载重 25—30 吨的木船"。关于此船台的年代,"遗址上面出土有秦半两、汉的半两钱,秦汉瓦当及西汉初年陶器等物,据此并结合文献资料初步考证,这处造船遗址始建于秦始皇统一岭南时期,至西汉初的文、景期间废弃。1 号船台取样作 C14 年代测定:距今 2190 ± 90 年(前 240 ±90 年)。"另外,1977 年 4 月,在距上述造船工场遗址约 300 米的今北京服装店内,发现了一处属于东汉时期的造船工场遗址,亦有不少文化遗物出土[87]。这两处造船工场的发现,证明了今广州在当时是一处通向南海的重要港口。

文献方面的记载也有不少。《汉书》卷二八下《地理志下》曰:"自日南障塞、徐闻、合浦船行可五月,有都元国;又船行可四月,有邑卢没国;又船行可二十余日,有谌离国;步行可十余日,有夫甘都卢国。自夫甘都卢国船行可二月余,有黄支国,民俗略与珠厓(今海南岛)相类。其州广大,户口多,多异物,自武帝以来皆献见。……黄支之南,有已程不国,汉之译使自此还矣。"汉人出海者带去的是黄金物和丝织品等,换来明珠、璧流离(宝石)、奇石异物等。据说"大珠至围二寸以下"。西汉平帝时,还曾"厚遗黄支王,令遣使献生犀牛"[88]。东汉和帝时(89—105),天竺(今印度)多次遣使乘船前来,赠送方物。顺帝永建六年(131),叶调国(今印尼爪哇岛或苏门答腊岛)王遣使师会渡海前来,赠送方物。汉封师会为汉归义叶调邑君,又赐国王金印紫绶。桓帝延熹九年(165),大秦国(罗马帝国)王安敦遣使来赠象牙、犀角、瑇瑁等。

六朝时期,由于造船技术有新的发展和进步,海上丝路更加兴盛。《南州异物志》曰:"舡大者,长二十余丈,高去水三二丈,望之如阁道,载六七百人,物出万解(斛)。"[89]《吴时外国传》曰:"从加调州乘大伯舶,张七帆,时风,一月余日乃入秦,大秦国也。"[90]

中国与朝鲜半岛的往来很早,由于地缘关系较近,有陆、海道路两条。陆路,中国的辽东地区与朝鲜半岛只相隔一条鸭绿江,往来容易;水路,中国的山东半岛与朝鲜半岛隔海相望,往来亦不甚困难。因之,文献记载,在远古时期,每逢中原战乱,中国人自陆路或海路逃向朝鲜半岛的很多。而散居于今东北地区的少数民族因各种原因而自发地渡过鸭绿江或图们江南迁的也很多。

自陆路进入朝鲜半岛的人群中,历代都有著名人物。其中最早也最有名的一位,是商纣王的叔父、官封太师的箕子。在周武王灭商之后,他逃到朝鲜半岛西北部的今平壤一带,建立了国家,史称"箕氏朝鲜"。另一位著名人物是燕人卫满。在秦汉之际,旧燕国地区战乱严重,他率千余人渡过鸭绿江,驱逐国王箕准,自立为王,史称"卫氏朝鲜"。在相当于中原地区的南北朝初期,高句丽著名国王长寿王于公元427年率领部分国人自丸都城(今吉林集安)南下,迁都于平壤,使高句丽的疆域跨有鸭绿江南北广大地区。西汉后期,扬雄著《方言》一书,把燕、辽东与朝鲜(平壤一带)划为一个方言区,可见当时的朝鲜地区所居汉人已非常之多。从汉区引入的政治与经济制度,物质与精神文化,几乎无处不在。以上一世纪在原乐浪郡治所之南发现的"乐浪墓葬群"为例,"总数在两千座以上,多为方台形封土的坟丘墓。这种墓葬形制是中国周汉时期最为通行的形制。墓葬的结构主要为木椁墓和砖室墓两种。……随葬品丰富多彩,几乎包括一个属于剥削阶级的汉朝人日常生活所需的一切什物"[91]。其中的铜博山炉、彩绘漆妆奁盒、外黑内朱漆羽觞等,都与中原地区同类器物毫无差别。

中国自海路通向朝鲜半岛,大约开始于西汉中期,主要港口在山东半岛的北部。例如,汉武帝曾多次派齐兵乘楼船浮渤海至王险城(今平壤)[92]。南北朝时期,北朝通过陆路,与朝鲜半岛的有关国家交往;南朝则通过海上与半岛的有关国家交往。在此一时期汉文化进一步传入半岛,并影响了半岛上各国的许多方面。例如,韩国的考古工作者于1971年在该国忠清南道公州郡公州邑宋山里发掘的百济国武宁王陵及所出土的随葬器物,就充分地说明了这一点。

百济国墓葬的类型很多,有土圹墓、积石墓、木椁石墓、石室封土墓、砖室墓、瓮棺墓和洞穴墓等类型。选用何种类型,与墓主生平的民族、阶级、身份、所崇尚的风俗等有关系。武宁王陵是属于少有的砖室墓[93]。武宁王亦称斯麻王,名余隆,中国南朝梁武帝封他为宁东将军百济斯麻王。《梁书·诸夷列传·东夷·百济传》曰:"普通二年(521),(百济)王余隆(斯麻)始复遣使奉表,……

其年,高祖诏曰:'行都督百济诸军事、镇东大将军、百济王余隆,守藩海外,远修贡职,乃诚款到,朕有嘉焉。宜率旧章,授兹荣命。可使持节都督百济诸军事、宁东大将军、百济王。"关于此事,在韩国的古文献《三国史记·百济本纪》中得到印证。又武宁王陵所出文物,所证更加具体。此陵内有木棺两具,一为王棺,一为妃棺。在甬道中部有汉文墓志两方,王与妃各一。不仅这样,妃志的背面为汉文斯麻王买墓地券。券文六行,直书左行,行字不等,楷书阴刻,行间有格,亦阴刻。文曰:

> 钱一万文,右一件。
> 乙巳年八月十二日,宁东大将军
> 百济斯麻王以前件钱,讼土王、
> 土伯、土父母、上下众官、二千石,
> 买申地为墓,故立券为明。
> 不从律令。

用墓志、买地券之制,均为当时中国盛行的葬制。券文内容于史实,于习俗,于行文,都与中国的文献所记及社会习俗相合。

中国与日本的往来,大约开始于西汉时期。最早的路线是自辽东半岛或山东半岛出发,沿朝鲜半岛的西岸近海南行,再转而东,经过对马海峡,至日本九州岛的博多湾(福冈附近)。大约至东汉初年,亦可从山东直航对马海峡,再至博多湾。关于这一情况,《三国志·魏志·东夷·倭人》是这样记载的:"倭人在带方东南大海之中,依山岛为国邑,旧百余国。汉时有朝见者,今使译所通三十国。从郡至倭,循海岸水行,历韩国,乍南乍东,到其北岸狗邪韩国,七千余里始度一海,千余里至对马国。……南至邪马壹国,女王之所都。……自郡至女王国万二千余里,男子无大小皆黥面文身。"

东汉光武帝建武中元二年(57),倭国极南之倭奴国王派使臣来赠送方物,光武帝赐给倭奴国王印绶。1784年,日本农民在九州志贺岛(今福冈县粕屋郡志贺町)挖掘出了一方汉制金印,文曰"汉委奴国王",可能就是光武帝所赐的金印(图3-12)。安帝永初元年(107),倭国王帅升派人来献奴婢160人。六

图 3-12　"汉委奴国王"金印,日本福冈县志贺岛出土

朝时期,中日间的交流有更大的发展,航线主要有南北两条:北线自长江口出发,沿今山东半岛南部,经百济,到日本;南线自今福建福州出发,经夷洲(今台湾)之北,过钓鱼岛、冲绳群岛,到达日本。此时中日两国之间不仅有大量的商品交换关系,从孙吴到刘宋时期,还有成批的中国织工、缝工、陶工相继随日本使者到了日本,对日本的纺织业、缝纫业、制陶业等的发展都起了巨大的作用。

注　释

〔1〕《汉书》卷二四上《食货志上》引董仲舒语,中华书局,1962 年标点本,第 1137 页。

〔2〕《史记》卷八《秦始皇本纪》集解引徐广语,中华书局,1959 年标点本,第 251 页。

〔3〕《睡虎地秦墓竹简·封诊式·封守》,文物出版社,1978 年,第 249 页。

〔4〕《史记》卷一上《高帝纪上》,第 23 页。

〔5〕《史记》卷五三《萧相国世家》,第 2014 页。

〔6〕谢桂华、李均明、朱国炤:《居延汉简释文合校》(上),编号 24·1B"三墩隧长居延西道里公乘徐宗户籍簿",同书编号 37·35"候长觻得广昌里公乘礼忠户籍簿"。文物出版社,1987 年,依次见第 34—35、61 页。

〔7〕《汉书》卷二七《五行志》中之上引谷永语,第 1368 页。

〔8〕《后汉书》卷四二《济南王康传》,中华书局,1965 年标点本,第 1431 页。

〔9〕荀悦:《申鉴·时事》,上海古籍出版社,1990 年影印本,第 15 页。

〔10〕《左传》襄公二十六年:"专禄以周旋。"孔颖达疏引服虔语。

〔11〕《东观汉记·杜林传》,见吴树平:《东观汉记校注》,中州古籍出版社,1987 年,第 516 页。

〔12〕《史记》卷一二九《货殖列传》，第 3261 页。

〔13〕《汉书》卷二四上《食货志上》，第 1132 页。

〔14〕《汉书》卷二四上《食货志上》，第 1133 页。

〔15〕《史记》卷三四《平准书》，第 1420 页。

〔16〕《汉书》卷五二《田蚡传》，第 2380 页。

〔17〕《汉书》卷五二《灌夫传》，第 2384 页。

〔18〕《史记》卷一二二《酷吏列传·宁成传》，第 3135 页。

〔19〕《汉书》卷八一《张禹传》，第 3349 页。

〔20〕《通典》卷一上《食货·田制上》引崔寔《政论》，中华书局，1984 年影印万有文库本，第 12 页。

〔21〕《后汉书》卷六二《樊宏传》，第 1119 页。

〔22〕《汉书》卷二四上《食货志上》，第 1127 页。

〔23〕参看《汉书》卷七《昭帝纪》注引如淳语，第 230 页。

〔24〕文帝在世时的后十二年，连续全免天下田租(耕地税)，至景帝即位后，才复收田租，以三十税一为定制。

〔25〕《汉书》卷六四下《贾捐之传》，第 2832 页。

〔26〕《汉书》卷二四上《食货志上》，第 1143 页。

〔27〕《前汉纪》卷八《文帝纪》，见中华书局标点本《两汉纪》，第 114 页。

〔28〕《汉书》卷二四上《食货志上》，第 1137 页。

〔29〕《汉书》卷一一《哀帝纪》、卷二四上《食货志上》，第 336、1138 页。

〔30〕《汉书》卷九九中《王莽传中》，第 4111 页。

〔31〕《后汉书》卷一三《隗嚣传》，第 516 页。

〔32〕《三国志》卷一五《魏书·司马朗传》，第 467—468 页。

〔33〕《三国志》卷一《魏书·武帝纪》曰："始兴屯田"注引《魏书》，第 14 页。

〔34〕《晋书》卷二六《食货志》，第 785—786 页。

〔35〕《三国志》卷九《魏书·曹真传》附《曹爽传》，第 284 页。

〔36〕《三国志》卷四《魏书·少帝纪》附《陈留王奂》，第 153 页。

〔37〕《魏书》卷一一〇《食货志》，第 2853—2855 页。

〔38〕《魏书》卷八三上《外戚列传·贺讷传》，第 1812 页。

〔39〕《魏书》卷一一〇《食货志》，第 2850 页。

〔40〕《魏书》卷五三《李孝伯传》附《李安世传》，第 1176 页。

〔41〕《唐律疏议》卷一二《户婚上·卖口分田》，中华书局，1983 年。

〔42〕 敦煌 445 窟牛耕图。

〔43〕 (唐)陆龟蒙:《甫里集》卷一九《耒耜经》。

〔44〕 《汉书》卷二九《沟洫志》,第 1685 页。

〔45〕 《后汉书》卷三一《张堪传》,第 1100 页。两歧:双穗,丰收之象。

〔46〕 《晋书》卷二六《食货志》,第 785—786 页。

〔47〕 《太平寰宇记》卷一四六《山南东道》五《荆州枝江县》。

〔48〕 《宋书》卷五四《孔季恭等传·论》,第 1540 页。

〔49〕 《汉书》卷二九《沟洫志》,第 1684 页。

〔50〕 《后汉书》卷七六《王景传》,第 2464 页。

〔51〕 《史记》卷一二九《货殖列传》,第 3278 页。《华阳国志》卷一《蜀志》曰:"若卓王孙家僮千数,程、郑各八百人。"似程、郑为两家或两人。

〔52〕 《史记》卷一二九《货殖列传》,第 3278 页。

〔53〕 《史记》卷三〇《平准书》,第 1440 页。

〔54〕 《盐铁论》卷六《水旱》,见王利器:《盐铁论校注》,中华书局,1992 年,第 429 页。

〔55〕 萧统:《文选》卷四《蜀都赋》,中华书局,1974 年影印本。

〔56〕 《太平御览》卷八一五《布帛部》引。"市"原作"布",误。中华书局,1960 年影印本。

〔57〕 以上均引自《史记》卷三〇《平准书》。

〔58〕 以上所引依次见《汉书》卷二四《食货志上》《史记》卷三〇《平准书》。

〔59〕 《史记》卷一二九《货殖列传》,第 3261 页。

〔60〕 以上均引自《史记》卷一二九《货殖列传》,第 3272 页。

〔61〕 《洛阳伽蓝记》卷四,见周祖谟:《洛阳伽蓝记校释》,上海书店出版社,2002 年,第 155 页。

〔62〕 《洛阳伽蓝记》卷四,第 160 页。

〔63〕 《汉书》卷二四下《食货志下》,第 1152 页。

〔64〕 陈直:《史记新证·平准书》:"《集解》以均输、钟官、辨铜为上林铸钱之三官,其说本于张晏。以余考之,当为钟官、辨铜、技巧三令丞,皆属于水衡都尉。因水衡设在上林苑,故称为上林三官。"(天津人民出版社,1979 年) 又《通鉴》谓元鼎二年禁民铸钱,王先谦谓在四年。

〔65〕 《汉书》卷二四下《食货志下》,第 1179 页。五物:金、银、龟、贝、铜。六名:金、银、龟、贝、钱、布。

〔66〕 《通典》卷八《食货八·钱币上》,中华书局,1984 年影印本,第 47—48 页。

〔67〕 《南史》卷三〇《何尚之传》,第 783 页。

〔68〕　罗秀书《褒谷古迹辑略》。又王昶《金石萃编》题《开通褒斜道石刻》。

〔69〕　《后汉书》卷三三《郑弘传》，第 1156 页。

〔70〕　《三国志》卷四三《蜀书·张嶷传》，第 1053 页。

〔71〕　《后汉书》卷八六《西南夷列传》，第 2849 页。

〔72〕　张传玺：《应劭"汉改邮为置"说辨证》，收入北京大学中国传统文化研究中心编：《文化的馈赠——汉学研究国际会议论文集·史学卷》，北京大学出版社，2000 年，第 72—79 页。

〔73〕　《孟子》卷三《公孙丑上》。

〔74〕　《史记》卷六《秦始皇本纪》，第 238 页。

〔75〕　《汉书》卷二四上《食货志上》，第 1133 页。

〔76〕　同上引书，第 1135 页。

〔77〕　《史记》卷三〇《平准书》，第 1420 页。

〔78〕　《盐铁论》卷三《未通》，王利器：《盐铁论校注》，中华书局，1992 年，第 190 页。

〔79〕　《后汉书》卷六八《郭太传》附《王柔传》李贤注引《风俗通》，第 2231 页。

〔80〕　《史记》卷一一六《西南夷列传》集解引徐广语，第 2995 页。

〔81〕　《后汉书》卷四《和帝纪》李贤注，第 194—195 页。

〔82〕　《晋书》卷六二《祖逖传》，第 1697 页。

〔83〕　月氏：汉代中亚国家，产名马。苏合香：产于中亚，为用树汁制成的香料。氍毹：彩纹细毛毯，产于中亚。

〔84〕　《后汉书》卷三四《梁冀传》，第 1181 页。

〔85〕　《北史》卷九七《西域列传·波斯国》，第 3223 页。

〔86〕　《后汉书》卷八六《西南夷列传》，第 2851 页。

〔87〕　广州市文物志编委会编著：《广州市文物志》第一篇第一章第三节《古船台·古窑址》。岭南美术出版社，1990 年。

〔88〕　《汉书》卷二八下《地理志下》，第 1671 页。

〔89〕　《太平御览》卷七六九《舟部》二《叙舟中》，中华书局，1960 年影印本，第 3412 页。

〔90〕　《太平御览》卷七七一《舟部》四《帆》，第 3419 页。

〔91〕　周一良主编：《中外文化交流史·源远流长的中朝文化交流》，河南人民出版社，1987 年，第 361 页。

〔92〕　《史记》卷一一五《朝鲜列传》，第 2988—2989 页。

〔93〕　大韩民国文化财管理局编《武宁王陵》（发掘调查报告书），永岛晖臣慎日译本，三和出版社，1974 年；朝鲜民主主义人民共和国社会科学院考古研究所编、李云铎译：

《朝鲜考古学概要》第三篇第一章第五节《墓葬》二《百济墓葬》,黑龙江省文物出版编辑室,1983 年,第 223 页(内部发行);张传玺主编:《中国历代契约会编考释》(上)三《魏、晋、南北朝》附三《百济国买地券》《百济国乙巳年(525)斯麻王买地石券》及注释,北京大学出版社,1995 年,第 131—132 页。

第四章　儒学的地位与演化

汉武帝"独尊儒术"具有重要的历史意义。此后,儒学在官府的鼓励和扶持下迅速繁荣起来,"传业者浸盛,支叶蕃滋"[1]。各派相互争论,逐渐融合,共同推进了儒学的发展。在众多儒学大师中,又以董仲舒和郑玄最为重要。他们的学说为中国古代国家的政治统一和文化整合提供了理论武器。学校教育的发展直接推动了儒学的传播和繁荣,为国家培育了大量官吏,这也是政治与社会进步的重要动力。

第一节　从"焚书坑儒"到"独尊儒术"

"汉承秦制"是历史发展的潮流　儒家学者对汉初法治政策的批判和对儒家学说的创造性发展　陆贾的政治学说:从先秦儒学向汉代儒学转变的第一步　贾谊的"以礼为治"说:对荀子学说的继承和发展　董仲舒的"以德化民"说:儒学发展史上的重要里程碑　汉武帝独尊儒术和《公羊》学的兴起

公元前213年,秦始皇采纳法家学者丞相李斯的建议,下令除秦国史书和博士官所收藏的《诗》《书》、百家语以及医药、卜筮、种植之书可以保存外,其余各种书籍、特别是其他各国的史书和儒家著作一律烧毁;并规定"有敢偶语《诗》《书》者弃市,以古非今者族"[2]。第二年,秦始皇又以妖言惑众的罪名,在咸阳逮捕并坑杀儒生和方士四百六十余人。这就是著名的"焚书坑儒"事件(图4-1)。

秦朝"焚书坑儒"是为了"定法教于一尊",在完成对东方六国的军事征服

图4-1 陕西渭南秦焚书灰堆遗址

和政治统一之后,将秦国的制度法令进一步向全国推广,以求"移风易俗",统一文化,建立并长久维持人们向往已久的"太平"盛世。但由于秦朝的法令过于严酷,也由于当时文化上的战国局面依然存在,秦法与东方各地、特别是楚、齐、赵等地固有的传统习俗存在着矛盾冲突,最终引发了大规模的反秦暴动,使秦王朝二世而亡。

秦朝灭亡后,其法治政策和法家学说虽然都受到深刻质疑和责难,但儒学并未立即取而代之,成为汉朝的正统学说。这固然由于"汉承秦制"是历史发展的潮流,在政治思想方面,也与汉初统治者不好儒术有关。史称汉高祖刘邦厌恶儒生,甚至憎儒服、溺儒冠。惠帝、吕后时,公卿大臣都是武力功臣,文帝喜好"刑名之言",景帝也不任用儒生。

不过在汉初几十年中,儒学毕竟获得了比秦代宽松的生存环境,特别是惠帝以后,先后废除了《挟书律》和《妖言令》,儒生们又开始讲习和传授经典。在政治上仍受排挤、经典又严重散失的情况下,他们没有放弃复兴儒学的努力,也没有抱残守缺。他们针对"汉承秦制"带来的种种弊端,对秦政和法家学说展开了批判,同时提出了相应的对策和理论依据,从而创造性地发展了儒家学说。在这方面,陆贾、贾谊和董仲舒都有重要贡献。

陆贾是汉初著名政治家和思想家,著有《新语》一书。《史记》卷九七《陆贾列传》载其事说:陆贾常常在刘邦面前"称《诗》《书》",刘邦骂道:"乃公居马上得之,安事《诗》《书》!"陆贾则回答说:"居马上得之,宁可以马上治之乎?且汤、武逆取而以顺守之,文武并用,长久之术也。昔者吴王夫差、智伯极武而亡;秦任刑法不变,卒灭赵氏。向使秦已并天下,行仁义,法先圣,陛下安得而有之?"刘邦面露惭色,遂命陆贾为他总结秦亡汉兴的原因和自古以来国家成败的经验教训。于是,陆贾"粗述存亡之征,凡著十二篇。每奏一篇,高帝未尝不称善,左右呼万岁,号其书曰《新语》"[3]。

陆贾认为,人都有"礼义之性",但由于"情欲"的干扰,却不能自觉遵守"礼义"。因此统治者必须"立狱制罪",对人们的"情欲"加以约束和防范,同时通过道德教化去启发和强化人们固有的"礼义之性"。由此出发,陆贾提出"统物通变,治性情,显仁义"的政治主张。"统物"又叫"执一统物",就是坚持以仁义为本。"通变"就是"则事之变而设其义",根据时代的变化制定不同的政策。就汉初而言,陆贾认为,"治性情,显仁义"首先应当尚德不尚刑。因为"礼义之性"决定了人们具有向善的本能,统治者只有"尚德"才能赢得百姓的拥护,也才能使人们固有的"礼义之性"得到发扬。其次,应当尚俭不尚奢。因为"情欲"违背"礼义之性",使人追求奢侈,统治者只有尚俭才能使"情得以利而性得以治"。汉朝承秦奢侈之敝,尤需尚俭以正其俗。再次,应当笃于义而薄于利。因为"治性情"必须"显仁义",而显仁义必先贱财利,所谓"虽利之以齐鲁之富而志不移,谈之以王乔、赤松之寿而行不易,然后能壹其道而定其操"。所以他主张"欲理之君,闭利门","据土子民、治国治众者,不可以图利"[4]。

陆贾是针对汉初特定时代和政治需要提出具体政治主张和系统政治学说的第一人。他对秦朝政治的批判和为纠正秦政之失而提出的对策,符合汉初社会和统治集团的普遍心理,故能得到刘邦的赞许,从而对汉初转变统治方式起到一定推动作用。他的思想虽有道家色彩,但其理论体系和基本口号都是儒家的,是先秦儒学向汉代儒学转变的第一步。

贾谊是汉文帝时人,著有《新书》,《汉书》卷四八《贾谊传》所载《治安策》系班固"概括、删削"《新书》而成[5]。贾谊的思想受荀子影响很大,是西汉前期荀子后学的重要代表。他激烈批评汉初政治,说"汉承秦之败俗,废礼义,捐廉耻","倍理而伤道者,难遍以疏举",其中最为严重者则有"可为痛哭者一,可为流涕者二,可为长太息者六"。进而要求文帝继刘邦"始取天下"之后,肩负起"始治天下"的任务,并指出,要完成这一任务,必须废弃承秦而来的"法治"政策,改行儒家所倡导的"德教"。

贾谊所谓"德教"是"以礼为治"。他认为人性"有善有恶",后天的善恶之别主要来自不同的习俗教化,所谓"以礼义治之者积礼义,以刑罚治之者积刑罚。刑罚积而民怨背,礼义积而民和亲。"礼义和法令都有禁恶止邪的功能,但

"礼者禁于将然之前,而法者禁于已然之后",礼义优于法令。更重要的是礼义还有劝善扶正的功能,在"绝恶于未萌"的同时,还能"起教于微眇"。人们在礼义所提供的外在行为规范和内在价值取向的约束和引导下,必将"日迁善远罪而不自知"。礼义的这一优势更是法令所望尘莫及的。因此,贾谊一再要求文帝"改正朔,易服色","定制度,兴礼乐","建久安之势,成长治之业"。他坚信这项事业将是一劳永逸的,断言"此业一定,世世常安"。贾谊还就汉初诸侯王过于强大、匈奴侵边等问题,提出"众建诸侯而少其力"和"建三表、设五饵"等具体建议。汉文帝时博士诸生所作《王制》,也间接反映出贾谊和受其影响的儒生方士们对汉朝礼乐制度的设想。

贾谊颇受文帝赏识,有些建议也被文帝采纳。但由于朝中大臣反对,文帝"谦让未遑",贾谊的主张大多被束之高阁[6]。

董仲舒是西汉景、武时期最重要的儒家学者,是《春秋》公羊学大师。他以阐释《公羊传》的形式提出一套系统、精致的政治学说。他在景帝时出任博士,"学士皆师尊之"。武帝时以贤良对策,发表了著名的《天人三策》。两度任王国相,晚年居家"以修学著书为事"。今有《春秋繁露》一书传世(图4-2)。他也曾激烈批评秦朝和汉初的法治政策,明确指出:"汉得天下以来,常欲善治而至今不可善治者,失之于当更化而不更化也。"所谓"更化",就是抛弃承秦而来的法治政策,代之以儒家的"德教"。但董仲舒所说的"德教"是"以德化民",其内容与贾谊的主张有所不同。

董仲舒认为,"天生民性有善质而未能善",必须经过后天的教化"而后能为善",王者则是"承天意以成民之性为任者也",其终极使命是"明教化民以成性"。由此出发,他主张应先用"宜于"汉朝之世的"先王礼乐"对百姓进行"深入教化"。但重点不是"定制度,兴礼乐",而是"显德以示民",即统治者首先"以义正我",为人民树立榜样。他坚信"王者有明著之德行于世,则四方莫不响应,风化善于彼矣"。待教化成功、天下太平之后,方可制礼作乐,将教化成果巩固下来。所谓"教化已明,习俗已成,子孙循之,行五六百岁尚未败也",说的就是制礼作乐后的情形。此说的最大特点是强调制礼作乐前的教化过程,制礼作乐则是该过程的终点。董仲舒还提出了一套复杂的关于王道和天道的理论,"夏尚忠,殷尚敬,周尚文",汉朝继周,应当"用夏之忠",以及"道之

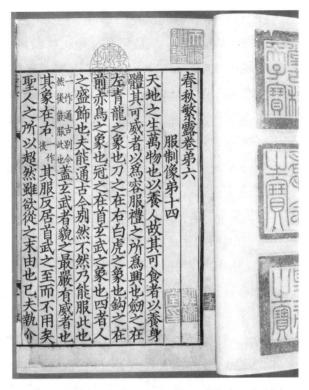

图 4-2 董仲舒著《春秋繁露》书影，宋嘉定四年刻本，
中国国家图书馆藏

大原出于天，天不变，道亦不变"等，都是其中的著名命题。将阴阳五行学说同
儒家学说结合起来，也始于董仲舒，故班固说他"始推阴阳，为儒者宗"[7]。董
仲舒的学说表现出更大的创造性，是儒学发展史上的重要里程碑。

景、武之际，儒学复兴已成为不可阻挡的历史潮流。建元元年（公元前
140）初，武帝命群臣举贤良方正直言极谏之士，丞相卫绾奏："所举贤良，或治
申、商、韩非、苏秦、张仪之言，乱国政，请皆罢。"武帝批准了这一建议。董仲舒
也提出"诸不在六艺之科、孔子之术者，皆绝其道，勿使并进"。从而逐步走上
尊儒的道路。

武帝尊儒经历了一番周折。建元元年六月，他任命"俱好儒术"的魏其侯
窦婴、武安侯田蚡分别为丞相、太尉，同时重用儒生王臧、赵绾。王臧"累迁，一
岁中为郎中令"，赵绾迁至御史大夫，还把王臧、赵绾的老师申培从鲁国迎至长

安。他们同心合力,发起了一场改革运动,试图废除承秦而来的汉初制度,建立一套符合儒家理想的汉家制度。申培是荀子的再传弟子,是汉初《鲁诗》和《穀梁春秋》大师。申培师徒的政治主张则与贾谊基本相同。《史记》卷二八《封禅书》说,他们"欲议古立明堂城南,以朝诸侯,草巡狩封禅改历服色事"〔8〕。《汉书》卷五二《田蚡传》说他们"欲设明堂,令列侯就国,除关,以礼为服制,以兴太平"〔9〕。这些改革措施也大多是贾谊已经提出过的。但改革刚刚开始,便因武帝祖母窦太后的反对而归于失败。史称:"太后好黄老之言,而魏其、武安、赵绾、王臧等务隆推儒术,贬道家言,是以窦太后滋不悦魏其等"。及建元二年初,"赵绾请无奏事东宫,窦太后大怒",遂罢免了窦婴、田蚡,将赵绾、王臧下狱,"后皆自杀",申培也"疾免以归,数年卒"〔10〕。

不过,窦太后不可能扭转儒学兴起的历史潮流。窦太后死后,与武帝初年不同的是,活跃在政治舞台上的是以董仲舒、公孙弘为代表的《春秋》公羊学派。建元六年,窦太后卒,武帝立即启用田蚡为丞相。田蚡复出后,"黜黄老、刑名百家之言,延文学儒者以百数,而公孙弘以治《春秋》为丞相封侯,天下学士靡然向风矣"。儒学的正统地位从此确立下来。《汉书》卷六《武帝纪》说:武帝于元光元年五月再次诏举贤良文学,"于是董仲舒、公孙弘等出焉"〔11〕。公孙弘对策,很受武帝赏识,被评为第一,拜为博士。其后,他多次上书言事,进一步赢得武帝的信任,很快迁至丞相。史称"公孙弘以《春秋》之义绳臣下,取汉相"〔12〕,"公孙丞相以《春秋》说先帝,遽即三公"〔13〕。在公孙弘任丞相期间,武帝又让董仲舒和申培的弟子江公当堂辩论,而命公孙弘仲裁。结果,《公羊》家占了上风,"由是《公羊》大兴"〔14〕。

第二节　五经传承及其流派

汉代经学支叶蕃滋　师法和家法:儒家经典权威性的来源和根据　齐学和鲁学:汉代经学的两大发祥地　今文经和古文经:汉代经学内部的两大派系官学和私学:汉朝政府对儒家各派学说的抉择

儒家在先秦时代主要以"子学"形式存在，是诸子百家中的一个学派。入汉以后，情况发生了变化。儒学在继承孔子、孟子、荀子等先秦儒家思想的同时，转而以"经学"为主要存在形式[15]。儒生们将孔子奉为圣人，把相传孔子删定整理过的《易》《书》《诗》《礼》《春秋》等五经奉为经典，以阐释五经中所包含的孔子思想的方式发展儒家的学说。建元五年，汉武帝设置五经博士，儒家经学从此成为朝廷认可的官方学术。

五经在长期流传过程中，特别是在西汉前期逐渐复出和武帝以后迅速发展的过程中，逐渐形成了不同的版本，所谓"文有磨灭，言有楚夏，出有先后"，"一源十流"[16]。对经文的解说更是五花八门，形成"经有数家，家有数说"的局面[17]。

西汉初年传《易经》最早的是田何。他出自齐国贵族田氏，后徙至杜陵，惠帝曾亲自登门受业。田何的弟子有王同、周王孙、丁宽、服生四人，皆著有《易》传数篇。王同又授杨何、即墨成、孟但、周霸、衡胡、主父偃，"皆以《易》至大官"。丁宽是梁国人，"读《易》精敏"，学成东归时，田何对门人说"《易》以东矣"。到雒阳后，又从周王孙受古义，作《易说》三万言。丁宽授田王孙，田王孙又授施雠、孟喜、梁丘贺。"由是《易》有施、孟、梁丘之学。"施雠授张禹，张禹又授彭宣，"由是施家有张、彭之学"。孟喜"好自称誉"，得《易》家讲阴阳灾变之书，诈称为田王孙临终所传，后被梁丘贺揭穿。其弟子有白光、翟牧，皆为博士，"由是有翟、孟、白之学"。梁丘贺授其子临，临授五鹿充宗，充宗又授士孙张、邓彭祖、衡咸，"由是梁丘有士孙、邓、衡之学"。汉代《易》学在田何一系之外，还有京氏、费氏、高氏三家。京房受《易》于焦延寿，认为延寿之学传自孟喜，但翟牧、白光都不承认。刘向校书，也认为各家《易》说大义略同，"唯京氏为异"，可能是焦延寿"得隐士之说，托之孟氏"。费直之《易》学"长于卦筮，亡章句，徒以彖象系辞十篇文言解说上下经"。高相之《易》学"亦无章句，专说阴阳灾异"[18]。

西汉《尚书》之学传自济南人伏胜。此人原为秦朝博士。秦始皇禁书时，他将自己的《尚书》藏在墙壁中，秦末战乱暴发后，又逃亡他乡。汉朝建立后，他回到家乡寻找壁中的《尚书》，已经亡失了数十篇，只剩下二十九篇，遂以此教授于齐鲁一带。伏胜的弟子有张生和欧阳生。欧阳生授倪宽，倪宽又授欧阳生之子,遂世世相传。"由是《尚书》世有欧阳氏学。"欧阳生曾孙欧阳高授林尊,尊又授平当、陈翁生,"由是欧阳有平、陈之学"。张生弟子有夏侯都尉,都尉传其族子夏侯始昌,始昌传夏侯胜,胜传其兄子夏侯建,建又师事欧阳高。"由是《尚书》有大、小夏侯之学。"大夏侯胜弟子有周堪、孔霸。周堪授牟卿、许商。孔霸授其子孔光。"由是大夏侯有孔、许之学。"许商弟子有唐林、吴章、王吉、炔钦,钦、章"徒众尤盛"。小夏侯建弟子有张山拊,山拊授李寻、郑宽中、张无故、秦恭、假仓。"由是小夏侯有郑、张、秦、假、李氏之学。"此外还有孔氏所传《古文尚书》。此书出自孔子旧宅墙壁中,比伏胜所传二十九篇多出十六篇,文字不同者还有七百多处。孔安国"悉得其书","以今文读之",遂成一家之学[19]。

西汉《诗经》学有鲁、齐、韩、毛四家。《鲁诗》传自鲁人申培,"弟子自远方至受业者千余人",著名者有王臧、赵绾、孔安国、周霸、夏宽、鲁赐、缪生、徐偃、阙门庆忌、江公、许生、徐公等,其中江公"徒众最盛","世为《鲁诗》宗",许生、徐公亦"守学教授"。韦贤师事江公和许生,又传其子韦玄成,"由是《鲁诗》有韦氏学"。徐公和许生又授王式,式授张长安、唐长宾、褚少孙,"由是《鲁诗》有张、唐、褚氏之学"。张长安授其兄子游卿,游卿授王扶、许晏,"由是张家有许氏学"。《齐诗》传自齐人辕固,"诸齐以《诗》贵显,皆固之弟子也",其中"夏侯始昌最明"。始昌传后苍,后苍传翼奉、萧望之、匡衡。衡授师丹、伏理、满昌,"由是《齐诗》有翼、匡、师、伏之学"。《韩诗》始于燕人韩婴。他"推诗人之意,而作内、外《传》数万言,其语颇与齐、鲁间殊"。韩婴弟子有贲生、赵子。赵子授蔡谊,蔡谊授食子公、王吉,王吉又授长孙顺。"由是《韩诗》有王、食、长孙之学。"关于《毛诗》的传承,后人说法不一。据《汉书·儒林传》和《艺文志》,《毛诗》的创始人是毛公,曾作《毛诗故训传》,授贯长卿,长卿授解延年,延年授徐敖。"由是言《毛诗》者,本之徐敖。"[20]

西汉初年最早传《礼》的是鲁人高堂生,所传《士礼》十七篇,就是后世所谓《仪礼》(图4-3)。高堂生授萧奋,奋授孟卿,卿授后仓。仓作《后氏曲台记》数万言,授闻人通汉、戴德、戴圣、庆普。德号大戴,圣号小戴。"由是《礼》有大戴、小戴、庆氏之学。"戴德授徐良,戴圣授桥仁、杨荣,"由是大戴有徐氏,小戴有桥、杨氏之学"[21]。据《汉书·艺文志》,汉代又有《礼古经》五十六卷,

"出于鲁淹中及孔氏",除与《仪礼》相似的十七篇外,还多出三十九篇,故又称《逸礼》。此本后世不传。又有《周礼》六篇,本名《周官》,是先秦古书。关于其来源,亦诸说不一。大约是武帝时河间献王得自民间,缺《冬官》一篇,遂取《考工记》补足。后献王献给朝廷,藏于秘府。直至王莽时,刘歆请立《周礼》博士,才流传开来。汉代礼学家在传习《士礼》的同时,还附带传习各种参考资料,并形成了各种汇辑本,《大戴礼记》八十五篇和《小戴礼记》四十九篇可能是其中保留下来的两种[22]。

《春秋经》相传是孔子根据鲁国史书改写而成。后世弟子对其中的微言大义做出了不同解释(图4-4),由此形成不同的《春秋传》。汉代流行的《春秋传》有五种,即《公羊传》《穀梁传》《左氏传》《邹氏传》和《夹氏传》。其中,"《邹

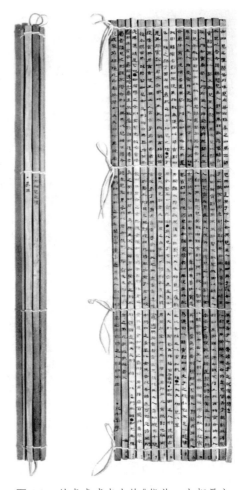

图4-3 甘肃武威出土的《仪礼·士相见之礼》复原图

氏》无师,《夹氏》未有书"[23],东汉以后便失传了。《公羊》《穀梁》《左氏》三传则各有师承,自成一家。《公羊传》因公羊氏世世相传而得名。至汉景帝时,公羊寿与弟子胡母子都将其著于竹帛,遂成定本。胡母子都的弟子有公孙弘等。董仲舒可能也是公羊寿的弟子。仲舒弟子甚多,著名的有褚大、嬴公、段仲、吕步舒。嬴公授孟卿、眭孟。眭孟授严彭祖、颜安乐,"由是《公羊春秋》有颜、严之学"。严彭祖授王中,中授公孙文、东门云,文"徒众尤盛"。颜安乐授泠丰、任公,又授筦路、冥都,"由是颜家有泠、任之学","复有筦、冥之学"。汉初最

图 4-4　山东诸城出土东汉画像石讲经图

早传《穀梁传》的是申培，申培授江公，江公"传子至孙为博士"，又授荣广、皓星公。荣广授蔡千秋、周庆、丁姓。蔡千秋授尹更始，更始授尹咸、翟方进、房凤。丁姓授申章昌，"徒众尤盛"。江博士又授胡常，常授萧秉。"由是《穀梁春秋》有尹、胡、申章、房氏之学。"汉初传《左氏传》的有张苍、贾谊、张敞、刘公子。贾谊传贯公，贯公传子贯长卿，长卿传张禹，张禹传尹更始，更始传尹咸、翟方进、胡常。常传贾护，护传陈钦，钦传王莽。尹咸、翟方进又传刘歆。"由是言《左氏》者本之贾护、刘歆。"[24]

儒家经典的权威性源于孔子的神圣性。汉儒必须证明其经传"祖于孔子"且"师徒相传"，才能为人信重。故汉儒治经很看重"师法"和"家法"。"师法"一词多见于西汉，意指师说。董仲舒曾说他"述所闻，诵所学，道师之言，仅能勿失耳"[25]。这是谦逊之辞，但表明守师法是对儒生的基本要求。史称"嬴公守学不失师法"，张无故"守小夏侯说文"，张禹"经学精习，有师法"，吴良"治《尚书》，学通师法"，都是称赞之辞[26]。"家法"一词多见于东汉，指一家之学。东汉太学设十四家博士，令其"各以家法教授"[27]。顺帝阳嘉元年改革察举制度，规定儒生要加试"章句"，而左雄称之为"诸生试家法"[28]。一般说来，儒生对所受"师法"或"家法"不得改乱。孟喜得阴阳灾变书而诈言得自田王孙，即被视为"改师法"，因此不得任博士。东汉张玄习《公羊颜氏春秋》，同时"兼通数家法"，包括《公羊严氏》和《冥氏》，因而不得为颜氏博士[29]。但可在守而不失的基础上加以润饰或增删。如王式曾对弟子说："闻之于师具是矣，自润色之"；秦恭则"增师法至百万言"；夏侯建师事夏侯胜和欧阳高，"左右采获，又从五经诸儒问与《尚书》相出入者，牵引以次章句，具文饰说"；尹更始本受《穀梁》学，"又受《左氏传》"，取其"变理合者"以为《穀梁》章句[30]。东汉则删减章句者甚多。如桓荣将朱普学章句四十万言减为二十三万言，其子桓郁又减为十二万言[31]；樊儵从丁恭受《公羊严氏春秋》章句，以为繁辞甚多，遂"删定"之，世号"樊侯学"；张霸从樊儵受，以为"犹多繁辞，乃减定为二十万言"，更名为"张氏学"[32]。

除"师法""家法"外，汉代经学又有齐学和鲁学、今文学和古文学以及官学和私学之分。

划分"齐学"和"鲁学"的依据主要是其传述者的籍贯。《汉书·儒林传》说："穀梁子本鲁学，公羊氏乃齐学"。这就是"齐学""鲁学"概念的出处。《汉书·艺文志》说："穀梁子，鲁人"；"公羊子，齐人"。所以，"齐学"和"鲁学"其实就是齐人之学和鲁人之学。除《穀梁传》和《公羊传》外，《诗经》和《论语》也有齐、鲁之分。《鲁诗》因鲁人申培而得名，《齐诗》因齐人辕固而得名。《汉书·艺文志》《诗经》类又有"《鲁故》二十五卷，《鲁说》二十八卷"，"《齐后氏故》二十卷，《齐孙氏故》二十七卷，《齐后氏传》三十九卷，《齐孙氏传》二十八卷，《齐杂记》十八卷"。《论语》有齐、鲁两种传本，其中《齐论语》二十二篇，《鲁论语》二十篇，对它们的解说则有《齐说》二十九篇，《鲁传》十九篇，《鲁夏侯说》二十一篇，《鲁安昌侯说》二十一篇，《鲁王骏说》二十篇。《礼》学虽不见冠以齐鲁之名者，但汉初《礼》学祖师高堂生是鲁人，因而《礼》学可划入鲁学范畴。《易经》祖师田何和《尚书》祖师伏胜都是齐人，因而《易》学和《尚书》学

图4-5 山东曲阜为纪念鲁壁藏书之事而建的"鲁壁"

可划入齐学范畴。齐学鲁学之别首先是在文字上有同音异字或同字异音之处,其次也表现为学术风格和思想内容的差异。大致说来,齐学以《春秋》学为核心,受孟子影响较大,注重阐发微言大义;鲁学则以《礼》学为核心,受荀子影响较大,注重研究典章制度[33]。(图4-5)

今文学和古文学的区别最初源于字体之不同。今文经是用汉代通行的隶书书写的,古文经则是用先秦古文书写的。此外,在字句、篇章、解说、思想等方面也存在不同。具体说来,《易》学中施、孟、梁丘、京氏为今文,费氏为古文。《诗经》学中鲁、齐、韩三家为今文,毛氏为古文。《尚书》学中欧阳、大夏侯、小夏侯三家为今文,孔氏所传《古文尚书》是古文。《礼》学中大戴、小戴、庆氏三家为今文,《逸礼》《周礼》是古文。《春秋》学中《公羊》《穀梁》是今文,《左氏》是古文。《论语》中齐、鲁两家都是今文,另有孔子壁中所出《论语》是古文。《孝经》也有今文、古文之分。不过,今文、古文之概念出现较晚。汉初流行的多是今文经,但未冠以今文之名。古文经出现以后多藏于朝廷秘府,知者甚少。汉成帝时刘向奉命整理朝廷藏书,将今文经同秘府所藏古文经加以校对,才逐渐引起人们对古文诸经的重视。西汉末,经刘歆、王莽提倡,古文经大兴,与今文经并行。及至东汉,遂将今学古学对举。如许慎《五经异义》提到今文学,有今《易》孟、京、施氏等说,今《尚书》欧阳、夏侯说,今《诗》齐、鲁、韩说,今《礼》戴说,今《春秋》公羊、穀梁说,今《论语》说,今《孝经》说等;提到古文学,则有古《尚书》说,古《毛诗》说,古《周礼》说,古《春秋》左氏说,古《孝经》说等[34]。

　　"官学"和"私学"的区别在于是否立于学官。立于学官者设博士、置弟子,不得立者只能在民间私相传授。汉文帝时,已有《鲁诗》和《韩诗》博士,景帝时又设《齐诗》和《公羊春秋》博士。武帝建元五年置五经博士,在原有基础上增置欧阳《尚书》、后氏《礼》、杨氏《易》博士。宣帝时增置大、小夏侯《尚书》和《穀梁春秋》博士,并分置大、小戴《礼》及施、孟、梁丘《易》博士。元帝时一度增置京氏《易》博士,旋即废罢。王莽时立《左氏春秋》《毛诗》《逸礼》《古文尚书》和《周礼》等古文经博士。东汉光武帝建武元年重建太学时,废除了王莽所立各家古文经博士,恢复了王莽改制前的西汉制度。建武三年,增置京氏《易》博士。建武四年,又增置《左氏春秋》博士,但不久《左氏》和《穀梁》两家博士又被废掉,从此形成十四博士之定制[35]。计有施、孟、梁丘、京氏《易》,欧阳、大、小夏侯《尚书》,鲁、齐、韩《诗》,大、小戴《礼》,颜、严氏《公羊春秋》。对汉儒各家而言,能否立于学官,意味着朝廷对其学说的认可与否,不仅会对其兴衰存亡产生影响,还有现实政治意义。

　　在儒学发展史上,上述门派林立的局面是空前绝后的。但这是儒家经学遭受禁毁后走向复兴的必要过程。表面的混乱隐含着繁荣。正是各家各派的争论与融合,创造了适应新时代需要的新儒学。

第三节　《春秋》三传之争和今文古文之争

汉武帝"尊《公羊》家"和法律的初步儒家化　《公羊》家对武帝"兴利"政
策的批判　石渠阁会议和《穀梁》学的兴起　"《穀梁》之学大盛"和礼治运
动的兴起　古文经学与王莽托古改制　《公羊》学独尊地位的恢复和确立
谶纬:《公羊》学的衍生形态

受先秦孟学和荀学影响,汉代儒家内部在理论上也隐约存在着对立的两
派。自从董仲舒以"春秋公羊学"的形式提出一套系统的政治学说之后,汉儒
内部两派的斗争便集中表现为《春秋》三传之争。西汉中期的三传之争主要发
生在《公羊》和《穀梁》两家之间。西汉后期和东汉的三传之争以《公羊》家为
一方,以《左氏》《穀梁》两家为另一方,而以《左氏》为主。所谓今古文之争,虽
不限于《春秋》一经,却以《公羊》《左氏》之争为中心,本质上是《公羊》《穀梁》
之争的继续,是三传之争的另一种形式。

《公羊》家有"《春秋》为汉制法"说,认为孔子在《春秋》经中已经预先为后
世天子亦即汉朝统治者制定了"拨乱反正"之道。此说自汉武帝以后被人们普
遍接受。《春秋》由此成为最重要的儒家经典,成为汉朝统治者施政理民、制定
政策的重要理论依据。然而《公羊》《穀梁》《左氏》三家对"《春秋》之道"的解
说各不相同,朝廷对它们的尊崇和认可又几经变化,于是我们看到,三家的争
论和兴衰每每与朝廷政策的重大转折相关联。

《公》《穀》两家之争始于前述董仲舒和江公的那场辩论。《汉书》卷八八《儒
林传》载其事曰:"仲舒通五经,能持论,善属文",而"江公讷于口","不如仲舒",
加之"公孙弘本为《公羊》学,比辑其议,卒用董生。于是,上因尊《公羊》家,诏
太子受《公羊春秋》"[36]。武帝此举将《公羊》家捧上正统宝座,使其学说对朝
廷内外政策的制定产生重大影响,从而兴起一场复古更化运动(图4-6)。

汉武帝"更化"的最重要的内容是"更定律令"。董仲舒认为,汉朝建立后
"亡以持一统,法制数变",主要原因是政治指导思想不统一,"师异道,人异

论,百家殊方",因而欲统一法度必先统一政治指导思想,只有罢黜百家,独尊儒术,才能使"统纪可一而法度可明"[37]。这一主张的具体含意是要求汉武帝用儒术、特别是《公羊》家所阐释的"《春秋》之义"去改造法律,将儒家衡量是非之尺度纳入汉朝律令之中,从而将承秦而来的汉朝法律改造成推行道德教化的工具。武帝命张汤、赵禹"更定律令",正体现了这一精神。史称:张汤决狱"欲傅古义,乃请博士弟子治《尚书》《春秋》补廷尉史"[38]。董仲舒"去位归居"后,"朝廷如有大议,使使者及廷尉张汤就其家而问之"[39]。仲舒"于是作《春秋决狱》二百三十二事,动以经对,言之详矣"[40]。公孙弘既"习文法吏事",又能"缘饰以儒术",也直接参与了"更定律令"的工作。由此形成的汉朝律令增加了许多篇章和条文,原有条文也有所修改。这些变化体现了儒家思想、特别是"《春秋》决狱"之说的影响,是中国法律儒家化的开端。

不过,汉武帝的基本政治方针是"霸王道杂之",对《公羊》家的主张并未完全采纳。特别在"兴利"问题上,武帝的做法和《公羊》家的主张完全对立。武帝为了增加财政收入以支持长年的对外战争,也为了打击富商豪强,抑制土地兼并,依靠桑弘羊等"兴利之臣",建立了盐铁酒榷、均输平准、算缗告缗、入粟补吏、买爵赎罪等制度,并且收到了积极效果。但《公羊》家反对这些制度。他们认为,

图4-6 东汉《公羊传》砖拓本

国家"兴利"的本质是"与民争利",其结果必然导致百姓"皆趋利而不趋义",从而严重妨碍对百姓的教化。董仲舒曾提出"盐铁皆归于民",但未被武帝采纳。昭帝时,贤良文学发动盐铁之议,要求朝廷"罢郡国盐铁酒榷均输,务本抑末,毋与天下争利",并与桑弘羊等人进行了激烈争论[41]。事后,昭帝只下令废除了酒榷和关内铁官,其他一仍其旧。儒生们对此极为不满。不久,发生了两桩怪事。一是泰山"有大石自立",下有"三石为足",还有"白鸟数千下集其旁";二是"上林苑中大柳树断枯卧地,亦自立生",且"有虫食树叶成文字,曰'公孙病已立'"。《公羊》家眭弘"推《春秋》之意",认为这些怪异现象表明汉朝气数已尽,神器将要易手,遂上书朝廷,公然要求昭帝"求索贤人,禅以帝位"[42]。

宣帝即位后,为了巩固汉朝的统治,有意排抑《公羊》学而扶植《穀梁》学。当时,《穀梁》家蔡千秋在朝中任郎官,"召见,与《公羊》家并说,上善《穀梁》说"。不久,宣帝又在宫中开办了一个《穀梁》讲习班,以蔡千秋为郎中户将,选郎官十人从受《穀梁》学。又命刘向"受《穀梁》,欲令助之"。千秋病死,征江公孙继续授之。江公孙复死,又命周庆、丁姓授之。"积十余年,皆明习。"于是,宣帝召开了著名的石渠阁会议,命五经名儒萧望之等"大议殿中,平《公羊》《穀梁》同异,各以经处是非",宣帝亲自称制临决。结果,"《公羊》家多不见从",《穀梁》家占了上风。"由是《穀梁》之学大盛",与《公羊》学并立于学官,其政治地位则高于《公羊》学[43]。

宣、元之际,在《穀梁》大盛的背景下,儒学士大夫群体中"礼治"的呼声日益高涨。元帝"柔仁好儒",为太子时曾劝宣帝说:"陛下持刑太深,宜用儒生。"宣帝作色曰:"汉家自有制度,本以霸王道杂之,奈何纯任德教,用周政乎!"[44]所谓"纯任德教用周政"是当时儒生的政治口号,具体内容主要有三:一是将朝廷政策重心转移到教化上来,彻底改变武帝以来以对外战争为主,而将教化置于从属地位、须服从和服务于对外战争的状况;二是彻底否定承秦而来的法治传统,用德教取而代之;三是效法周公制礼作乐,按儒家理想重建汉家制度[45]。

元帝即位后,萧望之、刘向等"劝道上以古制"[46]。在他们的主持下,又掀起一场轰轰烈烈的改制运动,先后撤销了盐铁官、北假田官、常平仓、齐三服官、角抵、上林宫馆希御幸者、建章宫和甘泉宫卫卒,命诸侯王庙卫卒减半,民产子七岁乃出口钱,太仆减食谷马,水衡省食肉兽,罢黄门乘舆狗马,将水衡禁苑、宜春下苑等处田地假与贫民。又改革宗庙制度,废除了设于郡国的太上皇、太祖、太宗、世祖庙和昭灵后、武哀王、昭哀后、卫思后、戾太子、戾后之寝园,建立宗庙迭毁制度,除刘邦太祖庙和文帝太宗庙"世世不毁"外,其余宗庙皆"亲尽而毁"。成帝时又改革了郊祀制度,作长安南、北郊,罢甘泉、汾阴祠,又罢京师和郡国各种神祠四百七十五所,使祭祀项目减少了十分之七。这些改革虽然为朝廷节省了财政开支,但总体上虚张声势,避重就轻,那些有损外戚、宦官和朝廷大臣既得利益的改革措施,像废除任子制、废除赎罪法、近臣之家不得私贩卖等,都被束之高阁。更严重的是,当时的今文经学家们要求恢复先王礼制,却说不清先王之礼的具体内容,每每各执一词,聚讼纷纭,使得元帝优柔寡断,朝令夕改,一度引起不小的混乱。《汉书》卷八一《匡衡传》描述当时情形说:由于元帝"好儒术文辞,颇改宣帝之政,言事者多进见,人人自以为得上意。……争言制度不可用也,务变更之,所更或不可行,而复复之,是以群下更相是非,吏民无所信。"[47]

与今文经学相比,以《左氏》学为核心的古文经学在复原古代礼制方面有明显优势。古文经学家认为,《春秋》本是"制礼"之书,其价值主要在于保存了周礼,而《左传》对周礼的记载远远详于《公羊传》和《穀梁传》。郑玄说"《左氏》长于礼",就是这个意思。古文《逸礼》不仅篇幅多于今文《仪礼》,内容也多是"天子诸侯卿大夫之制"。《周礼》的内容更为丰富,举凡城乡建制、政法文教、礼乐兵刑、征赋度支、膳食酒饮、宫室车服等名物制度,几乎无所不包,直接保存着"周公致太平之迹"。刘歆等古文经学家还继承了宣元以来形成的兼容并包的学术风气,打破了师法、家法和今文、古文的藩篱,甚至诸子、诗赋、数术、方技,无所不究。这些都使得古文经学家能比今文经学家掌握更多的学术资料,因而更能满足改制的需要。于是,随着改制运动的深入,古文经学悄然兴起。

如前述,《穀梁春秋》有尹、胡、申章、房氏之学。其中只有申章之学是比较纯粹的《穀梁》学,尹、胡、房氏都兼治《左氏》。尹更始本从蔡千秋受《穀梁》,又从张禹受《左氏》,用《左传》中的材料充实《穀梁》章句。尹咸、房凤、胡常则是尹更始的弟子。刘向作为《穀梁》家也兼治《左氏》。桓谭《新论》说:刘向父子"尤重《左氏》,教授子孙,下至妇女,无不读诵"[48]。这些兼治《穀梁》和《左氏》的学者,都还是以《穀梁》学为主。他们的这一作法丰富了《穀梁》学,同时也将《左氏》学进一步纳入了《春秋》学范畴。接着,刘歆从刘向及尹咸、翟方进那里继承并大大推进了这一发展趋势。他一改以往《左传》学者只传训诂的传统,模仿《公羊》家和《穀梁》家,"引《传》文以解《经》",从而使《左氏》学具有了时人公认的《春秋》学形态,创造了一套《左氏》学的"章句义理"。

哀帝时,刘歆"欲建立《左氏春秋》及《毛诗》《逸礼》《古文尚书》皆列于学官。哀帝令歆与五经博士讲论其义,诸博士或不肯置对",刘歆乃作《移让太常博士书》,指责今文学家"专己守残,党同门,妒道真"。诸儒大怒,奏歆"改乱旧章,非毁先帝所立"。刘歆被迫出为河内太守[49]。这就是历史上第一次今古文之争。王莽执政后自比周公,欲将改制运动推向高潮,遂大力扶植古文经学,立《左氏春秋》《毛诗》《逸礼》《古文尚书》和《周礼》于学官,并"征天下通知逸经、古记、天文、历算、钟律、小学、《史篇》、方术、《本草》及以五经、《论语》《孝经》《尔雅》教授者"数千人会集京师,"记说廷中",而令"刘歆等典领条奏"。王莽这一举动与宣帝召开石渠阁会议相似,目的也是"正乖缪,壹异说",但规模更大,范围更广,其结果则是以刘歆《左氏》学为核心的古文经学成为法定的正统学说[50]。

平帝元始元年,王莽命刘歆为羲和,掌管儒林史卜之官,作他托古改制的首席顾问,开始制礼作乐。他们规定自皇帝以下皆不得"二名",即人名不得用两字;制定车服制度、吏民养生、送终、嫁娶、奴婢、田宅、器械之品;命郡国县道乡聚皆设学校,置经师;大兴土木,起明堂、辟雍、灵台(图4-7),为学者筑舍万区,作市、常满仓,制度甚盛;颁布市无二价、官无狱讼、邑无盗贼、野无饥民、道不拾遗、男女异路之制。王莽称帝后,又模仿周礼对官制、爵制、庙制、币制,特别是土地和工商制度进行了改革。他发布"王田令",规定:"更名天下田曰'王田',奴婢曰'私属',皆不得卖买。其男口不盈八而田过一井者,分余田予九族乡党。故无田,今当受田者,如制度。"[51]企图用恢复井田制的办法一举解决困扰西汉王朝多年的土地兼并和破产农民奴婢化问题。又援引周制"设六筦之令",将盐、铁、酒的销售、钱币的铸造、名山大泽和五均赊贷等项事业收归官府经营,以增加财政收入和抑制豪民富贾。但"王田令"因遇到巨大阻力

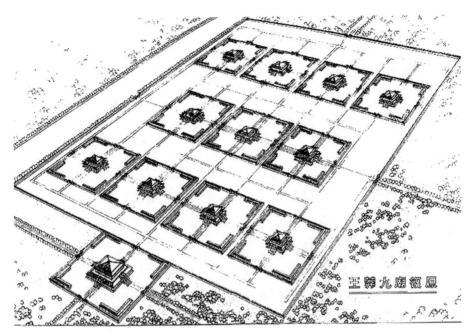

图 4-7 西安汉长安城南郊一至十二号建筑王莽九庙复原图

而难以贯彻,"六筦"之制因用人不当、管理不善也未收到预期的效果。王莽用严刑峻法强行推广新制,致使"抵罪者不可胜数",终于激起大规模农民暴动。

东汉建立后,废王莽所立古文经博士。建武三年,尚书令韩歆上书,"欲为《费氏易》《左氏春秋》立博士",光武帝"诏下其议",遂引发第二次今古文之争。今文家范升认为:"《左氏》不祖孔子而出于丘明,师徒相传又无其人,且非先帝所存,无因得立。"韩歆等与之辩难,且以"太史公多引《左氏》"为证。范升遂"奏《左氏》之失凡十四事","又上太史公违戾五经、谬孔子言及《左氏春秋》不可录三十一事"[52]。古文家陈元听说后诣阙上书,指责范升对《左氏》"抉瑕摘衅,掩其弘美",认为"丘明至贤,亲受孔子,而《公羊》《穀梁》传闻于后世",要求"建立《左氏》"。范升又与陈元辩论十余个回合。光武帝采纳古文家的意见,"立《左氏》学",以李封为博士。但今文家"论议讙哗,自公卿以下数廷争之"[53]。光武帝迫于压力,只好利用李封病死的机会,废了《左氏》及《穀梁》两家博士。《公羊》家终于恢复了"独尊"的地位。

章帝时,召开白虎观会议,命群儒"讲议五经同异","帝亲称制临决"。这是第三次今古文之争。会上,《公羊》家李育和古文家贾逵发生激烈争论。史称:"育以《公羊》义难贾逵,往反皆有理证,最为通儒。"[54]根据会议讨论结果整理而成的《白虎通义》一书,称引《春秋传》甚多,其中五十八条出自《公羊传》,四条出自《穀梁传》,不见出自《左传》者[55]。《公羊》家在这次会议上占据了绝对优势,从而确立了以《公羊》学为核心的今文经学在东汉一朝的正统地位。

谶纬在东汉今古文之争中也扮演了重要角色。"谶"是神的预言,"诡为隐语,预决吉凶"[56],先秦已有。"纬"是比附依傍于儒家经典的谶,始见于西汉。系统的谶纬神学则是西汉末年的产物。东汉光武帝"宣布图谶于天下",使谶纬形成定本,计有《河图》九篇,《洛书》六篇,从黄帝到孔子等"九圣之所增演"三十篇,《七经纬》三十六篇,共八十一篇[57]。谶纬的内容很杂,"不仅有解释六艺经典、文字训诂的,也有讲天文、历法、地理、古史、神话传说、典章制度等各方面的","主导思想、理论基础则是董仲舒所构造的天人感应的神学目的论"[58],本质上是以《公羊》学为核心的今文经学的衍生形态。在汉儒看来,《春秋》和谶纬都是孔子为汉制法之作,所不同的是,《春秋》中的孔子还是圣人,谶纬中的孔子则已成了神。《春秋纬说题辞》用孔子的语气说:"传我书者,公羊高也。"[59]《后汉书》卷四一《钟离意传》注引《意别传》记载了这样一个故事:意为鲁相,发孔子教授堂下之悬瓮,得素书,文曰:"后世修吾书,董仲舒。"[60]据此,孔子生前便将《春秋》的解释权交给了公羊家和董仲舒。这显然是《公羊》家利用谶纬抬高自己的把戏。

由于光武帝刘秀的崇信和提倡,谶纬在东汉被奉为"秘经",号称"内学",成为法定的经典,其权威性甚至在五经之上。刘秀"多以决定嫌疑",明帝命东平王刘苍正定五经章句,则"皆命从谶"[61]。谶纬本来就与今文经学有着密切的关系,经最高统治者提倡,今文学家兼治谶纬遂成风气。《公羊》家樊儵"以谶记正五经异说"[62],李育等今文学家在白虎观会议上也大量引用谶纬,故郑玄《六艺论》说:"《公羊》长于谶。"《穀梁》《左氏》二家及其他古文学家则大多不懂或不好图谶,因而陷于不利地位。刘秀曾与郑兴讨论郊祀之事,曰:"吾欲以谶断之,何如?"郑兴对曰:"臣不为谶。"刘秀大怒:"卿之不为谶,非之邪?"[63]又如刘秀欲以谶决定灵台处所,桓谭表示反对,且"极言谶之非经",刘秀怒曰："桓谭非圣无法"，差点儿将他处死[64]。而据贾逵所说，《穀梁》《左氏》二家在刘秀时被逐出学官，正是因为"二家先师不晓图谶"[65]。

《春秋》三传之争和今文古文之争，贯穿两汉儒学发展和政治演进之始终。东汉初年，以《公羊》学重新获得独尊地位为标志，儒家内部关于拨乱反正之道的探索与争论宣告结束。从此，董仲舒"以德化民"的学说和主张，在先秦儒学的基础上积淀下来，为其后儒学和政治的进一步发展提供了新的理论基础，继续影响着以儒家思想为中心的文化整合进程。

第四节　名教政治下儒学的进一步发展

名教之治及古文经学的优势　今文经学的衰落和古文经学的兴起　东汉古文经学家对儒学发展的贡献　郑玄：汉代经学的集大成者　王肃之学及其命运　郑学在北朝的流行和发展　南朝经学的玄学化

东汉以降，对"名教"的研究和实践在儒学士大夫中成为新的热点，儒学和政治的发展随之进入了新阶段。

"名教"之"名"指儒家所宣扬的三纲五常等道德观念及与之相应的行为模式。"名教"就是用这些道德观念和行为模式去教化百姓。在这个问题上，今文经学和古文经学虽然仍有不同，但无根本分歧。《后汉书》卷三六《贾逵传》载，章帝曾命贾逵"发出《左氏传》大义长于二传者"，逵乃"摘出《左氏》三十事尤著明者"奏上，并指出："斯皆君臣之正义，父子之纪纲。其余同《公羊》者什有七八，或文简小异，无害大体。"这里，今文经学和古文经学不再水火不容，两家合流成为可能。同时，古文经学因其"长于礼"，在"名教"的研究和实践中又再次表现出自己的优势。所谓"《左氏》崇君父，卑臣子，强干弱枝，劝善戒恶，至明至切，至直至顺"。从这一角度出发，贾逵对《左氏》学和《公羊》学的优劣作出如下判定："《左氏》义深于君父，《公羊》多任于权变，其相殊绝，固以远甚。"和王莽、刘歆等一味效法周公制礼作乐不同，贾逵等东汉古文经学家适应"名教"政治的需要，转而探讨和论证古文经学在道德教化、伦常建设方面的价值,从而赢得了最高统治者和越来越多的儒学士大夫的支持。史称:章帝本来就"特好《古文尚书》《左氏传》",看到贾逵的奏章后"嘉之","令逵自选《公羊》严、颜诸生高才者二十人,教以《左氏》";后又"诏诸儒各选高才生,受《左氏》《穀梁春秋》《古文尚书》《毛诗》,由是四经遂行于世"[66]。

上述事实导致了重大而又有趣的变化。一方面,今文经学盛极而衰。《后汉书》卷七九《儒林传·序》描述其情形说:和帝时,"学者颇懈";安帝以后,"博士倚席不讲,朋徒相视怠散,学舍颓敝,鞠为园蔬,牧儿荛竖,至于薪刈其下";顺帝时,太学诸生"章句渐疏,而多以浮华相尚,儒者之风盖衰矣"[67]。另一方面,古文经学却日益兴盛起来,涌现出一批大师。其中最重要的有郑兴、贾逵、许慎、马融、卢植、郑玄等人。

郑兴字少赣,"少学《公羊春秋》,晚善《左氏传》,遂积精深思,通达其旨,同学者皆师之",曾带领弟子"从刘歆讲正大义,歆美兴才,使撰条例、章句、传诂","好古学,尤明《左氏》《周官》"。东汉治《左氏》者"多祖于兴",与贾逵并称"郑、贾之学"。其子郑众从父受《左氏春秋》,兼通《易经》和《诗经》,曾作《春秋删》十九篇,也是著名学者[68]。

贾逵字景伯,贾谊九世孙。父贾徽曾从刘歆受《左传》,兼习《国语》《周礼》《古文尚书》《毛诗》。逵"悉传父业","尤明《左氏传》《国语》,为之《解诂》五十一篇"。一生作经传义诂及论难百余万言,与郑兴并称"诸儒宗"[69]。

许慎字叔重,"博学经籍",受到马融的推敬,有"五经无双许叔重"之称。认为"五经传说臧否不同",遂撰《五经异义》。又总结汉代古文经学训诂的成就,撰《说文解字》十四篇。这是中国第一部文字学著作,至今仍是文史学者的重要工具书[70]。

马融字季长,博通经籍,号称"通儒",弟子"常有千数"。"尝欲训《左氏春秋》",后见贾逵、郑众之注,认为贾注精而郑注博,"既精既博,吾何加焉",遂"但著《三传异同说》"。又注《孝经》《论语》《诗》《易》《三礼》《尚书》等[71]。

卢植字子干,马融弟子,"通古今学,好研精而不守章句"。著有《尚书章句》《三礼解诂》。认为今文经"特多回冗",古文经"近于为实",《毛诗》《左氏》《周礼》"皆与《春秋》共相表里",应当"为立学官,以助后来"。曹操称他"名著海内,学为儒宗"[72]。

郑玄字康成，先从第五元先受《京氏易》《公羊春秋》《三统历》《九章算术》，又从张恭祖受《周礼》《礼记》《左氏春秋》《韩诗》《古文尚书》。"以山东无足问者"，遂至关中师事马融。三年后学成回乡，马融叹曰："郑生今去，吾道东矣。"其学以古文为主，兼通今文，"经传洽孰，称为纯儒，齐鲁间宗之"。自称"但念述先圣之元意，思整百家之不齐"，故一生不仕，"隐修经业"，弟子"自远方至者数千"。注《周易》《尚书》《毛诗》《仪礼》《礼记》《周礼》《论语》《孝经》《尚书大传》《中候》《乾象历》，又著《天文七政论》《鲁礼禘祫义》《六艺论》《毛诗谱》《驳许慎五经异义》《答临孝存周礼难》，共一百多万字。其弟子又模仿《论语》，将"玄答诸弟子问五经"的文字辑为《郑志》八篇[73]。

郑玄是汉代经学的集大成者。他在遍注群经的过程中，运用训诂、校勘、考据等方法，创通条例，自成家法。为了解释古字古语，他以音释义，或曰"读如"，比拟其音以释其义，或曰"读为"，就其音易其字以释义，或曰"当为"，定其音形之误以释义。对各家的经传和解说，他兼收并蓄，择善而从。如注《尚书》用古文，注《仪礼》并用今文、古文，注《孝经》多用今文，注《诗经》则以毛氏为主，兼采三家。他遍注《三礼》，发挥旁通，使《三礼》合为一家之学，为礼学研究作出了突出贡献，也使礼学成为其后儒学的重心所在[74]。范晔《后汉书·郑玄传论》说："郑玄括囊大典，网罗众家，删裁繁诬，刊改漏失，自是学者略知所归。"此后，郑氏《诗笺》行而齐、鲁、韩三家《诗》废；郑注《尚书》行而欧阳、大、小夏侯三家《尚书》废；郑注《易》行而施、孟、梁丘、京氏《易》废；郑氏《礼》注行而大、小戴之《礼》废；郑注《论语》行而齐、鲁《论语》废[75]。（图4-8）

汉魏之际，"郑学"几倾天下，其后虽有王肃竭力攻击郑学，但未能从根本上动摇其地位。魏晋南北朝时期的儒学，大体上是在郑学的基础上继续发展。

王肃是魏晋时期的经学大师，曾为《周易》《尚书》《毛诗》、三《礼》《左传》《论语》《孝经》作注。其学遥继贾逵、马融，与郑学同源，且亦以古文为主兼通今文。所不同的是郑学偏重训诂，王学偏重义理；郑学仍嫌烦琐，王学则简单明了。为了取代郑学的地位，王肃处处与郑玄作对，或以今文说驳郑玄古文说，或以古文说驳郑玄今文说，甚至伪造或部分伪造了《孔子家语》《孔丛子》等书[76]，并集中相关材料作《圣证论》以驳郑玄。由于王肃是晋武帝司马炎的外祖父，王学在西晋受到朝廷尊崇，王肃所注《尚书》《毛诗》、三《礼》《左传》

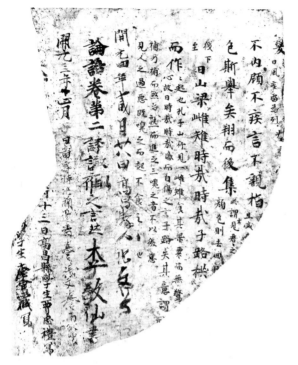

图4-8 唐贾忠礼抄《论语》郑注残片

《论语》及其父王朗所作《易传》，皆立于学官，郑玄所注群经都未被采用。然而王肃并没有在学术上将郑玄真正驳倒，因而其地位难以持久。东晋建立后，郑玄所注《尚书》《毛诗》《礼记》《易经》《孝经》等立于学官，王学虽有一些观点被后世学者继承，但作为一个学派却逐渐销声匿迹了。

西晋灭亡后，南北儒学呈现出显著差异。南方儒学一方面继承郑学传统形成发达的礼学，另一方面又受玄学影响，表现出重义解的玄学化倾向。北方儒学则极少受玄学影响，基本上坚持以郑学为主的汉学传统，仍是章句训诂之学。《北史》卷八一《儒林传·序》概括说："大抵南北所为章句，好尚互有不同。……南人约简，得其英华；北学深芜，穷其枝叶。"〔77〕

北方流行的经注主要有郑玄所注《周易》《毛诗》《尚书》、三《礼》《论语》《孝经》，服虔所注《左传》及何休所注《公羊传》。郑学显然是主流。北朝大儒中能开宗立派、对后世产生较大影响的，则有徐遵明、刘献之等人。

徐遵明自幼好学，曾游学山东，先后师事王聪、张吾贵、孙买德、唐迁等，受《毛诗》《尚书》、三《礼》《周易》《左传》《论语》《孝经》等，兼综博览，择善而从。后教授门徒二十余年，"海内莫不宗仰"，故北朝诸经之传授大多与徐遵明有关。如《周易》，遵明传卢景裕，景裕又传郭茂，"其后能言《易》者多出郭茂之门"。《尚书》，当时儒生罕传之，而"遵明兼通之"，传李周仁、张文敬、李铉、权会。三《礼》则"并出遵明之门"，遵明传李铉、田元凤、冯伟、纪显敬、吕黄龙、夏怀敬等，李铉又传刁柔、张买奴、鲍季详、邢峙、熊安生等，安生又传孙灵晖、郭仲坚、丁恃德等，"其后生能通《礼经》者，多是安生门人"。北朝治《左传》者也多出遵明之门，如张买奴、马敬德、邢峙、张思伯、张奉礼、鲍长宣、王元则等。遵明亦传《论语》《孝经》，其弟子"莫不通讲"。北朝"通《毛诗》者"则多出于刘献之门下，献之传李周仁，周仁传董令度、程归则，归则传刘敬和、刘轨思等，"其后能言《诗》者，多出二刘之门"。献之亦善《左传》，认为《左传》中的义理至隐公八年便讲完了，因而"每讲《左氏》，尽隐公八年便止"。著有《三礼大义》《三传略例》《毛诗序义注》等。史称"海内儒生，多有疑滞，咸决于献之"[78]。

南方流行的经注主要是王弼所注《周易》、伪孔传《尚书》、杜预所注《左传》、郑玄所注三《礼》和《毛诗》等，其中三《礼》之学尤盛。故《晋书》和《南史》所载东晋南朝诸儒明习三《礼》者甚多。如范宣"博览群书，尤善三《礼》"，贺循"博览众书，尤精礼传"，贺玚"善三《礼》，有盛名"，孔佥"通五经，尤明三《礼》"，沈峻"博通五经，尤长三《礼》"，孔子祛"尤明三《礼》"，郑灼"性精勤，尤明三《礼》"，等等。礼学中关于《仪礼·丧服传》的专门论著又特别引人注目。如袁准、陈铨各注《丧服经传》一卷，孔伦、裴松之、蔡超各撰《集注丧服经传》一或二卷，蔡谟、贺循各撰《丧服谱》一卷，贺循又撰《丧服要记》十卷，雷次宗撰《略注丧服经传》一卷[79]。

南方所行王弼《周易注》本来就是玄学经典。除此之外，南方诸儒关于《论语》《孝经》《礼记·中庸》的研究也表现出玄学化倾向。如皇侃的《论语义疏》，"名物制度略而弗讲，多以老庄之旨发为骈俪之文"[80]，在何晏《论语集解》的基础上，充分发挥了玄学观点，从多方面阐发了王弼的贵无思想，郭象的独化思想，以及玄学家得意忘形的方法论[81]。南方玄学名士又往往兼习《孝经》，留下了大量注释、义疏，应该都是以玄学义理解释《孝经》的著作。玄学家张融临终遗令家人，下葬时让他"左手执《孝经》《老子》，右手执《小品》《法华经》"[82]，可见对《孝经》的重视。《中庸》所述诚明之体、天命之性等义理，是玄学家感兴趣的命题，可以借之阐发玄义。故此篇在南朝被从《礼记》中抽出别为传疏，见于《隋书·经籍志》的有戴颙撰《礼记中庸传》二卷，梁武帝撰《中庸讲疏》一卷，还有《私记制旨中庸义》五卷。

在东晋南朝,礼学和玄学是两大显学,礼玄双修蔚为风尚。其治经方法不是以名物训诂疏通经义,而是通过发挥自己的理论见解来探讨玄学义理。正如清人赵翼所说,这种玄学化的儒学,"虽从事于经义,亦皆口耳之学,开堂升座,以才辩相争胜,与晋人清谈无异"〔83〕。

魏晋南北朝是继春秋战国后出现的又一个学术繁荣时代,经学、玄学、文学、史学、佛教、道教等,都得到很大发展。就儒学而言,礼学和玄学化的经学是这一阶段最重要的成果。它不仅是隋唐经学的前身,也是宋代理学的渊源。

第五节　学校教育的发展

秦的"焚书坑儒"和法制教育　意义深远的开端:汉代太学的创设　私学的繁荣　汉末太学生参政　分裂时代的"学在家族"和学校身份化　北朝六学体制的形成

秦汉魏晋南北朝时的学校教育,既有过繁荣和辉煌,也曾因政治变迁、动乱或分裂等等,而经历过衰微的过程。直接影响着学校盛衰的,首先是社会的安定或动乱,但也不仅仅如此,帝国统治者的扶植、漠视或是压制也是同等重要的因素。在这个拥有着深厚的"士人"传统、而"士"被定义为"学以居位者"的社会之中,文教与政治的关系总是千丝万缕而难解难分的。无论如何,官吏通常要以拥有知识技能的人作为来源,而知识和技能都有赖于教育或培训。进而随文教的发展,知识人还可能形成政治势力和社会势力,从而使他们与王朝的关系变得复杂起来。

秦始皇统一之后,曾设博士七十人。秦王朝的基本政治精神是以法律治天下,但也需要学者来提供礼仪和文化方面的协助。不过,这些来自六国的学者不改"处士横议"的议政旧习,入则心诽,出则巷议,终于因遭两个方士侯生和卢生的牵连,约有四百六十多人惨遭"坑儒"之祸。不过教育并没有因此全部中断。秦二世时依然有博士诸生三十余人在奴颜事主,供其垂询;至于法律教育,则从商鞅变法以来就一直是秦国的基本国策,所谓"若欲学法令,以吏为师"。秦国对官吏有严格的法律培训制度,例如官府中设有"学室",所培养的"史子"就是一种学徒吏;对民众也有切实的普法措施,这在云梦睡虎地秦简的《南郡守腾文书》中就看得出来——那份文书是一份普法文告。

汉承秦制,汉初的国家教育以官吏的职业培训为主。张家山汉简中所见《史律》等文书可以证明这样一点[84]。在社会逐渐安定后,民间学者一点点活跃起来了,王朝上也陆续设置了诸子百家博士和儒经博士。在儒经所载"先王之制"和儒者的社会蓝图中,学校乃是统治者崇德兴化的重要设施;深厚的古代礼乐文明和战国"百家争鸣"的辉煌文化成就,同样构成了振兴文教的动力。汉文帝时贾山请求"造太学,修先王之道"。关键的转变发生在汉武帝的时候,著名的儒家大师董仲舒建议"兴太学,置明师,以养天下之士",于是皇帝有"其令礼官劝学"之诏。儒生丞相公孙弘着手规划,为五经博士设置弟子五十名。太学制度的建立是孔子私学以来,中国教育史的又一个里程碑式的事件;这五十名弟子,也就成为历史上最早的一批太学生。

最初的博士和弟子不过几十人而已,但因王朝"独尊儒术","公卿彬彬多文学之士矣";儒生官僚的比例增加,反过来继续推动着学校的兴旺。汉昭帝时博士弟子增至百名,翻了一番;宣帝末达到了两百人。元帝褒奖儒学,下令通一经者免除赋役,还一度取消了太学的员额限制;后来因经费难以为继,确定了员额千人。成帝时学生增至三千,这是因为孔子有弟子三千,有人说皇帝也应有同样多的弟子才对。至哀帝、平帝之时,太学弟子达到了七千余人。博士弟子逐渐改称"诸生"。西汉末年王莽"复古改制"的政治纲领,本来就源于汉儒的一贯呼吁,那么他极力笼络儒者也就不奇怪了。王莽征召数千学者至京,还修筑了多达万区的学舍,容纳了太学生一万八百余人。据说在这所宏大的校园中,"行无远近皆随檐,雨不涂足,暑不暴首"。

开创东汉的人"皆有儒者气象"。建武五年(29),光武帝在洛阳兴建太学,若干年后就出现了学士"云会京师"的盛况。汉明帝刘庄亲临太学中行礼并讲授儒经,"诸儒执经问难于前",官员、学者在场听讲的成千上万。汉顺帝扩建太学,建成240房,1850室。其遗址今犹可寻,就在今天洛阳汉魏故城的开阳门外,分为东西两部分:西部的夯土建筑群,东西宽约104米,南北长约90米;东部被围墙环绕,东西宽150米,南北长220米,其中是密集成排的夯土房基。其"讲堂"约长23米,宽6.9米,可容纳数百人。

　　诸生的老师,就是博士之官。汉武帝所设五经博士初为七位,汉宣帝时增加到十二位。五经博士并不止五人,是因为各种经典衍生出了不止一家的著名经师,王朝便为各个流派分别设置博士。东汉初博士员额被确定为十四位,这就是著名的"今文经十四博士"体制。博士应该年龄在五十以上,品行端正、精通经典、身无伤病、亲属清白。经常采取考试选拔,如光武帝时的伏恭、张玄以策试第一为博士,李封以策试第二为博士;也采取推荐、征召等方式,东汉名臣杨震为太常,举荐了名士杨伦等五人,他们"各从家拜博士"。博士俸禄初约四百石,宣帝提高到了比六百石,这个禄秩较大县的县令低,而高于小县的县长。太学的教师,在博士之下还有"侍讲"之职,至于"讲郎",则选择高才生担任。

图4-9　东汉熹平石经残片

　　学生进入太学后,一般会有一位导师,例如西汉的倪宽入太学,以孔安国为师。教学活动除了博士讲授之外,师生间也常常展开讨论,所谓"汉立博士之官,师、弟子相诃难,欲极道之深,形是非之理"[85]。诸博士间也有学术交锋。光武帝视察太学时,曾令诸博士当面辩论义理。汉灵帝熹平四年(175),由著名学者、书法家蔡邕用隶书书写,把多种经典镌刻于46通大碑之上,碑高一丈余,宽四尺,立于太学讲堂之前。后称"熹平石经",它们相当于标准教科书,以便考试和讲授(图4-9)。此后各地来观看石经和抄录经文的,络绎于途。曹魏正始年间,再度在太学镌刻石经,共 28 块,由于这次使用了大篆、小篆和隶书三种书体,故称"三体石经"(图4-10)。

太学博士弟子由太常负责选拔,他们应在十八岁以上,且相貌端正。同时各郡县的官员,还可以把爱好学术的青年人选送太常,与博士弟子一同受业。东汉入学年龄改成了十五岁,时或还招纳一些早慧者,如杜安十三岁进入太学,号称"奇童";任延年十二岁闻名太学,被呼为"任圣童"。学校里也有六七十岁的老学生,东汉顺帝令郡国举明经,年五十以上、七十以下诣太学。境外的匈奴曾"遣伊秩訾王大车且渠来入就学",

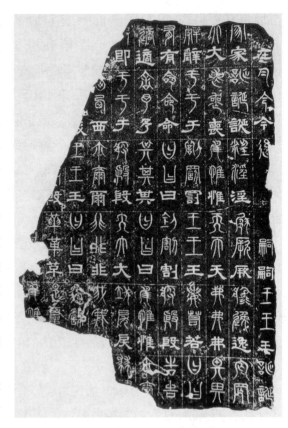

图 4-10 曹魏三体石经残片拓文

其身份有点像是"留学生"了。权贵在入学上往往享有特权,朝廷经常让公卿子弟直接入学。当然这多少也有些积极意义,就是免得公子哥们在无益的吃喝玩乐中堕落下去。重要的是进入太学并无身份限制,贫苦学子一样有机会就读,朝廷允许他们免役,有时还加以赏赐。然而学习的花费还是要自理的,家境清寒者有时就要靠"勤工俭学"来维持生计。如太学生倪宽曾为同学做饭以及外出打工,庾乘和公孙晔则分别靠为同学干杂活和为人抄书来得到一份收入。

太学甫建立,就制定了博士弟子的年终考试制度。通过了一经考试的人,朝廷授为文学掌故,考在高等者可以进而补为郎中;"不通一艺者"即不及格者,即令其退学。这种考试称为"射策","策"是写有策题的简策,"射"就是任意猜测抽取试题的意思。射策考试的等第,有甲科、乙科、丙科之分。西汉平帝时，每年甲科取 40 人，补为郎中；乙科取 20 人，补为太子舍人；丙科取 40 人，补为文学掌故。西汉名臣何武、萧望之、翟方进等，都是以射策甲科而入仕、并在后来升至高位的；匡衡早年多次射策不中，九次方中丙科。东汉的考试等第，有上第、中第、下第之别。后来还出现了每两年考试一种经典的办法，这样一来，若要通过全部五经考试的话，最快也要十年功夫。

郡国学校，始创于汉景帝末年的一位蜀郡郡守文翁，他选拔小吏入京进修，并在成都市中建立了学官，蜀中风靡。这番事业让汉武帝颇为欣赏，乃令天下郡国皆立学校官，"自文翁为之始云"。今天的成都石室中学，依然追认文翁的郡学为建校之始。

时至东汉，民间的私学也发展得相当兴盛了。"若乃经生所处，不远万里之路；精庐暂建，赢粮动有千百。其著名高义，开门受徒者，编牒不下万人。"[86]这并没有夸大其词，当时民间经师的门徒，少的数百人，多的确实有成千上万。比如曹曾，门徒三千人；楼望，诸生著录九千余人；牟长，弟子常千余人，著录前后万人；张兴，弟子著录且万人；颍容，门徒常千人，其著录者万六千人。

东汉太学所习为今文经典，教习古文经典者未免不合时务，他们大抵属于民间私学。经师杜林在向弟子卫宏等传授漆书《古文尚书》时，就曾说过"古文虽不合时务，然愿诸生无悔所学"，期望学生们能把学术看得重些，而不仅仅以"时务"作为权衡。最高学府的太学博士当然生计不愁，而乡间的私学经师难免就有很贫穷的了。杨震教授二十余年，独与母居，假地种植，以给供养；孙期在大泽放猪以供养母亲，远道来学的人"皆执经垅畔以追之"；李恂结草为庐，与诸生织席自给，司空张敏、司徒鲁恭馈送粮食，悉无所受；又郑玄"家贫，客耕东莱，学徒相随已数百千人"。他们的安贫乐道，至今依然令人肃然起敬。经师所授是高等的经学教育，汉代还有称为"书馆"的蒙学，其中有"书师"教授儿童初步的书写阅读技能。《论衡》的作者王充八岁进了书馆，馆中有一百多孩子，他们常因淘气或字写得不好而遭鞭抽，只有聪颖勤奋的王充没受过这种惩罚。

汉王朝的文教事业是非常发达的。在东汉后期，仅太学诸生就达到了 3 万多人，在东汉 5600 多万人口中约占 0.53‰。若是再加上郡国学和私学的师生,东汉文化人口的比例确实相当之高。由此,对士人之成为重要的政治势力,甚至出现了类似现代学生运动那样的社会现象,就不难理解了。西汉后期就已萌生了这样的事情:司隶鲍宣曾为民众"七亡七死"的痛苦而大声疾呼,在他因得罪丞相孔光而下狱后,博士弟子王咸聚集了诸生千人向朝廷请愿,使鲍宣得以减罪。东汉中后期,成千上万的学子聚集于太学和遍布于社会,他们投身于交游聚会,讨论文化或政治,形成强大的政治势力。在桓帝、灵帝时,太学成了"清议"风暴的中心,出现了郭林宗、贾伟节等学生领袖,他们和李膺、窦武、陈蕃等清流士大夫,并肩抗争宦官所构成的"浊流",写下了汉代太学史最壮烈的一页。

三国的动乱使社会文教受到了很大破坏,曹魏时有一次朝议,据说公卿以下能文笔者不过十人。不过蜀、吴各有学校,曹魏也恢复了太学,其人数后来有三千余人。西晋统一后,太学生一度达到了七千余人[87]。晋武帝不止一次亲临太学行礼,并于咸宁四年立《辟雍碑》纪念其事[88]。曹魏及西晋设博士十九人,东晋约十一人,古文经学派明显抬头,《周礼》《毛诗》《左传》得以列身学官。晋朝规定,各县设校官掾,约千户设一小学。一些地方长官还致力于州郡学校,如杜预于荆州,羊祜于南夏,虞溥于鄱阳,都有设学招生的记录。此期学校制度的最大变化,是设立了面向五品以上官贵子弟的国子学,它与太学并立而号称"二学"。这样,中央就有了太学与国子学两所最高学府。魏晋时士族门阀阶层迅速崛起,这是一个具有强烈身份性的社会阶层,他们在政治上获得了重大权势,并由选官特权、经济特权进及文教特权。二学的分途,教育体制的身份化,与此息息相关。

东晋草创不久,大臣即有兴学之请,太学遂立于江左。但在根基未稳、风雨飘摇的小朝廷上,学校时存时废,经常是仅存学官博士而已。东晋孝武帝时国学不过百人,个别地方长官的兴学努力也只限于一时一地。周代学在官府,战国学下民间;汉代私学、官学相映生辉,而魏晋以降"学在家族",官学冷落衰败了,少数的士族门阀却在哲学、史学、文学、艺术上擅一时之胜。这不仅仅是政治分裂和社会动荡造成的,也对应着东晋皇权低落而门阀擅权的政治现实。琅琊王氏、陈郡谢氏等家学不坠、兰芝生门,其文采风流足以为这个黯淡的时代增添亮色,系中华文化于一缕不绝。

南朝社会经济的发展为文教提供了基础,皇权在重新驾驭了门阀士族之后,随即着手文教振兴官学。宋文帝扶助学者建立了玄、儒、文、史四个学馆。宋明帝又置总明观,于四学外又增"阴阳"一科,各置学士十人,不过阴阳学后来没找到合适的学者,所以仍是玄学、儒学、文学、史学四科。这个四学体制,正是时代文化思潮的直接反映:服务于专制皇权的儒家经学不再唯我独尊了,玄学、文学、史学蓬勃兴起,与经学分庭抗礼。梁武帝初年设立五馆,选严植之等五位学者各主一馆,馆各数百生,合千余人;不久又建国学,学生大约二百余人;后来还设立了士林馆以延集学者。这是南朝官学的最盛之时。国子学面向权门贵胄,依然是两晋、宋、齐的旧例——南朝君主兴学诏,大抵是以"博延胄子"为称;而五馆与以往的太学在如下一点上略可比拟:所招收的学生大多是"寒门俊才",从而显示了普通士人重新抬头的历史迹象。

南北分裂后中国北方兵燹不断,文教事业在这里一度落入低谷。然而,十六国政权在文教上倒也不尽是漆黑一团,不少统治者对教育还是相当重视的。如前赵刘曜创立了太学、小学,选百姓子弟千五百人受教。后赵石勒置宣文、宣教、崇儒、崇训十余小学于襄国四门,简将佐豪右子弟百余以教之;又为经学、律学、史学各设祭酒,等于创立了几所专科学校。按,律学于曹魏始设博士,而史学之独立为专科学校,居然是石勒首创。此后前燕、成汉、前凉、前秦、后秦、北燕、南燕、西凉等政权,均有学校。后秦姚苌鼓励文教,长安诸生远至者万数千人;南燕慕容德之学宫有生二百;西凉李玄盛统治之时,亦有高门生五百。这些学校,为北方的少数民族政权培养了统治人才,并促进了其体制的汉化和文化的发展,其意义是不言而喻的。

北魏的学校始于道武帝拓跋珪,后来曾有过太学、中书学和国子学等不同名称。孝文帝、宣武帝时拓跋族达到了一个汉化的高峰,北魏境内文教趋盛。中央有国子学、太学,而郡学也称为太学。后来逐渐在北齐形成了四门学、太学和国子学三学并立之制。三学的区别并不在于教育程度的深浅,而是取决于学生身份的高低。魏齐的国子生是有品阶的,约六品左右,官阶不低。这三学的并存,与东晋南朝的学校一样,构成了标志中古社会贵族化的又一表征。除了这三所学校之外,北朝还逐渐形成了另外三所专科学校,即律学、书学和算学,它们分别教授法律、书写和算术。这些学科都具有浓厚的实用性,显然是服务于国计民生和政权建设的。学制上的这一变化,直承于石赵之律学,遥承于秦汉深厚的吏员培训传统,并顺应了北朝官僚政治的强劲复兴趋势,进而构成通向隋唐大帝国的文教体制的过渡环节。唐王朝的学校的主体架构,就是国子学、太学、四门学、律学、书学、算学等六学。六学体制上承北朝,而不是南朝。在经历了魏晋南北朝这个动乱的时代,伴随着中华文明的艰难步履,文教制度终于走出了低谷,再度迎来繁荣。

注　释

〔1〕　《汉书》卷八八《儒林传》,中华书局,1962 年标点本,第 3620—3621 页。

〔2〕　《史记》卷六《秦始皇本纪》,中华书局,1959 年标点本,第 255 页。

〔3〕　《史记》卷九七《陆贾列传》,第 2699 页。

〔4〕　参阅陈苏镇:《论陆贾》,《北大史学》第一辑,北京大学出版社,1993 年。

〔5〕　魏建功、阴法鲁、吴竞存、孙钦善:《关于贾谊〈新书〉真伪问题的探索》,《北京大学学报》1961 年 5 期。

〔6〕　参阅陈苏镇:《汉代政治与〈春秋〉学》,中国广播电视出版社,2001 年,第二章第一节。

〔7〕　同上。

〔8〕　《史记》卷二八《封禅书》,第 1384 页。

〔9〕　《汉书》卷五二《田蚡传》,第 2379 页。

〔10〕　《史记》卷一〇七《魏其武安侯列传》,第 2843 页;同书卷一二一《儒林列传》,第 3122 页。

〔11〕　《汉书》卷六《武帝纪》,第 161 页。

〔12〕　《史记》卷三〇《平准书》,第 1424 页。

〔13〕　《盐铁论·刺复》,王利器校注本,中华书局,1992 年,第 131 页。

〔14〕　《汉书》卷八八《儒林传》,第 3617 页。

〔15〕　参阅赵吉惠等主编:《中国儒学史》,中州古籍出版社,1991 年,第 328、329 页。

〔16〕　荀悦:《申鉴·时事》,上海古籍出版社,1990 年,第 18 页。

〔17〕　《后汉书》卷三五《郑玄传》论,中华书局,1965 年标点本,第 1213 页。

〔18〕　《汉书》卷八八《儒林传》,第 3597—3602 页。

〔19〕　《汉书》卷八八《儒林传》,第 3603—3607 页;同书卷三〇《艺文志》,第 1706 页。

〔20〕　《汉书》卷八八《儒林传》,第 3608—3614 页。

〔21〕 同上引卷,第3614—3615页。

〔22〕 说见王文锦:《大戴礼记解诂前言》,中华书局,1983年。

〔23〕 《汉书》卷三〇《艺文志》,第1715页。

〔24〕 《汉书》卷八八《儒林传》,第3615—3620页。

〔25〕 《汉书》卷五六《董仲舒传》,第2519页。

〔26〕 《汉书》卷八八《儒林传》,第3616、3605页;同书卷八一《张禹传》,第3347页;《后汉书》卷二七《吴良传》,第943页。

〔27〕 《后汉书》卷七九《儒林传》上,第2545页。

〔28〕 《后汉书》卷六一《左雄传》,第2020页。

〔29〕 《后汉书》卷七九《儒林传》下,第2581页。

〔30〕 《汉书》卷八八《儒林传》,第3610、3605、3618页;同书卷七五《夏侯建传》,第3159页。

〔31〕 《后汉书》卷三七《桓荣传》,第1256页。

〔32〕 《后汉书》卷三二《樊宏传附樊儵传》,第1125页;同书卷三六《张霸传》,第1242页。

〔33〕 参阅王葆玹:《今古文经学新论》,中国社会科学出版社,1997年,第81—95页。

〔34〕 参阅马宗霍:《中国经学史》,商务印书馆,1936年,第35—37页。

〔35〕 同注〔6〕,第413—414页。

〔36〕 《汉书》卷八八《儒林传》,第3617页。

〔37〕 《汉书》卷五六《董仲舒传》,第2523页。

〔38〕 《史记》卷一二二《酷吏张汤传》,第3139页。

〔39〕 《汉书》卷五六《董仲舒传》,第2525页。

〔40〕 《后汉书》卷四八《应劭传》,第1612页。

〔41〕 《汉书》卷六六《公孙刘田王杨蔡陈郑传》赞,第2903页。

〔42〕 《汉书》卷七五《眭弘传》,第3153—3154页。

〔43〕 《汉书》卷八八《儒林传》,第3618页。

〔44〕 《汉书》卷九《元帝纪》,第277页。

〔45〕 同注〔6〕,第333—335页。

〔46〕 《汉书》卷七八《萧望之传》,第3283页。

〔47〕 《汉书》卷八一《匡衡传》,第3338—3339页。

〔48〕 马总《意林》引,文渊阁四库全书本,台湾商务印书馆,1986年,第872册第241页。

〔49〕 《汉书》卷三六《楚元王传附刘歆传》,第1967—1972页。

〔50〕 《汉书》卷一二《平帝纪》下,第359页,同书卷九九《王莽传》上,第4069页。

〔51〕 《汉书》卷九九《王莽传》,第 4111 页。

〔52〕 《后汉书》卷三六《范升传》,第 1228—1229 页。

〔53〕 《后汉书》卷三六《陈元传》,第 1231—1233 页。

〔54〕 《后汉书》卷七九下《儒林李育传》,第 2582 页。

〔55〕 同注〔6〕,第 417 页。

〔56〕 《四库全书总目》卷六《易类》六附录《易纬》按语,中华书局,1965 年,第 47 页。

〔57〕 见《隋书》卷三二《经籍志》一,中华书局,1973 年,第 941 页。

〔58〕 钟肇鹏:《谶纬论略》,辽宁教育出版社,1991 年,第 89、98 页。

〔59〕 《公羊传序疏》引,《十三经注疏》影印本,中华书局,1980 年,第 2190 页。

〔60〕 《后汉书》卷四一《钟离意传》,第 1410 页。

〔61〕 《后汉书》卷二八上《桓谭传》,第 959 页;《隋书》卷三二《经籍志》一,第 941 页。

〔62〕 《后汉书》卷三二《樊宏传附樊儵传》,第 1122 页。

〔63〕 《后汉书》卷三六《郑兴传》,第 1223 页。

〔64〕 《后汉书》卷二八上《桓谭传》,第 961 页。

〔65〕 《后汉书》卷三六《贾逵传》,第 1237 页。

〔66〕 同上引卷,第 1236—1239 页。

〔67〕 《后汉书》卷七九《儒林传》序,第 2546—2547 页。

〔68〕 《后汉书》卷三六《郑兴传》,第 1217—1226 页。

〔69〕 《后汉书》卷三六《贾逵传》,第 1234—1241 页。

〔70〕 《后汉书》卷七九下《儒林许慎传》,第 2588 页。

〔71〕 《后汉书》卷六〇上《马融传》,第 1953、1972 页。

〔72〕 《后汉书》卷六四《卢植传》,第 2113、2116、2119 页。

〔73〕 《后汉书》卷三五《郑玄传》,第 1207—1212 页。

〔74〕 参阅赵吉惠等主编:《中国儒学史》,中州古籍出版社,1991 年,第 310—311 页。

〔75〕 参阅皮锡瑞:《经学历史》,周予同注释本,中华书局,1959 年,第 149 页。

〔76〕 参阅章权才:《魏晋南北朝隋唐经学史》,广东人民出版社,1996 年,第 70—76 页。

〔77〕 《北史》卷八一《儒林传》序,中华书局,1974 年标点本,第 2709 页。

〔78〕 引文皆见《北史》卷六九、七〇《儒林传》。

〔79〕 皆见《隋书》卷三二《经籍志》一,中华书局,1973 年标点本,第 919—921 页。

〔80〕 同注〔75〕,第 176 页。

〔81〕 参阅孙述圻:《论皇侃的〈论语义疏〉》,《南京大学学报》1986 年 3 期。

〔82〕 《南齐书》卷四一《张融传》,中华书局,1972 年标点本,第 729 页。

〔83〕 赵翼：《廿二史札记》卷八"六朝清谈之习"条，王树民校证本，中华书局，1984 年，第
169 页。参阅唐长孺：《魏晋南北朝隋唐史三论》，武汉大学出版社，1993 年，第 214、
215 页。

〔84〕 《张家山汉墓竹简·二年律令·史律》，文物出版社，2001 年，第 203 页以下。

〔85〕 王充：《论衡·明雩》，黄晖校释本，中华书局，1990 年，第 681 页。

〔86〕 《后汉书》卷七九下《儒林传》论，第 2588 页。

〔87〕 《南齐书·礼志》说西晋太学有学生三千人，而《宋书·礼志》则记载西晋泰始八年
"太学生七千余人"。按西晋《辟雍碑》："廓开太学，广延群生，天下鳞萃，远方慕训，
东越于海，西及流沙，并时集至，万有余人。"由"万有余人"一语，疑《宋书》"七千余
人"近是。

〔88〕 此碑 1933 年于洛阳县城外大东郊出土，参看余嘉锡：《晋辟雍考证》，《余嘉锡文史
论集》，岳麓书社，1997 年，第 123 页以下。

第五章　魏晋玄学

从两汉到魏晋,中国的哲学思想发生了重大变化。关于这个变化,汤用彤先生提出过一个著名的观点,即汉代哲学是宇宙论,魏晋玄学是本体论[1]。魏晋玄学主要是通过有无、本末、一多、言意、自然与名教等范畴,来讨论宇宙和人世间万事万物的现象与本体之间的关系。魏晋玄学的根本特征,就是突破了先秦两汉哲学的经验直观,达到了纯粹的思辨。这在中国的哲学思想史上是一大进步。

魏晋玄学在理性的原则和尺度下,用全新的视角去重新审视客观自然、社会和人本身。人和自然因此展示出真正独立的价值和意义,社会生活也在自然与名教的调和中被合法化。魏晋玄学不仅建立了一种新的哲学自然观,还建立了一种新的社会意识形态,集中体现了那个时代的整体的精神。

第一节　清议、清谈与玄学

清谈与清议　才性与名理　名士　玄学

魏晋玄学起源于清谈,清谈又原自清议[2]。具体说,清议起于对人物的品鉴,这些人物多与政治有关系。清议的出现,首先是与汉代的取士制度相关的。汉代取士方法主要为地方察举和公府征辟。早在公元前196年,汉高祖刘邦就下过"求贤诏",要求各地推荐"贤士大夫"。汉武帝时,每年由"州郡举茂材、孝廉"二人,成为取士的主要途径。同时,汉武帝还经常采用征辟的办法,将有专长的人士召来朝廷,委以官职。汉代这种取士方法导致人物品鉴之风逐渐流行。到东汉后期,由于党锢之乱,这种人物品鉴之风大盛。《后汉书·党锢列传》所谓"激扬名声,互相题拂;品覈公卿,裁量执政",就是对当时清议的描述。这时的清议实则是以太学生郭泰为首领的清流,与掌权的宦官势力的一种斗争。它一方面是清流名士之间品行的相互褒扬,另一方面是对宦官恶吏以及官场腐败现象的嘲讽和抨击。前者如:"天下楷模李元礼(李膺),不畏强御陈仲举(陈蕃),天下俊秀王叔茂(王畅)。"[3]后者如:"举秀才,不知书;察孝廉,父别居。寒素清白浊如泥,高第良将怯如鸡。"[4]所以东汉后期的清议,又成为士人清流对抗宦官黑暗统治的重要方式。

汉末清流所开的谈论之风,参加谈论者多为太学生及其师友。郭泰"性明知人,好奖训士类",许劭"好人伦,多所赏识",以致当时"天下言拔士者,咸称许郭"[5]。至汉魏之际,曹操知人善察,识拔奇才。及曹丕即位,尚书陈群立九品官人之法,州郡皆置中正,区别人物,第其高下。这一时期品评人物,从德行到才学,在方法上比先前的人物品鉴更具理论性和系统性,不久渐成一专门之学,刘邵《人物志》就是早期人物品鉴的理论总结。

曹魏之后,清议转变为清谈,标志性的人物是何晏、王弼[6]。《文心雕龙·论说》云:"魏之初霸,术兼名法。傅嘏、王粲,校练名理。迄至正始,务欲守文。何晏之徒,始盛玄论。于是聃、周当路,与尼父争途矣。"[7]正始为齐王曹芳年号。就是说,从曹魏正始年间开始,何晏及其周围的人已经运用《老子》《庄子》《周易》(即"三玄")清谈,孔子及儒学独尊的地位被打破了。《世说新语·文学》云:"何晏为吏部尚书,有位望,时谈客盈坐。"刘孝标注引《文章叙录》曰:"晏能清言,而当时权势,天下谈士,多宗尚之。"[8]这表明,何晏所开谈玄之风已成时尚,天下名士皆热衷于玄谈。这即是正始之音或正始玄风,也就是正始玄学。

清谈一词最早见于《后汉书》。如《郑孔荀列传》云:"孔公绪,清谈高论,嘘枯吹生。"[9]一般认为,清议为朝野对国事公正之议论,清谈则为纯理论之辩谈。所谈义理,当然不离经籍,但从汉代到魏初,品鉴人物都为识拔人才之用,故其言论均较为实际。因此,早期清谈与才性论密切相关。《世说新语·文学》"锺会撰《四本论》始毕"条刘孝标注引《魏志》曰:"四本者,言才性同,才性异,才性合,才性离也。尚书傅嘏论同,中书令李丰论异,侍郎锺会论合,屯骑校尉王广论离。文不多载。"[10]这是我们今日所见关于才性论的不多的材料之一。这种才性，又称为名理[11]。王符《潜夫论》就说："有号则必称于典，名理者必效于实，则官无废职，位无废人。"[12]由于魏武"霸术兼名法"，臣下"校练名理"，因而谈名理者日众。《三国志·荀粲传》云："傅嘏善名理。"《锺会传》亦云：会"及壮有才数技艺，而博学，精练名理"。[13]名理家品评人物，在当时必须以才性为本，实质上谈名理者就是谈才性。后来谈玄之风日盛，才性与玄理，俱为清谈家所乐道。于是顺一时习惯，谓谈玄亦为谈名理。因此，才性名理，与老庄玄理，同为清谈的主要课题。

与汉末清议另一不同是，魏晋清谈之品鉴人物，不在乎应世之用，而重在情操，因此其评语亦多抽象玄妙，超脱世情，别有意趣。在这个意义上，清谈与名士又有内在联系。关于名士一词，大约最早出现于《礼记·月令》：季春之月"聘名士，礼贤者"。郑玄注曰："名士不仕者。"孔颖达疏云："名士者，谓其德行贞绝，道术通明，王者不得臣，而隐居不在位者也。……名士优故加束帛，贤者礼之而已。"[14]名士原指在野不在朝的知识分子，清介超逸为名士特征。因此，天子对名士的礼遇高于贤者。名士之风亦兴于东汉后期党锢之乱时，而魏晋名士及其风流，作为中国知识分子的一种理想人格，被奉为楷模(图5-1)。

魏晋玄学正是在这种时代风气中产生的[15]。关于玄学的概念和内容，汤用彤先生认为："夫玄学者，谓玄远之学。学贵玄远，则略于具体事物而究心抽象原理。论天道则不拘于构成质料(Cosmology)，而进探本体存在(Ontology)。论人事则轻忽有形之粗迹，而专期神理之妙用。"[16]就是说，对于事物，玄学探讨的是事物内在的抽象的理论，不重外在具体现象；对于人物，玄学探讨的是精神状态，而不是外貌形迹。冯友兰先生认为："玄学的'玄'字，出于《老子》：'玄之又玄，众妙之门'。"在他看来，"玄学的

图5-1　日本正仓院藏六朝麈尾盒,麈尾乃名士谈玄时手持之物

辨名析理完全是抽象思维,从这一方面说,魏晋玄学是对两汉哲学的一种革命。研究中国哲学史的人,从两汉到魏晋,觉得耳目一新,这是因为玄学的精神面貌和两汉哲学比较起来,完全是新的。人们对于魏晋玄学也觉得不易了解,不知道它说的是什么,这是因为习惯于具体思维的缘故,在中国哲学史中,魏晋玄学是中华民族抽象思维的空前的发展"[17]。

我们认为,魏晋玄学是魏晋清谈的理论形态。它以《老子》《庄子》《周易》即"三玄"为本,解经求义,阐明宇宙、社会、人生之道。魏晋玄学的现实维度意在调和名教与自然的对立。在方法上,它超脱汉人训诂之藩篱,突破了先秦两汉哲学的直观方法,运用思辨和经验实证,通微研几,深入幽玄,在有无、本末、言意、一多以及自然与名教等问题上,进入了哲学本体论的探讨。魏晋玄学为佛教在中土的传播提供了媒介和机遇,亦为宋明理学之先导。魏晋玄学对于中国哲学的突出贡献,不仅在于一种思维形式的革命,还在于确立了理性的原则。无论从知识的观念,到论证的方法,魏晋玄学都展示了思维风格和哲学精神上的崭新风貌。

第二节　思辨的魅力

《老子》的"道"　王弼的"无"　王弼的本末之辩

魏晋玄学的思辨特征及其理性原则,首先体现在王弼(226—249)的本体论思想中。王弼哲学是从对《老子》和《周易》宇宙论思想的转换开始的。《老子》的"道"以及《周易》中的卦象、爻象常常成为王弼展开体用、言意之辩的具体内容和对象。

王弼在《老子指略》中说过,《老子》一书,一言以蔽之,即"崇本息末"而已。所谓"本",在《老子》那里就是"道"。《老子》曰:"道生一,一生二,二生三,三生万物。"(第四十二章)可见《老子》的"道"是宇宙产生的本源,也可以说是宇宙万物的最高本体。虽然《老子》说这个"道"是"无状之状,无象之象",但《老子》又说:"道之为物,惟恍惟惚。惚兮恍兮,其中有象。恍兮惚兮,其中有物。"(第二十一章)这里说得很明确,"道"在表面上虽恍惚不定,毋庸置疑却是一种"物"。当然,《老子》认为这种"物"是看不见,听不到,摸不着的("视之不见名曰夷,听之不闻名曰希,抟之不得名曰微。此三者不可致诘,故混而为一。"见《老子》第十四章[18]),而且,这个"道"本身还处在一种运动之中("独立而不改,周行而不殆。"(第二十五章))。这些说法表明,《老子》是把宇宙创生的"道"看成是个具有物质性的实在的东西。这一观点与一般宗教理论中把宇宙创生看作是造物主的产物有相通之处,"道"在这里的功能具有造物主的性质。这表明《老子》中的宇宙创生论还有原始宗教的色彩和痕迹。

王弼在解释《老子》的"道"时则完全消解了它的物质实在性。王弼说:"道以无形无名始成万物。"因此,"凡有皆始于无"。[19]与《老子》认为"道"中有象有物相反,王弼说:"道者,无之称也,无不通也,无不由也。况之曰道,寂然无体,不可为象。"[20]"寂然无体,不可为象"就是说明"道"是个非物质性的东西。"道"就是"无",就是产生万物的那个"无形无名"的状态。"无"是宇宙万物产生之源,自然万物由"无"而来。那么,"无"是什么? 王弼《老子指略》云:

> 无形无名者,万物之宗也。不温不凉,不宫不商。听之不可得而闻,视之不可得而彰,体之不可得而知,味之不可得而尝。故其为物也则混成,为象也则无形,为音也则希声,为味也则无呈。故能为品物之宗主,苞通天地,靡使不经也。[21]

王弼这里所说的"无",既没有声音,也没有形状,听不到,看不见,摸不着,尝不得,根本没有任何物质性的实体的含义。因此,这种"道"不是一个独立存在的事物。在这样的解释中,王弼将《老子》中具有物质性的"道",转化为一种非物质性的、只有逻辑抽象意义的"无"。(这种抽象是人类认识的一个飞跃)这说明,在王弼的宇宙论中,万物生成之前,并不存在一个物质性实体的宇宙本源或最高本体,所谓宇宙的本源和最高本体只是一种逻辑前设。这样,王弼关于宇宙创生的观点就成了一种假说,因而完全从原始宗教中解脱出来了。

对于每一具体事物来说,王弼所说的"无"不仅是它生成之源,还是它的"本",即本体,又可以说本质[22]。所以,"无"又属于本体论和认识论的范畴。

王弼说："天下之物,皆以有为生。有之所始,以无为本。将欲全有,必反于无也。"[23]意思是世界万物都是"有",但任何一个具体的名称都不能统摄世界上的所有事物("全有")。能统摄"全有"的,即从整体上把握具体事物的,只能是"无"。冯友兰先生说:王弼的"'无'什么都不是,正因为它什么都不是,所以它才能什么都是"[24]。(就像我们使用一些"无限""全体""整个""全部"等概念一样,都是一种抽象的统摄意义)王弼还说:"物皆各得此一以成,既成而舍[一]以居成。"[25]这里的"一",就是"道",也就是"无"。事物由"无"而成,生成之后,"无"也就失去了。所以,这个"无"不是一个实存,"无"只是一种抽象的意义。(就像我们用"水果"这一名词来概括苹果、梨、桃、杏、椰子等一类事物,当我们指称一个具体的苹果时,"水果"这个名称就消失了)王弼的这种本体论思想,就是中国哲学所谓的"即体即用""体用一如"的理论("体"含本体、本质之意,"用"含具体和使用之意)[26]。

简言之,王弼把事物的现象和本体划分为二,本体是"道""无""本",现象是"有"。我们的日常经验活动所把握的是"有",是大千世界的各种具体事物,而"无"则是我们从哲学的层面上,对于事物本质、本体的一种理性的认识。本体就是本质和根据。"无"与"有"这样一种关系,就是一种本体与现象的关系,也就是我们通常所说的本质与现象、一般与个别、理性与感性的关系。这种本体或本质,常常又是宇宙万物之中的一种秩序或规律,也可称之谓事物之"理"。王弼说:"物无妄然,必由其理。统之有宗,会之有元。故繁而不乱,众而不惑。"[27]就是说,万事万物,都有道理可以说明。事物的生成、发展,是根据其自身的规律来进行的。这意思是人们可以依靠理性来认识和把握世界万物,而非像《老子》所言,对于世界的认识属于一种不可言说的神秘的体验。王弼的这个思想就是后来人们所概括的"以无为本"或"贵无论"的本体论。在这个本体论思想中,《老子》所说的事物后面神秘的本体(例如"大音""大象"之类)便自然消失,不存在了。由此可见王弼的哲学本体论,具有非常鲜明的理性色彩和清晰的逻辑思辨形式,已经是一种纯粹哲学化的、相当精致的理论[28]。

由王弼的思辨玄学直接引发的一个哲学问题就是言意之辩[29]。关于言和意的关系问题,在先秦就提出来了。《易·系辞》中有"言不尽意,书不尽言"之说,《论语·公冶长》载:"子贡曰:'夫子之文章可得而闻也,夫子之言性和天道不可得而闻也。'"《庄子·外物》亦云:"筌者所以在鱼,得鱼而忘筌。蹄者所以在兔,得兔而忘蹄。言者所以在得意,得意而忘言。"这些都说明语言与意义之间是有距离的。王弼在《周易略例·明象》中研究了言、象、意三者的关系。这里言指卦辞,属于语言;象,指卦象,表示物象;意,指一卦的义理,意指事物的本质和规律。这就把先秦哲学中语言与意义的关系问题伸展到语言与事物,即能指与所指关系的义域。王弼认为,语言是表达物象的,物象是包含义理的。但

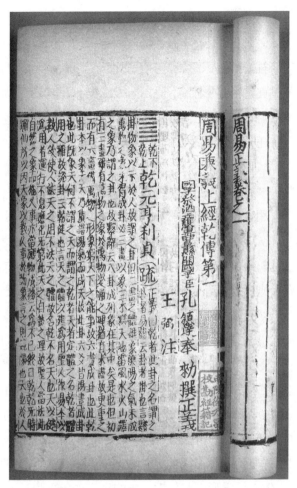

图5-2 《周易正义》书影,元刊明递修《十三经注疏》本

语言不等于物象,物象不等于义理,得到物象应该抛弃语言,得到义理应该抛弃物象。他说:"言者所以明象,得象而忘言。象者所以存意,得意而忘象。"如果拘泥于物象,就会妨碍对义理的认识,如果拘泥于语言,就会妨碍对物象的表达。故"忘象者乃得意者也,忘言者乃得象者也。得意在忘象,得象在忘言。"王弼这种"得意忘象"的理论,揭示了语言与事物之间的一种深层关系,表明人们在对于一个事物的认知过程中,必须从经验的观察达到一种本质的飞跃。但是,这种认识的飞跃是对事物意义(义理)的了悟,而不是一种神秘的体验(图5-2)。

王弼之后的欧阳建在《言尽意论》中提出了与王弼相反的观点。他说："诚以理得于心,非言不畅。物定于彼,非名不辩。言不畅志,则无以相接。名不辩物,则鉴识不显。鉴识显而名品殊,言称接而情志畅",言意之关系"犹声发响应,形存影附,不得相与为二矣。苟其不二,则言无不尽矣。"[30]显然他的观点有偏颇之处,没有认识到语言的局限性,但他强调了意义的表达离不开语言,还是有可取之处的。欧阳建的观点与王弼的思想形成了互补,也深化了这个命题。

"得意忘言"在魏晋时期成为一种新的方法,时人用之解经典,用之证玄理,用之为生活准则,亦用之于文学艺术。汤用彤说:"超言绝象,道之体也。因此本体论所谓体用之辨亦即方法上所称言意之别。"[31]同时,他认为"言意之辩,不惟与玄理有关,而与名士之立身行事亦有影响。按玄者玄远。宅心玄远,则重神理而遗形骸。神形分殊本玄学之立足点。学贵自然,行尚放达,一切学行,无不由此演出。"[32]嵇康《赠秀才入军诗》云:"俯仰自得,游心太玄,嘉彼钓叟,得鱼忘筌,郢人逝矣,谁与尽言。"由此可见名士心中的理想人格。在艺术方面,当时人物画的"传神写照"理论完全根置于"得意忘言"之学说。这个艺术思想一直影响到后代中国的传统艺术,如诗歌、书画、雕刻、音乐、戏剧等。南朝佛学比格义进而为会通,其所用方法,仍在寄言出意。

王弼的思辨玄学,扭转了汉人神秘的象数之学,彻底摆脱了中国早期哲学中的原始宗教和神学的影响,走出了中国哲学的原初阶段,达到了一种纯粹的本体论哲学形态。从哲学史的意义说,这是从早期哲学的直观、朴素自然主义向纯粹本体论哲学的一次历史性飞跃,具有划时代的意义。王弼玄学作为开风气之先者,给中国哲学带来一股清新的观念和风格。这种哲学观念和风格的深刻变化,对当时的学术和思想产生了直接的作用,并对后来的中国学术和思想产生了至为深远的影响。我们可以看到,在有无、本末、一多、言意等问题的讨论上,整个魏晋时期的玄学都充满着思辨的色彩,逻辑和实证成为魏晋哲学家们说理的主要手段[33]。早期中国哲学家所使用的隐喻、寓言等表达方式和手段,尤其像《老子》《庄子》中所大量运用的隐喻、"重言""卮言"、寓言等手段,在魏晋玄学中已经很少见到,逐渐被清晰的逻辑推理和经验实证所代替。早期哲学中的神秘主义和原始宗教色彩,在魏晋玄学中消失殆尽。

第三节　自然与名教

自然之理　嵇康"心物为二"论　玄学家的自然观　自然与名教

　　王弼玄学的思辨特征,表明了理性法则的确立。哲学思辨的外在手段或形式是逻辑,而内在的要求则是理性。魏晋玄学中理性原则的确立,首先表现在对于外在自然的态度上。而作为哲学问题提出的,就是自然存在物的存在根据或理由,是其本身的,即内在的,还是上帝或造物主安排的,即外在的。这种区别是一般哲学和宗教的分水岭。

　　先秦的道家认为"道"是一切自然事物存在的源泉和根据。从本体论和认识论来说,《老子》的"道"还是一种法则和规律。不过,这个法则和规律在《老子》看来也是神秘不可说的:"道可道,非常道。"(第一章)而且,知识与这个"道"是不相干的:"为学日益,为道日损。"(第四十八章)这样,我们对于客观世界万事万物的本质和规律的认识,只能靠一种神秘的体验了。西汉武帝时,董仲舒集阴阳五行之大成,提出系统的"天人感应"的学说,把自然现象产生的根源归结为人类社会的某些行为。如认为天有喜怒哀乐,灾异是天的意志的表现。但天意是随人君的行为而变化的,所以,天意也是与人相关的。这里好像有个循环,但实质上,天是外在的,人是内在的。从哲学的角度来说,董仲舒的学术在整体上是对先秦哲学的另一种演进。在董仲舒天人严密对应的宇宙结构中,人和自然则处在一种神秘的对应关系中,它们都是"天人感应"观念中互证的哲学材料。董仲舒的这种关于人和自然之间关系的思想,有着对自然和人的一种独特的认识,对整个汉代学术和后来一千多年的中国学术思想,都产生了很大和很深的影响。

　　魏晋玄学家在这一点上,则很明确地承认自然世界独立存在的价值和意义,认为作为自然规律的"自然之理"首先来源于自然世界本身。他们把对于自然之理的根源性考察,从先秦道家及董仲舒对于超自然的造物主以及宇宙创生的普遍法则的考察,转入到自然事物本身的生成、发展及死亡的法则的考察。王弼说过:"物无妄然,必由其理。故繁而不乱,众而不惑。"[34]还说:"万物以自然为性,故可因而不可为也,可通而不可执也。"[35]从这里可以看出,王弼是把自然物的内在目的,看作自然物运动的最后根据("物无妄然,必有其理"),并认识到事物本身具有一种不可违背的必然性("可因而不可为也,可通而不可执也"),达到了对于自然的"真正的理解"(黑格尔语)和认识。嵇康也说过:"夫推类辨物,当先求自然之理。"[36]裴頠《崇有论》说:"是以生而可寻,所谓理也。理之所体,所谓有也。""化感错综,理迹之原也。"[37]他认为万事万物的存在都是有根据、有理由的,这就是事物之"理"。同样,欧阳建《言尽意论》亦曰:"原其所以,本其所由,非物有自然之名,理有必定之称也。""名逐物而迁,言因理而变。"[38]他虽然认为事物之名称并非固定不变,但也把"理"看作事物的根据和规定。可见这种对于自然之理的探索,是魏晋哲学家的普遍追求[39]。

嵇康在《声无哀乐论》中,从哲学上清晰地划分出主体与客观世界之间的明确界限,自然世界是被看作独立存在于主体之外的。嵇康说:"音声有自然之和,而无系于人情。"这里提出的"自然之和",是一种来自自然界的客观自然的、独立存在的秩序与和谐,这是一种外在于主体的东西。嵇康还说:"心之于声,明为二物。"嵇康在这里提出的不仅是一个音乐本体论的命题,也是一个属于自然本体论的命题。这种"心物为二"的观点,为自然和认识,为客体和主体,确定了一个清楚的意域和范畴,给外在自然与内在情感,即客观存在与主观感觉之间,彻底划了一道界限。同时,承认自然的独立性及其价值,也是为人的力量划定有限的范围。从另一方面来看,对自然独立存在的认识,也是对人自身能力认识的一个标志,是人自身觉醒的另一尺度。它标志着人摆脱自然混沌的物我关系,达到一种清醒的、理性的、新的认识高度。也可以说,这又是对汉代以来影响巨大的董仲舒"天人感应论"的最深刻和最彻底的批判。

对于自然物独立存在的哲学论述相对完整的,还是郭象[40]。郭象的《庄子注》在宇宙创生论、哲学本体论、认识论上,都摆脱了《庄子》中的神秘主义和极端相对主义。郭象哲学对于自然事物的独立存在及其意义进行了本源性的探讨和考察,把宇宙万物和大千世界看成是一个物质性的世界,认为人自身也是这个物质世界的一部分和产物,这个世界自身是和谐的、合理的,有着内在的运动、发展规律和法则。郭象还从自然的观点出发,描绘了一个与老庄大相径庭的理想的社会生活秩序和图景,把自然之中的某种合理性由自然世界、人本身,伸展到社会生活,对社会现实的各种制度和秩序,进行了合理性的论证。

从宇宙万物的发生论来说,郭象提出"自生"论。郭象说:"自生耳,非我生也。我既不能生物,物亦不能生我,则我自然矣。自己而然,则谓之天然。"[41]他认为万事万物都是自己生成的。这里的"自然"的含义就是"天然",即自生自灭。万事万物,"不运而自行也。不处而自止也。不争所而自代谢也。皆自尔"[42]。这样,事物的本质和运动,都是独立存在的。自然而然的世界,就是一个实实在在的世界,在具体事物的背后,不存在某种神秘的目的。郭象还认为,万事万物处于不断运动变化之中,这种运动和变化是不可抗拒的。他说:"夫无力之力,莫大于变化者也。"[43]然而,这种自然的运动和生灭,也不是任意的,无规律的,而是合乎一种"理"的。这个"理"就是事物自身内在的目的和规律。郭象把事物自身的这种内在规定性,称作这一事物的"性""自性""天性""真性"。这个规定性实质上也是一种必然性:"天性所受,各有本分,不可逃,亦不可加。"[44]在这个意义上,"性"又叫"命":"夫物皆先有其命,故来事可知也。是以凡所为者,不得不为;凡所不为者,不可得为。"[45]而且,从宇宙万物的秩序来说,这也是合理的:"直以大物必自然生于大处,大处亦必自生此大物,理故自然,不患其失。"[46]因此,它也就是一物之"理"。自然,就是对于这个"理"的契合:"夫物有自然,理有至极。循而直往,则冥然自合,非所言也。"[47]因此,人们对于万事万物的认识以及态度,应该遵从这个"理"。郭象的这些论述,可以说是把王弼的本体论思想向认识论的自然延伸和逻辑发展。

与承认自然是合理的观点相一致,王弼、郭象等人都把名教与自然也看作是一致的。所谓名教,就是社会政治、伦理的秩序和道德规范,其内容主要体现了儒家的思想。当时一些人对于儒家礼教中一些僵化的、束缚人的教条提出挑战,倡导"自然"而反对名教。以阮籍、嵇康为代表的竹林七贤是当时社会的激烈反叛者,他们行为放诞,出语惊人(图5-3),对传统的儒家思想即名教提出大胆的否定。例如阮籍尖锐指出:"君立而虐兴,臣设而贼生。坐制礼法,束缚下民。"[48]嵇康也提出著名的"越名教而任自然"的思想。但是,正如鲁迅先生所说的,嵇康反对的只是司马氏虚伪的名教,骨子里还是拥护真名教的[49]。

图 5-3　南京西善桥南朝墓出土拼镶砖画《竹林七贤图》中的部分人物摹本

嵇康在《释私论》中说：

> 夫称君子者：心无措乎是非，而行不违乎道者也。何以言之？夫气静神虚者，心不存乎矜尚；体亮心达者，情不系于所欲。矜尚不存乎心，故能越名教而任自然；情不系于所欲，故能审贵贱而通物情。物情顺通，故大道无违；越名任心，故是非无措也。[50]

"措"，《广雅》释为"置也"。从这个论述中，我们没有看到名教与自然的尖锐对立和冲突，相反，似乎感到只要无私无欲，率真任性，自然而然，就是符合名教的。后期的嵇康常常故作越轨之举，妄言惊人之语。在《难自然好学论》中，他反驳张辽叔提出的学习乃是人的"自然之好"的观点，认为人的自然本性"好安而恶危，好逸而恶劳"。而学习知识，尤其学习传统的儒家经典，是为生计而不得不学，因而是违反人的自然本性的。我们明显看到，嵇康在这里的批判锋芒，表面上直指儒家的正统思想和观念，实质是对司马氏利用儒家礼教，大肆杀戮异端的虚伪和残忍行径的无情抨击，激荡着一种对当时政治现实的强烈愤慨和无奈。阮籍也是如此。

从根本上说，玄学家们认为自然和名教不是完全对立的。王弼认为，名教也是由"道"自然生成的。在王弼看来，仁义礼敬都根源于这种自然，人的社会属性源于人的自然性。社会的政治、法律制度和伦理的规范，本来就是建立在人的自然本性之上的，自然的结构也是社会结构的基础和根据。这就是名教与自然之间最深刻的内在联系。所以，合理的社会规范和伦理秩序所反映的应该是人类最本质，也是最自然的关系。比如，像"仁义""忠恕"等伦理规范，反映的就是人类的自然本性，即如王弼所说："自然亲爱为孝，推爱及物为仁也。"[51]这种自然性，是人类的社会活动，以及改造自然的活动的物质性基础。这就是王弼"名教本于自然"思想的本真含义。

郭象认为，人的自然性中就有社会性。引发和张扬自然性，就伸展为社会性。《庄子·秋水》说："牛马四足，是谓天；落马首，穿牛鼻，是谓人。"认为人类穿牛鼻、落马笼头，就违反了牛马的自然天性。但是，郭象注曰："人之生也，可不服牛乘马乎？服牛乘马，可不穿落之乎？牛马不辞穿落者，天命之故当也。苟当乎天命，则虽寄之人事，而本在天也。"[52]就像牛马的本性中就包含有让人穿落、乘服的东西，故穿牛鼻、落马首，虽是人为的活动，却符合牛马的本性，而且还是自然本性的外化和实现。或者我们可以用亚里士多德的哲学语言说，郭象认为牛马本身就有"穿落"的潜能，人使牛马的这种潜能得到了实现。这就是郭象"名教出于自然"思想的意旨。名教内含于人的这些自然本性之中，即社会性内含于自然性之中，本来就出于自然。所谓"节之以礼"，也是"师其成心"。只要率性自然，也就是符合礼义。

郭象还认为，作为社会的统治者的帝王和圣人应是一体的，"无己而顺物，顺物而王矣"。圣人并不由此失其为"至至者"，因为，"圣人虽在庙堂之上，然其心无异于山林之中"[53]。其所以能够做到这点，就在于他能"终日（挥）[见]形而神气无变，俯仰万机而淡然自若"。这是因为圣人"常游外以（宏）[冥]内"，"无心以顺有"[54]。相反，如果圣人不顺应自然，高高在上，离群超世，不食人间烟火，则并不为真正的圣人。因为，无为就是自然，就是"任性而为"，"率性而动"，"无心而任化"，"任物之自为"，而不是执意去避世山林，故作逍遥。

从这些问题的讨论中，我们不难看到魏晋玄学家关于自然和社会的新观念。如果说，王弼的哲学主要在思维风格上开启了一代玄风，奠定了纯粹本体论哲学的坚实基础，并建立了一个"无"作为自然的本体的话，那么可以说，经过嵇康等人，到向秀、郭象止，魏晋玄学不仅建立了一种新的哲学自然观，还建立了一种新的社会意识形态。

第四节 率性自然的魏晋风度

王弼的"圣人有情"论 嵇康与向秀的"养生"论 郭象的"适性逍遥"

魏晋玄学在自然人性方面的思想和观念,比前人有着长足的发展[55]。较早涉足这一问题的是王弼关于"圣人有情"的论述。在王弼看来,圣人当然比常人聪明、睿智,但是在五情六欲方面圣人与常人还是一样的。只是由于他们的睿智,所以他们不像常人那样,陷于情欲而不能自拔,而是不为情欲所累。王弼说:"夫明足以寻极幽微,而不能去自然之性。颜子之量,孔父之所预在,然遇之不能无乐,丧之不能无哀。又常狭斯人,以为未能以情从理者也,而今乃知自然之不可革。"[56]就是说,人作为一种自然物,具有他最基本的特质,即他的自然本性。这可以说是人之所以为人的根本规定性或最后根据。这里的"自然"就是本性,而且是建立在生理和心理基础之上的自然本性,包括七情六欲。因此,王弼哲学中的这个人性是包括了人的理智和情感,双方缺一不可。

嵇康与向秀等人在关于养生的问题上,发表了他们关于人的情欲与理智关系的讨论。向秀针对嵇康《养生论》要节制情欲的观点,提出:"有生则有情,称情则自然。"这种"情",主要是感官的情欲。他说:"且生之为乐,以恩爱相接。天理人伦,燕婉娱心,荣华悦志。服飨滋味,以宣五情。纳御声色,以达性气。此天理自然,三王所不易也。"明确主张人要享受感官快乐,把这当作"天理自然"。但是,向秀最后还是设定了一个"感性解放"的界限:"夫人含五行而生,口思五味,目思五色,感而思室,饥而求食,自然之理也。但当节之以礼耳。"[57]而从"节之以礼"这一点来说,又退回到传统儒家的立场。不过,我们从中仍然可以看到向秀对人的自然本性的突出强调,以及他思想中对儒家传统观念的内在撞击。

嵇康并不同意顺从人的情欲就是自然。他说:"夫嗜欲虽出于人,而非道之正。"就像树木生出蛀虫一样,"虽木之所生,而非木之宜也。故蝎盛则木朽,欲盛则身枯"。"今若以从欲为得性,则渴酌者非病,淫湎者非过,桀跖之徒皆得自然。"但是,嵇康也认为人的基本的情欲和生理要求是合理的。他说:"难曰:感而思室,饥而求食,自然之理也。诚哉是言!今不使不室不食,但欲令室食得理耳。"[58]由此可见,对于人性的一些基本欲求,嵇康和向秀都认为是自然和合理的。他们的不同仅仅在于,嵇康提出"室食得理",而向秀提出"节之以礼"。向秀之"礼"主要是一种社会规范,嵇康之"理",虽然包括社会道德伦理的含义,但主要则是生理学的。这说明,他们的对于人的本性以及社会性的看法,相差不远。而嵇康在人的自然性方面的思考,应该说比向秀更为深入。他的着重点也在这一方面(养生)。

嵇康与向秀关于人的感性要求、欲望的讨论,可以看作是魏晋哲学家对于自然人性存在合理性的一种论证。嵇康与向秀对人性基本欲求的肯定,甚至赞扬,具有一种对于儒家正统观念的新的突破,也有别于道家只注重精神自由和解放的人性论。这是感性和理性相结合的人性论。这里潜伏着一种反抗传统的汹涌潮流。后来魏晋名士们的一些蔑视礼教、狂放不羁的言行,也可以在这些先行者身上找到一种哲学观念上的内在根据。我们在此不难找到魏晋名士率真任性、纵情潇洒生活方式的思想渊源和观念根据。从反映论的角度说,这可能是对于当时的具体历史生活的一种哲学升华和总结。但作为一个时代哲学的标志和代表,这也反映了魏晋时期人自身在感性和理性两个方面的苏醒和觉悟。

在郭象的观念中,人就是一个小宇宙。郭象说:"人之生也,形虽七尺而五常必具,故虽区区之身,乃举天地以奉之。故天地万物,凡所有者,不可一日而相无也。一物不具,则无者无由得生;一理不至,则天年无缘得终。"[59]这里的"五常"虽属儒家的概念,但在郭象思想中是包含人的理性要求和感性要求两个方面的。在此基础上,他对《庄子》"逍遥"义进行重新阐释。《庄子》认为,绝对的逍遥是"无待":"若夫乘天地之正,而御六气之辩,以游无穷者",这样"独与天地精神往来"才是绝对逍遥。能够这样逍遥的,只有"神人""至人""真人""圣人"。可以说,这些人就是后来道教中的"太上老君""太白金星"等神仙[60]。一般的凡夫俗子是不可能逍遥的。

郭象认为,没有什么超现实的人。《庄子》中所谓的"神人""至人""真人",就是"圣人",实质上也就是一些比较杰出的正常人。郭象说:"夫神人即今之所谓圣人也。"(《庄子·逍遥游注》)"神人者,无心而顺化者也。"(《庄子·人间世注》)他对《庄子》的"绝对逍遥",作了这样的解释:"乘天地之正,即是顺万物之性也;御六气之辩者,即是游变化之途也;如斯以往,则何往而有穷哉!"[61]"逍遥"就是顺应自然。人们能否"逍遥",主要在于能否顺应自然,"各安其性"。如果做到"性分自足",就是"逍遥"。"逍遥"就是"适性"。所谓"适性"就是"各以得性"。所以,在郭象看来,小鸟和大鹏一样可以逍遥。一切事物都是这样,"庖人尸祝,各安其所司;鸟兽万物,各足于所受;帝尧许由,各静其所遇;此乃天下之至实也。各得其实,又何所为乎哉? 自得而已矣。……其于逍遥一也"[62]。因此,在郭象看来,"逍遥"就并不一定像《庄子》说的,是一般人难以达到的很高的境界,凡夫俗子、普通百姓也可以和圣人一样"逍遥"。相反,不能逍遥者,则为不能适性者也。郭象说:"性之所能,不得不为也;性所不能,不得强为。"[63]所以,人们不应该有非分之想:"夫物未尝以大欲小,而必以小羡大,故举小大之殊各有定分,非羡欲所及,则羡欲之累可以绝矣。夫悲生于累,累绝则悲去,悲去而性命不安者,未之有也。"[64]如果做不到这一点,"祸至重而莫之知避,此世之大迷也"[65]。世俗之人,想入非非,违反本性,只能给人生带来烦恼和痛苦。所以,"适性",也可以说就是安守本分,返回人的自然本性(图5-4)。

郭象的"适性逍遥"与"率性自然"可以说是一体两面:从哲学上说是"适性逍遥",从人生态度或行为上说就是"率性自然"。如果说,《庄子》的"逍遥"是常人不可企及的接近于一种宗教或气功的境界,那么,郭象的"适性逍遥",则是人人可以达到的一种审美境界。我们可以看到,郭象哲学中的理想人性,是自然的,也是丰富的;是理想的,也是现实的。这个主体的生活世界,既是怡情适性,又是自然合理的。因此,郭象在发现独立的、外在客观自然世界时,建立的这个丰富、自然的人性,几乎就是一个艺术化了的审美的主体,他的自然生活与整个自然世界是内在一致的。魏晋人的放情任性、率性自然就是郭象理想人性的一种写照:

　　　　王子猷居山阴。夜大雪,眠觉,开室,命酌酒,四望皎然。因起彷徨,

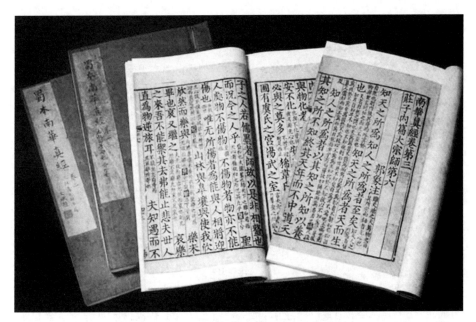

图5-4　郭象注《南华真经》书影，南宋初蜀刻本

咏左思《招隐》诗。忽忆戴安道。时戴在剡，即便夜乘小船就之。经宿方至，造门不前而返。人问其故，王曰："吾本乘兴而行，兴尽而返，何必见戴？"[66]

魏晋名士们的这些任性不羁、任达不拘、放情肆志等行为，在《世说新语》中可谓俯拾皆是（图5-5）。伴随着魏晋人主体的内在丰富，自然事物的美学意义才逐渐显现出来，我们因此才能见到魏晋人对于自然山水的深情、挚爱和赞颂：

顾长康从会稽还。人问山川之美，顾云："千岩竞秀，万壑争流，草木蒙笼其上，若云兴霞蔚。"

王子敬云："从山阴道上行，山川自相印发，使人应接不暇，若秋冬之际，尤难为怀。"[67]

在这个意义上说，郭象的哲学，最后沟通了客观世界的自然之理与人的主体的自然之性。这种艺术化的审美主体的出现,及其与自然世界的内在和谐统一,无论从主体还是客体来说,都是构成当时中国艺术自觉的一个绝对的必要条件[68]。

从王弼的"圣人有情"说,到郭象的"适性逍遥"论,魏晋哲学家们尽扫老庄哲学中的"少私寡欲""见素抱朴""形若槁木""心若死灰"的观念,突破汉儒"天命之谓性,率性之谓道,修道之谓教"的说教,畅扬追求"率性自然"的"魏晋风度"。正是这一根本观念的转变,我们才能看到魏晋人的"情之所钟,正在我辈"(《世说新语·伤逝》)之说,以及《列子·天瑞篇》"天生万物,以人为贵,而吾得为人,是一乐

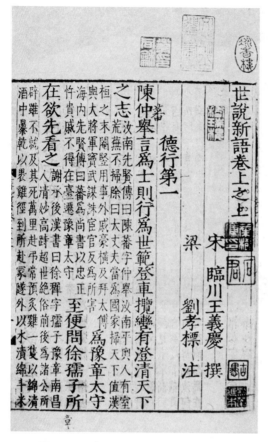

图5-5 明袁褧刻本《世说新语》书影

也"[69]等感慨。魏晋玄学对于人性认识的这种根本的、内在的变化,就是那个时代精神的一种体现。

魏晋玄学在理性的原则和尺度下,尊重实际生活,走出了宗教、伦理以及其他传统哲学的方法和观念,因而具有全新的视角去重新审视客观自然和人自身,人和自然才能展示出真正独立的价值和意义,人和自然在哲学观念上的内在沟通才能实现[70]。(图5-6)

图 5-6 南宋刘松年绘《曲水流觞图》(局部)

第五节 玄佛之间

般若学与玄学 格义与六家 支遁逍遥义

佛教大约在两汉之际传入中国,但当时与神仙方术、黄老之学混杂。所以,当时称佛教为"释道","道法",学佛称为"为道""行道"[71]。佛教摆脱神仙方术而广泛传播,是在魏晋南北朝时期。其内在原因是士大夫中玄风炽盛,给佛家提供了传播佛教的一个机会。一些高僧大德把佛教教义渗入玄理,进而高谈清静无为之玄致,利用玄学来传播佛教[72]。这些情况决定了与玄学内容相近的般若类经典,得到空前的流传。

　　般若学讲"性空"。汤用彤先生说："释家性空之说,适有似于老庄之虚无。佛之涅槃寂灭,又可比于老庄之无为。(安世高、支谦等俱以无为译涅槃)。"[73]后来昙济曾这样阐述当时般若六家七宗之一的本无宗:"本无之论,由来尚矣。何者? 夫冥造之前,廓然而已。至于元气陶化,则群像禀形。形虽资化,权化之本,则出于自然。自然自尔,岂有造之者哉? 由此而言,无在元化之先,空为众形之始。故称本无。非谓虚豁之中,能生万有也。夫人之所滞,滞在末(未)有,宅心本无,则斯累豁矣。夫崇本可以息末,盖此之谓也。"[74]意即万物生于"无",而"无"并非真能生有,万物是自然产生的。"无"只是从本体的意义上来说的。本无宗的意旨还是"崇本息末",这是王弼的语言。这里实在难以分清是用玄学解释佛教,还是用佛教解释玄学。所以,般若学之所以盛,在于当时以老庄与般若并谈。

　　从现存的史料来看,佛学借助玄学传播,佛经的翻译是最有说服力的证明。按汤用彤的说法,到三国时吴国支谦的佛经翻译,是佛教的一个新转变。"支谦内外备通,其译经尚文丽,盖已为佛教玄学化之开端也。"[75]所谓"内外备通",就是指支谦兼通玄学和佛学(佛家称佛教典籍为内典)。佛学之玄学化,从此渐入高潮。从当时流行的般若经来看,先时有汉末桓帝时支娄迦谶译出的《般若道行品》(简称《道行般若》,后又称小品般若),此为佛教初传时之经译,译法是印度习惯,一般人不易接受。西晋元康年间(约公元291),无罗叉、竺叔兰译出《放光般若》(以《放光品》为首)(彩图7)。后来竺法护又译出《光赞般若》。然而,这些翻译从思想到语言,仍然倚赖玄学。直到鸠摩罗什到长安,重译大小品,盛弘性空典籍,大乘中观学遂如日中天,佛教才渐渐走向独立[76]。当然,独立也是相对而言,中国佛教永远不会回到印度佛教的发展轨道。

　　由此我们可以大致这样划分:从汉末到鸠摩罗什,佛教的哲学思想在中国发展大约有三个阶段。第一阶段是佛教依附神仙方术;第二阶段是般若学广泛传播的时候。但此时佛教借助于玄学,受玄学影响很深。译经几乎都是玄学用语,在某种意义上说,佛教几乎成了玄学的一个变体(汤用彤先生称"魏晋佛学为玄学之支流"[77]);第三阶段是鸠摩罗什阶段,龙树的大乘中观学传入,破有破无,不执两边,入不二法门,佛教开始走上真正独立的道路[78]。

在般若学与玄学深入交融时期,玄学究竟给佛教的教义以什么样的影响?为了回答这个问题,我们首先了解一下这一阶段佛学的整体情况。吕澂先生说:"罗什以前的佛学研究情况,据僧睿《毗摩罗诘提经义疏序》记载,大概有两个方面:'格义'和'六家'",而"格义违而乖本,六家偏而不即"[79]。所谓"乖本"和"不即",就是指玄学对佛学的影响,而使佛学偏离了自身。格义就是用最通见的老庄术语翻译佛经,比如,用"无为"来翻译"涅槃",用"本无"来翻译"如悟""真如"等。格义法使用大量老庄和玄学术语,不仅仅是一种语义上的曲解和误读,还是思想上的有意模糊和依附。在当时,甚至是一种有意为之的行为。当佛学学者认为,佛教可以独立传播和发展时,格义也就没有必要了。这可能仅仅是一个方面的原因。所以,"六家"之所以"偏而不即",与格义也无法分开。

从这个大背景出发,我们再探讨支遁的"逍遥义",就会得到一种更深的理解和认识。支遁[80]对《庄子》"逍遥"义的阐发,在当时影响巨大。时人谓之:"才藻新奇,花烂映发"(《世说新语·文学篇》),"标揭新理,才藻惊绝"(《高僧传·支遁传》),被认为超出向秀和郭象的解释[81],故"群儒旧学莫不叹服"(《高僧传·支遁传》)。今支遁"逍遥义"只存于《世说新语·文学篇》刘孝标注中。现全文抄录如下:

> 向子期、郭子玄《逍遥义》曰:"夫大鹏之上九万,尺鷃之起榆枋,小大虽差,各任其性。苟当其分,逍遥一也。然物之芸芸,同资有待,得其所待,然后逍遥耳。唯圣人与物冥而循大变,为能无待而常通,岂独自通而已。又从有待者不失其所待,不失,则同于大通矣。"支氏《逍遥论》云:"夫逍遥者,明至人之心也。庄生建言大道,而寄指鹏、鷃。鹏以营生之路旷,故失适于体外;鷃以在近而笑远,有矜伐于心内。至人乘天正而高兴,游无穷于放浪,物物而不物于物,则遥然不我得,玄感不为,不疾而速,则逍然靡不适。此所以为逍遥也。若夫有欲,当其所足,足于所足,快然有似天真。犹饥者一饱,渴者一盈,岂忘烝尝于糗粮,绝觞爵于醪醴哉?苟非至足,岂所以逍遥乎?"[82]

在支遁看来,向、郭的逍遥义是一种低层次,接近于动物本能的欲望满足。而每个人的欲望是无穷无尽的,不能"至足",因而也就不能逍遥。在他看来,真正能够逍遥的,是"至人"的一种境界,即"乘天正而高兴,游无穷于放浪,物物而不物于物"。没有至人之心,一般人性的"适性"就不能说逍遥。因为若以自然人性的"适性"为逍遥,即以人的一般欲望满足为逍遥,则人的自然性中残余的动物性,或者说兽性,也有合理的释放机会。这样的逍遥论当然荒唐。

那么,何谓"至人"?支遁在《大小品对比要钞序》中这样说:"夫至人也,览通群妙,凝神玄冥,灵虚响应,感通无方。建同德以接化,设玄教以悟神。述往迹以搜滞,演成规以启源。或因变以求通,事济而化息;适任以全分,分足则教废。故理非乎变,变非乎理;教非乎体,体非乎教。故千变万化,莫非理外。神何动哉?以之不动,故应变无穷。"这里的"览通群妙,凝神玄冥,灵虚响应,感通无方","以之不动,故应变无穷",几乎就是《庄子》和《老子》的语言。像"理非乎变,变非乎理;教非乎体,体非乎教。故千变万化,莫非理外",以及"适任以全分,分足则教废"等语,都有浓厚的玄学色彩。"至人"本来就是《庄子》中的人物理想。只要对支遁的生平和交游稍有了解,就会知道,支遁对"至人"这样的描绘不是偶然的。

支遁在当时既是名僧,又是名士。无论是在京师讲道,还是返回东山幽居,他都与名士有大量交往。在这种交往中,支遁获得了巨大的影响和声誉。人们经常将他与正始名士何晏、王弼、嵇康等人相比[83]。名士是一个内在的标志,说明支遁的佛学思想本身就是不纯粹的。

一般史论都认为支遁的佛学思想属于当时般若"六家七宗"中的"即色论"。今存《世说新语·文学篇》注引支遁《妙观章》残篇,云:"夫色之性也,不自有色。色不自有,虽色而空。故曰:色即为空,色复异空。"[84]支遁《善思菩萨赞》中也有:"能仁畅玄句,即色自然空。"[85]此外,慧达《肇论疏》云:"支道林法师《即色论》云,吾以为即色是空,非色灭空,此斯言至矣。何者?夫色之性,色[不自色],虽色而空。如知不自知,虽知恒寂也。"[86]安澄《中论疏记》引《山门玄义》云:"第八支道林著《即色游玄论》云,夫色之性,色不自色。不自,虽色而空。[如]知不自知,虽知而寂也。"[87]这里的"色"指事物的外在存在现象,亦可称"假名","空"是指事物的无独立、常住的"自性"("自性"或可理解为本质、本体,但不完全等同)。这里主要涉及事物的假名与自性(类似于现象与本体)的关系。支遁意思是说,作为自然万物现象的假名,并非是事物的自性。所以,人们感知的事物的属性只是假名,而不是事物的自性,故是"空"(无自性)。这就是所谓"色不自有,虽色而空。"但是,事物的自性又不能离开事物的假名而存在,自性并非与假名毫无关系,故事物的假名又不能完全说是"空"(无自性)。这就是所谓"色即为空,色复异空"。

支遁的这一思想,与王弼的贵无论非常相似。他唯一现存比较完整的著作《大小品对比要钞序》对"无"的描述是:

> 夫无也者,岂能无哉?无不能自无,理亦不能为理。理不能为理,则理非理矣;无不能自无,则无非无矣。……名生于彼,理无言也。何则?至理冥壑,归乎无名。无名无始,道之体也。……理冥则言废,忘觉则智全。若存无以求寂,希智以忘心。智不足以尽无,寂不足以冥神。……希无以忘无,故非无之所无。寄存以忘存,故非存之所存。莫若无其所以无,忘其所以存;忘其所以存,则无存于所存。遗其所以无,则忘无于所无。忘无故妙存,妙存故尽无,尽无则忘玄,忘玄故无心,然后二迹无寄。无有冥尽,是以诸佛因般若之无始,明万物之自然,众生之丧道……渐积损以至无,设玄德以广教,守谷神以存虚。齐众首于玄同,还群灵乎本无。[88]

他认为,"无"不是没有。"无名无始,道之体也","无"是万物的本源。当然,如果我们念念不忘、专注于"无",是不能体悟"无"的。只有在寂静中,我们才能体悟到宇宙万物的这一本体的"无"。通过这个"无",进而体悟"般若",明晰"自然":"无有冥尽,是以诸佛因般若之无始,明万物之自然。"从中我们还看到《庄子》和王弼"得意而忘象""得鱼而忘筌"的思想。支遁还讨论了"本"与"末"的关系:"夫物之资生,靡不由宗。事之所由,莫不有本。宗之与本,万物之源矣。本丧则理绝,根巧则技倾,此自然之数也。"他因此指出:"伤本则失统,失统则理滞,理滞则或殆。"支遁与王弼不仅在内在思想上是一致的,甚至在语言上,也非常相近。

　　综上所述,我们可以理解,支遁的"至人",基本上就是《庄子》中的"至人",是玄学中的理想高人,而不是纯粹的佛家得道的高僧大德。或者可以说,是当时特定的"高僧大德"。支遁思想中的这种情况,当然与那个时代佛教的总体情况是相关的。从这一角度来看,支遁对《庄子》逍遥义的阐发,就不仅是某一名僧的个别观念和看法,而是反映了当时社会观念形态的一种本质,具有思想史意义上的代表性。这也是他的逍遥义之所以产生巨大、深远影响的内在根据和原因。

　　总之,就鸠摩罗什之前的整个佛教般若学而言,其从思想到语言都玄学化了。佛学家们对这些观念的表述,有时是有意识的,有时是无意识的。从某种意义上说,当时的佛学就是玄学的一个变体。(当然,佛学借用玄学概念甚至观念,最终又取代了玄学。郭象以后玄学式微,至姚秦鸠摩罗什,佛教遂成主流。经过短暂的隋朝,佛教在唐代达到鼎盛)玄学对佛学的内在影响表明,玄学的思想和观念,已基本成为一种普遍的思想和观念,具有社会观念的整体性和统一性。

注　释

〔1〕　见《汤用彤学术论文集》,中华书局,1983 年,第 233—234 页。从汉代哲学的一些代表性人物和著述来看,像《淮南子》、纬书、刘歆、扬雄、王充、王符等,哲学的主流意识是探讨宇宙生成,认为万物以气为本。董仲舒讲天人感应,宇宙论与本体论密不可分。

〔2〕　唐长孺先生认为:在魏晋甚至隋唐时期,"清谈"一词的用法与"清议"相同。详见《清谈与清议》一文,载《魏晋南北朝史论丛》,三联书店,1955 年。

〔3〕　《后汉书·党锢列传》,中华书局,1965 年标点本,第 2185、2186 页。

〔4〕　《抱朴子·外篇·审举》,杨照明:《抱朴子外篇校笺》上,中华书局,1991 年,第 393 页。

〔5〕　《后汉书·郭符许列传》,第 2225、2234 页。

〔6〕　冯友兰先生说:"对于理的分析和辩论,就叫'清言'或'清谈',这种风气开始于正始,即何晏和王弼的时代。"(《中国哲学史新编》,人民出版社,1992 年,第四卷,第 45 页)然而,有些史家认为,清谈起源于党锢。(参见《陈寅恪史学论文选集》,上海古籍出版社,1992 年,第 118 页)晋人对清谈又称清言。除此处外,《晋书·阮修传》云阮"好老易,善清言";《晋书·张悛传》亦云张"清言弥日"。

〔7〕 刘勰:《文心雕龙·论说》,见范文澜:《文心雕龙注》,人民文学出版社,1998 年,第 327 页。

〔8〕 余嘉锡:《世说新语笺疏》(修订本),上海古籍出版社,1993 年,第 195 页。

〔9〕 《后汉书·郑孔荀列传》,第 2258 页。

〔10〕 余嘉锡:《世说新语笺疏》,第 195 页。

〔11〕 汤用彤先生说:"才性即名理也。"又说:"汉魏名家亦曰形名家,其所谈论者为名理。……然则名理乃甄察人物之理也。傅玄曰:'国典之坠,犹位丧也。位之不建,名理废也。'据此,则设位建官亦谓之名理。荀粲善谈名理,据《世说》注,似其所善谈者才性之理也,此皆名理一辞之旧义。见《汤用彤学术论文集》,第 206、207 页。

〔12〕 王符:《潜夫论》,《诸子集成》,上海书店,1986 年,第 27 页。

〔13〕 《三国志》,中华书局,1959 年标点本,第 320、784 页。

〔14〕 《礼记·月令》郑玄注,《十三经注疏》影印本,中华书局,1980 年,第 1363 页。

〔15〕 玄学的产生及其原因,各家亦有不同看法。可参见《汤用彤学术论文集》,第 205 页;贺昌群:《魏晋清谈思想初论》,商务印书馆,1999 年,第 2 页;唐长孺:《魏晋南北朝史论丛》,三联书店,1955 年,第 289 页;侯外庐:《中国思想史纲》,中国青年出版社,1980 年,第 183 页。

〔16〕 《汤用彤学术论文集》,第 214 页。

〔17〕 冯友兰:《中国哲学史新编》第四卷,第 44 页。对于魏晋玄学还有一种代表性的观点,即把它当作当时统治阶级一种没落的意识形态。(参见侯外庐:《中国思想史纲》,第 186 页)

〔18〕 刘大杰先生认为:《老子》的"道是'夷''希''微'这些原素构成的。正如欧美人说的原子、电子一样,这些东西看不见、听不到、触不着,是无状之状,无物之象,所以名之为恍惚或是混成。虽是耳目不能见闻,虽是惚兮恍兮,但内面还是有象有物,这就是道,就是宇宙的本体"。《魏晋思想论》,上海古籍出版社,1998 年,第 42 页。

〔19〕 王弼:《老子》第一章注,楼宇烈:《王弼集校释》,中华书局,1980 年,第 1 页。王弼的这一思想与何晏相同。何晏《无名论》曰:"夫道者,惟无所有者也。自天地已来皆有所有矣;然犹谓之道,以其能复用无所有也。……岂有名而更当云无能名焉者邪? 夫惟无名,故可得偏以天下之名名之;然岂其名也哉?"又《道论》云:"有之为有,恃无以生。事而为事,由无以成。夫道之而无语,名之而无名,视之而无形,听之而无声,则道之全焉。故能昭音响而出气物,包形神而章光影;玄以之黑,素以之白,矩以之方,规以之员。员方得形而此无形,黑白得名而此无名。"(引自《列子·仲尼篇》《列子·天瑞篇》注。见《列子集释》,中华书局,1991 年,第 121、10—11 页)故

《晋书·王衍传》曰："魏正始中，何晏、王弼等祖述老庄，立论以为：'天地万物皆以无为本。无也者，开物成务，无往而不存在也。'"（《晋书》卷四三，中华书局，1974年标点本，第1236页）

〔20〕 王弼：《论语·述而》注，楼宇烈：《王弼集校释》，第624页。

〔21〕 王弼：《老子指略》，同上引书，第195页。

〔22〕 "本体"一词，英文为 substance，亦有"本质"的含义。

〔23〕 王弼：《老子》第四十章注，楼宇烈：《王弼集校释》，第110页。

〔24〕 冯友兰：《中国哲学史新编》第四卷，第59—60页。

〔25〕 王弼：《老子》第三十九章注，楼宇烈：《王弼集校释》，第105—106页。

〔26〕 楼宇烈先生解释说：王弼的"无"和"有"，"既不能在时间上分先后，又不能在空间上分彼此。'无'不是在'有'之先，与'有'相对而存在的某个实体"，"'无'和'有'只是一种本末、体用的关系。"（《王弼集校释·前言》）

〔27〕 王弼：《周易略例·明象》，楼宇烈：《王弼集校释》，第591页。

〔28〕 王弼的哲学思辨特点，在他的大衍义上表现得最典型，也最为精当。可参见章启群：《论魏晋自然观——中国艺术自觉的哲学考察》，北京大学出版社，2000年，第58—60页。

〔29〕 言意之辩在当时颇盛行。《魏志·荀彧传》注引《晋阳秋》："何劭为（荀）粲传曰：粲字奉倩，粲诸兄并以儒术议论，而粲独好言道，常以为子贡称夫子之言性和天道，不可得而闻，然则六籍虽存，故圣人之糠秕。粲兄俣难曰：'《易》亦云圣人立象以尽意，《系辞》焉以尽言，则微言胡为不可得而闻见哉？'粲答曰：'盖理之微者，非物象之所举也。今称立象以尽意，此非通于意外者也，《系辞》焉以尽言，此非言乎系表者也；斯则象外之意，系表之言，固蕴而不出矣。'及当时能言者不能屈也。"

〔30〕 欧阳建：《言尽意论》，《艺文类聚》，上海古籍出版社，1965年，上册，第348页。

〔31〕 《汤用彤学术论文集》，第218页。

〔32〕 同上引书，第225页。

〔33〕 运用清晰的逻辑进行推理和论证，在嵇康的论难中可谓发挥到了极致。嵇康辨析问题时逻辑之清晰、思维之敏锐、见解之精深，几乎让我们叹为观止。嵇康，生于223年，即魏黄初四年，死于262年，即魏景元三年。

〔34〕 王弼：《周易略例·明象》，楼宇烈：《王弼集校释》，第591页。

〔35〕 王弼：《老子》三十九章注，同上引书，第77页。

〔36〕 嵇康：《声无哀乐论》，戴明扬：《嵇康集校注》，人民文学出版社，1962年，第204页。

〔37〕 裴頠：《崇有论》，见严可均：《全上古三代秦汉三国六朝文》，中华书局，1958年，第

二册,第 1647 页。

〔38〕　欧阳建:《言尽意论》,《艺文类聚》,第 348 页。

〔39〕　据钱穆统计,王弼在《老子》《论语》《周易》注各处曾用过"理"字 16 条,郭象在《庄子》内篇注中带"理"的有七十条之多,外杂篇注中带"理"字的有七十六条之多。(见《王弼郭象注易老庄用理字条录》,《庄老通辨》,三联书店,2002 年)而查《老子》《庄子》则无一"理"字。

〔40〕　郭象,生于 252 年,即魏嘉平四年,死于 312 年,即晋永嘉六年。钱穆曾说:"必至郭象注庄,乃始于此独造新论畅阐自然主义,转用以解决宇宙创始,天地万物一切所从来之最大问题,澈始澈终,高举自然一义,以建立一首尾完整之哲学系统。"(《庄老通辨》,第 394—395 页)我们认为,钱穆的这个评价并不过分。

〔41〕　郭象:《庄子·齐物论注》,郭庆藩:《庄子集释》,中华书局,1961 年,第 50 页。

〔42〕　郭象:《庄子·天运注》,同上引书,第 493—494 页。

〔43〕　郭象:《庄子·大宗师注》,同上引书,第 244 页。

〔44〕　郭象:《庄子·养生主注》,同上引书,第 128 页。

〔45〕　郭象:《庄子·则阳注》,同上引书,第 908 页。

〔46〕　郭象:《庄子·逍遥游注》,同上引书,第 4 页。

〔47〕　郭象:《庄子·齐物论注》,同上引书,第 99 页。

〔48〕　阮籍:《大人先生传》,陈伯君:《阮籍集校注》,中华书局,1987 年,第 170 页。

〔49〕　见鲁迅:《魏晋风度及文章与药及酒之关系》,载《而已集》。这可以从他狱中所作《家诫》很清楚看出:"不须作小小卑恭,当大谦裕。不须作小小廉耻,当全大让。若临朝让官,临义让生,若孔文举求代兄死,此忠臣烈士之节。"由此可见,嵇康内心对于儒家的忠孝节义有着强烈的认同。

〔50〕　嵇康:《释私论》,戴明扬:《嵇康集校注》,第 234 页。

〔51〕　王弼:《论语·学而注》,楼宇烈:《王弼集校释》,第 621 页。

〔52〕　郭象:《庄子·秋水注》,郭庆藩:《庄子集释》,第 591 页。

〔53〕　郭象:《庄子·逍遥游注》,同上引书,第 28 页。

〔54〕　郭象:《庄子·大宗师注》,同上引书,第 268 页。

〔55〕　钱穆先生说:"魏晋南朝三百年学术思想,亦可以一言蔽之,曰'个人自我之觉醒'是已。"(《国学概论》,商务印书馆,1997 年,第 147 页)

〔56〕　何劭:《王弼传》,楼宇烈:《王弼集校释》,第 640 页。

〔57〕　见戴明扬:《嵇康集校注》,第 164、166 页。

〔58〕　同上引书,第 168—174 页。

〔59〕 郭象:《庄子·大宗师注》,郭庆藩:《庄子集释》,第 225 页。

〔60〕 关于"神人""至人""真人""圣人",《庄子》说:"至人神矣! 大泽焚而不能热,河汉
沍而不能寒,疾雷破山[飘]风振海而不能惊。若然者,乘云气,骑日月,而游乎四海
之外。死生无变于己,而况利害之端乎!"(《庄子·齐物论》)"至人潜行不窒,蹈火
不热,行乎万物之上而不慄。"(《庄子·达生》)"古之真人,不知说生,不知恶死;其
出不欣,其入不距;翛然而往,翛然而来而已矣。"而且"不逆寡,不雄成,不谟士。若
然者,过而弗悔,当而不自得也。若然者,登高不慄,入水不濡,入火不热"。(《庄
子·大宗师》)"古之真人,其寝不梦,其觉无忧,其食不甘,其息深深。真人之息以
踵,众人之息以喉。"(《庄子·齐物论》)"圣人愚芚,参万岁而一成纯。"(《庄子·
大宗师》)据《史记·秦始皇本纪》载,方士卢生向秦始皇说:"真人者,入水不濡,入
火不爇,陵云气,与天地久长。"可见战国时的方术也与《庄子》此说相通。

〔61〕 郭象:《庄子·逍遥游注》,郭庆藩:《庄子集释》,第 20 页。

〔62〕 郭象:《庄子·逍遥游注》,同上引书,第 26 页。

〔63〕 郭象:《庄子·外物注》,同上引书,第 937 页。

〔64〕 郭象:《庄子·逍遥游注》,同上引书,第 13 页。

〔65〕 郭象:《庄子·人间世注》,同上引书,第 184 页。

〔66〕 《世说新语·任诞》,余嘉锡:《世说新语笺疏》,第 759 页。

〔67〕 《世说新语·言语》,同上引书,第 143、145 页。

〔68〕 可参见章启群:《论魏晋自然观——中国艺术自觉的哲学考察》第七章,北京大学出
版社,2000 年。甚至我们看到《列子·杨朱篇》的纵欲论观点,也可以说是这个哲学
理论和观念的一个变种。

〔69〕 《列子·天瑞篇》,杨伯峻:《列子集释》,中华书局,1979 年,第 22 页。

〔70〕 从欧洲 17 世纪的启蒙运动来看,启蒙哲学家们一方面高举的是理性的大旗,另一方
面则是高唱自然和自然人性的赞歌。由此亦可见出其内在联系,而且也不难看出,
对于哲学家们来说,理性的原则是内在的、更为根本的因素。

〔71〕 早期佛教的这个特征,从现存的典籍中可以明显看出。《高僧传》中说安世高:"志
业聪敏,剋意好学,外国典籍及七曜五行医方异术,乃至鸟兽之声,无不综达。尝行
见群燕,忽谓伴曰:'燕云应有送食者。'顷之果有致焉。"(《高僧传》,中华书局,1992
年,第 4 页)安世高的目的也是借助当时道家、黄老的影响,来传播佛教。

〔72〕 关于这一点,汤用彤先生有充分的论证。参见汤用彤:《汉魏两晋南北朝佛教史》,
第六章,上海书店,1991 年。

〔73〕 汤用彤:《汉魏两晋南北朝佛教史》,第 240、241 页。

〔74〕 同上引书,第246—247页。

〔75〕 同上引书,第134—135页。

〔76〕 吕澂先生说:"般若学说这种理论上的不纯粹,直到罗什来华,大量译出佛典,传播龙树之学以后,才渐渐扭转过来,走上佛学自身的独立途径。"(《中国佛学源流略讲》,第44页)石峻、方立天先生认为,中国佛教到竺道生的涅槃学才真正走上独立发展的道路。见方立天:《魏晋南北朝佛教论丛》第236页。笔者赞同吕说。

〔77〕 《汤用彤学术论文集》,中华书局,1983年,第228页。

〔78〕 从僧肇对"即色论"的批判可以看出佛教与玄学的差异。

〔79〕 吕澂:《中国佛学源流略讲》,中华书局,1995年,第44页。

〔80〕 支遁,字道林,本姓关,约生于313年,即晋愍帝建兴元年,死于366年,即东晋废帝太和元年。汤用彤先生《汉魏两晋南北朝佛教史》说支遁死于东晋废帝太和元年,然注公元纪年为368年,误。太和元年应为366年。见该书第177、179页。

〔81〕 《世说新语·文学篇》云:"《庄子·逍遥篇》,旧是难处,诸名贤所可钻味,而不能拔理于郭、向之外。……支卓然标新理于二家之表,立异义于众贤之外,皆是诸名贤寻味之所不得。后遂用支理。"见余嘉锡:《世说新语笺疏》,第220页。

〔82〕 各家对于支遁这里逍遥义的解释不尽相同。汤用彤先生把支遁义称之谓"至足"逍遥,而把向、郭义则称为"自足"逍遥:"向郭说逍遥在全性安分,即完全自得,安己之分,须不舍己从人,而同时又不强人从己……支道林乃修正向郭之说,惟'至足'为逍遥,而'自足'则非,故曰:'夫圣人也,览通群妙,凝神玄冥,灵虚响应,感通无方。'圣人智慧具足,故能览通群妙;其体虚寂,故能感应无方。我(应为'万')物皆备于我,我与天地合德,故为至足,故'寂然不动,感而遂通'。若陷于一方,只是自足,只能称为'自了汉'。"(《理学·佛学·玄学》,北京大学出版社,1992年,第351页)汤先生这里的意思是,"自足"当然带有自然满足的含义,"至足"则是根本上的满足。

方立天先生认为:"支遁的逍遥论和向、郭《庄子·逍遥游注》区别的主要点是:向、郭认为一切有待的一般动物乃至于人类只要安于性分,就是逍遥,而支遁认为只有无待的至人(圣人)才能逍遥,只有至人的心才是逍遥。"(《魏晋南北朝佛教论丛》,中华书局,1995年,第43页)但是,他又认为,支遁义的"'至足'是精神的真正自足、满足,是'无待'的。支遁认为只有这样才能真正适应一切变化,才是逍遥,也就是只有成佛才能逍遥。"(同上引书,第44页)逍遥"就是'凝守精神','凝守'就是'至足''自足',精神'至足''自足'了,就无所不知,无所不通,无所不当,无所不适了。"(同上引书,第42页)

这里的关键在于对支遁的"至足"一词在全文中意义的理解。让我们来对这段文字的文义再仔细进行辨析。原文是:"若夫有欲,当其所足,足于所足,快然有似天真。犹饥者一饱,渴者一盈,岂忘蒸尝于糗粮,绝觞爵于醪醴哉? 苟非至足,岂所以逍遥乎?"我们可翻译其大意:"如果有欲望,当它需要满足时,只是当下满足当下的欲望,因而感到这种快乐,似乎是本然、真正的快乐。那就像饥饿者吃饱了,也不会忘记祭祀时的丰盛食品,渴者喝了一口水,也不会忘了美妙的酒泉一样。因此,如果不能达到'至足',怎么才能满足呢?"楼宇烈先生认为,如果我们把"苟非至足",与"若夫有欲"对照来看,就会看出,支遁的意思是说,如果要是有欲望的话,不达到"至足"是不能逍遥的。而含义很明显,"至足"是无止境的,是不可能达到的,因此,逍遥也是不可能的。所以,逍遥的根本在于"无欲",而不是"至足"。"至人之心"是"无欲"的,因而能"乘天正而高兴,游无穷于放浪,物物而不物于物,则遥然不我得,玄感不为,不疾而速,则逍然靡不适"。这样解释与作为高僧支遁的基本思想才是一致的。笔者认为楼说甚确。

〔83〕《高僧传》云:支遁"初至京师,太原王濛甚重之,曰:'造微之功,不减辅嗣。'"又曰:"郗超问谢安,林公谈何如嵇中散。安曰:'嵇努力裁得去耳。'又问:'何如殷浩?'安曰:'亹亹论辩,恐殷制支。超拔直上渊源,浩实有惭德。'郗超后与亲友书云:'林法师神理所通,玄拔独悟。数百年来,绍明大法,令真理不绝,一人而已。'"(《高僧传》,中华书局,1992 年,第 159、161 页)

〔84〕《世说新语·文学》,余嘉锡:《世说新语笺疏》,第 222 页。

〔85〕支遁:《善思菩萨赞》,《弘明集·广弘明集》,上海古籍出版社,1991 年,第 204 页。

〔86〕慧达:《肇论疏》,见汤用彤:《汉魏两晋南北朝佛教史》,第 259 页。

〔87〕安澄:《中论疏记》,同上引书,第 260 页。

〔88〕支遁:《大小品对比要钞序》,见严可均:《全上古三代秦汉三国六朝文》第三册,中华书局,1958 年,第 2366 页。

第六章　佛教的传入与道教的出现

在人类的文明史上,宗教的产生,似乎是不可避免。在不同的族群,不同的地区,不同的文明中,从古至今,都可以发现有宗教或类似于宗教的意识形态存在。为什么会这样,有各种不同的解释。它们关系到宗教的起源和本质。在中华文明的发展史上,宗教同样发生过重要的作用,但与世界上其他的文明相比——例如欧洲、阿拉伯或印度——在中华大地上曾经有过的各种宗教在中国的社会文化、政治、历史中所表现的形式,所起的作用,显然有许多不同的地方。它们有自己的特点。这些宗教,有的已经消亡,有的至今在中国还存在。

比较原始的宗教,在我们讨论的这个历史时段以前,即先秦时代,实际上即有萌芽。我们在考古所发现的一些古文化遗存中,例如四川广汉的三星堆遗址以及辽宁的牛河梁遗址等,已经可以看到明显表现宗教崇拜的遗物和倾向。但是,由于没有或缺乏相应的文献,我们对此具体的了解实在还太少。

殷商以及后来的春秋战国时期,由于文献比较丰富,我们可以看到,一些比较原始、比较初级的宗教观念已经在人们的思想乃至于社会和政治生活中表现出来,例如敬天和把天的神圣化或是人格化以及对天、神、鬼怪的畏惧[1]。不过,即使这样,按照现在一般的标准,我们还不能说这时候中国已经有完整形态的宗教出现。完整形态的宗教出现,是在汉代的中后期。中国历史上影响最大的两大宗教——佛教和道教,都出现在这个时候。

由于历史悠久,与中国的本土文化紧密相结合或本身就植根于中国,两千年来,佛教和道教始终是中国最为重要的两种宗教。在某些条件下,它们往往与儒家的学说并列,称为儒、释、道"三教"。

第一节 佛教传入中国

"伊存授经"与"永平求法" "大教东来，传译为先"

佛教是外来的宗教，但作为宗教，却曾经在中国历史上有过巨大的影响。佛教产生于古代的印度。佛教的创始人称作释迦牟尼。关于释迦牟尼的年代，有种种不同的说法。最主要的，有两种意见：一种是公元前 6 世纪至公元前 5 世纪，另一种是公元前 5 世纪至公元前 4 世纪。不管是哪一种意见，这一时段，都大致相当于中国的春秋战国时期。这一时期，在中国也出现了许多"圣人"，最伟大的就是孔子与老子，同样杰出的思想家还有庄子、孟子等人，如果再加上古代希腊的那些哲人，在人类文明史上这真称得上是一个巨匠辈出、群星灿烂的伟大时代。

佛教是什么时候，通过什么途径，传到中国来的，长期以来也有不同的看法。目前最能为大多数人接受的意见是：在西汉的末年，汉哀帝时期，西域大月氏国的使臣来到长安，有中国人向他学习佛教。这一记载见于《三国志》卷三〇裴松之注引鱼豢《魏略》中的《西戎传》：

> 汉哀帝元寿元年，博士弟子景卢受大月氏王使伊存口受《浮屠经》，曰复立者，其人也。《浮屠》所载，临（伊?）蒲塞、桑门、伯闻、疏问、白疏间、比丘、晨门，皆弟子号也。[2]

这就是有名的"伊存授经"的故事。一般认为，在各种有关佛教传入中国的传说中，这一记载最为可信。元寿元年即公元前 2 年。1998 年，中国佛教界和学术界纪念佛教传入中国两千年，依据的就是这一记载。

但是，也有人认为，如果考虑到今天成为中国领土一部分的"西域"地区，即今天的新疆，佛教传入的时间也许还要更早一些。"伊存授经"故事所说明的，只是佛教到达当时中国的中心，即中原地区的情形。有人推想，在此之前，在今天属于中国,古代称作"西域"的一部分地区,实际上已经有佛教的存在。但这方面的资料,几乎完全是空白。因为是空白,没有明确的证据,所以也有另一种意见认为,佛教先是通过来到长安及洛阳的月支使臣和移民直接传到中原地区,而在西域地区,佛教出现的时间反而要晚一些[3]。再有一种意见认为,佛教有可能

图6-1　佛陀出行图,清任熊绘

最早是通过海路传入中国。但这种说法至今还不能得到有力的证明(图6-1)。

　　除"伊存授经"的故事外,有关佛教传入汉地的历史,长期以来经常被人提到的还有"永平求法"的传说,讲的是东汉明帝永平年间(58—75),明帝梦见"神人","身体有金色,项有日光,飞在殿前",因此派出使臣到大月氏,写取佛经四十二章,带回中国,从此汉地有了佛教。但这个故事在细节方面的问题太多,其中想象或增饰的痕迹太明显,同时依靠的文献自身的年代也有争议,所以很难说有多少历史的真实性[4]。不过,从时间上讲,明帝永平年间距哀帝元寿元年只有六七十年。"永平求法"的传说,似乎就是想反映出这一段历史。故事的一部分最早也许有一点来历,后来经过佛教徒的渲染,增添了过多的细节。他们把汉明帝作为事件的起因,则是为了增加故事的权威性和从一开始就提高佛教的地位。现在洛阳有名的白马寺,在过去一千多年里,就一直被认为与这个故事有直接的关系(图6-2)。

　　从文献和考古两方面的材料看,佛教最初传到中原地区时,只是被中国人看成是当时十分流行的种种神仙道术之一,而且是一种明显具有外来色彩的道术。佛教的信徒,最初大概多限于来到洛阳的外国人,但其中无疑也有中国人,只是这些中国的信徒当时还很难说对佛教有多少真正的了解[5]。随着时间的推移,人们对佛教的了解和理解渐渐增加,接受或部分接受佛教的人也渐渐地多了起来。

图 6-2 河南洛阳白马寺

佛教重视经典的传承。佛教在两汉之际传入中国之时，鱼豢《魏略》中《西戎传》一节讲"伊存授经"，所传授的就是口传的经典《浮屠经》。"浮屠"即"佛陀"一名的另一种译法，《浮屠经》的意思其实就是"佛经"。虽然我们不太清楚这个时候讲到的《浮屠经》究竟包括哪些内容，但可以肯定的是，其中讲到的应该是佛教的一些最基本的教义。在佛教刚刚传到中国之时，佛教经典以这样宽泛而简单的名称为中国人所知，完全可以理解。

大规模翻译佛经的活动始于东汉末年。与此有关的主要是东汉末年来到洛阳的两位外国僧人安世高和支娄迦谶。在他们之前，虽然根据佛教自己的传说，汉明帝永平年间，就有印度僧人来到洛阳，在洛阳译经，但上面讲了，这仅仅是传说而已，并没有真正可靠的记载。

安世高又名安清，来自安息，按照当时的习惯，他的中文名字前因此冠一"安"字。安息是公元前 3 世纪中叶至公元 3 世纪前期中亚地区有名的古国，地理位置主要在今天伊朗的东部。自从张骞出使西域,中西之间道路开通,从西汉到东汉数百年间,安息一直是西方与中国交往最多的国家之一。根据《出三藏记集》和《高僧传》等书中引述东晋道安的记载,安世高在东汉后期来到中国,从桓帝建和二年(148)至灵帝建宁年间(168—171),在洛阳翻译佛经,成为今天我们知道有确切记载的最早的佛经翻译家。

安世高在洛阳翻译的佛经,从数量上讲,相当不少。安世高同时代的人,也是他的一位直接的中国弟子讲:"凡厥所出,数百万言。或以口解,或以文传。"[6]东晋的谢敷说,"其所译出,百余万言"。只是这里讲的,有"口解"和"文传"两种形式。所谓"口解",其实就是译讲,其中只有一部分载诸文字,也就是所谓"文传"。这正是早期佛经翻译方式的一个特色。也正因为佛教翻译在这个时候还处于开创时期,安世高翻译的佛经,完整地流传下来的并不太多。他翻译的佛经的经名和部数,当时也没有准确的记载。萧梁时代的僧祐编《出三藏记集》,根据东晋道安编纂的《经录》,举列出 35 部 41 卷,这基本上还算可靠。其后隋唐时代的经录,却增加到一百多部,实际上不可信。但即便如此,在佛教初传的汉魏时期,安世高在翻译佛经方面的贡献是巨大的。世人对安世高的评价,可以以道安与僧祐为代表。道安是一代宗师,对于他以前的译者和译籍,常常有非常独到的判断力。道安对安世高译出的经典的评语是:"世高出经,贵本不饰。天竺古文,文通尚质。"[7]

比道安稍晚一些的僧祐,也是整理佛教译籍的专家,他为安世高撰写有传记,传记中讲:

> 以汉桓帝之初,始到中夏。世高才悟几敏,一闻能达。至止未久,即通习华语。于是宣释众经,改胡为汉。出《安般守意》《阴持入经》、大小《十二门》及《百六十品》等。初外国三藏众护撰述经要为二十七章,世高乃剖析护所集七章,译为汉文,即《道地经》也。其先后所出经凡三十五部。义理明析,文字允正。辩而不华,质而不野。凡在读者,皆亹亹而不惓焉。

僧祐还把安世高与其他译人做比较,结论是:

> 天竺国自称书为天书,语为天语。音训诡蹇,与汉殊异。先后传译,多致谬滥,唯世高出经为群译之首。安公以为若及面禀,不异见圣。列代明德,咸赞而思焉。[8]

这就是说,在僧祐看来,安世高是当时水平最高的译人。僧祐的看法是有道理的。

与安世高基本同时或稍晚一些,从安息来到洛阳翻译过佛经的僧人或佛教居士还有安玄、昙帝、安法贤等人。其中的安玄是一位居士,汉灵帝时因为经商来到洛阳,并且因为"有功号骑都尉",成为定居在中国的安息移民。再以后到中国的安息僧人还有西晋时代的安法钦。

支娄迦谶则来自大月氏。与安世高一样,他的名字中的"支"字,表示他来自大月氏。他的名字又简称支谶。大月氏也是公元前后中亚地区有名的古国。大月氏人最早居住在中国的敦煌一带,西汉初年受到匈奴的攻击,被迫西迁到今天的阿富汗及相邻地区。汉武帝第一次派遣张骞出使西域,最主要的目的就是希望联络大月氏,夹击当时在中国北方与汉朝对抗的匈奴,只是这一目的并未达到(图6-3)。不过大月氏与中国汉地的联系,由此却大大加强。东汉时期定居在洛阳的大月氏移民,大概已经形成了一个群体。这不仅在文献

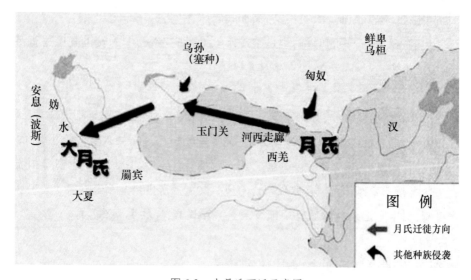

图6-3 大月氏西迁示意图

中有记载,从考古发现中也能见到证据[9]。与安世高一样,支娄迦谶也是在桓帝末年来到洛阳。他从灵帝光和到中平年间(178—189)翻译出一批佛经,这些佛经中有一些,例如《般若道行品》《首楞严经》《般舟三昧经》,后来对中国佛教的发展产生了重要的影响。对于他的翻译,东晋时代的支愍度的评语是:"凡所出经,类多深玄。贵尚实中,不存文饰。"[10]僧祐在《出三藏记集》中则说:"凡此诸经,皆审得本旨,了不加饰。"[11]

这些评语,都说明在佛教翻译的初期阶段,重本尚质成为最主要的特征。支娄迦谶的翻译正是这种特征的一个体现。

与支娄迦谶情形相似,这个时候从大月氏来到中国,翻译经典的僧人中有名的还有支亮。支亮是支娄迦谶的弟子。支亮的弟子有支谦。支谦是汉末移居洛阳的月氏人的后代,据说支谦"世间艺术,多所综习",外貌"细长黑瘦,眼多白而精黄",时人为之语曰:"支郎眼中黄,形体虽细是智囊"。灵帝末年,中原战乱不休,支谦迁移到南方的吴国。吴国孙权"闻其博学有才慧,即召见之",并且"拜为博士"[12]。支谦前后也翻译了不少佛经,其中包括后来很有名的《维摩诘经》。他在中国长大,在汉文方面有良好的修养,因此根据佛经中的《无量寿经》和《中本起经》,用汉文进行创作,制成《赞菩萨连句》,又制"梵呗三契",开这一类佛教作品创作的先河。支娄迦谶、支亮和支谦三人,合称为"三支"。他们虽是外国人,但学问广博,操行高远,当时有人称赞他们说:"天下博知,不出三支。"除了来自安息和大月氏的僧人,这个时候在汉地译经和宣传佛教的还有来自其他国家的僧人,例如康僧会。康僧会是康居人。康居的地理位置也在今天阿富汗境内。僧会的家庭"世居天竺",因为经商,移居到中国南方的交阯。南方的吴国最初没有佛教,僧会在赤乌十年(247)来到建业。孙权为他建立塔寺,称作建初寺,这被认为是江南历史上最早的佛寺。

这个时期,真正是从印度到中国来的僧人并不多。有记载,而且记载也比较可信的仅仅只有竺佛朔一人。《出三藏记集》和《高僧传》在讲到支娄迦谶时附带提到竺佛朔,说他来自天竺(即印度),在桓帝和灵帝时来到洛阳,曾经在支娄迦谶和其他人的协助下,译出过《道行般若经》和《般舟三昧经》两部经典[13]。虽然这一记载中一些细节还不太清楚或是有些问题(图6-4)。

有一点很有意思也很值得注意:最早到达中国的佛教僧人,大多不是来自

图 6-4　东汉佛像陶插座，四川彭山县出土，
南京博物院藏

古印度本土，而是来自中亚地区[14]。他们更多地代表当时中亚地区流行的佛教派别。中亚地区与古印度西北紧密相邻，中亚的佛教从古印度传入，但在传播的过程中，又有新的发展和特点。中亚和西北古印度的佛教对中国佛教早期的发展因此影响最大。后来在中国形成的汉文佛教经典《大藏经》在内容和结构上都反映出这一特点。从某种意义上甚至可以说，正是由于这个原因，决定了中国佛教此后发展的方向，即重大乘，重义理，重禅修。这些特点都与流行于印度西北和中亚的几个佛教部派，尤其是其中的说一切有部有关。

就同样由于这个原因，中国佛教以及由中国佛教发展出来的东亚佛教后来往往又被称作北传佛教，成为今天三大佛教系统之一。所谓北传，就是指以古印度为起点，向北传播，转而向东，到达中国的汉地。从西方来的印度佛教，逐步转变成为中国佛教，再进一步东传，发展成为朝鲜佛教和日本佛教。

就翻译的佛经的内容而言，安世高和支娄迦谶各有特点。安世高翻译的经典重点在"禅"和"数"，也就是道安所说的"善开禅数"。禅是指禅法，包括坐禅和"禅观"，这是佛教修行的一种重要的方式。安世高最早把它介绍到中国。中国佛教之有禅，讲禅，重视禅，实际上就是从这个时候开始。当然后来的情形又有许多变化。佛教的禅和禅法以及禅的理论，有不同的流派，安世高传译的只是其中一种。

"数"又称为"对数""数法""数论"，或者是"阿毗昙"或"阿毗达磨"，指的是佛教特有的一类学问，即用分类归纳的办法，按序数次第排列，对佛教的基本理论，包括名词和概念进行解释、说明和阐发。这种分析佛教名相的办法，对于把握头绪纷繁的佛学理论，包括经典的整理、记忆和流传，确实很有用。它是佛教思辨哲学最重要的体现之一。安世高把它介绍到中国，无疑大大增加了当时的中国人对佛教的了解和理解。

支娄迦谶翻译的，都是大乘佛教的经典。尤其是大乘佛教中般若类的经典，例如《般若道行品》，支娄迦谶是第一位翻译者。在他之后，有三国时期的吴支谦翻译的《大明度无极经》以及后秦时代的鸠摩罗什翻译的《小品般若经》。再后来还有玄奘的译本。一部经典，前后数译，在佛经的翻译史上常常可以见到。它说明了这部经典的重要。在被重译的这一时间段内，它的影响也特别大，其间前后的变化往往也反映出这一时期内思想史上的变化。般若经典的翻译正是这方面的一个例子。

"般若"是一个翻译的名词，在印度语言中最基本的意义是"智慧"。它是当时印度佛教中大乘一派所主张的一种新理论，认为世间一切事物，都是由因缘所生，没有固定不变的自性，即所谓"缘起性空"。一切世俗的认识及其面对的对象都是虚幻不实的，只有通过获得"般若"或者说这种特殊的智慧，才能破除妄见，认识和把握世界的本质，得到解脱。这种理论，在古印度西北包括中亚地区的佛教派别中似乎特别有影响。支娄迦谶首先把它介绍到中国来，并非偶然。它一方面表明了支娄迦谶所具有的文化及思想背景，另一方面又体现了当时中国人在接受外来的新的宗教与哲学思想时所具有的开放性。应该说，般若思想为中国哲学思辨的范畴增加了一类全新的命题。

从安世高和支娄迦谶翻译的经典的内容，已经大致能看出此后魏晋南北朝甚至更长一段时期中国佛教在义学方面发展的范围和方向。

可以想见，对于两千年前的中国人来说，从异域传来的佛教以及佛教经典中讲到的理论，无论是大乘，还是禅、阿毗昙，所有这些，都可以说极其新鲜甚至新奇。这种情形，在当时的文献，例如被认为是翻译的《四十二章经》和中国人的著作《牟子理惑论》中都能清楚地看到[15]。

第二节　佛教在中原地区的发展

　　帝王、贵族与佛教　"不依国主,法事难立":道安在北方的活动　鸠摩罗
什及其弟子　慧远与南方佛教　"一切众生,悉有佛性":竺道生与《大般涅
槃经》　神灭还是神不灭:范缜与佛教徒的争论　佛教信仰在民间的发展

　　佛教在传入中原地区的初期,在社会上并没有太大的影响。这一点,史书
和考古两方面的情况都可以证明。汉魏时期的史书中有关佛教的记载并不太
多,而与这一时期佛教有关的考古发现虽然有,但很少[16]。信仰佛教的最初
有中国人,但更多的可能是寓居中国的外国人。不过,随着时间的推移,中国
人对佛教的了解逐渐增加,佛教就越来越多地进入了中国人的信仰之中。
　　汉明帝梦见金人而遣使求法的事不尽可信,但汉明帝的弟弟楚王英拜佛
在史书中却有明确的记载。《后汉书》卷四二《楚王英传》讲,楚王英年青时好
游侠,结交宾客,晚年"更喜黄老,学为浮屠斋戒祭祀"。他曾经通过奉送"黄
缣白纨"给楚王国相,以表示向明帝赎罪。明帝下诏书抚慰楚王:

　　　　楚王诵黄老之微言,尚浮屠之仁祠,洁斋三月,与神为誓。何嫌何疑,
当有悔吝? 其还赎,以助伊蒲塞、桑门之盛馔。[17]

　　这一段文字,一直被认为是有关佛教传入中国的最早最可靠的记载之一。
楚王英的故事很有代表性。它说明了当时处于社会最上层的王公贵族对佛教
的理解和接受的方式。东汉后期的桓帝,在宫中"立黄老浮屠之祠",也是同样
的一种情形[18]。这虽然还说不上是严格意义上的佛教信仰,但足以说明佛教
在最上层的宫廷中一定程度上已经被接受。
　　佛教真正得到大的发展,是在汉魏以后,即两晋南北朝时期。
　　一种意识形态,在社会上要产生影响,有多种条件,一方面在其本身,另一

方面——这也许更重要——在社会政治
以及由此而引起的人心的变化。汉末三
国时期,社会动荡,军阀混战,人的生命朝
不保夕。其后虽然有西晋时期短暂的统
一,但西晋末年发生的八王之乱以及随后
在北部中国出现的民族间的混战和仇杀,
其混乱与酷烈的程度更超过此前中国历
史上任何一个时期。晋王室南迁,北方由
一些少数民族的部族首领或军阀建立的
政权轮流割据。北方普通的汉族民众一
部分随晋王室迁移南方,但大部分只能留
在北方,或者聚族自保,或者接受新来的
少数民族统治者的统治。这样的局面,使
更多的人对佛教产生兴趣,接受佛教信
仰。至于这个时期统治北方地区的少数

图 6-5　后赵建武四年(338)鎏金
铜佛坐像

民族的领袖,他们以外族身份入主中原,在心理上则更容易接受佛教,因此大
多对佛教采取亲善的态度。羯族建立的国家后赵,汉人出身的大臣王度曾建
议禁止汉人出家(图 6-5)。皇帝石虎对此的答复是:

> 　　议云佛是外国之神,非天子诸华所可宜奉。朕生自边壤,忝当斯运,
> 君临诸夏。至于飨祀,应兼从本俗。佛是戎神,正所应奉。夫制由上行,
> 永世作则。苟事无亏,何拘前代? 其夷赵百蛮有舍其淫祀,乐事佛者,悉
> 听为道。[19]

　　中国从春秋时代开始就存在的华夷问题,在这里又暗中通过佛教反映出
来,难怪石虎会讲出这样的话,也难怪从西域来的僧人佛图澄被石勒石虎尊为
国师。正是由于得到了石勒石虎的支持,佛图澄在北方的传教活动取得很大
的成功。从东晋十六国一直到南北朝时期,佛教在北方有大的发展,与佛图澄
有关,也与此有关。

从西晋末年到东晋初年,对中国佛教的发展贡献和影响最大的主要有两位僧人,一位是道安,主要活动在北方,另一位是慧远,主要活动在南方。

道安本姓卫,常山扶柳(今河北冀县)人。他生于西晋元嘉六年(312),去世于前秦苻坚建元二十一年(385)[20]。道安"家世英儒,早失覆荫,为外兄孔氏所养,年七岁读书"[21]。他十二岁出家,当时北方大部已经由羯人首领建立的政权后赵统治。东晋咸康元年,也就是后赵建武元年(335),后赵"皇帝"石虎把首都迁到邺城(今河北临漳)。石虎信仰佛教,尊奉西域来的僧人佛图澄为"大和上"。道安游学到邺城,遇见佛图澄,得到佛图澄的赏识,"与语终日"。众人见他皮肤黝黑,其貌不扬,开始时很轻视他,但佛图澄对大家说:"此人远识,非尔俦也。"道安从此成为佛图澄的弟子。佛图澄每有讲授,道安都能复述一遍。每次复讲,众人提出种种疑难,他"挫锐解纷,行有余力"。因此当时流传一句话:"漆道人,惊四邻",称赞他善辩的能力。

东晋永和五年(349),后赵石虎死,后赵辖境很快又陷入新的混乱,战祸不断。道安于是离开邺城,先后在河北、山西、河南等地躲避战乱。兴宁三年(365),前燕的军队攻占洛阳,道安决定南投东晋治下的襄阳。他带领徒众,行至新野(今属河南),对大家说:"今遭凶年,不依国主,则法事难立。又教化之体,宜令广布。"他让弟子分头前往扬州以及蜀中传布佛教,余下大部分仍然跟随他自己到了襄阳。

道安在襄阳前后住了将近十五年。在襄阳的十五年,是道安一生从事佛教活动的重要时期,奠定了他在佛教界并超出于佛教界的声望。他每年讲《放光般若经》,又与东晋的官僚及名士交往,极受推重。襄阳名士习凿齿一见之后,深为佩服,给谢安写信,信中对道安称赞不已:

> 来此见释道安,故是远胜非常道士。师徒数百,斋讲不倦。无变化伎术可以惑常人之耳目,无重威大势可以整群小之参差。而师徒肃肃,自相尊敬,洋洋济济,乃是吾由来所未见。其人理怀简衷,多所博涉,内外群书,略皆遍睹,阴阳算数,亦皆能通。佛经妙义,故所游刃。作义乃似法兰、法道。恨足下不同日而见,其亦每言思得一叙。[22]

东晋太元四年(379),前秦军队攻克襄阳,把道安带到长安。对于道安来说,到长安虽然有些身不由己,但前秦皇帝苻坚对他极为敬重,许多事情都向他咨询请教。当时前秦控制了北方的大部分地域,道安真正成为北方佛教的领袖,同时在南方也仍然有很大的影响。道安充分利用他与苻坚良好的关系,在长安组织翻译佛经,领导僧团,整饬僧团的纪律,使北方佛教得到很大的发展。他住在城内五重寺,传法时僧众数千。他了解天下大事,对政治形势有敏锐准确的看法,在前秦力量似乎超过东晋时,用委婉的语言,劝说苻坚不要进攻东晋。苻坚不听,以致东晋太元八年(383)淝水一战,前秦军大败,前秦最后也因此而亡。淝水战后第二年,长安受到西燕和后秦军队的包围和进攻,一片混乱。再后一年,道安去世于长安,同年苻坚也死在战乱中。

道安一生,多数时间处在动乱之中,但正是在这一时期佛教在中国真正得到理解,并且逐步深入地进入到中国的社会生活和精神文化中去。道安作为这个时期中国僧人的代表,对佛教有着多方面的贡献。首先,他坚持自己的信仰,同时深明中国的政治文化结构的特点,尤其明白“不依国主,则法事难立”的道理,善于利用时机,趋利避害,与皇帝、国王与各种有权势的统治者交往周旋,为佛教求得发展。这一点,成为后来几乎所有佛教领袖效法的榜样。

其次,道安为了真正地了解佛教,尽其所能地搜集他当时能找到的佛经译本,深入研究。他利用一切机会,促进翻译佛经的事业,争取到国君和王公贵族的支持,使佛经的翻译从以前分散的、规模不大的、小团体活动,第一次成为一种带有国家性质的行为,一时盛况空前。在他的推动下,从印度来的僧伽提婆、昙摩难提、僧伽跋澄等翻译出一批经典,包括《阿含经》及说一切有部论书等,大大丰富了汉译佛经的内容。

为了同样的目的,道安在搜集整理佛经的过程中,还首次编纂了一部完整的汉译佛经目录《综理众经目录》。这部书又称作《道安录》。原书虽然已佚,但大部分内容保留在齐梁时代僧祐编成的《出三藏记集》一书中。在中国目录学史上,两种书都有很重要的位置。道安还为他读过的,同时他认为是重要的佛经撰写了许多“序”或“记”。正是靠这些“序”或“记”,许多与早期中国佛教历史有关的资料才保存了下来。道安反对用“格义”的方式来理解和讲解佛教,他为佛经做注释,力争佛教自己的理论独立。

　　在僧团的纪律和组织方面,道安的贡献更为重要。他主张僧人废除世俗姓氏而以"释"为姓。从道安开始,这成为中国佛教一直到现在还实行的规则。他亲自制定"僧尼轨范",对僧团集体生活中讲经说法、食住以及平日的宗教仪轨做出详细的规定。这些规定,后代虽然陆续有一些改动,但直到今天,基本形式和内容没有很大的变化。

　　中国佛教到了道安的时代,作为宗教,已经不再与其他的信仰,如道家的神仙崇拜混杂在一起,也无须依附于玄学一类的思想形态,而可以独立地存在于中国社会之中。

　　道安的弟子中,最著名的有慧远、僧睿等。道安的影响,先是在北方,但后来不限于北方。道安因此是这个时期佛教中最杰出的人物。

　　比道安稍稍晚一点,同样非常有才华,在中国佛史上具有重要地位的僧人是鸠摩罗什。鸠摩罗什一生的经历,正体现了一位古代少数民族的杰出人物对中华文明的贡献。鸠摩罗什来自西域的龟兹(今新疆库车)。他的祖籍在印度,而且据说"家世国相",但他的父亲却不愿意继承相位,因此出家,东渡葱岭,从印度来到龟兹。龟兹国王迎为国师,并且把自己的妹妹嫁给了他,后来在龟兹生下鸠摩罗什。鸠摩罗什虽然有印度的血统,但实际上是龟兹人。古代的龟兹民族,不是汉族,但是中国古代的少数民族之一。关于鸠摩罗什的生卒年代,文献中记载不一,比较可信的看法是,他去世于后秦弘始五年或者说东晋义熙九年(413)(图6-6),去世时七十岁,照此推算,他应该出生在东晋的建元二年(344)。

　　龟兹在历史上是所谓丝绸之路北道上最重要的国家,佛教很早就传到龟兹。到了魏晋时期,佛教在龟兹已经非常盛行,龟兹因此成为西域佛教的两个重镇之一。鸠摩罗什的母亲信仰佛教,生下鸠摩罗什以后,就打算出家,只是丈夫不允许。鸠摩罗什长到七岁,母亲终于被获准出家,他也跟随母亲一起出家。鸠摩罗什从小天资极高,聪敏机慧,出家以后,老师教他颂经,他能"日颂千偈"。九岁时他随母亲到了印度的罽宾(今克什米尔)。罽宾是西域佛教的大本营之一,产生过不少佛教的大师,不少重要的佛教著作就在这里编撰而成。魏晋至唐,到中国来传教和译经的印度僧人,很多也来自罽宾。罽宾的佛教因此与中国佛教,特别是中国佛教前期阶段的发展有密切的关系。鸠摩罗什在罽宾,跟随名师,学习佛教的经典,在佛教知识方面得到很大的提高。三年以后,他的母亲带着他,离开罽宾回国,中间经过沙勒(今新疆喀什一带),又在沙勒住了一年。沙勒地处东西交通要冲,西逾葱岭可到达大月氏,往东南通往南道的莎车(今新疆莎车)、于阗(今新疆和田)、子合(今新疆叶城),这些地区佛教都十分流行,而且流行的大部分是大乘佛教。鸠摩罗什在沙勒进一步学习各种佛教经典以及其他典籍。他领悟极快,很快就掌握了这些经典。受到当地国王和僧人们的敬重。这时他遇见一位从莎车来的

图 6-6　陕西户县草堂寺鸠摩罗什舍利塔

大乘僧人,向他讲授大乘的经典。他开始时有些怀疑,但很快就完全接受了大乘的理论,从此自己也成为信仰大乘的僧人。

从沙勒,鸠摩罗什又随母亲到了龟兹西边的温宿(今新疆阿克苏)。在温宿,他与“外道”辩论,获得胜利,由此声名大振。龟兹国王亲自到温宿,把他和他母亲迎请回国。回到龟兹后,他时常讲经说法,宣传大乘教义,此时他年纪还不到二十岁。

鸠摩罗什的名声越来越高,他的名字,不仅在西域各国广为人知,而且也传到了长安。前秦建元十八年(382),苻坚派遣大将吕光征讨西域。临行之前,苻坚特地嘱咐吕光,在攻下龟兹以后,要立即把鸠摩罗什送到长安。这种情形,与苻坚攻下襄阳便立即让军队把道安带到长安一样。吕光率军不久就攻下了龟兹,然后将鸠摩罗什带回凉州(今甘肃武威)。可是,这时苻坚已死,前秦被后秦所代替,吕光便在凉州割据称王,建立了后凉。鸠摩罗什只好滞留在后凉。后秦皇帝姚苌也听说了鸠摩罗什之名,要请他到长安,但后凉方面不放。直到后秦弘始三年(401),继承姚苌的姚兴依照当年苻坚的办法,派军队

打败后凉,才把鸠摩罗什迎请到了长安。这时鸠摩罗什在凉州已经滞留了十六年。

与苻坚一样,姚兴也信仰佛教。鸠摩罗什一到达长安,姚兴便"待以国师之礼",请他译经说法。姚兴本人,也常常亲自前往听讲,并以"皇帝"的身份为鸠摩罗什的译场提供大量支持,有时甚至亲自参与译经。姚兴如此,文武百官莫不效仿,一时佛教在关中盛况空前。

鸠摩罗什在长安前后住了将近十二年,翻译出佛经 35 部,共 294 卷[23]。中国翻译佛经的事业,从汉末有明确记载的安世高算起,到鸠摩罗什,已经有一百多年。此前翻译出的佛经,数量已经不少,应该说已经取得很大的成绩。佛教在中国也已经有极大的影响。但是,作为佛教的义理,包括它特有的一大套术语乃至经典的全貌,中国人还是了解不够。这其中的原因,有文化上的差异,也有经典翻译方面的问题。这些问题不可避免。来自印度和西域的佛教,如何被中国人所了解,所理解,所接受,所改造,有一个过程。佛经的翻译体现了这一过程中很重要的一个方面。早期从西域或印度来的僧人,不谙汉语,助译的中国人不通外语,因此大大影响了佛经翻译的质量。鸠摩罗什则不一样。在佛教的义理上,他是大师级的人物。语言上他精通梵语和"胡语"自不必说,而在到长安之前,他已经在凉州生活了十六年,也能比较熟练地掌握汉语,并且对汉族的传统文化有较深的了解。有这样的学识和经历,同时还有当时最好的中国僧人和学者作为助手,鸠摩罗什翻译出的佛经,质量自然上乘。他翻译时"手执胡本,口宣秦言。两释异音,交辩文旨"[24]。对过去翻译的佛经中的一些译名和词语,他认为不能准确地传达原文的意思,就重新进行审定。由于在翻译时注意文质结合,他译出的佛经在内容的表达、词语的应用等方面都达到了前所未有的水平。他翻译的一些经典,表达流畅,文字优美,其中的一些章节,即使放在中国人自己创作的古典作品中,也毫不逊色。鸠摩罗什因此成为中国佛教史上最著名的翻译家之一。

同样重要的还有,鸠摩罗什翻译的佛经和他的讲学活动,促进了稍后中国佛教史上一些学派和宗派的形成。他重新译出的大小品《般若经》以及《大智度论》,译语流畅,推动了当时大乘般若学说的传播。这种学说后来成为中国佛教各宗各派用来建立宗教理论体系的重要思想资源。他译出印度佛教大乘中观学派的三部经典——《中论》《百论》《十二门论》，系统地介绍了这一派的学说。南北朝时中国的一个学派后来就以此立宗，称作"三论宗"。同样，这个时候出现的佛教学派"成实宗"，也是以他译出的《成实论》立宗而得名。由他翻译的《妙法莲华经》，是隋唐时兴起的天台宗的基本经典。另一个在唐代兴起的佛教宗派净土宗，所依据的经典为"净土三经"，三经中的《阿弥陀经》也是鸠摩罗什翻译的。此外，他译出的《金刚般若经》（彩图8），对禅宗曾有过很大的影响；《弥勒成佛经》和《弥勒下生经》是民间弥勒信仰依靠的经典。他重译的《维摩诘经》，在当时以及此后一千多年的中国文人士大夫中极有影响。唐代著名诗人王维，字摩诘，名字就由此而来。至于他与另外几位印度僧人合译的《十诵律》，则是汉地完整译出的第一部佛教戒律。简单地讲，当时印度佛教最主要最重要的经典，鸠摩罗什都通过翻译，把它们介绍到了中国。

在长安，鸠摩罗什还有许多弟子。他的翻译活动，实际上是一边翻译，一边讲学。弟子的数量多至数千人，其中一些非常杰出。他们中最著名的有僧肇、道融、僧睿和竺道生，四人被称为"什门四圣"。佛教史上还有"什门八俊""什门十哲"的说法，都是指在鸠摩罗什影响下很有成就的一些佛教僧人。这些弟子，既是僧人，其实也是学者。他们协助鸠摩罗什译经，又受学门下，很多人有自己的著作。其中僧肇所著《般若无知论》《不真空论》《物不迁论》以及《涅槃无名论》，合称《肇论》，最为著名，是中古时期思想史上的重要著作。鸠摩罗什的弟子，后来分布各地，对南北朝时期佛教的发展起了重要的作用。其中的竺道生，我们下面还要专门谈到。

道安和鸠摩罗什都活动在北方。东晋南北朝时期，北方与南方分治。在东晋这一时段，南方佛教的领袖人物是庐山的慧远。

慧远是道安的弟子。慧远俗姓贾，雁门楼烦（今山西宁武附近）人，生于东晋咸和九年（334）。慧远13岁时，随舅父到许昌洛阳一带游学，"故少为诸生，博综六经，尤善老庄"[25]。他21岁时，打算前往江东，因为路途阻隔，没有成功。当时道安正在太行恒山（今河北曲阳西北），声名很高，慧远于是与弟弟慧持前去追随道安，一见之下，对道安敬佩不已。道安讲《般若经》，慧远听后，大为赞叹，认为与此相比，"儒道九流，皆糠秕耳"[26]。于是两兄弟决定一起出家，成为道安的弟子。慧远出家不久，在道安的弟子中，便表现得十分出色，道安称赞他："使道流东国，其在远乎！"他 24 岁时，道安让他独立讲经。他为了让听者容易理解，"乃引《庄子》义为连类，于是惑者晓然"。这一办法，虽然与一般人不一样，但得到了道安的承认，特听慧远"不废俗书"。东晋兴宁三年（365），道安到达襄阳，慧远也在跟随道安的徒众之中。太元三年（378），前秦进攻襄阳，道安分张徒众，慧远奉命东下。他先到荆州，打算再去罗浮山（在今广东东江北岸），但当太元六年（381）他路经浔阳（今江西九江）时，看见庐山清净，便停留下来，从此住在庐山，再也没有离开，直至东晋义熙十二年（416）去世。慧远在庐山建立的东林寺，至今犹在。

与道安的境遇不一样的是，慧远在庐山的三十多年里，环境一直比较安定。南方虽然也不时有政治上的变动以至小规模的战乱，但都没有影响到庐山，慧远因此得以在庐山专心地传教、修行和从事著述。《出三藏记集》中的《慧远传》讲他在庐山："于是率众行道，昏晓不绝。释迦余化，于斯复兴。既而谨律息心之士，绝尘清信之宾，并不期而至，望风遥集。"[27]

庐山的僧团，以慧远为领袖。在这个僧团的周围，还有经常前来听法修行的居士群。这些居士中，不少是当时的名士，如彭城刘遗民、雁门周续之、新蔡毕颖之、南阳宗炳等。他们对慧远的景仰，大大增加了庐山佛教在庐山之外和社会上的影响。慧远得到从地方官吏到王公贵族社会各方面的尊敬和支持。东林寺由江州刺史桓伊帮助而建成。江州每一任刺史，都与慧远交好。几乎所有当时的名流或者权贵，只要到了江州，都愿意到庐山拜见慧远。他们中有何无忌、殷仲堪、桓玄、谢灵运及卢循等。甚至远在长安的后秦皇帝姚兴，也派人到庐山，致书慧远，送给慧远佛像等物。慧远不分华夷南北，朝野顺逆，都与他们交往或者周旋，但又始终保持自己独立的品格。他的传记中讲："自远卜居庐阜，三十余年影不出山，迹不入俗。每送客，游履常以虎溪为界焉。"[28]甚至当晋安帝从江陵返回建康，途经浔阳，何无忌劝他下山觐见，他也称疾不行。安帝特地遣使上山慰问，他也仅仅只是修书答谢。安帝只能表示遗憾。

慧远最为关心的，仍然是佛教的建设。鸠摩罗什当时已经到了长安，长安有最大的译场。他写信给鸠摩罗什，向鸠摩罗什表示敬意，派弟子送去信和礼物。鸠摩罗什即致答书，对慧远推重不已。此后，有僧人从长安到庐山，讲到鸠摩罗什要回故乡，慧远又立即写信给鸠摩罗什，表示遗憾，并提出十几条佛教理论方面的问题,请鸠摩罗什解答。他与鸠摩罗什之间关于佛教理论的问答,一共十八章,后来被人编成书,就称作《问大乘深义十八科并罗什答》或者《鸠摩罗什法师大义》。

长安译经的情况,慧远也十分了解和关心。罽宾来的僧人弗若多罗在后秦弘始六年(404)来到长安,诵出《十诵律》,鸠摩罗什与他一起译为汉文,翻译到三分之二,弗若多罗去世。第二年,西域昙摩流支到长安,慧远听说昙摩流支也带来了这部戒律,便写信给他,恳请他继续翻译《十诵律》。昙摩流支与鸠摩罗什合作,完成了这部戒律的翻译。与道安一样,慧远也常常感觉律藏不全,禅法不备,妨碍了佛教的发展。他也曾派出弟子到西域去寻找佛经,带回南方,进行翻译。有印度僧人到达长安,他知道他们在某一方面特别有学问,就迎请到庐山,请他们专门翻译经典。来自罽宾的僧伽提婆在庐山译出《阿毗昙心论》《三法度论》。来自迦毗罗卫的佛陀跋陀罗在庐山译出《达磨多罗禅经》。这几部经典当时和后来都很有影响。僧伽提婆和佛陀跋陀罗离开庐山后,到了建康,继续翻译佛经,也都成为中国佛教史上重要的翻译家。

慧远所做的另一件在后来很有影响的事是他倡导的弥陀净土信仰和修行"弥陀净土法门"。东晋元兴元年(402),慧远与刘遗民等人在东林寺阿弥陀像前立誓,共期往生西方净土。后代因此传说他建立"白莲社",后来中国佛教的净土宗便把慧远作为第一位祖师。

慧远自己,著作也不少。在当时激烈争议的僧人应不应按世俗的规矩,向国王敬礼一件事上,他写成有名的《沙门不敬王者论》,坚决主张"出家乃方外之宾",虽"不处王侯之位,亦已协契皇极,在宥生民","不得与世典同礼",因此不应向王者致敬,并再次说明"形尽神不灭"的看法。《明报应论》《三报论》《法性论》等都是他的著作。在这些著作里,他对灵魂、因果轮回、法性、佛身等当时佛教讨论最多的问题提出了他的看法。他也对弟子讲《丧服经》,更多地表现出努力把佛教与中国传统文化相结合的特点。所以僧传中讲他"内通佛理,外善群书,夫预学徒,莫不依拟"[29],是有道理的。

慧远的弟子中最著名的有慧观、僧济、法安、昙邕、道祖等人,他们后来都成为南朝的义学高僧。

西晋的统一十分短暂,从东晋开始形成的南北分治的局面,一直延续到隋统一之前,这个时段有将近三百年。南北佛教的发展因此形成各自的特点。

南方佛教的代表人物之一是竺道生。竺道生本姓魏,原为巨鹿(今河北平乡)人,后来寓居彭城(今江苏徐州)。竺道生也是世家出身,幼年随竺法汰出家。竺法汰则是佛图澄的弟子、道安的同学。竺道生出家后,曾经在庐山修行七年,修行得到的结论是"入道之要,慧解为本",说明他与道安、慧远等义学僧人一样,特别重视对佛教义理的理解和思考。当时鸠摩罗什在长安译经,他知道以后,便与慧睿、慧严、慧观等一起,前去追随鸠摩罗什。鸠摩罗什翻译《大品般若经》和《小品般若经》等经典,他也参与其中。在长安,他对佛教义理有了更多的理解。东晋义熙五年(409),竺道生回到建康;在建康,他讲说佛法,往往有自己的新见。例如,他批评当时有的僧人不能真正理解佛教的意义:

> 夫象以尽意,得意则象忘。言以寄理,入理则言息。自经典东流,译人重阻,多守滞文,鲜见圆义。若忘筌取鱼,则可与言道矣。[30]

这其中也有魏晋玄学中所讲的"得意忘言"的意思。竺道生同时还提出"善不受报"和"顿悟成佛"两条"新义"。二者都在建康引起了争论。不过最大的争议还是他提出的"一阐提人皆得成佛"的说法。

所谓"一阐提",是佛教特有的一个名词,指被认为断除了一切"善根"的人。当时有关佛性的学说传入中国不久。僧人法显刚从印度求法归来。法显与另一位印度僧人佛陀跋陀罗合作,译出的《大般泥洹经》,其中就专门讨论到这方面的问题。《大般泥洹经》中讲,"一切众生,悉有佛性",而具备佛性,就有成佛的可能,但"一阐提"不包括在内。竺道生则有自己的理解,他认为,既然"一切众生,悉有佛性","一阐提"是众生之一,那么"一阐提"自然也可以成佛,法显所译的《大般泥洹经》的经义因此不够圆满。竺道生此说一出,一时在建康引起一片哗然,所谓"孤明先发,独见迕众"。"旧学僧党"对此进行了严厉的批评,认为是"背经邪说"。竺道生为此被逐出建康。但时间不久,《大般泥洹经》的另一个更完整的译本,即印度僧人昙无谶在北凉翻译的《大般涅槃经》传到了建康,经中就有承认"一阐提"可以成佛的意思,竺道生的主张在经典中得到证实,他名声大振。于是他在庐山宣讲这部经典。竺道生因此也成为中国佛教史上的一位"圣人"。

《大般涅槃经》原是印度大乘佛教一部重要经典，经中讨论到佛性问题，经文中对佛性的理解和解释，成为后来中国佛教思想史上的几个核心命题之一。中国原来的传统，只讲到人性，没有佛性的说法。佛性是新东西。佛性的观念，对佛性的理解，一直是中国佛教徒不断试图给以新的解释，希望寻得最终解决的大问题。竺道生"一阐提人皆得成佛"的说法以及南北朝时期僧俗两界对讲习《大般涅槃经》表现出来的极大热情，正反映了这一点。例如稍后一些的梁武帝，就著有《大般涅槃经讲疏》一百卷。

竺道生于刘宋元嘉十一年（434）去世。他主要的著作有《二谛论》《佛性当有论》《法身无色论》《佛无净土论》《应有缘论》等。从竺道生开始的关于佛性的讨论，后来又延伸到对如来藏等问题的研究，仍然是此后相当长一段时期佛教义学僧人们讨论的主题之一。甚至更晚时候的宋明理学所讨论的心性问题，其中也能看到一些这方面的影子。

佛教在长期的发展过程中，形成了很完整、很成熟、很精巧的一套宗教哲学理论。这套理论，在印度文化的背景下，有很丰富的内容。佛教传入中国，确实在信仰和思想理论方面给中国文化增添了许多新东西，它们与中国原有的思想观念既互相融合，也往往冲突。齐梁时代范缜与佛教信徒之间关于神灭还是神不灭的争论，就是这方面的一个例子。

范缜字子真，齐梁时南乡舞阴（今河南泌阳西北）人。范缜父亲早卒，"少孤贫"，年轻时跟随当时的名儒刘𤩊学习，即"卓越不群而勤学"，"好危言高论，不为士友所安"。他在南齐时任尚书殿中郎。永明（483—493）年间，他与齐竟陵王萧子良曾就佛教因果问题做过一次讨论。《梁书》卷四八《范缜传》记载了他们的对话：

> 初，缜在齐世，尝侍竟陵王子良。子良精信释教，而缜盛称无佛。子良问曰：君不信因果，世间何得有富贵，何得有贫贱？缜答曰：人之生，譬如一树花，同发一枝，俱开一蒂，随风而堕，自有拂帘幌坠于茵席之上，自有关篱墙落于粪溷之侧。坠茵席者，殿下是也；落粪溷者，下官是也。贵贱虽复殊途，因果竟在何处？子良不能屈，深怪之。缜退论其理，著《神灭论》。[31]

《神灭论》是现存范缜留下的不多的著作之一，一定程度上代表当时以儒学为背景的主张无神论的学者在理论上对佛教的回应或者反驳。范缜在文中就人的形体与精神的关系，精神在形体消灭以后是否仍然存在等命题提出看法。全文以问答的形式写成，主要的观点是"形神相即"，"形存则神存，形谢则神灭"，"形者神之质，神者形之用"，形和神的关系，如同刀刃和刀刃的锋利一样，最后明确地指出"浮屠害政，桑门蠹俗"。这些意见，在当时显得很尖锐，所以"此论出，朝野喧哗，子良集僧难之，而不能屈"。对神灭还是神不灭，其后的讨论还一直继续，直至梁武帝在天监六年（507）指令王公朝贵及僧正六十余人对此进行反驳。梁武帝本人，也著有《敕答臣下神灭论》，表示支持"神不灭"的主张[32]。但即便如此，范缜依然没有放弃自己的观点。

范缜在梁武帝时代，先后担任过尚书左丞、中书郎、国子博士等职。他虽然坚持其"反主流"的意见，但没有人伤害他。由此看来，在南北朝时期的南方，佛教即便有皇帝和王公权贵的强力支持，声势很大，舆论可以说是一边倒；但在思想界，发表不同意见仍然有相当的自由。佛教徒们与范缜关于神灭还是神不灭的争论就是一个例子。

其实，宗教不是科学。宗教的目的和功能，其中之一，是要满足人的某些精神需求。儒家有"神道设教"的说法，佛教在某些方面更是如此。

以上所讲的佛教的情况，大多与佛教在社会上层中的活动有关。就一般的民众而言，从汉至隋，佛教也获得极大的成功，其影响大大超过其他任何宗教。只是文献中关于民间的佛教信仰具体的记载相对来说要少很多。普通民众的佛教信仰虽然具有简单化的特点，但简单就易行，佛教在抚慰现实世界和现实生活中无穷无尽的苦难，支撑普通民众的精神需求方面提供了比儒家学说，同时也比道教一类的宗教更多的思想资源和更有效的行为方式。对于一般的佛教信众来说，他们大多并不关心玄学化的或比玄学更深奥的佛教义理的讨论，但在虔诚方面他们往往不落后于佞佛的帝王将相、文人学士。他们对佛教的理解和信仰，主要体现在参与各种形式的守戒持斋、造塔立像、造像写经等更为实际的宗教活动，目的大多比较简单，就是寻求一个精神的支撑点，求得功德和福佑，乃至于来世有一个好的转生。

印度佛教信仰中的一些内容，这时在中国也产生了一些变化并有新的发展。在魏晋南北朝时期,在一般民众中,最突出的几种表现形式,除了对释迦牟尼佛的崇拜以外,是对佛教中的弥勒佛的崇拜或者是对阿弥陀佛的崇拜,再后来又有逐渐形成的对观音菩萨的崇拜(彩图9)。这种崇拜,是后来中国佛教中对一般信徒最具影响的"净土信仰"的思想基础,也是信徒们建塔造寺、造像写经、供奉布施的最重要的动因。参与其事的上至皇帝王公、官僚权贵,下逮庶民百姓,更毋论出家的僧众。北朝末年出现的一部"伪经"《像法决疑经》讲:"一切道俗竞造塔寺,遍满世间,塔庙形像处处皆有,或在山林旷野,或在道边,或在巷路臭秽恶处。"[33]其实就是这种情形的写照。唐初的僧人法琳,在总结隋初天下佛教的形势时说:

> 自开皇之初终于仁寿之末。所度僧尼二十三万人。海内诸寺三千七百九十二所。凡写经论四十六藏,一十三万二千八十六卷。修治故经三千八百五十三部。造金铜檀香夹纻牙石像等。大小一十万六千五百八十躯。修治故像一百五十万八千九百四十许躯。[34]

隋代紧接北周而统一了中国,隋初出现的这种局面,上层王公贵族自东晋以来数百年间的倡导固然是一个原因,但如果没有整个社会以及一般民众对佛教的信仰作为支持,也是不可能的[35]。

佛教在一般民众中得到普遍的信仰和支持,使佛教真正在中国扎下了根。我们不能说这时的中国是一个佛教的国家,但如果把佛教看成当时最大最有影响的宗教,应该说这合乎历史的事实。

第三节　佛教传入对中国文化的影响

佛教传入对中国文化的影响　佛教的新发展:讲习经论与中国佛教宗派的形成

佛教的传入在中国历史上是一件重要的事。佛教对中国文化的影响是多方面的。首先,作为一种发展成熟、形式完整的宗教意识形态,它给中华文明带来了一大类很新鲜的思想。在此之前,在中国还没有出现像佛教这样一种成熟的、具备丰富的文化品格的宗教。更重要的是,佛教虽然是外来的宗教,但它在中国的环境中,一步一步地与中国文化和中国原有的思想观念相融合,一方面为中华文明的发展加进了新的成分,最后自己也成为中国文化的一部分。再有,在印度及中亚佛教传入中国的同时,印度文化或西域文化中其他许多东西,如医学、天文的一些知识也都传到了中国,为中国人所了解,经过学习和吸收,也为中国文化的各个方面增添了新的内容。

佛教在思想方面对于中国文化的影响上面已经谈得不少,这里只就佛教在其他层面对中国文化的影响再做一点说明。

文学是精神文明的一种表现形式,佛教传入中国以后,对中国传统文学的创作形式和内容产生的影响是明显的。从汉末开始的翻译佛经的工作,一直延续到北宋初年,前后持续将近一千年。其时间之长,规模之大,在世界其他国家或地区的历史上没有可以相比较的事例。翻译成汉文的佛经,主要宣传的是宗教,但其中往往也有极具文学性质的内容,有些章节甚至可以被视为文学作品。例如三国时康僧会编译的《六度集经》、西晋时僧人竺法护翻译的《生经》、十六国时期鸠摩罗什翻译的《大庄严论经》和《杂譬喻经》、北魏西域僧人吉迦夜与昙曜合译的《杂宝藏经》、旧题北魏凉州僧人慧觉等传译的《贤愚经》、南朝萧齐时印度来华的僧人求那毗地译的《百喻经》等,如果除去其中说教的内容,也完全可以看作是一类故事的结集。这些故事,往往设想奇巧,甚至诡异,又常常取譬于生活,有很强的艺术感染力,为中国文学增添了许多新的成分。对此鲁迅曾经在介绍汉译的《百喻经》时做过评价:"尝闻天竺寓言之富,如大林深泉,他国艺文,往往蒙其影响,即翻为华言之佛经,亦随在可见。"[36]魏晋南北朝时期,被认为是文学"自觉"的时代,文学十分繁荣,各种文学体裁都有很大的发展,其中的志怪小说一类特别发达,原因之一,就与佛教有关。这正如鲁迅在另一处地方所讲:"中国本信巫,秦汉以来,神仙之说盛行,汉末又大畅巫风,而鬼道愈炽,会小乘佛教亦入中土,渐见流传。凡此皆张皇鬼神,称道灵异,故自晋迄隋,特多鬼神志怪之书。"[37]鲁迅的话,除了"小乘佛教"一名用得不很准确外,其余的论断都非常正确。

在文学之外,佛经和佛经的翻译在其他方面也产生了重要的影响。由于在佛经翻译中需要掌握梵语或者"胡语"一类语言的知识,中国人对照汉语,对于汉语自身的语言学特性也有了新的了解。古代汉语音韵学中"反切"理论和方法,究竟最早是怎么产生的,虽然一直有各种说法,但大多数人认为与此是有关系的。刘宋时代的谢灵运是中古时期的大文学家,也可以说是当时知识界的一位代表人物,他信仰佛教,也积极推动和参与佛经的翻译。佛教大乘的《大般涅槃经》是东晋至南北朝时期最有名、影响也最大的佛经之一。这部经典,有"北本""南本"以及"法显本"三个译本,谢灵运参与了"南本"的"翻译"或者说"改治"。他"笃好佛理,殊俗之音,多所达解",并向一位当时从印度求法归来不久的僧人慧睿请教,"乃咨睿以经中诸字并众音异旨,于是著《十四音训叙》,条列胡汉,昭然可了,使文字有据焉"[38]。谢灵运的书,早已失传,但从现在还可以见到的一些片断看,足以说明当时人对中外语言和语音的特点及发音理论所做的探索和认识的水平[39]。与此相关的一个历史事实是,正是由于这一时期文人学者们对于汉语声律理论的积极探索,导致了汉语语音中的"四声""平仄"理论以及永明体诗的出现。学者们一般都认为,这种对于汉语声律理论的探索,很大程度上就是因为受到了佛教传入、大规模开展的佛经翻译活动的刺激和推动。

佛教成为有影响的宗教之后,给社会一般民众的生活,也带来了一些新的东西,时间既久,连人们的生活风俗也发生了一些变化。中国佛教信徒茹素的风气、民间中元节等风俗,就是在这个时期形成的。从印度输入的地狱观念,被普通百姓广泛地接受。印度的阎摩神,成为中国的阎王。阿弥陀佛、弥勒佛、观音菩萨的名字家喻户晓,成为一般民众崇拜和祈求保佑的对象。从汉末到隋代,经过几百年的发展,佛教已经深深地渗进中国人的精神和文化生活,成为中国文化的一部分(图6-7)。

到了南北朝后期,佛教与中国文化相结合,成为中国文化的一部分的另一个表现是中国佛教出现了不同的学派,进一步更发展出中国佛教自己的宗派。

佛教在两汉之交传到中原地区,直到汉末,才开始有一定的影响,但此后便发展得很快。到东晋南北朝时期,佛教已经成为中国最有影响的宗教。这期间,佛教的影响不仅渗透到社会的各个方面,其自身在中国也有新的发展变

图 6-7 东晋鎏金菩萨立像

化,表现之一是在佛教徒中出现不同的学派,其后更逐步形成佛教的宗派。学派和宗派在性质上不一样,但很多情况下,二者之间有密切的联系。大致地讲,学派是指以讲习并研究某一种或某一类佛教经典为基础而形成的一个理论派别,而宗派则是指有创始人和信徒,有自己的传授体系,有独立的教义,同时有一定教规的宗教派别。在一定条件下,前者往往成为后者形成的基础[40]。佛教徒讲习经论,提高了对最初来自印度的佛教理论思想的消化和理解,也为稍后中国佛教宗派的出现,做了理论和思想的准备。无论是学派还是宗派,出现在这个时候,都扩大了佛教在思想学术界的影响,进一步推动了佛教在中国的发展。

这一时期主要的佛教学派,可以举出以下几家:

三论宗,因为研习印度龙树的《中论》《十二门论》以及提婆的《百论》而得名。又因为讲"诸法性空"被称为法性宗。姚秦时鸠摩罗什译出这三部论以后,研究者很多,包括鸠摩罗什的弟子僧睿、僧肇、僧导、昙济等。其后刘宋及萧梁时代的僧朗、僧诠,陈代的法朗,直到隋代的吉藏,都是研习“三论”的大家。尤其是吉藏,著有《三论玄义》,是研究三论的代表性著作。也有人认为,三论宗到了后期,已经有渐渐发展为宗派的趋势,不过最终还是没有成功地形成完整的宗派。三论宗只有在传入日本以后,才真正地发展为一个宗派。

毗昙宗,又称作毗昙师,以研习佛教说一切有部的论书“阿毗昙”而得名。东晋以来,从西域传来的说一切有部的几种《阿毗昙》陆续译出,例如前秦僧伽提婆翻译的《阿毗昙八犍度论》《阿毗昙心论》以及南朝僧伽跋摩翻译的《杂阿毗昙心论》等。道安和慧远对研习《阿毗昙》类的经典都很有兴趣,大力提倡,因此出现许多研究毗昙的学者。这种风气一直持续到隋末唐初。直到唐玄奘译出说一切有部的《俱舍论》后,研习“毗昙”的风气才渐渐衰落。

成实宗,又称作成实师,以研习印度诃梨跋摩的《成实论》得名。鸠摩罗什译出《成实论》后,他的弟子僧导、僧嵩等研究并撰写注疏,形成讲习的风气。

涅槃师,以研习大乘《大般涅槃经》得名。南方以道生为代表,撰成《顿悟成佛论》;北方有道朗,撰成《涅槃义疏》。僧人以及学者们围绕《大般涅槃经》中“一阐提”有无佛性,佛教的觉悟是顿悟还是渐悟,佛性的本质,经中的“如来藏”思想等被佛教徒认为是最重要的问题进行讨论。这些人也被认为是一个学派。

地论宗,又称作地论师,以研习《十地经论》得名。《十地经论》为印度世亲所著,原是对大乘佛经《华严经》的《十地品》中菩萨修行的十个阶位和教义所做的解释,在印度佛教的瑜伽行派中有重要地位,北魏菩提流支等译出以后,引起佛教僧人们的兴趣,形成一个研究的学派。

摄论宗,又称作摄论师,以研习印度无著的《摄大乘论》而得名。南朝陈真谛译出此论及世亲的《摄大乘论释》,进一步把印度佛教瑜伽行派的唯识学说介绍到中国,一批僧人成为专门研究这一派宗教哲学理论的学者。

至于这一时期的佛教的宗派,则可以以在陈隋之际形成的天台宗为代表。天台宗因天台山而得名。天台宗的实际创始人智颛,曾在天台山建寺修行,在此创立天台宗。智颛以大乘佛教的经典《法华经》作为教义上主要的根据,主张“定慧双修”,又提出“五时八教”的判教理论,构建出一套宗派性的传法系谱。智颛自己讲经说法,经过弟子们记录整理,便成为天台宗基本的理论著作。

其中最重要的《法华玄义》《摩诃止观》以及《法华文句》,被称为"天台三大部"。天台宗从隋代开始,直到宋代,曾经是中国佛教中影响最大的宗派之一。

总起来说,中国佛教的宗派,在南北朝的晚期以及隋代,数量不多,尚未形成宗派并峙的局面,但此前一段时期佛教学派的发展,已经为其后中国佛教宗派的产生做好了理论和思想的准备。真正中国佛教宗派的出现,则还有赖于中国佛教的完全成熟以及其他更多的条件。这些条件到了隋代已大致具备,但在佛教自身,还等待着在唐代得到更大更成熟的发展。

第四节　道教的产生

道家与汉初黄老学说的流行　方士与道教　太平道与五斗米道

道教是在中国"土生土长"的宗教。它的产生,在开始的时候,完全依托的是中国本土的文化和思想资源。道教推尊春秋时代道家的老聃作为始祖,把传世的《老子》一书作为基本经典,称作《道德经》。发生这种情形,固然有它的原因,但道教与道家,实际上有很大的差别。简单地讲,道家在春秋战国时代,只是"诸子百家"中的一家,虽然在"百家"中是影响比较大的一家。这时的道家仅仅是一种思想学说或者说学派。《老子》中讲到的"道",是一个抽象的概念,天地万物的本源或法则概括地被称为"道"。"道"在这时,没有与宗教直接联系在一起。只是后来道教在形成的过程中,使用"道"作为自己理论的基础,以"道"为宗教追求的最高目的和最高境界,由此被称为道教,道家才因此成为道教最早的源头之一。

汉代初年,经过秦末的大乱,民生凋敝,天下衰弱,为了政治上的安定和恢复经济,休养生息,提倡无为而治,黄老之道于是成为主流的思想。道家的思想不仅在政治领域得到表现,在一般的思想文化中也有很大的影响。例如幻想长生不老就成为汉代人的一种普遍的追求。不过,这个时候仍然只是有道家,还没有道教。在西汉时期,黄老学说仍然主要是一个与政治和哲学有关的思想流派,而不是宗教。作为宗教的道教的出现,大致是在东汉的中期。

　　方士在秦以前就已经出现。战国时代的方士相当活跃。到了汉代,已经形成传统。秦始皇和汉武帝时代那些活动于宫廷的方士,是其中的典型。在这样的基础上,方士们把自己的理论系统化和细密化。《汉书》卷七五《李寻传》中讲,西汉成帝时(前32—前7),有"齐人甘忠可诈作《天官历》《包元太平经》十二卷,以言汉家逢天地之大终,当更受命于天,天帝使真人赤精子,下教我此道"[41]。这位甘忠可,就是这类方士。从战国时代到南北朝,将近一千年间,齐地就是出方士的地方。魏晋南北朝时期道教中的天师道一派,许多人物也与齐地齐人密切有关[42]。

　　《天官历》与《包元太平经》原书早佚,具体的内容已经不清楚,但只看书名,就可以知道,它与"天""天官"和"太平"等一类思想有关。这一特点,几乎贯穿在其后一千多年的道教历史中,无论道教在社会中或是与主流的意识形态相逆反,成为下层人民或某些人"造反"的一种思想资源,或是适应于社会主流的意识形态,依附于最高统治者,获得统治者的承认,成为一种合法的宗教,它都是如此。在这一点上,道教与佛教的价值取向表现得很不一样,前者明显地更具中国文化自身的特点。

　　有关汉代方士的情况,在史书中有不少记载。这些记载给人的印象是,从西汉到东汉中期,他们的人数不少,也很活跃,只是还没有形成有一定规模的组织。《后汉书》卷三〇《襄楷传》,不仅记载了汉代佛教初传的一些情况,也讲到了这些与早期道教历史有关的方士:

> 　　顺帝时,琅琊宫崇诣阙,上其师干(亦作"于")吉于曲阳泉水上所得神书百七十卷,皆缥白素、朱介、青首、朱目,号《太平清领书》。其言以阴阳五行为家,而多巫觋杂语。有司奏崇所上妖妄不经,乃收藏之。后张角颇有其书焉。[43]

　　干吉或者说于吉的《太平清领书》究竟有些什么内容,不是很清楚。但汉末张角创立太平道依据的经典就是《太平清领书》,也就是后来成为道教基本经典的《太平经》。不过,一般认为,现在传世的《太平经》,内容经过后代的改订,已经不是最早的原貌[44]。

一些特别追求长生不老和成仙的方士所形成的传统,后来被称为方仙道。当然,历史上追求长生不老和成仙的,不只是方士,也包括上至皇帝,下至官僚贵族。甚至一般的老百姓也不能说没有这样的愿望。这成为后来道教信仰最重要的基础之一(图6-8)。

黄老的学说和思想,在西汉初期曾经很有影响。从汉武帝开始以及其后,儒家的学说取得了"独尊"的地位,但儒家的学说,主要体现在政治制度、礼仪、伦理道德以及学术的范围内,在此之外,黄老的地位其实并未降低。《后汉书》卷四二《楚王英传》讲,东汉初年的楚王英,"晚节更喜黄老,学为浮屠斋戒祭祀"[45]。虽然是黄老与浮屠并举,但斋戒祭祀,已经有渐成宗教崇拜的模样。到了东汉末年,这种情形更有发展。《后汉书》卷七六《王涣传》提到"延熹中,桓帝事黄老道,悉毁诸房祀"[46]。卷三〇《襄楷传》还讲到桓帝在"宫中立黄老、浮屠之祠"。这种以黄老思想为基础渐渐形成的黄老道,显然已经带有一定的宗教特性。黄老道在民间进一步发展,就成为后来的太平道。

图6-8 汉代铜羽人

方士、方仙道和黄老道,是道教形成最主要的基础和最早的表现形式。

具备完整形态的道教出现在东汉末。也就是说,到了这个时候,道教不仅有一套自己的教义,同时还有了自己的组织,以及体现教义、集合信众的一套仪轨。不过,这时的道教一般并不被人称作"道教",这时出现的道教是道教早期的两个派别,历史上分别称作太平道和五斗米道。

太平道和五斗米道都与东汉末年的社会和政治密切相关。它们是宗教,但同时也表现为一种反对统治阶级与主流社会的宗教与思想运动,前者甚至成为削弱乃至推翻东汉政权的最直接的原因。

太平道的创始人是张角。张角,巨鹿(今河北平乡)人,"奉事黄老道"。东汉灵帝时,张角以《太平清领书》为主要经典,自称"大贤良师",与其弟张梁、张宝在民间活动,反对剥削敛财,向老百姓宣传"积财亿万,不肯救穷周急,使人饥寒而死,罪不除也"[47]。又用符水咒语、跪拜首过等方式为人治病,很快获得许多人的信仰,渐渐形成有严密组织的宗教团体。张角派遣弟子八人到各地传道,"以善道教化天下"。数年之间,青、徐、幽、冀、荆、扬、兖、豫八州的信众有数十万之多,信徒不仅遍布民间,甚至渗入到后宫,一些宦官也加入其中。

东汉末年,政治十分腐败,官府横征暴敛,再加上水旱频仍,疫病流行,社会矛盾尖锐,民不聊生。在这样的情况下,张角依照《太平经》天地人"三统"的思想,称自己为天公将军、张梁为地公将军、张宝为人公将军,"遂置三十六方,方犹将军号也,大方万余人,小方也六七千,各立渠帅"。张角又根据教义中五行相生相克的理论,提出"苍天已死,黄天当立,岁在甲子,天下大吉"的口号,确定在灵帝中平元年(184)的三月五日各地同时起事。后因有人告密,提前发动,"所在燔烧官府,劫略聚邑,州郡失据,长吏多逃亡。旬日之间,天下响应,京师震动"[48]。参与起事的太平道的信徒们,都头戴黄巾作为标志,因此被称为"黄巾"。太平道于是就从一种宗教运动演变为一场大规模的农民起义,即一般历史上所称的黄巾起义。

但黄巾起义持续的时间不长,前后只有十来个月,其间张角病死,张梁、张宝也先后战死,在东汉政府军以及各地地主武装的联合镇压下,很快归于失败。太平道因此也成为非法组织,逐渐衰微。

在南方,与北方的太平道相呼应的是五斗米道。五斗米教的创始人是张陵(34—156)。张陵又称张道陵,字辅汉,沛国丰(今江苏丰县)人,传说是留侯张良的后代。据说张陵少年时研读过《道德经》,曾入太学,通达五经,对天文地理、河图洛书一类的典籍也很熟悉,曾经举"贤良方正直言极谏科",东汉明帝时,他做过巴郡江州(今重庆)令,后来隐居北邙山(今洛阳北),学长生之道。朝廷征他为博士,他称疾不就。和帝即位,征他为太傅,封冀县侯,据说他三诏不就。顺帝时(125—144),张陵在四川的鹤鸣山修道,奉老子为教主,以《道德经》为主要经典,并自称出于太上老君"授以三天正法,命为天师","为三天法师正一真人"。造作道书二十四篇,自称"太清玄元",创立道派,入道者须纳米五斗,因此人称五斗米道。与张角一样,张陵也教人悔过奉道,用符水咒法治病。同时把道徒组织起来,分为二十四治,设立"祭酒",统领道徒。张陵自称天师,五斗米道因此又称天师道。

现存本的《老子想尔注》,有人认为是张陵的作品,也有人认为是张鲁假托张陵之名撰写而成,二张中不管是谁,性质上应该没有差别。《老子想尔注》通过注解《老子》,把"道"的概念做了进一步的宗教性的推衍,认为"道"为"一","一散形为气,聚形为太上老君","道"有喜怒哀乐,能够发号施令。"道设生以赏善,设死以威恶。"人君信道守戒,按"道意"行事,国则太平;循"道意"爱民,民即寿考。人法"道意",便能长久,"奉道戒,积善成功,积精成神,神成仙寿"。很明显,《老子想尔注》虽然引用的是《老子》的章句,但提出的其实是一种新的宗教理论。它对道教的发展有着重要的影响[49]。

东汉末年,益州地区有许多少数民族。五斗米道的教义,也吸收了当地少数民族原始宗教信仰的一些成分。道教是在中国土生土长的宗教,对道教的发展,不仅汉族,古代中国的少数民族也是有贡献的。

五斗米道在巴蜀地区的民众中发展得很快,信徒日益增多。张陵死后,其子张衡、孙张鲁继续传道。《三国志》卷八《张鲁传》讲,"陵死,子衡行其道。衡死,鲁复行之"。东汉初平二年(191),益州牧刘焉任命张鲁为督义司马,与别部司马张修共同进攻汉中。张修也是五斗米道的头领之一。随后张鲁又杀掉张修,合并了张修的徒众,在汉中建立了自己的地区性的割据政权。张鲁的政权,实行政教合一,他自称"师君"。教中的"祭酒"既是地方官,同时又负责传教。汉中各地的大路旁,设立有"义舍",放置"义米""义肉",为路人免费提供食宿。又禁止酿酒,春夏两时禁止杀牲。犯法者宽宥三次,而后再犯,才处以刑罚。有小过者则修路百步。张鲁以五斗米道的形式建立的这种政权,是在中国历史上第一个,也是为数不多的政教合一的政权之一。

在汉末天下大乱、军阀混战的大形势下,张鲁割据汉中将近三十年,传五斗米道,维持了汉中地区地方的安定,因此得到当地汉族和少数民族的拥护。"民夷便乐之",其他地方的百姓也纷纷迁来避难。陇右发生韩遂、马超之乱,"关西民从子午谷奔之者数万家"。

建安二十年（215），曹操攻汉中，张鲁归降曹操。拜镇南将军，封阆中侯。北方的太平道在黄巾起义失败后，已经不能公开活动。但张鲁投降曹操后，五斗米道取得合法地位，得以公开传播，影响日大[50]。

作为早期道教的两个大的教派，太平道与五斗米道基本的教义大致相同。从思想的来源上讲，它们首先是继承了中国古代从殷商时代发展下来的鬼神观念。古代把日月星辰、河海山岳和祖先都视为神灵，进行祭祀或祈祷。太平道与五斗米

图 6-9　清《性命圭旨》中的飞升图

道承袭了这种鬼神的思想，加进了新的神灵，发展出一个更完善的系统。

其次，太平道与五斗米道也继承了殷商以至战国、秦汉时代以来的巫术和神仙方术传统。殷商时代，相信卜筮，以卜筮决疑惑、断凶吉，通过巫师交通鬼神。战国时代，神仙方术渐盛，神仙思想在《庄子》和《楚辞》中即有许多表现。其后，燕齐一带又出现许多追求长生成仙之术的方士，利用齐国人邹衍的阴阳五行学说解释他们的方术，从而形成所谓的神仙家。到了汉代，形成方仙道。这些依仗巫术祈福禳灾的方式都被太平道与五斗米道所吸收。传说崇尚方仙道的宋毋忌等向往神仙，"形解销化，依于鬼神之事"。神仙家的神仙信仰和方术也为太平道与五斗米道所接受。神仙方术演化为道教的修炼术，方士也逐渐演化为道士（图6-9）。

再有，汉初的黄老学说以及汉代中期盛行的谶纬之学，对太平道与五斗米道的形成也起了很大的作用。黄老学说本来起于稷下道家，把传说中的黄帝

和老子作为道家的创始人。汉初以黄老思想治理天下,黄老之学成为显学。治黄老之学的人中,有许多是方士,他们把黄老思想中的神秘主义因素、神仙长生、阴阳五行等理论都糅合在一起,又由着重尊崇黄帝,转而推崇神化后的老子,逐渐形成以崇奉老子为神明的黄老道,并与方仙道逐步合流。汉代谶纬之学大盛,儒生与方士合流,以阴阳五行推验灾异祯祥。方士或道士很多原本就是儒生,例如五斗米道的创始人张陵。他们把谶纬的理论与方术相结合起来,是很自然的事。

总之,太平道与五斗米道出现在汉代的末年,并非偶然,它是秦汉以来中国思想文化中自身各种因素发展变化,互相影响的结果。这一点,与从西域传入的佛教有所不同。

第五节　两晋南北朝时期的道教

葛洪与《抱朴子》　寇谦之与陶弘景　佛道之争　道教与古代科学

太平道和五斗米道,尤其是其中的太平道,在东汉末年曾经被贫苦的农民大众利用来组织造反,反抗政府暴虐的统治。造反给社会带来动荡和破坏,最后的结局,或是被镇压,或是自身发生转变,与统治者相妥协,以此换取自身的合法化,成为传统社会中的合法成分。社会和文明为造反带来的这种振荡和动乱付出代价,但社会自身往往也会因此得到改变或进步。道教在汉末以后的发展和变化就反映出这样的特点。

东晋道教的代表人物首推葛洪(284—364)。葛洪字稚川,号抱朴子,丹阳句容(今属江苏)人。葛洪出身江南的世家,祖父做过吴国的大鸿胪。入晋以后,他的父亲做过邵陵太守。他的从祖父葛玄,是三国时有名的方士,据说"学仙得道,号曰葛仙公"。葛洪年青时既以儒学知名,同时又喜好神仙导引之法。葛玄有一位弟子郑隐,得传葛玄的炼丹秘术。葛洪跟随郑隐学道,"悉得其法",又跟从上党鲍玄,"综练医术"。晋元帝司马睿做丞相时,他一度出任掾史,以功赐爵关内侯,后来升任咨议参军等职。但他无意功名。他听说交趾出丹砂,就要求出任勾漏(今广西北流)令。但当他带领子侄南行至广州时,刺史邓岳不让他离开,他于是停留在罗浮山,在山中炼丹,最后终老于罗浮山[51]。

葛洪总结战国以来神仙方术的理论,写成《抱朴子》一书。《抱朴子》是道教发展史上最重要的著作之一,全书分内外篇,共一百一十六篇。《内篇》讲"神仙方药、鬼怪变化、养生益年、攘邪祛祸之事",《外篇》讲"人间得失、世事臧否"。葛洪为道教构设出各种修炼成仙的方法,建立了一套成仙的理论体系。他批评民间的早期道教,提出以神仙养生为内,儒术应世为外,把神仙方术与儒家的纲常名教结合起来,主张道教徒应该以儒家的忠孝、仁恕、信义、和顺为本,否则虽勤于修炼,也不能成仙。他也不满意魏晋以来的玄学清谈之风,主张立言必须有助于社会教化,提倡文章与德行并重。这些都反映了葛洪努力整合道教的理论,把道教的理论与主流的儒家学说调和起来,让道教更加适应于社会,更容易被上层人士接受的意图。

葛洪对道教的炼丹术有很大的贡献。他研究炼丹术,总结了在他之前,魏晋时代方士们炼丹的经验,在《抱朴子》的《内篇》中具体记载了各种炼丹的方法(图6-10)。在近代科学中的化学科学形成以前,古代的炼丹术,实际上可以看作是人们对化学最早的一种探索和试验。葛洪的书,为今天研究中国古代的炼丹术和处于早期萌芽状态的化学思想提供了可贵的资料。葛洪在医学方面造诣也很深。他著有《金匮药方》一百卷,这是一部内容广泛的医书。他另有《肘后备急方》四卷,其中对天花、恙虫病的记载在世界上是最早的。由于炼丹和讲求养生,道教徒对古代化学和医学曾经作出过一定的贡献,这也成为一种传统。葛洪在这方面是一个例子,后来唐代的孙思邈更是典型。

葛洪还著有《神仙传》等书,加上他托名刘歆撰成的《西京杂记》,这些书都流传了下来。

比葛洪时代稍晚,与葛洪情形完全不一样的另一个道教的代表人物是孙恩。孙恩字灵秀,祖籍山东琅琊,后徙江南。孙恩也是世家出身,家庭世代奉事五斗米道。孙恩的叔叔孙泰,师事钱塘五斗米道的道首杜子恭。隆安二年(398),孙泰利用五斗米道起事,事败被杀。孙恩逃到海上,组织道徒进行反攻,第二年攻入会稽(今浙江绍兴),杀死同样信奉五斗米道的内史王凝之。与汉末的张角、张鲁等一样,孙恩以五斗米道作为号召,聚集数万徒众,江南八郡

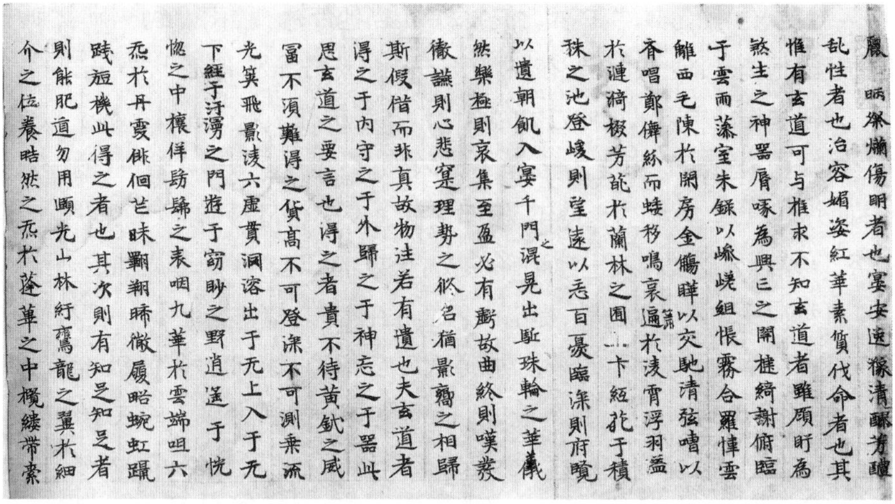
履 眩采爛傷明者也宴安逸豫清醪芳醴
亂性者也冶容媚姿紅華素質伐命者也其
惟有玄道可与推求不知玄道者雖顧眄為
煞生之神器脣吻為興亡之關鍵綺榭俯臨
于雲雨藻室朱綠以參差組帳霧合羅幬雲
離西毛陳於閑房金觴曄以交馳清弦嘈以
齊唱鄭儛紛而蜲蛇哀簫鳴於凌霄浮羽蓋
於漣漪掇芳葩於蘭林之囿卞紅葩于積
珠之池登峻則望遠以忘百憂臨深則府覽
以遺朝飢入宴千門之混晃出驅朱輪之華儀
然樂極則哀集至盈必有虧故曲終則嘆發
徹讌則心悲寔理勢之攸召猶影嚮之相歸
斯假借而非真故物往若有遺也夫玄道者
得之于內守之于外歸之于神忘之于器此
思玄道之要言也得之者貴不待黃鉞之威
富不須難得之貨高不可登深不可測乘流
光策飛景淩六虛貫涵溶出于无上入于无
下經于汗漫之門遊于窈眇之野逍遙于恍
惚之中徜徉彷彿之表咽九華於雲端咀六
炁於丹霞徘徊茫昧翱翔希微履略蜿虹
踐跚旋璣此得之者也其次則有知足之者
則能肥遁勿用頤光山林紆鸞龍之翼於細
介之位養浩然之炁於蓬蓽之中襤縷帶索

图 6-10 《抱朴子·内篇》卷第一抄本残卷，敦煌出土

的道徒和其他民众迅速响应，几十天内就增加到数十万人。宗教再一次成为造反的旗帜。孙恩自称“征东将军”，称徒众为“长生人”，所到之处，烧毁官府，扑杀官吏，一时郡县军队望风溃逃。东晋中央政府派兵镇压，孙恩受挫，率众二十余万退回海岛。隆安四年至元兴元年(400—402)，孙恩重新反攻，三年间数次登陆，但最后终归失败。孙恩投海自尽，余下的徒众由他的妹夫卢循率领，泛海至广州，与东晋政府时而周旋，时而对抗，袭击沿海一带地区。义熙七年(411)，卢循率领的徒众也最后彻底失败。卢循投水而死，其他人被杀，孙恩之乱至此结束[52]。

一个社会，当其中的矛盾极端尖锐之时，往往就会有人利用宗教和人民的不满起事。张角、张鲁、孙恩等都是例子。宗教内部的情况十分复杂，宗教自身也在变化。就道教而言，孙恩之后，大规模的造反就很少了。

晋室南迁以后，北方地区由不断更换的、以少数民族为主建立的政权所统治。这样的局面一直持续到隋的统一。南北分割日久，文化和宗教的发展也逐渐各有自己的特点。

北方的政权中，北魏后起。北魏经过几代的经营，把中国北方的大部统一了起来。北魏时期，道教在北方有了转折性的发展，与此相关，最重要的人物是寇谦之。

寇谦之(365—448)字辅真,上谷昌平(今属北京)人。他也是世家出身,其兄寇赞做过北魏的南雍州刺史。寇谦之早年学习张鲁的五斗米道,数年之间没有效果。十八岁时,他随成公兴入嵩山修道,前后七年。神瑞二年(415),寇谦之自称太上老君授予他"天师"之位,要他"宣吾新科,清整道教,除去三张伪法,租米钱税,及男女合气之术",并赐给他《云中音诵新科之戒》二十卷,"专以礼度为首,而加之以服食闭练"。几年以后,他又声称老子的玄孙李谱文授予他篆图真经以及劾召鬼神等法,嘱咐他"佐国扶命",辅佐北方的"太平真君"。北魏太武帝崇信道教,不喜欢佛教。宰相崔浩信仰道教,寇谦之与崔浩交好,因此得到太武帝的信任。在太武帝的支持下,始光元年(424),寇谦之在北魏的都城平城(今山西大同)建立天师道道场,制定乐章,创立新规和诵戒新法。道教在北方大为得势。

经过寇谦之改革的新的道教,后来就被人称为"新天师道"。北魏太元六年(440),太武帝亲自到道场接受道箓,自称"太平真君",年号也因此改为"太平真君元年"。太平真君七年(446),太武帝宣布灭佛,在灭佛后的一段时间里,天师道几乎成为北魏境内唯一的宗教。北方的道教因此得到很大的发展[53]。

相对于同时在南方的天师道,后人又把寇谦之的新天师道称为"北天师道"。

在南方,从东晋到南朝时代,道教虽然有过孙恩之乱,但仍然一直在上层和民众间保持着影响。这时南方道教的主要人物是陆修静和陶弘景。

陆修静(406—477)字元德,吴兴(今浙江吴兴)人。陆修静是三国吴丞相陆凯的后代,幼习儒学,笃好文籍,旁究象纬,后来弃家修道,历游名山,遍访"仙踪",搜求道书。元嘉末年(453),陆修静在建康(今南京)卖药,宋文帝命左仆射徐湛请他入宫讲道,太后王氏执弟子礼。大明五年(461),他来到庐山,在庐山建道观,隐居修道。

与寇谦之不同的是,陆修静"祖述三张,弘衍二葛(葛玄、葛洪)",并没有完全否定张陵以来的传统,而更多的是收集和整理道教的典籍,同时也对道教进行改革。宋明帝泰始三年(467),陆修静在宋明帝多次诏请后,再次到建康。明帝亲自向他问道,给他很高的礼遇,为他修建崇虚馆。他在建康广集道经,尽有上清、灵宝、三皇等派经典，加以辨别整理，经戒、方药、符图等共1228卷，"总括三洞"，汇归一流，最后在泰始七年（471）撰成《三洞经书目录》。

陆修静认为，斋直是求道的根本。因此他又依据宗法思想和制度，并仿效佛教的修持仪式，编撰成有关斋戒仪范的著作百余卷，使道教的仪轨渐臻完备。南方的五斗米道或者说天师道在陆修静改革之后，被称为南天师道[54]。

陆修静编撰的《三洞经书目录》是最早的一部道藏书目。道教典籍分为"三洞"，就是从他开始的。到了宋代，加上"四辅"，便成为后来把道藏分为"三洞四辅十二类"的基础。

道教的教规仪范，经过北方的寇谦之和南方的陆修静的修订以后，大致定型。以后的变化和发展，都在此基础之上。

南朝道教的另一位重要人物是陶弘景（456—536）。陶弘景字通明，丹阳秣陵（今南京）人。陶弘景出身南朝世族，萧齐时曾任左卫殿中将军。永明十年（492），他隐居句曲山（今江苏茅山）。陶弘景曾遍历名山，寻访仙药，据说得到东阳道士孙游岳授符图经法，又得到其他真人的传授，修道之名闻于朝野。梁武帝即位后，多次请他出山，他谢绝不出，梁武帝有事仍向他咨询，当时人因此称他为"山中宰相"。

陶弘景一方面继承老庄思想和葛洪的方术理论，一方面顺应南方道教发展的趋势，把道教的理论与儒家以及佛教的思想进一步融合起来，主张三教合一。他自称梦中得佛授记，名为"胜力菩萨"，为此专门去鄮县（今浙江宁波）阿育王塔受佛戒。做梦的事虽然无法证实，但这其实表明了他希望把道教与佛教相调和的思想。据说他在茅山的道观里，设有佛、道二堂，供他隔日轮番礼拜。

陶弘景也是学者、医学家。他对历算、地理、医药都很有研究，曾经整理《神农本草》，撰成《本草集注》七卷，书中记载药物七百多种，包括一些新药。他分药物为玉石、虫、兽、果、菜、米实几类，这对后来本草学的发展颇有影响。陶弘景著作甚多，内容广泛，除了医学、养生、炼丹术以外，还包括儒家经典的注释、天文历算、地理方图等，只是大多没有能够流传下来[55]。

在道教成立的前后，佛教也从西域传入到了中原地区。东汉末年，佛教影响还不大的时候，佛道之间还看不出有多大的冲突。相反，佛教在初传之时，在很多方面,包括术语和概念,常常还有意比附当时已经颇有影响的黄老学说以及神仙道术。人们对佛教往往也是从这个角度去理解。东汉的楚王英"喜黄老,学为浮屠斋戒祭祀",就是例子。但西晋以后,佛教在中国得到很大的发展,迅速成为影响最大的宗教。佛教的宗教理论整体上讲非常精巧。佛教的组织形式传到中国的时候已经很成熟。道教与佛教相比,这方面是有差距的。佛教因此在社会上往往更有影响。于是从东晋以后,道教与佛教之间,就开始发生各种争论,甚至争斗。当然,原因是多方面的,除了宗教主张的不同,也有经济的考虑,有时还与政治纠缠在一起。

从两晋至南北朝,乃至延续到隋唐,佛道之间最大的争议之一是所谓的"老子化胡说"。与此相关的是《老子化胡经》。东汉末已经有"老子入夷狄为浮屠"的说法,西晋惠帝(290—306年在位)时的一位道士王浮,在与佛教徒的辩论中,在这个说法的基础上再增加一些新的传说,制造出这部所谓的道经。其中认为老子西出函谷,到达天竺,变为佛,教化胡人为浮屠,佛教由此而起,道教因此应该比佛教地位更高[56]。(图6-11)

图6-11　清刻本《搜神记》道教源流插图

"老子化胡"这一说法,在今天看来,不仅荒谬,简直匪夷所思。但当时却成为道教徒攻击佛教、抬高自己的重要根据,而佛教徒则同样认真地予以反驳。

在古代的文化背景下,这其实不奇怪。与当时争论激烈的沙门是否应该敬王以及敬父母等问题一样,它只是历史上华夷之辩中出现的议题之一。南朝宋齐时代的顾欢,是一位道教学者,他撰写的《夷夏论》,从夷夏的角度讨论佛教与道教,其中讲"道则佛也,佛则道也,其圣则符,其迹则反","舍华效夷,义将安取"?表面上试图调和佛道,实际上是希望道教有更高的地位。道教学者希望道教能与佛教等量齐观的心态,其实正说明道教在这个时候影响不如佛教。

从道教的角度看,南北朝时期佛道之争中最大的一次胜利,是北魏太武帝对道教的支持和禁绝佛教的举动。历史上北魏的皇帝以及贵族,信仰佛教的居多。但太武帝拓跋焘(423—451年在位)是例外。太武帝最初也曾信仰过佛教,后来受到道士寇谦之等的影响,转信寇谦之倡导的新天师道。他曾亲受符箓,认为佛教"西戎荒诞","为世费害"。因为信仰道教,他改年号为太平真君(440)。太平真君五年(444),他下发诏书,禁止王公以下至庶人私养沙门巫觋。太平真君七年(446),杏城(今陕西黄陵)卢水胡人盖吴造反,关中骚动,太武帝出兵讨伐,到达长安,在一座寺庙里发现有"弓矢矛盾",又"大得酿酒具及州郡牧守富人所寄藏物,盖以万计。又为窟室,以贵室女私行淫乱"。司徒崔浩是天师道的信徒,"因说帝悉诛天下沙门,毁诸经像",他听从崔浩的建议,于是下诏诛杀长安沙门,又下诏全国:"诸有浮图形像及胡经,皆击破焚烧,沙门无少长悉坑之。"[57]佛教顿时受到沉重打击。只是因为当时的太子监国虔信佛教,对佛教暗自保护,多数僧人才得以躲避。太武帝死后,文成帝即位(452),北方的佛教又重新恢复。

在南北朝快要结束之时,佛教还遭受过一次大的打击,这就是北周武帝(560—578年在位)的灭佛。但周武帝的灭佛,主要是从政治出发,希望减少宗教对国家资源的浪费。因此周武帝禁绝的不仅是佛教,也包括道教。天和二年(567),还俗沙门卫元嵩上书,请求省寺减僧,称"国治不在浮图,唐虞无浮图而国安",周武帝表示赞许。天和(566—572)至建德(572—578)年间,武帝七次集合大臣及沙门道士,辩论三教先后。最后的结果是建德三年(574)下诏禁止佛道二教,"经像悉毁,罢沙门道士,并令还民。并禁诸淫祠,礼典所不载者,尽除之"[58]。不过,周武帝不久就去世,掌握权力并最后取代北周的隋文帝杨坚却是佛教的积极支持者。在隋唐时期,佛教和道教重新繁荣,仍然是社会中影响最大的两种宗教。

科学与宗教是完全不同的两回事。但在古代,当人们对自然的认识还处于比较简单、比较初级的阶段之时,一些科学知识的获得,往往与宗教联系在一起。就这一点而言,道教对于中国古代科技某些方面的发展,有一定的贡献。道教的贡献,最主要的在医学和药物学方面;对于古代的化学,也起过一定的促进作用。

道教的最高追求是希望人能长生成仙。为了达到这一目的,道教讲求内修外养,并发展出一套相关的理论和实践。在这个过程中,道士们既继承和吸取中国传统医学的成果,也为传统医学的发展增加了新的成分。道教中一些人,既是道士,也是医生,而且往往在医学方面有很深的造诣。葛洪、陶弘景以及唐代的孙思邈都是例子。道教作为修炼方法的服食、外丹、内丹、导引以及带有巫医色彩的仙丹灵药和符咒等,与中国的传统医学既有联系,又有区别。其中一些理论和方剂后来成为中国古代医药学的组成部分。

古代巫医不分,巫者也是医者。秦汉时代的方士,最主要的事是寻找长生不老之药。汉代的黄老道和方仙道是这些方士的继承者。太平道和五斗米道从思想上又继承了黄老道和方仙道。太平道和五斗米道传教和吸引群众的重要手段之一,都是使用符咒为人治病。符咒当然是一种迷信。这个时候的道教,也说不上有与医药有关的实践,但《太平经》在讲到长生不老的神仙思想时,讨论精、气、神三者的关系,以及真道九首和守一之法,天地、阴阳、五行、养生、药物、符咒治病等,认为"救死之术,不可不详查",显示出已经注意到与养生和治病相关的医药知识的倾向。

在道教的历史上,最早对神仙方术的理论和炼丹术做系统总结的是葛洪。葛洪撰写《抱朴子》,分作内外篇。其中《内篇》的《金丹》《黄白》《仙药》《地真》《至理》《微旨》《释滞》《杂应》等,概述了东晋以前外丹、行气、服食、守一、房中术等的基本理论。葛洪还编撰了《肘后备急方》,书中搜集简便验方一百多种,这可以说是中国医药史上第一部急诊手册。

与葛洪情形相似的是陶弘景。陶弘景编撰的《肘后百一方》,也是历史上有名的医药著作。它实际上是对葛洪的《肘后备急方》的继承和增补。这部书"上自通人,下达众庶",广为人知,广为人用。陶弘景类似的著作,还有《效验方》《服饵方》《本草集注》《服食草木杂药方》,加上《合丹法式》《太清诸丹集要》《集金丹黄白方》《服气导引》等。这些书都以道教的理论为背景,涉及炼丹、医药、养生各个方面。

道教炼外丹要使用一些特定的矿物原料,主要有丹砂、芒硝、雄黄、白矾、石灰、磁石等。道士们在炼丹的过程中,对这些矿物的产地、特性和用途要做各种了解,还需要做各种尝试,这在某种意义上具有化学实验的性质,客观上增加了对这些物质特性的认识。道士们常常需要为人治病,炼丹与中医的实践相结合,膏药就在这中间产生。汉代以前的医药文献中,很少有通过化学手段制成的药剂,也不使用膏药。两晋以后,采用炼丹方法制作的膏剂大量出现,例如五毒神膏、续断膏、丹参膏等。古代中医的外科,在治疗疮痈溃疡乃至外伤等,主要使用膏药一类的药物,膏剂作为中医外科的主药,一直应用到现在。从这个意义上讲,炼丹术推动了古代制药技术的发展,也丰富了古代中国药物学的内容。

道教讲求服食,服食不仅包括丹药,也包括草木类的药物。炼丹的原料发展到后来,不仅限于以矿物为原料,草木也可以加入其中。随着炼丹术的发展,这些药物的种类也不断增加。葛洪《抱朴子》内篇《仙药》中,讲到的很多是服食草木类药。陶弘景《本草集注》汇集的草木类药物有七百多种。本草学是中医药的基础,历史上本草学的发展,离不开道教的这些实践。

至于道教的导引、调息、行气、辟谷、房中术,属于内丹修炼的范围。陶弘景的《养性延命录》,总结了不少导引的资料。道教各种内丹著作,对人体内气、气化、气血、经络等生理问题进行探索,虽然其中往往带有一些宗教性质的解释和神秘的色彩,但对同时和后来的中医的理论和治疗手段有很大的影响,很多方面起了积极的作用。

当然,道教中带有巫医色彩的符咒、祝斋一类的修道方法,的确与科学无关。以现在的眼光看是不可取的,但在古代,它们作为宗教现象的一部分,不仅可以被理解,其实也包含和表现了中国人在文化心理上某些特别的诉求。

注 释

[1] 参考第一卷相关章节,及任继愈主编:《中国佛教史》第一卷第一章《佛教传入之前,

秦汉时期中国社会上流行的宗教迷信和方术》,中国社会科学出版社,1981 年,第 1—41 页。

〔2〕《三国志》,中华书局,1971 年标点本,第 3 册,第 859 页。

〔3〕类似的意见可以参考马雍、孙毓棠:《匈奴和汉控制下的西域》,载雅·哈尔马塔主编:《中亚文明史》第二卷,中国对外翻译出版公司、联合国教科文组织,2002 年,第 181 页;E. Zücher(许理和), "Han Buddhism and the Western Region," *Thought and Law in Qin and Han China*, ed. by W. L. Idema and E. Zürcher, Leiden: E. J. Brill, 1990, pp. 158-182。

〔4〕关于佛教是什么时候,怎样传入中国的问题,已经有很多很周详的讨论。参见汤用彤《汉魏两晋南北朝佛教史》,中华书局,1983 年重印本,第 1—41 页;及任继愈主编:《中国佛教史》第一卷,中国社会科学出版社,1981 年,第 45—94 页。

〔5〕后赵王度讲汉魏时"汉人皆不得出家"的说法不可信。汉哀帝时博士弟子景卢受大月氏王使伊存口授《浮屠经》,就可以看成是汉地最早的佛教徒。汉末的严浮调出家,有明确的记载。只是当时的中国佛教徒对佛教的理解比较肤浅,信仰也不十分严格。这在佛教传入的初期并不奇怪。王度说法见《高僧传》卷九《佛图澄传》,《大正藏》卷五〇,第 385 页下。

〔6〕严浮调:《沙弥十慧章句序》,《出三藏记集》卷一〇,《大正藏》卷五五,第 69 页下。

〔7〕道安:《大十二门经序》,《出三藏记集》卷六,《大正藏》卷五五,第 46 页中。

〔8〕《出三藏记集》卷一三,《大正藏》卷五五,第 95 页上至下。

〔9〕例如近代在洛阳发现的东汉时代的佉卢文井栏,内容与佛教有关。

〔10〕支愍度:《合首楞严经记》,《出三藏记集》卷七,《大正藏》卷五五,第 49 页上。

〔11〕《出三藏记集》卷一三,《大正藏》卷五五,第 95 页下。

〔12〕同上引书,第 97 页下。

〔13〕同上引书,第 96 页上;《高僧传》卷一,《大正藏》卷五〇,第 324 页中。

〔14〕陈寅恪很早就注意到这一点。见其《高僧传笺证稿本》中所讲:"据《高僧传》前三卷,译经门正传及附见者凡六十三人,而号为天竺人者仅十六人。而此十六人中如摄摩腾、竺法兰、鸠摩罗什等,或本人之存在不无可疑,或虽源出天竺而居月支,或竟为龟兹人者尚有数人。然则自汉明迄梁武四百五十年间,译经诸大德,天竺人居四分之一,其余皆罽宾、西域及凉州之人,据此可知六朝文化与中亚关系之深矣。"蒋天枢:《陈寅恪先生编年事辑》,上海古籍出版社,1981 年,第 83 页。这方面具体的研究还有待深入。

〔15〕对《四十二章经》和《牟子理惑论》的来源、译出或写成的年代以及作者,长期以来一

直有不少争议。不过各种证据显示，它们整体上作为东汉时代的作品是没有问题的。

〔16〕 四川乐山麻浩崖汉墓中的石雕形象中有极类佛像者，东汉摇钱树上也常有被指认为佛像的形象，这或许可以视作佛教或佛像已经在民间有一些影响的证据。但即使我们肯定这些形象就是佛像，佛像出现在这种背景下，表明一般民众对佛教的了解还非常粗疏和有限，佛像在这里基本上是作为一种装饰而出现，说不上是信仰和崇拜的对象。

〔17〕 《后汉书》卷四二《楚王英传》，中华书局，1965 年标点本，第 5 册，第 1428 页。

〔18〕 见《后汉书》卷二〇《襄楷传》中襄楷上桓帝书，第 1082 页。

〔19〕 《高僧传》卷九《佛图澄传》，《大正藏》卷五〇，第 385 页下。

〔20〕 关于道安的生年，现存史料中记载不太一致。此依汤用彤《汉魏两晋南北朝佛教史》书中的推算。中华书局，1983 年重印本，上册，第 138 页。

〔21〕 道安事迹主要见《出三藏记集》卷一五《道安传》，《大正藏》卷五五，第 107 页下—109 页中，以及《高僧传》卷五《道安传》，《大正藏》卷五〇，第 351 页下—354 页上。

〔22〕 见《高僧传》卷五《道安传》，《大正藏》卷五〇，第 352 页下。《出三藏记集》卷一五《道安传》此段引文略有不同。

〔23〕 此依《出三藏记集》卷二，其他书中的记载稍有不同。

〔24〕 僧睿：《大品经序》，《大正藏》卷五五，第 53 页中。

〔25〕 《出三藏记集》卷一五，《大正藏》卷五五，第 109 页中。

〔26〕 《高僧传》卷六《慧远传》，《大正藏》卷五〇，第 358 页上。

〔27〕 《出三藏记集》卷一五，《大正藏》卷五五，第 109 页下。

〔28〕 《高僧传》卷六《慧远传》，《大正藏》卷五〇，第 361 页中。

〔29〕 同上引书，第 361 页上。

〔30〕 《高僧传》卷七《竺道生传》，《大正藏》卷五〇，第 366 页下。

〔31〕 《梁书》，中华书局，1973 年标点本，第 3 册，第 859 页。

〔32〕 《弘明集》卷一〇，《大正藏》卷五二，第 60 页中。

〔33〕 《大正藏》卷八五，第 1337 页下。

〔34〕 法琳：《辩正论》卷三，《大正藏》卷五二，第 509 页中。

〔35〕 关于这一时期一般民众的佛教信仰，可以参考侯旭东：《五六世纪北方民众佛教信仰——以造像记为中心的考察》，中国社会科学出版社，1998 年。侯书的范围虽然只是讲北方地区，但足以在相当程度上说明佛教在当时中国社会中的一般状况。汤用彤也讲道："（北朝）朝廷上下之奉佛，仍首在建功德，求福田饶益。故造像立寺，

穷土木之功,为北朝佛法之特征","北朝佛法,以造塔像崇福田者为多"。汤用彤上引书,下册,第 365—366、371 页。

〔36〕《集外集·痴华鬘题记》,收入《鲁迅全集》第七卷,人民文学出版社,1982 年,第 101—102 页。

〔37〕《中国小说史略》第五、第六篇《六朝之鬼神志怪书》,齐鲁书社,1992 年重印本,第 39—51 页。

〔38〕《高僧传》卷七《慧睿传》,《大正藏》卷五○,第 367 页中。

〔39〕参见王邦维:《谢灵运〈十四音训叙〉辑考》,载《国学研究》第 3 卷,北京大学出版社,1995 年,第 275—300 页。

〔40〕关于这个时期佛教学派和宗派之间的区分,可以参考汤用彤:《论中国佛教无"十宗"》,载《汤用彤学术论文集》,中华书局,1983 年,第 355—370 页。

〔41〕《汉书》,中华书局,1962 年标点本,第 10 册,第 3192 页。

〔42〕见陈寅恪:《天师道与滨海地域之关系》,收入《金明馆丛稿初编》,上海古籍出版社,1982 年,第 1—40 页。

〔43〕《后汉书》,第 4 册,第 1084 页。《三国志》卷四六《孙策传》,中华书局,1971 年标点本,第 5 册,第 1110 页,裴松之注引《江表传》讲,孙策"时有道士琅琊于吉,先寓居东方,往来吴会,立精舍,烧香读道书,制作符水以治病,吴会人多事之"。后被孙策所杀。这位于吉,可能就是顺帝时的于吉或其传人。可见当时这些方士或者说道士影响和活动的范围。

〔44〕关于《太平清领书》与《太平经》以及二者的关系,参见王明:《太平经合校》,中华书局,1960 年;俞理明:《太平经正读》,巴蜀书社,2001 年。

〔45〕《后汉书》,第 5 册,第 1428 页。

〔46〕《后汉书》,第 9 册,第 2470 页。

〔47〕《太平经》卷六七《六罪十治诀》,俞理明《太平经正读》,巴蜀书社,2001 年,第 204 页。

〔48〕张角与黄巾起义事迹主要见于《后汉书》卷七一《皇甫嵩传》,中华标点本,第 8 册,第 2299—2300 页。

〔49〕原书早佚,清末在敦煌藏经洞发现残本。参考饶宗颐《老子·想尔注校证》,上海古籍出版社,1991 年。

〔50〕张鲁正史有传,见《三国志》卷八及裴松之注,中华书局,1971 年标点本,第 1 册,第 263—266 页。

〔51〕葛洪正史有传,见《晋书》卷七二,中华书局,1974 年标点本,第 6 册,第 1910—

1913 页。

〔52〕 孙恩与卢循正史中有传。见《晋书》卷一○○,第 8 册,第 2631—2636 页。

〔53〕 寇谦之事详见《魏书》卷一一四《释老志》,中华书局,1974 年标点本,第 8 册,第 3048—3055 页。

〔54〕 陆修静正史中无传,事迹散见于几种道教的著作,如《三洞群仙录》《三洞珠囊》《茅山志》及《全唐文》卷九二六《吴筠简寂先生陆君碑》等。参考陈国符:《道藏源流考》,中华书局,1986 年,上册,第 38—44 页。

〔55〕 陶弘景正史有传。见《梁书》卷五一,中华书局,1973 年标点本,第 3 册,第 742—743 页;《南史》卷七六,中华书局,1975 年标点本,第 6 册,第 1897—1900 页。

〔56〕 《老子化胡经》早佚,清末在敦煌藏经洞中发现其唐代的写本。不过据研究敦煌本也不是最早的原本。

〔57〕 太武帝灭佛事见《魏书》卷四《世祖纪》,中华书局,1974 年标点本,第 1 册,第 100 页;卷一一四《释老志》,第 8 册,第 3033—3035 页;《资治通鉴》卷一二四,中华书局,1956 年标点本,第 9 册,第 3923—3924 页。

〔58〕 见《周书》卷五《武帝纪》,中华书局,1971 年标点本,第 1 册,第 85 页;《资治通鉴》卷一七一,第 12 册,第 5335 页。

第七章　史学与地理学的奠基与发展

　　秦汉时期,由于国家政治安定,统一的时间较长,社会经济和学术的发展迅速,历史学作为一门独立的学科而产生,并得到较快的发展。在先后出现的众多史学著作中,有两部杰出的史学巨著,这就是司马迁的《史记》和班固的《汉书》。《史记》《汉书》所开创的纪传体通史和断代史,为历史编纂学奠定了基础,也为编写的体例开辟了一条新路,这种体裁的史书在传统史学中占据首要的地位。《史记》《汉书》与陈寿的《三国志》和范晔的《后汉书》,被称为"四史"。"四史"充分反映了当时史学发展的最高水平。这一时期著名的史书还有东汉荀悦(148—209)的《汉纪》,是记载西汉史事的编年史,它完善了编年体史书的体制,是第一部断代编年体史著,在中国史学发展史上也占有很重要的地位。除此之外,还有记载帝王言行和家事的起居注与著记,如东汉的《显宗起居注》[1]、《汉灵、献起居注》[2]和西汉的《汉著记》[3]等。其他如西汉陆贾(公元前200—前168)的《楚汉春秋》、东汉刘珍等的《东观汉记》都具有一定的价值,丰富了秦汉史学的内容。从当时社会总体来看,秦汉时期史学的一个显著特点就是史学与政治联系的紧密,即政治权力控制史学[4]。从秦始皇曾"史官非秦记皆烧之",到汉武帝尊崇儒术,以至宣帝石渠阁奏议以前,是秦汉时期史学与政治结合的新形式之初步形成,亦即此期史学发展的第一阶段。石渠阁奏议和白虎观奏议,皇帝亲临决定经义异同,是汉代以皇权专制的儒学形式进一步控制学术思想的标志,也是此期史学发展第二、第三阶段的标志[5]。

　　进入魏晋南北朝,社会处于长期分裂和动荡不安的状态,官府控制史学的局面被打乱,史学突破了纪传体、编年体的限制,出现了我国历史上前所未有的史学发展新局面。首先是史部著作的独立,它摆脱了经部附属品的地位而成为一门独立的学科。史书被放在四部分类法中的乙部,一直延续到近代。

其次是同一领域内私家著作繁多,且编年体与纪传体两者并重,相辅而行。据史载,这一时期所编写的后汉历史有 12 种,三国历史有 20 余种,晋史有 23 种,十六国史有 30 种,南北朝史有 19 种[6],体现了撰史风气之盛。同时,新部门、新体制的史学著作纷纷出现。史部著作不仅数目骤增,性质也复杂多样,门类异彩纷呈,一派繁荣景象。《隋书·经籍志》列有"正史""古史""杂史""霸史""起居注""旧事""职官""仪注""刑法""杂传""地理""谱系""簿录"等史部门类,著录的绝大部分是魏晋南北朝时期的作品。如古史类(即编年)有 34 部;杂史类有 72 部,其代表是南朝宋刘义庆(403—444)的《世说新语》;霸史类有 27 部,全是十六国史书,其代表是北魏崔鸿(约生于北魏孝文帝初年,约卒于孝明帝孝昌初)的《十六国春秋》;谱系类有 53 部,如《冀州姓族谱》等。杂传类是各类中数量最多的,计有 217 部。这类著作编撰方法各异,有的专记某一地方人物,如《徐州先贤传》等;有的专记性质相同的人物,如西晋皇甫谧(215—282)的《高士传》等;有的专记某一家族的人物,如《太原王氏家传》等;还有各种列女传、高僧传、真人传等;最后是各种志怪之书,如《搜神记》等。值得特别提出的是,由于佛教与道教的传播与发展,佛教与道教史书在纪传体史籍中正式占有一席之地,有关僧人与道士的传记开始出现。魏收(506—572)的《魏书》特立《释老志》,叙述佛教与道教历史,在中国史学史上是为创举。南朝梁慧皎(497?—554)的《高僧传》,记述自东汉至梁初的中国和外国僧人 257 人,附见者 200 余人。而作为史学分支之一的佛经目录之学,也建立起来,如梁僧祐(445—517)的《出三藏记集》等[7]。

这一时期由于地方经济的发展和豪族势力的增长,西汉以来出现的"地记"一类著作得到进一步发展。东汉三国时期撰写了不少异物志的著作,如东汉杨孚的《南裔异物志》、三国谯周的《巴蜀异物志》等。魏晋以后,地记著作的撰写显著增多起来,各个重要地区都有"风俗记""风土记",边远地区则有"异物志";此外,还有记山水的"水道记"和"山水记"等。其内容,或者侧重史传,或者侧重地理物产。其地域范围以长江流域及南方各州郡为多。这类地记数量甚多,南齐时,陆澄(425—494)收集了 160 余家地理方面著作,编为《地理书》150 卷(其中目录 1 卷),梁任昉(460—508)又增收了 84 家,编成《地记》252 卷[8]。这种正史之外的地理著作,有的记述州郡地理,有的专记名山大川,有的记叙经济,有的兼记土产异物,种类繁多,内容各异。隋志地理类著录 139 部,章宗源《隋书经籍志考证》共搜集有 250 余种。地志之中,有以州为对象来记述的,如《扬州记》《冀州记》等;有以郡为对象来记述的,个别的郡还不止一部,如《吴兴记》《吴郡记》《上党记》等;有以县甚至城为对象来记述的,如《钱塘记》《洛阳记》等[9]。这类著作是后代地方史志的滥觞。

《汉书·地理志》吸收了战国、西汉以来的地理学研究成果,第一次以“地理”命名地理学篇章。它记载自远古至汉代全国的地理沿革,为后世正史中的《州郡志》《郡县志》开了先河。这时期最著名的地理学专书是郦道元的《水经注》,具有很高的史学和地理学价值。他在东汉时期一部专记水道分布的著作《水经》的基础上,写出了这部比较完善的水道地理著作。与此相应,出现了许多地图。考古发现的马王堆帛书《地形图》《驻军图》与《城邑图》,为我们展示了西汉前期的地图学成就,说明在西汉初期,我国地图的测绘技术已经达到了具有相当水平的阶段。而裴秀的《禹贡地域图》与《地形方丈图》,加上其“制图六体”理论,从理论和实践上代表了当时地图绘制学的较高水平,在世界地图学史和地理学史上有一定的地位。

第一节　《史记》开创了纪传体新史学

纪传体新史学开创的意义　《史记》的史学价值　《史记》的文学价值

中国第一部体制完备、规模宏大的历史著作,是司马迁的《史记》。司马迁(公元前 145—?),字子长,左冯翊夏阳(今陕西韩城)人,西汉武帝时任太史令(图 7-1)。他继承其父司马谈的遗志,决心撰写一部贯穿古今的历史著作,虽曾身受腐刑,但他以顽强的意志完成了这一历史巨著。《史记》原名《太史公书》或《太史公记》,是我国古代第一部纪传体通史。《史记》所创行的纪传体体裁,被历代奉为修史的楷模。它为正史创立了体例和规模,开辟了途径,奠定了基础。这是中国史学已成长起来的显著标志。

《史记》是一部结构完整、体例完备、内容丰富的史学著作。它记事起于传

图 7-1　司马迁像

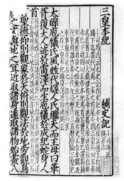

图 7-2　宋黄善夫刻本《史记》书影,中国国家图书馆藏

说中的黄帝,迄于汉武帝,历时三千余年。所述史事,详于战国、秦汉。全书130 篇,包括十二本纪、十表、八书、三十世家、七十列传(图 7-2)。

在《史记》以前的史书中,《尚书》只是上古历史文件的汇编,还算不上正式的史书;其他如《竹书纪年》《春秋》《左传》等均是按年月日的顺序编写的;《国语》《战国策》则是分国编写的。《史记》的编纂方法在当时具有独树一帜的首创精神。司马迁创造性地以本纪、表、书、世家、列传五种不同体例来记载复杂的历史事实。这种方法,便于考见各类人物的活动情况以及各类典章制度的沿革源流,开创了以人物传记为中心的纪传体史书的编纂方法,成为历代正史的典范。

这五种体例各有特定的形式。本纪是全书的纲领,按年月记述帝王言行政绩,兼录各方面重大事件。本纪可分两类:一类记载先秦时代,以朝代为主;另一类记载秦汉,按帝王成篇。由于项羽一度主宰天下,因此,他虽不是帝王,也载入本纪。表是用谱牒的形式,厘清错综的史事,以清脉络。表也可分两类:一类是大事年表,另一类是人物的年表,与列传互相补充。对当时不太著名而又事迹不可埋没的,以表记载之。表上有名,则列传可省,眉目也清楚。这是《史记》体例的一大特点。书是综合论述的形式,也有一些是纪事本末的形式,论述典章制度及其沿革。书也可以说是分类史,内容涉及礼乐制度、天文历律、社会经济、河渠地理等,是研究历史制度所不可缺少的。世家兼用编年和传记的形式,记载诸侯、勋贵和有突出成就、世受俸禄的人物。列传是以人物为中心的传记,有专传、合传和类传等不同形式。专以人物为中心作列传,是《史记》开创的。也可分两类:一类是人物传记,分专传、合传和类传;另一类是对外国或国内少数民族的记载,叙述其种族来源、风俗制度、王族兴衰及与中土的关系。这五种体裁都是过去曾经有过的,但有意识地使它们互相配合并在一部书里形成一个完整的体系,这是《史记》的创举。诚如刘知几所言:"《史记》者,纪以包举大端,传以委曲细事,表以谱列年爵,志以总括遗漏,逮于天文、地理、国典、朝章,显隐必该,洪纤靡失。"[10]章学诚指出,史学作品的最高境界是"圆通用神",《史记》"近于圆而神",是继《尚书》《春秋》之后的一部重要著作[11]。

《史记》的五种体例,虽各有分工,但又有内在联系,详于此则略于彼,或载于此则省于彼,因此虽分五体,实际是一整体。而由于本纪和列传是全书主要部分,因而总称为纪传体。后世正史,基本上没有超越《史记》体例的范围。司马迁所开创的纪传体通史,使我们能借此以研究历史的发展和变化,这也就是司马迁所追求的"通古今之变"。据现在学者统计,《史记》全书52万6500字,是我国古代第一部规模宏大、条理严密的大书,也是当时唯一系统研究古史的史书。

《史记》取材丰富,对《左传》《国语》《世本》《战国策》《楚汉春秋》以及诸子百家多所采摘,充分利用了当时所能见到的书籍资料;又利用了国家收藏的档案、民间收藏的古文书传;特别是亲身经历的、从见闻和交游中得来的材料,以及实地调查的材料,不仅增加了史料来源,而且增强了其内容的真实性。这种通过极其丰富的史料来进行批判、分析的方法,与孔子作《春秋》以空言为褒贬相比较,就可以发现司马迁的巨大贡献。因而《史记》被誉为"史家之绝唱"。

司马迁在广泛取材的同时,又注意鉴别和选择材料,淘汰无稽之谈,表现了审慎的科学态度。在撰写过程中,"不虚美,不隐恶"[12],力求实事求是。他认为传说中的"三皇"不可信,本纪便不收;对于诸子百家的记载,"整齐百家杂语",经过周详考订,认为其说荒诞不可信的,弃之不用,有可怀疑的地方,则存其疑,不能断定的,则诸说并存。这对后来的研究有好处,也体现了历史研究中的科学精神。刘知几称颂司马迁的史料功夫,认为他"征求异说,采撷群言,然后能成一家,传诸不朽"。

从《史记》所体现的历史观来看,总体上是进步的。作者目睹统治阶级的残暴与腐败,人民遭受剥削压迫的痛苦,因而同情人民起义,列陈胜于世家,这是后世史家所未能企及的。而对当代统治阶级的大胆揭露,对人民的深切同情,使《史记》具有强烈的人民性。

《史记》对于当时各种社会现象,特别是贫富、贵贱、寿夭、善恶、天道、神权等,都有记载,而且也体现了作者的正确认识。作者对于社会经济的关注,使作者认识到社会经济地位决定政治地位,不可谓不是卓见。而对人民向利之心的肯定,也直接导致了作者对天命鬼神的否定,反映了朴素的唯物主义因素。《史记》对汉初工商业的叙述反映了当时工商业发展的状况,文中也暗示了这种发展对社会经济是有益的。《平准书》指出,工商业的发展,是历史发展的必然趋势,因此,不应单纯抑制工商业。这种观点无疑是正确的。

《史记》在评论人物时注意实事求是,取其一节,不求全责备,也不以成败论英雄。在涉及历史事件和人物的关系时,《史记》在叙述过程中自然反映出作者的看法,并在篇末以"太史公曰"予以正面评论。

《史记》的宗旨是"究天人之际,通古今之变,成一家之言"〔13〕。所谓"究天人之际"就是探索天道和人事之间的关系,作者在书中批判了前人的"神意天命论",而代之以"帝王中心论"。所谓"通古今之变",就是研究历史的发展和变化,"原始察终,见盛观衰"〔14〕,但作者也表现了历史循环论的思想,如《高祖本纪》称"三王之道若循环,终而复始",有董仲舒"三统说"的影子。这种认识并不科学,不过当时人们也只能达到这种认识水平〔15〕。

《史记》是一部杰出的历史书,也是一部杰出的文学书。《史记》不仅史料丰富,观点进步,加以生动的文笔,刻画人物,叙事状物,无不曲尽其妙,因而被誉为"无韵之离骚"。

《史记》的文学成就主要体现在人物的传记当中。以人物传记为中心来反映历史内容,是司马迁的首创。在世家中,《孔子世家》和《陈涉世家》分别是他们二人的传记,其他各篇也是叙述各个侯王的历史。列传叙述贵族、官僚、政治家、军事家、思想家、经学家、策士、隐士、说客、刺客、游侠、医卜、俳优、幸臣以及少数民族等不同社会阶层、不同类型人物活动的历史。这样才构成一部活生生的历史。正是在这个大前提下,《史记》才成为一部文学名著。

《史记》人物传记的最大特色是它的实录精神。这不仅包含认真对待历史实际的方法和态度,而且具有一种不畏强权的大无畏精神。司马迁不为传统历史记载的成规所拘束,而按照自己对历史的思想认识和感情态度如实记录,比较客观地反映人物的全貌,反映历史的真实。在具体叙述一个人生平事迹时,着重写其"为人",并注意其为人的复杂性。他注意在叙述人物时把自己的看法寓于客观的事实叙述之中,用事实来表达自己对所写人物的爱憎态度。如《项羽本纪》中以极其饱满的热情来写项羽这位失败的英雄,赞扬他的无比勇猛和叱咤风云,肯定他的历史功绩,也指责他的沽名钓誉和残暴自恃,这既是通过项羽本人的事迹来表现的,也是作者倾注了感情的结果。一个活生生的项羽跃然纸上,呼之欲出,使读者不忍释卷。《史记》流传如此之广,和司马迁文章的精美是分不开的(图7-3)。

图7-3　陕西韩城司马迁祠

《史记》的语言很丰富。不仅广泛采用口头流传的成语、谚语、歌谣，也不回避方言土语。用古史资料，也以当时通用语写出。《史记》叙事明快而含蓄，言外有意，耐人玩味，特别引人兴味的是惟妙惟肖地刻画人物说话口吻，从而表现人物的精神态度。这样一来，人物形象突出，可读性也很强，使得《史记》在文学上达到了空前的成功，开创了我国的传记文学。

第二节　纪传体断代史学的确立与发展

《汉书》是中国第一部纪传体断代史　陈寿《三国志》与范晔《后汉书》

班固的《汉书》对传统史学地位的确立进一步做出了贡献，发展和完善了《史记》所创的纪传体，以"断汉为史"的形式解决了司马迁以后历史编纂的难

图7-4　班固像

题。以后自《三国志》《后汉书》至《明史》一直沿用，所以章学诚称誉《汉书》为历史编纂上的"不祧之宗"[16]。魏晋南北朝时期，纪传体断代史继续发展，此期所修后来收入二十四史的还有南朝梁沈约（441—513）的《宋书》、梁萧子显（489—537）的《南齐书》和北朝北齐魏收的《魏书》。

班固（32—92），字孟坚，扶风安陵（今陕西咸阳东）人，生活于东汉光武、明、章三朝（图7-4）。其父班彪撰写《后传》65篇，作为《史记》的续篇。建武三十年（54），班彪去世，班固开始整理《后传》。他认为《后传》不够详

细,便在此基础上,着手撰写《汉书》。和帝永元四年(92)班固死时,尚有八表和《天文志》没有完成。和帝命其妹班昭续撰,后又命跟随班昭学习《汉书》的马续踵成之。马续所补仅为《天文志》。全书120卷,起西汉高祖元年(公元前206),迄王莽地皇四年(23),共记229年史事,为我国第一部纪传体断代史(图7-5)。

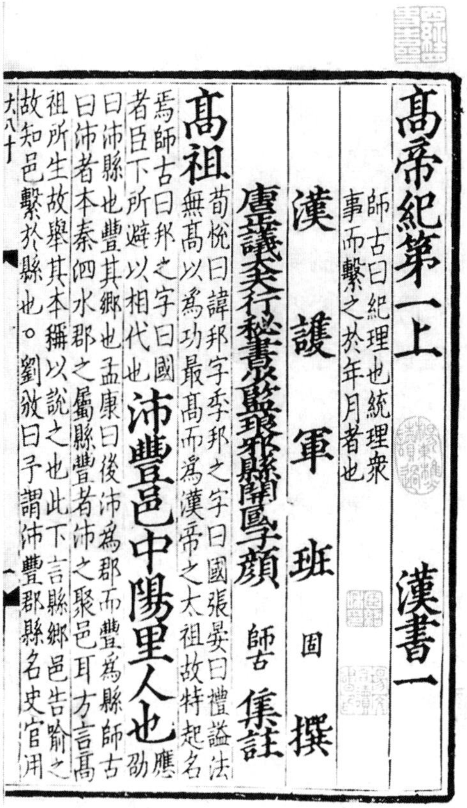
高帝紀第一上　漢書一

師古曰紀理也統理衆事而繫之於年月者也

漢　護　軍　班　固　撰

唐正議大夫行秘書監琅邪縣開國子顏　師古　集註

高祖　荀悅曰諱邦字季邦之字曰國張晏曰禮謚法無髙以爲功最髙而爲漢帝之太祖故特起名焉師古曰邦之字曰國者臣下所避以相代也

沛豐邑中陽里人也　應劭曰沛縣也豐其鄉也孟康曰後沛爲郡而豐爲縣師古曰沛者本秦泗水郡之屬縣豐者沛之聚邑耳方言髙祖所生故舉其本稱以說之也此下言縣鄉邑告喻之故知邑繫於縣也。劉攽曰予謂沛豐郡縣名史官用

图7-5　宋蔡琪家塾刻本《汉书》书影,中国国家图书馆藏

《汉书》是研究西汉历史的重要史籍。班固曾任兰台令史,有条件看到大量的图书资料;又有《史记》《后传》作为主要依据,因此,《汉书》保存的历史资料比较丰富。就保存西汉历史资料来说,现存的史籍以《汉书》最称完备。

《汉书》体例与《史记》大略相同,都是纪传体。但《史记》是一部通史,《汉书》则是断代史,首创断代为史的编纂方法。同时,把《史记》的“本纪”省称“纪”,“书”改为“志”,“世家”一律入“列传”,简称“传”。这些体例上的变化,对后来的纪传体史书影响很大。

《汉书》还第一次创立了《古今人表》和《百官公卿表》。《古今人表》收录人物从传说时代的太昊到秦朝的吴广,区分为九等,加以评价。《百官公卿表》分为上下两篇,上篇记述了秦汉分官设职的情况,各种官职的权限和俸禄的数量;下篇用分为十四级、三十四官格的简表,记录了汉代公卿大臣的升降迁免。它篇幅不多,却比较清楚地反映了当时的职官制度和官僚的变迁,是研究秦汉官制不可缺少的资料。

《汉书》十志尤为人们重视。白寿彝教授认为十志“是最足表示其博洽的"。他说:"这里包含了自然和社会的学问,也包含了可信的和神秘的学问;包含了艺术,也包含了技术。"[17]《食货志》由《史记·平准书》演变而来,分上下两篇,上篇言"食",即农业经济状况,下篇言"货",即商业和货币情况,不仅是记述西汉经济的专篇,而且对西汉以前的情况有所追述,内容超出了《平准书》。班固又创立了《刑法志》《五行志》《地理志》《艺文志》。《刑法志》系统记载了法律制度的沿革和一些具体的律令规定。古代兵刑不分,该志又兼述了古今兵制的沿革。《五行志》专载五行灾异,剔除天人感应的迷信色彩,其中保留的有关自然灾害、地震、日月蚀的记载,是研究中国古代自然科学史的重要参考资料。《地理志》记录了当时全国的郡县行政区划、历史沿革、户口数字以及各地物产、经济概况、民情风俗。《艺文志》考证了各种学术流派的源流,载录了存世的书籍,是中国现存最早的图书目录。《汉书》的志规模宏大,内容丰富,又在篇目上有所创新,扩大了历史研究领域,因而受到后人的推誉。刘知几认为《汉书》继承了《史记》体裁,又断代为史,具有开创性:"究西都之首末,穷刘氏之废兴,包举一代,撰成一书,言皆精炼,事甚该密,学者寻讨,易为其功。自尔迄今,无改斯道。"[18]

《三国志》是记述魏蜀吴三国历史、基本属于纪传体的史书。晋陈寿撰,南朝宋裴松之注,有纪、传而无志、表,文笔简洁,记事翔实,历来评价较高。裴注略于文字训诂而重于事实的补充,分量多于原书数倍,故很重要。包括魏书三十卷,蜀书十五卷,吴书二十卷,共六十五卷。陈寿(233—297),字承祚,巴西安汉(今四川南充)人。裴松之(372—451),字世期,河东闻喜(今属山西)人。

《三国志》成书年代不能确定。其以曹魏为正统,魏书列在全书之首,称曹氏为帝。吴、蜀君主即位,都记明魏的年号,以明正朔所在。东吴只有孙权称主,孙亮等都称名。蜀汉刘备父子称先主、后主,不同于孙吴,多少反映陈寿对于蜀汉的故国之思。《三国志》的纪传各成体系:合三书为一观之,有纪有传;析三书分别观之,亦各兼纪传。因此,清代史学名家钱大昕盛赞说:"陈承祚《三国志》,创前人未有之例,悬诸日月而不刊者也。"[19]

三国时期在政治、经济、军事上有建树的人物,以及在学术思想上有贡献的人物,书中都有记述,此外也记载了国内少数民族以及邻国的历史,《魏书·

倭人传》就记载了日本古代历史的重要史料。《三国志》没有关于典章制度等
方面的志,是一个缺陷。陈寿对于史料的取舍选择,比较审慎谨严,文字也以
简洁见长,所以前人说其书"裁制有余,文采不足"[20]。但《三国志》全书前后
连贯事不重出,因之比前史更精密。同时,《三国志》的议论也很有见地。

　　陈寿是三国时人,以同时人修史,亲身经历,见闻真切,这是有利条件。但
时代太近,史料尚未全出,恩怨尚未全消,记载则事实不足,褒贬则形势不便,
有一定困难。到裴松之时,纠正《三国志》"失在于略,时有所脱漏"的时机来
到了。裴松之奉宋文帝之命注《三国志》,于元嘉六年(429)奏上。裴注不仅
解释地理名物等,更主要的在于补充原书记载的遗漏和纠正错误。同一事几
家记述不同的,他都收录进来,以备参考。对于史事和人物,裴注也有所评论;
对于陈寿议论的不当,裴注也加以批评。裴注搜罗广博,引书首尾完整,不加
剪裁割裂。所引史料凡一百五十余种。他这种以史证史的方法,在我国是
首创。

　　总之,裴注的最大优点,是引证各家原文丰富的史料来注陈寿原书,这些
材料今天绝大部分已经亡佚,赖裴注而保存一部分,使我们能了解这些书的大
概。因此,裴注的史料价值,并不亚于《三国志》。同时,裴注对于选择和审核
史料,也费了相当功夫,并体现了他自己的见解。

　　但由于裴注注重兼采并收,即史料多多益善,因而有时出现毫不相干而
滥入之事,或有荒诞不经的记述。但瑕不掩瑜,裴注仍是研究三国史必不可少
的资料。

　　《后汉书》是纪传体东汉断代史,共一百二十卷,包括纪十卷、传八十卷、志
三十卷,记载了自光武帝至献帝195年史事(图7-6)。纪、传为南朝宋范晔撰,
志为晋司马彪撰,一般称《续汉志》。范晔(398—445),字蔚宗,顺阳(今河南
淅川东南)人。

　　范晔撰写《后汉书》之前,已经出现了多家后汉史作,特别是《东观汉记》,
记载了东汉光武帝至灵帝的东汉史。范晔撰《后汉书》时,博采众书、斟酌去
取,成一家之言。他原拟效法《汉书》,撰写十志,但因被杀而未及完成。范书
记事简明扼要,疏而不漏,因此,它传世后,除袁宏《后汉纪》,其他各家后汉史
作相继失传。范晔《后汉书》因而成为研究东汉历史最主要的史籍。

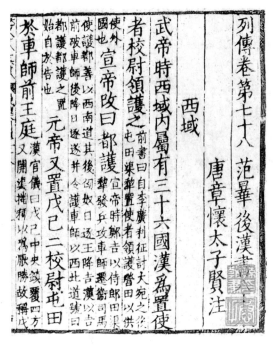

图 7-6 《后汉书》书影，宋江南东路转运司刻本，
中国国家图书馆藏

与《史记》《汉书》相比，《后汉书》在编纂方面有一些改进。首先，改《外戚传》为《皇后纪》，其意本于华峤《后汉书》。这一变化，固然由于和帝后六个太后临朝称制，但也出于对君权的尊崇。其次，新增了七种类传，包括《党锢传》《宦者传》《文苑传》《独行传》《方术传》《逸民传》和《列女传》，分述不同社会阶层和不同类型的代表人物，从不同角度刻画了东汉社会的面貌。这些类传都是根据东汉社会的实际情况和思想风尚设置的，同时也反映了范晔对独行和逸民这两类人的赏识。范晔在《后汉书》中增入《列女传》，这是纪传体史书中第一次出现的内容，说明了妇女在当时的地位有所提高。第三，使用类叙法，编次周密。范书列传目录中有名字的计五百余人，很多是以类叙法附入这一类的重要人物传中。这是《后汉书》的特色。范晔在《狱中与诸甥侄书》中认为，"自古体大而思精，未有此也"；"尝共比方班氏所作，非但不愧之而已"[21]，并非自诩过高。

南朝梁刘昭最早集各家后汉史书同异以注范书，并从司马彪《续汉书》中抽出志，加以注释，补入范书。志中《舆服志》为《汉书》所无，是研究秦汉服饰、车舆制度的主要依据，对研究秦汉文化史和社会史具有重要意义。司马彪改《汉书》的《百官公卿表》为《职官志》，叙述东汉设官分职情况。他一改汉志略而不详之弊，以刘秀定制为准，以上公、将军、诸卿、郡国官属为序，将各级主吏、属吏的员数、职掌和源流，条理爬梳，并附百官受俸例，是研究秦汉官制不可或缺的重要资料。但志中未设《食货志》与《艺文志》，使一代经济制度和文史典籍都未能得到反映。

第三节　地方史志的发达

赵晔《吴越春秋》　袁康《越绝书》　常璩《华阳国志》　杨衒之《洛阳伽蓝记》

东汉以后，由于地方割据倾向的加剧，加上魏晋以来依地域区划而设的九品中正制的推行，出现了许多带有地方性的杂传，如《益部耆旧传》《兖州先贤传》等。这些地方性的杂传与地方性的地理渐渐结合，并发展起来。《隋书·经籍志》所称的有关一方风物、史地、人物的"郡国之书"随之兴盛，地方史志渐趋发达。到现在影响还比较大的有赵晔的《吴越春秋》、袁康的《越绝书》、常璩的《华阳国志》、杨衒之的《洛阳伽蓝记》等。

《吴越春秋》是东汉山阴人赵晔所撰。此书今本计六卷，分为十篇（图7-7）。其中卷一第一篇《吴太伯传》和卷四第一篇《越王无余传》都具有引言性质，其内容主要在于说明这两个越人部族的渊源世系。其余部分都是按编年史的形式写

图7-7　东汉赵晔撰《吴越春秋》书影，元大德十年刊本，首都图书馆藏

的，或许这也是其名为《春秋》的原因。但本书没有采用逐年记载的刻板办法，而是在每个部族中，选取若干重要君王的若干重要年代进行记事。句吴部分主要记载了王僚、阖闾和夫差，而后两者又是重中之重。而在关于于越的记载中，重点更为鲜明，五篇中有四篇记勾践，并且其撰写也是寓专题于编年之中，可谓匠心独运。

从书名就可以看出，本书是吴越两国编年的史书，而《隋书·经籍志》《旧唐书·经籍志》《新唐书·艺文志》列为杂史，《宋史·艺文志》列为霸史，《四库全书总目提要》列入载记。总的来看，全书仍是一种编年史，但历史记载的内容、多寡有很大悬殊。一年记事，短的只用五个字，长的达 3700 字。所以，此书虽然采用了编年的形式，但丝毫不受形式的约束，因而能繁简得宜，畅所欲言。本书在编纂上将某些事件相对集中叙述，并将吴越两国分别加以编写，使得本书的记载在需要的时候能很好地厘清吴越之间及吴越与春秋列国之间的双边及多边关系，便于把复杂的情况说清楚。但此书也记载了许多"委巷之说，迂怪妄诞，真虚莫测"[22]的内容，使用时需要对材料进行必要的鉴别。

《吴越春秋》比较系统地记述了江浙两地吴越两族兴衰的历史，不仅记载了两国之间的相互征伐，而且还记载了这两个边远民族多次北上与中原诸国争霸的历史情节。这中间自然就要涉及练兵布阵、制造武器、修筑城池、发展交通以及富国强兵的许多措施。其中虽夹杂真假不分、是非难辨的成分，但对于研究吴越历史仍具有重要的参考价值[23]。

《越绝书》是我国古代一部地方性历史文献著作。由于此书未署作者姓名，因而长期以来关于成书时间和作者一直是悬而未决的疑案（图7-8）。

关于此书的名称，也有许多不同的解释。清代学者俞樾认为"绝"乃由于此书作者学《春秋》绝笔于获麟之年，记载至勾践之霸而绝笔。这个见解相对令人信服[24]。其实，《越绝书》的首篇《外传本事》已经解释了："绝者，绝也，谓勾践时也。"只是由于书中阑入了许多后人附益上去的东西，使得问题较为复杂罢了[25]。

根据《四部全书总目提要》，考究出此书为东汉会稽人袁康所撰，吴平进行过"文辞属定"的工作。今本此书有内传、内经六篇，外传十三篇。此书详细记载了吴越交兵，越王勾践生聚教训，最后兴越灭吴、称霸中原的经过，内容涉及兵法、权谋、术数等；此书对吴越山川、地理、城池、物产等，记载甚详；书中还有不少关于发展生产、流通货品、保障民生的记载，是一部珍贵的历史文献。本书有很浓厚的阴阳五行思想，许多人物在论述自己的政治主张或说明某个问题时，往往都用阴阳五行思想来加以说明。

历来公私书目多将《越绝书》收入在杂史、稗史之类，《四库》收在载记类，说明此书是一部历史书。它不仅记载了春秋于越的历史，也记载了与于越相邻的句吴和楚的部分历史。而其中卷二《吴地传》和卷八《地传》两篇，不仅把句吴和于越两国国都及其附近的山川形势、城池道路、宫

图 7-8 东汉袁康、吴平辑《越绝书》书影，明嘉靖二十三年刊本

殿陵墓、农田水利、工场矿山等记载得十分详尽，而且还写出了这两个不同地区即太湖流域和会稽山地的地理特征。这两篇可以说是后世地方志的滥觞。《越绝书》还是一部兵书。它不仅从武器、辎重等方面论述了战术上的问题，而且更从政治、经济、外交等方面论述了战略上的问题。

由于越部族的最后流散及与他族的融合，于越的语言早已泯灭，却赖《越绝书》为我们留下了这方面的宝贵资料。书中记有大量吴越两国的人名、地名及一部分普通词汇，为我们研究这种已经泯灭的语言提供了重要线索。由于

语言不通而产生的对地名的曲解,可借此得到很好的解决。而书中对于地名渊源的解释超过三十处,对地名学研究也有重要意义。此书在南宋以后一直只流行残本,由于其辑佚工作难度大,因而无法窥见原书的本来面目。

《华阳国志》是晋代常璩撰写的一部地方史,原名《华阳国记》,或简称《华阳记》,主要记载上古迄东晋永和三年(347)巴蜀地理、人物等。常璩,字道将,蜀郡江原(今重庆东南)人,生卒年无考,该书撰成约在永和十一年(355)之前。此书将地理记载、历史编年、人物传记合为一编,对后世地方史志的编纂影响很大。它是我国现存最早、最完整的一部地方史志,书中很多内容为纪传体正史所不载,为研究我国古代西南边疆地理、政治、经济、文化、民族风情提供了宝贵的史料。它更是我们研究当时地记的唯一典型材料。

该书记述4世纪以前以益州为中心的西南地区的历史与地理。作者把两汉时代的益州,假定为相当于《禹贡》的“华阳黑水惟梁州”,因此定名为《华阳国志》[26]。此书一至四卷,划分为《巴志》《汉中志》《蜀志》《南中志》,总述梁、益、宁三州的历史变化和郡县建制沿革,先总叙历史变化,后列郡县沿革。五至九卷以编年体形式分述西汉末年至东晋初年先后割据于此的公孙述、刘焉刘璋父子、蜀汉刘备父子、成汉李氏四个割据政权的历史,以及西晋统一时期巴蜀的历史。十至十二卷为三州西汉至东晋初的“贤士列女”传,所收西汉至东晋三州人物近四百人,可补正史之不足。

《华阳国志》开创了地方史志综合记载一个地区政治、经济、军事、文化、人物、地理、科技等各项史实的先例,资料非常丰富。如对于当地使用天然气煮盐和凿井采盐的记载很具体,是中国乃至世界关于这方面记述的最早的文献。关于李冰开发蜀地经济所作的贡献,也以此书记载最为详细。此外还有关于自然资源和生产技术的记载。它是研究秦汉魏晋历史地理和巴蜀地方史不可多得的重要典籍。

对于此书属于地方史还是地方志的问题,历来争论较多。从它的内容与组织形式来看,确实既像地方史,又像地方志。但《华阳国志》与当时的其他地记相比,多了编年纪事的地方历史,而全书实际上叙政治沿革的比重也相当大。因此,目前许多学者坚持认为它是一部地方通史。

杨衒之(杨或作阳,或作羊),北魏北平人(今河北顺平县东南)人。生年不详,约卒于北齐天保(550—559)中。在当时,由于东西魏的长期战争,繁华的洛阳被战火破坏得很严重。武定五年(547),杨衒之因事重返洛阳,目睹过去繁华的洛阳城,此时已是"城郭崩毁,宫室倾覆,寺观灰烬,庙塔丘墟",满目疮痍。他抚今思昔,感慨万千,"恐后世无传,故撰斯记"[27]。唐朝僧人释道宣则认为杨衒之撰写该书的宗旨,是由于他"见寺宇壮丽,损费金碧,王公相竞侵渔百姓,乃撰《洛阳伽蓝记》,言不恤众庶也"[28]。可见该书的写作目的有二,即追思往昔与指刺侈靡,前者反映了作者身遭离乱,有故国之思;后者则说明他对北魏统治者穷奢极欲的不满。

《洛阳伽蓝记》的体例是,首先在序中叙述了洛阳四城的城门及城门名称的沿革,然后按城内、城东、城南、城西、城北分为五卷,叙述当时洛阳城内外著名的佛寺,及其所在里巷和方位乃至名胜古迹,兼及该寺建制沿革及其有关的遗闻轶事。该书虽然以记叙当时洛阳著名的佛寺为主,但对当时洛阳城的建制、历史的古迹、宫廷的变乱、诸王的废立、权臣的专横、宦官的恣肆,以及四方使节的往来、佛教在民间的传播、外国沙门的活动、文人学者的故事等均有记叙,可见该书内容非常广泛。由于其内容不少涉及地理,故自《隋书·经籍志》以来,历代都把它列入地理类。但此书通过记述洛阳四十年间佛教寺塔的兴废,反映当时洛阳经济、文化和人民生活的情况,是北魏时期洛阳的地方断代史。这也是本书最大的价值所在。

由于杨衒之在洛阳居住过相当长的时间,对当时洛阳的情况多有了解,所以描述比较细致,对著名佛寺的描述尤其如此。如对城南景明寺的建制沿革、地理位置、建筑规模及庭园布局的描述,生动地展示了景明寺宏伟壮观的建筑,幽静美丽的景色。这为研究当时北魏洛阳佛教寺院建筑及其庭园布局提供了重要资料(图7-9)。除佛寺外,该书对商市、园林等建筑也有很好的描述,另外还记载了城门、街道、官署、仓库等,这些记载对北魏洛阳城进行复原很有用处。

《洛阳伽蓝记》结构谨严,语言简练,文笔隽秀,堪称北朝文学的一部代表作。由于作者受当时宗教思想的影响,书中也记载了不少神鬼故事和迷信传说,但它仍不失为一部历史学、地理学和文学名著。

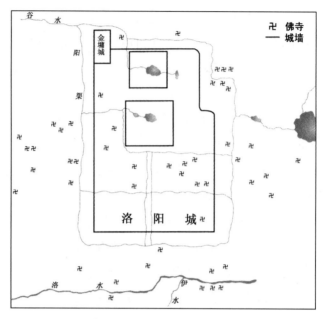

图 7-9 《洛阳伽蓝记》所载洛阳城佛寺分布图

第四节 地理学的成就

《汉书·地理志》 郦道元《水经注》 考古发现的地图 裴秀绘《禹贡地域图》《地形方丈图》和"制图六体"

西汉前期,地理学已相当发展,《史记》中的《河渠书》与《货殖列传》记录区域经济地理,都是重要的地理著作,亦为后代自然地理和人文地理的编著开了先河。东汉前期写成的《汉书·地理志》(简称《汉志》),是我国古代第一部全国性的地理著作,也是第一次以"地理"命名的专著。它首创在正史中以地理志为名,专章论述全国的疆域、政区、户籍,兼及自然与人文等事,为正史内容的完善奠定了基础。《汉志》是史书地理志中最好的一部,为历代地理志的典范。它以疆域、政区为纲的写作体例,为两千年来学者所沿用,对后世影响极大。

《汉志》分为三个部分:

第一部分：首述《禹贡》和《职方》两篇的内容。班固认为这两篇代表了夏周两代的疆域制度。后面简述其沿革，及于汉朝初年。

第二部分：这是《汉志》的主体部分。它从多民族、大一统与中央集权的国家观念出发，以政区为单位，逐一记述了西汉版图内 103 个郡国的地理情况。先从京兆尹、左冯翊、右扶风开始，再依次讲到其他郡国。郡国之下还有县、道、侯国一级政区，共 1587 个，其中"道"有 32 个，是少数民族聚居区。《汉志》以郡县为纲，记述历代政区沿革、户口数字、山岳陂泽、水道源流、水利设施、土特物产、盐铁官所在地，以及具有重要意义的各种事物，如城邑、乡聚、关塞、亭障、祠庙、古迹以及有关史事等，并将它们分别汇总于相关郡县之下。

第三部分：总论天下概况，类似于全国区域地理总论。以旧时大的诸侯国疆域为基础，分全国为十余个大区，自中央"秦地"开始，而北、而东、而南，综述各大区居民的由来、政治演变、山川物产、社会风俗及境内外民族关系。东及今朝鲜半岛和日本，南到今日所说的南海丝绸之路。如其中所说，自徐闻、合浦可到都元国、邑卢没国、谌离国、夫甘都卢国、黄支国、已程不国等，已达今印度沿海一带。

《汉志》所记述的户口，是以汉平帝元始二年（公元 2）的资料为依据，这是文献记载中我国最早的户口记录。而经过学者的考证，确认其所载疆域政区反映的是元延、绥和年间（公元前 12—前 7）的情况。

然而，由于地理环境的变化，使得实际情况与《汉志》的记载变得有些不符；而由于《汉志》以郡国政区为纲，附记山川，所以山岭的分布，水系的脉络，叙述较为分散，使读者很难有一个完整的自然地理概念；其所载的经济、交通情况，同样有不足之处；至于传抄翻刻造成的衍误脱简，也使得文意难通。这些都是阅读时应该注意的。

《水经注》是一部以记载河道水系为主的综合性地理著作，北魏郦道元著。它是我国 6 世纪以前地理学的代表作之一。

郦道元看到当时流传的《水经》过于简略，因此进行实地考察，博引有关地理著作而撰成《水经注》。此书所注之处以水道河流为主线，对其源头、流向、河道变迁、名称改易，一一叙其原委，并因水及地，因地及事，详述河道流经地区的山陵陂泽、郡县城邑、关津名胜、土特物产、农田水利，以至史事、人物、故

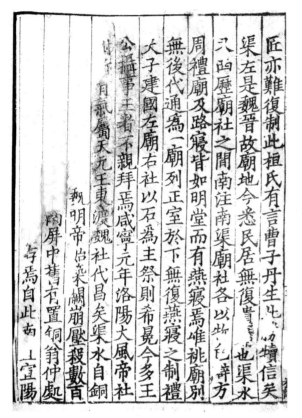

图 7-10　北魏郦道元撰《水经注》书影,宋刻本,中国
国家图书馆藏

事、神话、歌谣、谚语、方言等(图 7-10)。文字也由原来的一万多字增加到三十多万字,河流由原来的 137 条发展补充为 1252 条,征引参考文献、图籍 400 多种,碑刻资料 300 多种,所引史料很多现在已经缺佚[29]。篇中文笔清丽隽永,多脍炙人口的小品杰作,文学价值也很高,被誉为我国古代四大名著之一[30]。

《水经注》的学术价值很高。就其史料价值而言,它所记载的 1200 多条河流的发源地点、流经地区、支流分布以及历史上的变迁,是 6 世纪以前我国关于河道水系最详细的记录,尤其对各地水利开发的记载,至今还有一定的参考价值。在今本 40 卷中,河水(黄河)干流及其较小的支流,占了 5 卷;渭水、汾水、洛水,各占 3 卷;江水(长江)干流 3 卷,入江诸水 4 卷,沔水(汉水)及其支流 4 卷;这 22 卷,内容丰富,记述最精彩,是作者用力最多的地方。在河流的编排次序上,先北后南,先内地后边疆。在河道叙述上,先源头后支流,最后说明在某地入某水,或在某地入海。在内容上,先叙述河道流经情况,再记述各流域内的具体地质、地形、土壤、气候以及物产、民俗、名胜等。同时,由于郦道元搜集了大量的文献资料,北魏以前的地方志几乎搜罗殆尽,再加上实地调查得到的不少汉魏碑刻,使得《水经注》对于水利工程、火山、温泉、古生物化石、石灰岩地貌的记载,既写得生动具体,又提供了很有价值的资料。

　　郦道元虽生当南北朝政局分裂的时期,所撰《水经注》并没有只限于记述北魏所统治的疆域之内,也包括了南朝的大部分地区,这是他眼光的远大之处。但由于历史条件的限制,他毕竟不可能在南北朝分裂割据的情况下到全国进行实地考察,许多资料只能来自古代典籍,因此书中也不可避免地存在一些明显的错误,特别是江淮以南的水系比较简单,多有遗漏和欠准确的地方。但总体来看,《水经注》仍是一部杰出的古代地理著作,受到历代学者的推重和赞扬。

　　1986 年在天水放马滩一号秦墓中出土了七幅绘在松木板上的地图,其时代一说为昭襄王八年(公元前 299),一说为秦王政八年(公元前 239)。七幅图均绘制在 26.7×18.1×1.1cm(长、宽、厚)的松木板正反两面。除反映山、水系、沟溪、关隘、道路等地理特征外,并有县、乡两级政区治所位置的标注[31]。这应该是目前发现中国最早的实物地图,也是世界上最早的地图。

　　1973 年长沙马王堆三号汉墓出土了绘于帛上的地图,距今 2100 多年[32]。它分别为“地形图”“驻军图”和“城邑图”,图上未注图名、比例尺和绘制时间(彩图 10)。地形图被整理小组定名为《西汉初期长沙国南部地图》,此图最能反映当时的制图水平。

　　地形图为边长 96 厘米的正方形,上南下北,范围在今广西全州以东,湖南新田、广东连县以西,北至新田、全州以南,南到珠江口外的南海,主区详而邻区略。图中有统一的图例,居民点用两种符号表示,县治单位用方框,乡、里用圆框表示,地名注在框内。道路用均匀的细线表示,粗细不等的弯曲线表示河流水系。大小河流 30 余条,主支流关系、河流与地形的关系描绘得相当清楚。山脉采用闭合的山形线表示。主区部位是以深平为中心的深水流域,深水是湘江上游潇水的一支,深平也只是以深水得名的较大乡里。深水本身,形成环绕九嶷山南侧和西侧的弧形带,包括深水两侧大小支流的河谷,散布着许多乡里。多数乡里注明户数,但又注明“今毋”或“今毋人”。其详细、准确的程度表明,这是驻军自己调查的资料。因而,“地形图”是世界上现存最早的以实测为基础而绘制的地图。该图画出珠江支流北江、西江及珠江口,也表明了当时长沙国人对南越国的认识和交往。

　　驻军图是长 98 厘米、宽 78 厘米的彩色军用地图,图中标明上南左东,其范围限于深平以南的深水上游和大小支流的河谷。这幅图的主要特征是徐、周、司马三个都尉军部的驻地，用特殊符号和着色标明其布防和防区界限、指挥城堡，记录了当时长沙国驻防备战情况，是研究汉初历史和军事的重要实物史料。驻军图着黑、红、田青三种颜色，是现今世界上发现最早的彩色军事地图。

城邑图长约 40 厘米，宽 45 厘米，所绘城邑为四方形，标注了城的范围、城门堡、城墙上的楼阁、城区道路等。街道分为二级，有宽有窄，并以象形符号标出宫殿的位置[33]。城邑图是中国城市平面图的最早实物证据，是研究汉代城市规划、布局和结构的珍贵资料。

裴秀（223—271），字季彦，河东闻喜（今属山西）人。他是我国古代传统地图学理论的创立者和奠基人，在学术上的重要成就是主持编绘《禹贡地域图》十八篇和在此图序中提出的"制图六体"。此外，他还缩制旧天下大图为"地形方丈图"（或称"方丈图"），为古代地图学作出了卓越贡献。

裴秀在任司空期间，因职务关系，经常接触地图，感到古代的山川地名，由于时代久远，变化很大，后来人们论述的有牵强、含糊之处。他认为"汉氏舆图及括地诸杂图"都"不精审"，既"不设分率"，又不考正准望，是"不可依据"的[34]。于是收集史料，进行研究，在泰始四至七年（268—271）完成了由他主编的《禹贡地域图》十八篇。但是此书流传的时间不长，《隋书·经籍志》已不见记载，只有残篇，后来连残篇也失传了。根据后来流传下来的《禹贡地域图·序》，以及《晋书·裴秀传》，可以认为《禹贡地域图》十八篇是上自夏禹下至西晋的历代政区沿革图。它作为第一部见于文字记载的历史地图集，开创了以区域沿革为主体和古今地名对照的传统。

据唐代学者虞世南《北堂书钞·方丈图》记载，裴秀在绘制《禹贡地域图》之前，还曾经以缩小精绘的方法，把汉代用缣八十匹画成的《天下大图》，以一寸折地百里的比例尺（约 1：180 万），缩绘成一丈见方的晋代全国《地形方丈图》。这个图曾经流传到唐代。但也有学者认为这就是《禹贡地域图》，《方丈图》没有完成，当然也没有流传下来[35]。

裴秀在地图学方面作出的最大贡献还是他在《禹贡地域图·序》中提出的"制图六体"，即制图的六项原则。据《晋书·裴秀传》记载，"制图六体"包含如下六条法则：第一是"分率"，即比例尺，用来区别地域面积大小；第二是"准望"，即辨方正位，用以确定彼此间方位；第三是"道里"，用以确定两地间人行路程的远近；第四是"高下"，将山坡状的斜距化为水平距离；第五是"方邪"，即方向偏差的改正；第六是"迂直"，即改迂回曲线为直线。这后三条要求因地制宜，用来校正由于地形起伏、方向偏差和迂回弯曲引起的误差[36]。裴秀又进一步指出了制图六体的意义、作用，以及它们之间互相联系、互相制约，缺一而失其准确性的辩证关系。这是古代最系统、最完整的地图学理论体系，在地图学史上具有首创的意义。直到清代，他的理论还为中国地图学者所遵循。

注　释

〔1〕　《后汉书·明德马皇后纪》记载为东汉明帝马皇后自撰。见中华书局，1965 年标点本，第 410 页。

〔2〕　(东晋) 袁宏：《后汉纪·序》，中华书局，2002 年。

〔3〕　《汉书·艺文志》"春秋类"著录"《汉著记》百九十卷"，中华书局，1962 年标点本。

〔4〕　陈其泰：《秦汉史学和秦汉政治》，《学习与探索》1999 年 5 期。

〔5〕　白寿彝：《中国史学史 (第一册) ·叙篇》，上海人民出版社，1986 年，第 50—56 页。

〔6〕　仓修良：《试论中国史学史分期问题》，见《史家·史籍·史学》，山东教育出版社，2000 年，第 10 页。

〔7〕　周一良：《魏晋南北朝史学发展的特点》，见《魏晋南北朝史论集》，北京大学出版社，1997 年，第 384—402 页。

〔8〕　中科院自然科学史所地学史组主编：《中国古代地理学史》，科学出版社，1984 年，第 338—339 页。

〔9〕　周一良：《读〈邺中记〉》，见《魏晋南北朝史论集》，北京大学出版社，1997 年，第 474 页。

〔10〕　刘知几：《史通·二体》，浦起龙通释，上海古籍出版社，1978 年。

〔11〕　章学诚：《文史通义·书教下》，见叶瑛：《文史通义校注》，中华书局，1985 年，第 49 页。

〔12〕　《汉书·司马迁传》引刘向、扬雄语。

〔13〕　司马迁：《报任安书》，见《汉书·司马迁传》。

〔14〕　《史记·太史公自序》，中华书局，1959 年标点本，第 3319 页。

〔15〕　相关论述还可参看陶懋炳：《中国古代史学史略》，湖南人民出版社，1987 年，第 80—90 页。

〔16〕　章学诚:《文史通义·书教下》,见叶瑛:《文史通义校注》,第50页。

〔17〕　白寿彝:《司马迁与班固》,《北京师范大学学报》1963年4期。

〔18〕　刘知几:《史通·六家》。

〔19〕　钱大昕:《潜研堂文集》卷二四《三国志辨疑序》,江苏古籍出版社,1997年。

〔20〕　李慈铭:《越缦堂日记》,广陵书社,2004年。

〔21〕　《宋书·范晔传》,中华书局,1974年标点本,第1829—1831页。

〔22〕　《隋书·经籍志》,中华书局,1973年标点本,第962页。

〔23〕　仓修良:《吴越春秋辑校汇考序》,见周生春:《吴越春秋辑校汇考》,上海古籍出版社,1997年。

〔24〕　俞樾:《曲园杂纂》卷一九,见《春在堂全书》,光绪二十三年重订本。

〔25〕　仓修良:《〈越绝书〉是一部地方史》,《历史研究》1990年4期。

〔26〕　也有的学者认为是由于所记的梁、益、宁三州皆在华山之阳的缘故。

〔27〕　均见《洛阳伽蓝记·序》。周祖谟校释:《洛阳伽蓝记校释》,上海书店出版社,2002年,第7—8页。

〔28〕　道宣:《广弘明集》卷六《王臣滞惑篇》,《大正藏》卷五二。

〔29〕　陈桥驿:《郦道元与〈水经注〉》,上海人民出版社,1987年。

〔30〕　另三注为裴松之的《三国志注》、刘孝标的《世说新语注》、李善的《文选注》。

〔31〕　丁建伟:《世界上现存最早的地图天水〈放马滩地图〉》,《地图》1993年4期。

〔32〕　按墓中木牍的记载,考定下葬年份为汉文帝初元十二年,即公元前168年。

〔33〕　赵荣:《地理学思想史纲》,陕西科技出版社,1995年,第112页。

〔34〕　裴秀:《禹贡地域图·序》,见《晋书·裴秀传》。

〔35〕　曹婉如:《裴秀》,见谭其骧主编《中国历代地理学家评传》,山东教育出版社,1990年,第146页。

〔36〕　曹婉如:《中国古代地图绘制的理论和方法初探》,《自然科学史研究》1983年3期。

第八章　秦汉魏晋南北朝文学

秦汉魏晋南北朝是中国文学自觉与发展的重要时期。这个时期的文学逐渐从经学、史学中脱离出来,文学的特征逐渐鲜明,中国文学史中的主要文体基本确立,文学的团体和文学流派、文学风格都已形成,并最终获得了独立的地位,为唐代文学的发展和繁荣,奠定了坚实的基础。

第一节　文学的自觉

文笔之辨　文体辨析与文学特点的认识　文苑传及总集、别集的编纂
言志到抒情的转变　文学批评的繁荣及体系的建立　南北文风的差异及融合

文笔之辨起于南朝时[1],但汉末以迄魏晋,作家对文与笔的区分,已经具有了比较自觉的认识。历史资料表明,汉末时对文吏和儒生两种身份进行过比较,认为文吏擅长于笺奏一类应用性文体,儒生则擅长于经学,所以两者各有优劣[2]。对应用性文体进行仔细辨析,是汉末学术的一个重要内容,辨析的目的并非是文学的诱因,但却促进了文学的自觉化过程。东汉王充在《论衡》中用笔疏作为文吏使用的文体,用赋颂作为班固、傅毅等文人使用的文体,其中已寓含了区分之意。这个发展的过程到了汉末曹魏年间以"文学"与"文章"作界限分明的对举时,显示了文学的自觉的开始[3]。

文和笔的区分,基本是将文学作品与非文学作品区分开来,这是文学发展的必然趋势,反映了历史的要求。随着文学的日益发展,文学地位的提高和

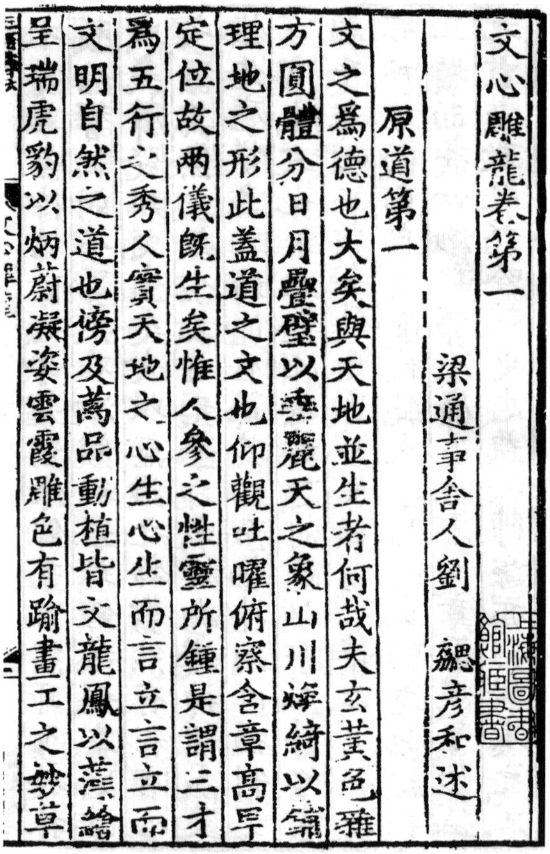
文心雕龍卷第一
梁通事舍人劉勰彥和述
原道第一
文之為德也大矣與天地並生者何哉夫玄黃色雜
方圓體分日月疊璧以垂麗天之象山川煥綺以鋪
理地之形此蓋道之文也仰觀吐曜俯察含章高卑
定位故兩儀既生矣惟人參之性靈所鍾是謂三才
為五行之秀人實天地之心生心生而言立言立而
文明自然之道也傍及萬品動植皆文龍鳳以藻繪
呈瑞虎豹以炳蔚凝姿雲霞雕色有踰畫工之妙草

图8-1　元至正刊本《文心雕龙》书影，上海图书馆藏

独立，文笔的区分也愈渐清晰，同时，对文学特点的认识，也愈为鲜明，这在南朝齐梁时更成为文学批评的一个重要内容。文笔的讨论以刘勰和萧绎为代表。

刘勰《文心雕龙·总术》总结时人的看法，说是“有韵为文，无韵为笔”。（图8-1）这是以用韵与否来划分文笔，用韵的文体有诗、赋以及颂、赞、吊、诔等，不用韵的文体如诏、策、檄、移等。这种分法简单明了，便于掌握，从形式上厘清了纯文学作品和应用文体间的界限。刘勰《文心雕龙》就是以这个标准来区分文体的，他所论文体主要有三十三类，自《明诗》至《谐隐》是有韵的文，自《史传》至《书记》是无韵的笔。时代稍后出现的《文笔式》一书也贯彻了同样的说法：“制作之道，唯笔与文。文者，诗、赋、铭、颂、箴、赞、吊、诔是也；笔者，诏、策、移、檄、章、奏、书、启等也。即而言之，韵者为文，非韵者为笔。”[4]

与刘勰不同，萧绎更关注作为文学作品的本质特征。他在《金楼子·立言》中说：“古人之学者有二，今人之学者有四。夫子门徒，转相师受，通圣人之经者，谓之儒；屈原、宋玉、枚乘、长卿之徒，止于辞赋，则谓之文。今之儒，博穷子史，但能识其事，不能通其理者，谓之学。至如不便为诗如阎纂，善为章奏如伯松，若此之流，泛谓之笔。吟咏风谣，流连哀思者，谓之文。而学者率多不便属辞，守其章句，迟于通变，质于心用。学者不能定礼乐之是非，辩经教之宗旨,徒能扬榷前言,抵掌多识,然而挹源之流,亦足可贵。笔退则非谓成篇,进则不云取义,神其巧惠,笔端而已。至如文者,惟须绮縠纷披,宫徵靡曼,唇吻遒会,情灵摇荡。而古之文笔,今之文笔,其源又异。"[5]

萧绎这里是在对古今学者区分对比的基础上提出的文笔概念。所谓古之学者有二,即儒与文;今之学者有四,即儒、学、文、笔。这种区分符合学科发展的实际,是进步的观念。关于儒与学,暂置不论。我们感兴趣的是,萧绎对文笔的区分,并不是以有韵、无韵为界限,而更注重文体的本质特点。对于笔的定义,他称"退则非谓成篇,进则不云取义,神其巧惠,笔端而已",又举例"不便为诗如阎纂,善为章奏如伯松",章奏自然是无韵之体,本属于笔的范围,但萧绎却把"不便为诗"的阎纂也划入笔者之列,这就打破了当时通行的有韵为文、无韵为笔的观念。再看他对文的定义是"吟咏风谣,流连哀思""绮縠纷披,宫徵靡曼,唇吻遒会,情灵摇荡",这里更强调的是辞藻、声律,以及打动人的情思。应该说这种区分并不科学,什么作品可以称"绮縠纷披,宫徵靡曼"呢?哪些作品叫做"情灵摇荡"呢?这并没有一个客观标准。但是从对文学作品本质的认识上,萧绎远远超过了同时代的批评家。他提出的不是划分文体的界限,而是文学作品的要求和境界。在他看来,即使是诗,如果像阎纂那样,也不能称为文。萧绎的这一认识对纯文学作品的本质,是把握得较准确的,这样的认识比简单的文笔区分更显示了高度的文学自觉。就南朝批评家重文轻笔的倾向看,文学作品地位高于非文学作品是被世人广泛接受的事实。《南史·任昉传》说任昉"既以文才见知,时人云'任笔沈诗'。昉闻甚以为病。晚节转好著诗,欲以倾沈,用事过多,属辞不得流便,自尔都下士子,转为穿凿,于是有才尽之谈矣。"以这个情况与汉魏时比较,可以看出文学的地位和价值的提高,是确切不疑的了。

史书列《文苑传》,最早开始于范晔的《后汉书》。范晔书撰于宋文帝元嘉元年(424)时[6],在这之后的元嘉十五年(438),文帝立儒、玄、文、史四馆,文学从制度上被确立为一门,是文学自觉和独立的标志。范晔《后汉书·文苑传》未写序论,不知道他特立"文苑"一传的用意。他在《狱中与诸甥侄书》中说自己于诸杂传论"皆有精意深旨",特别是《循吏》以下及《六夷》诸序论,"笔势纵放,实天下之奇作。其中合者,往往不减《过秦》篇。尝共比方班氏所作,非但不愧之而已。"于此可见范晔对这些序论的看重,但他没有写作《文苑传论》,这是非常可惜的事。文学家在汉代的地位类同俳优[7],故而扬雄称辞赋乃童子雕虫篆刻,壮士不为。对于这些以文学名家的人物,史家取"文之为义,远矣大矣"[8],择选文章尤著者如司马相如等人立传。虽然"立言"为儒家三不朽之一义,但主要是指百家阐明理义之作,至于辞赋,则未免有"繁华失实,流宕忘返"[9]之讥。刘知几从史书体例论史书之得失,固然有道理,但如果没有司马迁、班固等史家的著录,在集部尚未编纂的西汉,作家作品若想保存完好,流传后世,是很难想象的。从这一点看,史家的识见,往往不是后人可以据理所得的。汉魏之际曹丕撰《典论·论文》,公开提倡"文章乃经国之大业,不朽之盛事",又称:"年寿有时而尽,荣乐止乎其身,二者必至之常期,未若文章之无穷。是以古之作者,寄身于翰墨,见意于篇籍,不假良史之辞,不托飞驰之势,而声名自传于后。"曹丕以储君身份宣布文学价值等于史书,虽然这篇文章具有某种政治寓义[10],但却是文学自觉背景中的产物,也是文学地位走向独立的标志。正是具有了这样的背景,我们看到,虽然史书列《文苑传》晚至刘宋时才出现,但自汉末以来,史书于作家作品往往多所载录,正是发扬了曹丕的观点。范晔《后汉书·文苑传》没有序论,但其后的《南齐书》《梁书》《魏书》等都设立了文学传,并且都作有序论或传论。为文学家列传,以文学作品为立言,并与立德、立功相等,传名不朽,文学真正取得了独立的地位。

文学独立、自觉的另一个标志是总集、别集的编纂。集部据《隋书·经籍志》说是起于东汉,但近代学者有人认为文学创作之有目录,应自曹植始[11]。《三国志·魏志·陈思王传》载,明帝景初中下诏撰录曹植前后所著赋、颂、诗、铭、杂论百余篇,副藏内外,这是明确的编集。其实曹植在生前已为自己编集,见《艺文类聚》五五载曹植《前录序》[12]。汉魏时期尚重子书,然而集部也已受到作家和全社会的重视,这也是曹丕宣称篇籍可以传声不朽的背景。自此以后,别集编纂日渐成风。至于南朝,"家家有制,人人有集"[13],甚至像王筠那样,一官一集,作家对于本集的热爱,真可谓是敝帚自珍了。别集的兴盛,促进了总集的编纂,曹魏时已经出现了一些具有总集性质的书。如《隋志》著录的应璩《书林》,当是有关书体的总集。又曹丕在《与吴质书》中明确说到追思徐干、陈琳、应玚、刘桢等人,"顷撰其遗文,都为一集",是曹丕曾为诸子合编过总集。此集没有流传下来，不过谢灵运有《拟魏太子邺中集诗》，证明曹丕此集已经编就，并且流传至刘宋时。魏晋以后，总集日盛，据《隋书·经籍志》著录，当时存者有 107 部，2213 卷，通计亡书，合 249 部，5224 卷。集部兴盛，主要是作品数量增多的原因，此外则是文学批评兴盛所致。中国文学批评除了批评家著书撰文表达批评意见外，更多的时候是通过编选作品来表达观点。比如挚虞《文章流别集》，《隋志》说它"采摘孔翠，芟剪繁芜"，它对前代作品进行了删汰工作，并且自诗赋以下各文体，类聚区分，各为条贯。挚虞对历代作品的态度，就在这部编选的总集中表达了出来。我们看到，这个时期的总集编纂，常常是一人编几种总集，如谢灵运作为著名诗人，编著各体总集八种，说明他不仅具有写作的热情，对编集也具有同样的热情，这反映此时期作家对文学作品的看重。在上述八种总集中，诗部占了四种，不同的编法，在于表达不同的文学思想，从这里可以看出文学批评促进了总集的编纂。

　　文学的自觉在诗歌观念上的表现就是"诗缘情"口号的提出。先秦以来，儒家文献都强调"诗言志"[14]，《诗大序》作为儒家诗学文献，对这一传统作了全面地阐述。这一口号的实质在于它强调诗歌的政治教化作用，而对文学的基本特性重视不够。魏晋以后，先是曹丕在《典论·论文》中提出"诗赋欲丽"的主张，把"丽"作为对诗歌的基本要求，已经打破了诗歌言志的传统。"诗赋欲丽"的提出，并不是曹丕个人的意见，而是汉代以来文学逐渐走向独立过程的必然产物。比如汉赋，扬雄曾经批评辞人之赋是"丽以淫"，这说明在作家创作的实践中，文学的规律必然要求作家朝着华丽的方向发展。萧统在《文选序》中所说的"踵其事而增华，变其本而加厉"，也正是这个意思（图 8-2）。五言诗尽管产生于东汉中后期[15]，但一经产生就取得了非常高的艺术成就[16]，这些都是曹丕提出"诗赋欲丽"的历史条件。曹丕之后，陆机在《文赋》中提出了"诗缘情以绮靡"的口号，关于"诗缘情"，历来争论甚多[17]，但它舍弃"诗言志"不用，而倡"诗缘情"和"绮靡"，其对立的意思还是明显的，所以朱自清说它是第一次铸成的新语[18]。自晋以后，作家和批评家常常标举"缘情"之说[19]，都是这个时期要求摆脱政治教化，强调诗歌审美特征的表现。

　　文学创作的繁荣促进了文学批评的发展，魏晋南北朝时期产生了大批依据文学审美特征而开展批评的论文和专著。其讨论内容的丰富和批评形式的

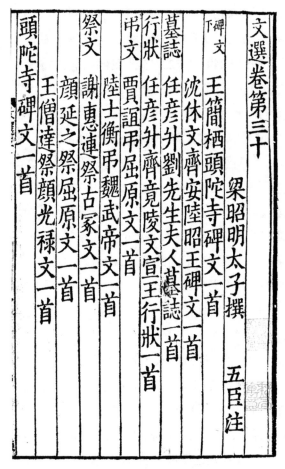

多样化,都为后世的文学批评奠定了基础。文学批评中的一些基本内容,如作家的才性、作品风格、写作的过程和写作的方法、社会生活、自然环境与创作的关系、批评的态度、文体辨析等,都有十分深入的探讨。就形式看,如曹丕《典论·论文》是专题文章,陆机《文赋》用赋的形式评文,锺嵘《诗品》和刘勰《文心雕龙》是批评专著,而沈约《宋书·谢灵运传论》和萧子显《南齐书·文学传论》则在史书中专论文学的发展。从曹丕单篇论文到锺嵘、刘勰批评专著的出现,文学批评的体系愈趋严密。尤其刘勰的《文心雕龙》,更是"体大思精",全书共分 50 篇,前 5 篇是全书的枢纽,阐

图 8-2　宋杭州猫儿桥河东岸开笺纸马铺钟家刻本
《文选》书影,中国国家图书馆藏

明作者批评的指导原则,其余又可分为两部分,前 20 篇讨论各种文体,细述各文体的起源和流变、文体名称和规格要求等,所谓"原始以表末,释名以章义,选文以定篇,敷理以举统"。后 24 篇一般称为创作论,主要讨论写作的基本理论和方法,如构思、风格、修辞手法,以及文学与社会生活、自然生活的关系,等等。最后一篇《序志》,是全书的总序。《文心雕龙》的出现,标志着这一时期文学批评的高度成熟,我们看到从魏晋以来文学批评所涉及的问题,在刘勰这里都得到了总结,并进一步阐发。完整的文学批评体系的建立,也是魏晋南北朝文学创作繁荣的结果。

魏晋南北朝是南北政权对峙的时期,在文化上表现为不平衡发展。南方文化相对说来较为成熟,文学创作取得了很高的成就。北方尤其是前期,主要是向南方文化学习,一些较为有名的作家,很明显在南方作家作品中讨生活[20]。尽管如此,北朝作家仍然具有自己的风格,正如《隋书·文学传序》所说:"江左宫商发越,贵于清绮;河朔词义贞刚,重乎气质。气质则理胜其辞,清绮则文过其意。理深者便于时用,文华者宜于咏歌:此其南北词人得失之大较也。"总的说来,北朝文学比较重实用,思想上尊崇儒学,维护礼教、纲常,因此现实性较强。在文体的选择上也与南方有所不同,比较重应用性文体。北朝的散文很发达,是胜于南方作家的[21]。不过南北虽然对峙,文化交流却很频繁,而且形式多种多样,比如南北双方互派使者、南方作家和文人因各式各样原因北投、边地的贸易(尤其是文化贸易)往来、双方战争所带来的人员流动等等。著名的事件如庾信由南入北,其文风对北人产生了极大影响。这不仅直接促进了北朝文学的进步,而且庾信自己也汲取了北方的营养,他那写于北方,表现乡关之思、亡国之恨、羁旅之悲的作品,为他赢得了文学史上不朽的声名。这些作品是南北文化融合背景中的产物。庾信的成功,显示出北方文学已经具有了自己独立的特点,在许多方面都已赶上、甚至超过了南方文学。

第二节 传记文学传统的确立

叙事传统的确立 夸饰与史学精神的背离和契合 史学与文学的相通
历史人物传记的文学性要求 究天人之际,通古今之变 无韵之《离骚》

《史记》是中国第一部体大思精的通史著作,也是一部文学名著。秦汉时的文学体裁,主要是辞赋,作为史书的《史记》,却以记事和传写人物为后来的传记文学写作树立了典范。司马迁在《报任安书》中述说自己的史书写作,是欲以"究天人之际,通古今之变,成一家之言"。尽管《史记》的纪传之例,抑或有前代史书的渊源,但镕铸古例,成《史记》五体,以见古今成败兴坏之理,当然是司马迁的独创。清人赵翼说:"司马迁参酌古今,发凡起例,创为全史。……

自此例一定,历代作史者,遂不能出其范围。"〔22〕对司马迁来说,他写《史记》,主旨是成就通史,继孔子删述《春秋》的传统,因此他要"究天人之际,通古今之变",探究天道与人事之间的互存互动的因果关系,通古今成败兴衰之理。什么是"天人之际"和"古今之变"呢? 这是要从司马迁《史记》五体中细究的。《史记》一书分十二本纪、十表、八书、三十世家、七十列传,与古史的编年体例完全不同,反映了司马迁以人物为历史创造者的观点。历史是人类活动的历史,而人类历史是由各个阶层人物共同创造的,司马迁《史记》正是由此出发,列传社会各阶层人物一百余人,涉及四千多人,从而构成了波澜壮阔的历史画卷。司马迁将探讨天人之际的关系、古今兴衰的变化原因,建立于对人物活动的叙述中,这是他对人类历史发展的深刻观察和思考的结果。因此,《史记》一书是活的历史,意蕴深刻,虽历千年,其中的道理仍然揭发不尽,足给后人以各种各样的启迪。

司马迁人物传纪所具有的文学性成就,其实是建立在这样的基础之上。他本没有文学性的考虑,也没有后世人的文学观念,他只是努力将人物写活,抓住人物的精神,从人物的活动、人物在事件中表露的性格及心理,揭露出历史变化的内在因素,并由此表现他对历史的评判。但如何将人物写活,生动传神,这本身便开创了纪传文学的传统。由于司马迁深刻的历史思想和过人的史识,使得他的人物传记达到了前无古人的高度。

关于《史记》的文学成就,古人今人都作了充分的研究,比如叙事的曲折有致,语言的峻洁生动,人物形象的栩栩如生,所有这些,都是司马迁取得成功的主要原因,并为后世的叙事和记人提供了典范。但我们要关心的是,是什么使司马迁采取了这样的文学性手段? 中国是重历史的国度,史学传统很早就建立了,这就是不隐恶的直书实录传统。实录的精神,应该是不需夸饰的,传世文献如《尚书》《春秋》,的确是具有这样的特征。当然,即使是《尚书》《春秋》,也往往为了加强力量,而使用夸张的手法。《论衡·艺增》举《尚书·武成》记周武王伐纣,血流漂杵事例说:"言血流浮杵,亦太过焉。死者血流,安能浮杵? 案武王伐纣于牧之野,河北地高,壤靡不干燥,兵顿血流,辄燥入土,安得杵浮?"但这种夸张,并未脱离事实,是修辞而已,与后来传记文学的夸饰还不同。从《左传》开始,夸饰已经在史书中占有了极大的比重。比如僖公二十三年记晋公子重耳对季隗说:"待我二十五年,不来而后嫁。"季隗说:"我二十五年矣,又如是而嫁,则就木焉。"夫妻间语,不入史书,史家如何知道?又成公二年晋、齐鞌之战,郤克、解张、郑丘缓间的对话,反映了晋国将帅间同仇敌忾的斗志,有助于突出人物的精神和性格,增强叙事的生动性。但这种对话,恐未必是史家实录,这都是作者根据叙事的需要,夸饰而成,然却无损于整体事件的真实,反而加强了信服力。其实史书作者的记叙,从来都是有倾向性的,即使《尚书》,如上引武王伐纣的记载,分明反映了作者对武王的支持态度。根据作者的主观倾向,对历史事件进行一定的加工,这在孔子删述《春秋》中,就树立了史学的原则。孔子所删《春秋》,本来只是鲁国史书,但孔子在微言中寄寓了他的褒贬,从而使乱臣贼子惧。比如《春秋》隐公元年所书"郑伯克段于鄢",书郑伯,书克,书段,都是有深义的。杜预注说:"不称国讨,而言郑伯,讥失教也。段不弟,故不言弟,明郑伯虽失教,而段亦凶逆。以君讨臣,而用二君之例者,立段强大隽杰,据大都以耦国,所谓得隽曰克也。"在字词的使用上,寄寓作者的褒贬,成为后世史书传统。但微言未免难以领会,所以"左丘明惧弟子人人异端,各安其意,失其真,故因孔子史记,具论其语,成《左氏春秋》"[23]。重新将其褒贬之意,用具体的事件阐露出来。因此,《左传》的叙事,实际上是继承了孔子删《春秋》的传统的。

相对于早期史书的记言和简单的编年,具体的叙事都属于夸饰。但在不违背史事的真实基础上,生动的叙事,乃至在叙事中插入悬想性的细节,以及对话、心理描写,既是叙事艺术的需要,也是读者的要求。战国以后,史书如《国语》《国策》,都是这种趋势的反映。简单的纪年,如秦史记,一方面是秦人文化落后的表现,另一方面也并不占当时文化的主要地位。因此我们说,《左传》《国语》《国策》这些史书的叙事,其实是出于这样的需要而产生的,就在这种产生过程中,显现了文学艺术的特征。也就是说,文学艺术特征,产生于史学,是逐渐从史学写作中分化出来,发展到一定时期,才成熟并为独立的学科——文学的诞生奠定了基础。对于汉武帝时期的司马迁来说,这时期的文学学科还没有独立,他的史书写作,只是遵照着已有的史学传统而已。但是《史记》的写作,较之前有的史书,在夸饰艺术上,更加发挥得淋漓尽致,从而为后世的传记文学开辟了道路。

司马迁之前，《左传》《国策》在描写人物上，都已经积累了丰富的经验，而且产生了很多名篇。如《战国策》写荆轲刺秦王事，基本为司马迁《史记》所袭取[24]。其易水送别一段，《史记》更是不改一字，可见《战国策》在塑造荆轲形象上的成功。荆轲易水之别，慷慨悲歌，形象生动，千载之下，犹如生人，但诚如前人所说，可议处颇多。姚苎田《史记菁华录》说："《国策》荆轲刺秦王一篇，文章固妙绝千古，然其写荆轲处，可议实多。如聂政尚不肯轻受严仲子百金之馈，而轲则早恣享燕太子车骑美女之奉，一也；聂政恐多人语泄，独行仗剑至韩，而轲则既必待吾客与俱，又且白衣祖饯，击筑悲歌，岂不虑事机败露？二也；聂政抉面屠肠，自灭形迹，轲乃箕踞咲骂，明道出欲生劫报太子丹之语，三也。至以虎狼之秦，而欲希风曹沫，约契不逾，其愚狂无识，更不足道矣。"[25]这个故事显然有所夸张，与事实不一定相符，但司马迁却写入《史记》，说明司马迁旨在突出人物精神的史学思想。司马迁不惜在细节上用力，以达到叙事的曲折和人物的生动效果，这在《史记》一书中，是俯拾即是的。比如《淮阴侯列传》写韩信受胯下之辱一节，细细描摹，旨在突出韩信的沉毅和远大抱负。大勇不及目前，这一点在《刺客列传》中也有表现。如荆轲游过榆次，与聂盖论剑，聂盖怒而目之，荆轲遂走不复还。聂盖以为荆轲怯懦，实不知荆轲志尚高远，士不遇知己，徒死无益，为后来刺秦王之举伏下衬笔。这一细节，《战国策》不载，而司马迁采择而且重彩描摹，是司马迁立意与人不同。这与司马迁自己遭不测之祸，隐忍苟活，欲成《史记》的抱负相符，所以司马迁不仅选择入史，而且密致经营，是有太史公自己的用意的。

从《国策》到《史记》，我们可以见出西汉初时的叙事已经达到了怎样的高度，《汉书·艺文志》特列小说一家，说是出于稗官，"街谈巷语，道听途说者之所造也"。颜师古引如淳说："街谈巷说，其细碎之言也。王者欲知闾巷风俗，故立稗官，使称说之。今世亦谓偶语为稗。"以街谈巷说的细碎之言为小说，当指其叙述故事的内容，这些内容，也是司马迁选择的材料之一。司马迁在《报任安书》中说："仆窃不逊，近自托于无能之辞，网罗天下放失旧闻，考之行事，稽其成败兴坏之理，凡百三十篇。""网罗天下放失旧闻"，应该包括民间流传的故事。因此，《史记》一书叙事的曲折动人，也反映了当时民间故事的叙述水平，这也说明《史记》能够取得这样的成就，并不是偶然的。综观《史记》的人物列传,虽以生平为线,但司马迁在选择材料、安排结构上,都独具匠心,尽量集中、鲜明,曲折有致。一些在本传中不适宜展开的材料,则巧妙地使用互见法。比如《高祖本纪》,多写其细微及灵异之事,而于定鼎平天下的大事,则置于诸功臣传中。此外,本传主旨在于突出传主之所以立传的事迹,一些与主题关系不大的材料,则置于别传中。因此阅读的时候,应该结合其他篇章,才能全面了解历史人物。比如刘邦,司马迁在《项羽本纪》中述其败逃时,数次推堕孝惠、鲁元,显示刘邦在危亡时连亲生儿女都不顾的自私心理。显然,这样的材料不适合用于本纪中。司马迁这样的安排,使本传叙事集中鲜明,又能够保持生动曲折的效果。否则如后世本纪,枯燥无味,令人难以卒读。

人是历史的创造者,这是司马迁以人物为史记的思想,只有将人物写活,才能准确地反映历史发展变化的脉络,所谓"究天人之际,通古今之变",因此准确描摹人物的性格、语言,都是为这个思想服务的。选择哪些事件、语言来勾画人物什么样的性格,则出自司马迁对人物的评判。司马迁对历史有自己的独立思考,对人物在历史上的作用,也有他自己的判断,因此,首先在选择哪些人物入传上,他就全盘仔细地考虑过。而入选人物要表现他的什么作用,也都在材料的选择和人物的描写上传达得清清楚楚。司马迁《史记》全书选择一百余人列传,朝代从传说中的五帝始,所选择人物都与作者志在探讨古今存亡迁变有关。从全书的布局结构看,《史记》显然是详今略古。这是有原因的,一者,司马迁持发展变化的历史观,古须为今用,他在《太史公自序》中说:"略推三代,录秦汉。"就是说对三代要略,而对秦汉间事则是详录。二者,上古文献,书阙有间,加上其中穿凿附会,怪异传说,荒诞不经之事甚多,司马迁本着信实考异的态度,不加择取[26]。事实上,作为传记文学,《史记》最吸引人的,也正是秦汉人物的描写。这些人物,经司马迁如椽之笔,一个个都栩栩如生。即使如秦始皇,其统一全国之后,专制雄决,一意裁断的霸气,毕露于《秦始皇本纪》文字中。至于项羽,更是司马迁倾尽心力之作。项羽未成帝业,而司马迁列于本纪,这一直受到后人的批评。但司马迁《项羽本纪赞》中明说:"羽非有尺寸,乘势起陇亩之中。三年,遂将五诸侯灭秦,分裂天下而封侯,政由羽出,号为霸王。位虽不终,近古以来,未尝有也。"这正是项羽的历史作用,故司马迁破例将其视为帝王而入于本纪(图8-3)。《史记》以五体纪事,结构谨严,但时

图 8-3　明王圻、王思义编《三才图会》所载项羽像

又有破例之处,如列吕后本纪,但不列汉惠帝本纪。又西周诸侯管叔、蔡叔叛逆,宗庙不守,但司马迁却列《管蔡世家》,如此等等。后人的批评虽有一定道理,但司马迁撰史自有他的考虑,司马迁所处的历史环境已非后人所能感受。秦汉之际,群雄逐鹿,陈涉首先发难,继而项羽、刘邦相争,均以布衣而翻覆强秦,当是时,三人均有可能成功的机会,但最终的结果是由刘邦统一天下,那么刘邦为什么会成功呢? 陈涉、项羽为什么会失败呢? 这成功和失败的究极原因是什么呢? 这正是司马迁所考虑的。因此,司马迁特撰有《秦楚之际月表》,表示了他对由秦至汉之际,历史变化趋向的关注。以《史记》刘邦本纪和项羽本纪相较,我们明显感受到司马迁对项羽的偏爱和惋惜。他对项羽事迹的描写,时时充满着讴歌英雄般的情感。他用"才气过人"概括项羽。在司马迁笔下,才气过人除指具有超越别人的才气外,还指富于创造性地敢做别人不敢做之事。《史记》中另一位荣膺此号的是李广,李广善射,但他"见敌急,非在数十步之内,度不中不发,发即应弦而倒"[27]。这是常人所不敢为者。项羽表现

得更为充分。如巨鹿之战,司马迁写他于晨朝上将军,即其帐中斩宋义头,随后号令诸将,引兵渡河,"皆沉船,破釜甑,烧庐舍,持三日粮,以示士卒必死,无一还心"。其勇决与大智,充分表现了他的"才气过人"。及败秦军,"项羽召见诸侯将,入辕门,无不膝行而前,莫敢仰视"[28],英雄气概,顿让后人生出无限敬慕。相较于项羽,刘邦却有十分的流氓气,司马迁用"好酒及色"写他,虽在本纪中添加了那么多的神异符验之事,但刘邦的所作所为,的确不能算作英雄。司马迁有意为项羽和刘邦各写了一个初见秦始皇时的细节,项羽是英雄豪气:"彼可取而代也!"刘邦则充满了艳羡的口吻说:"嗟乎!大丈夫当如此也!"事实也确如这样发展,项羽最终取秦帝而代之,而刘邦则享项羽成果,当上了皇帝。《刘敬叔孙通列传》记刘邦按叔孙通为他安排的朝仪受群臣朝拜后说:"吾乃今知为皇帝之贵也!"其境界仅至于此,与项羽确不可相比。但问题就在于刘邦最终成功,而项羽却失败了,其间的原因到底在哪里呢?这也正是司马迁所要探讨的。《项羽本纪·赞》中,司马迁总结说:"陈涉首难,豪杰蠭起,相与并争,不可胜数。然羽非有尺寸,乘势起陇亩之中,三年,遂将五诸侯灭秦,分裂天下,而封王侯,政由羽出,号为霸王,位虽不终,近古以来,未尝有也。"这是项羽的历史贡献。司马迁又说:"及羽背关怀楚,放逐义帝而自立,怨王侯叛己,难矣!自矜功伐,奋其私智而不师古,谓霸王之业,欲以力征经营天下,五年卒亡其国,身死东城,尚不觉寤而不自责,过矣!乃引'天亡我,非用兵之罪也',岂不谬哉!"是项羽终以不师古法,独以武力征天下而失败,是天助德而不助暴力也!

鲁迅先生曾说《史记》是"无韵之《离骚》",的确,《史记》一书掩抑悲藏,常常催人泪下。这一是因为《史记》所述人物,多慷慨悲歌之士,其事迹照耀千秋,感动后人,二则与司马迁于叙事中寄托个人的激烈情怀有关。司马迁世为史官,年轻时就为做史官作了学术与阅历上的准备,但直到他的父亲司马谈去世时,以继《春秋》,述史记相嘱托,他才真切地体会到这一责任的重大。正当他埋头撰述,草创未就之时,突然遭遇了李陵一案横祸。这一事件对司马迁的打击是刻骨椎心的,他在《报任安书》中说:"是以肠一日而九回,居则忽忽若有所亡,出则不知其所往。"但他隐忍苟活,"恨私心有所不尽,鄙陋没世而文彩不表于后世也"。撰述《史记》成为司马迁生命中唯一精神支柱,而他也把心中的沉郁悲愤,一一寄托于所传人物之中。忍辱负重,成就大事业,亦成为司马迁《史记》入选人物的一个衡量标准,如勾践、伍子胥、季布等人都是。在他们事迹的叙述中,司马迁都基于这一点加以赞扬和肯定,因为这与司马迁的精神是相通的。

司马迁是伟大的历史学家,《史记》中的人物描写,是服从于他对历史的思考的。描写中使用的手段,也都为他要"究天人之际,通古今之变"服务。达到了这一点,就是他所说的"成一家之言"。没有人能够具有他那样的史识和历史洞察力,所以他开创的人物传记写作手法,也就没有人能够继承。自班固以后,虽然继承了他的基本体例,但在人物选择和描写上,既没有能力,主观上也不愿意效法。但是,司马迁这样的描写,却开创了传记文学的传统,成为文学史上典范之作。自此以后至东汉,文学逐渐自觉,渐渐独立为一门学科,它有自己的特性,并逐渐为人们所认识。如何认识和评价传记文学的作用和价值,那是司马迁以后时代的历史任务了。

第三节　汉代辞赋与乐府

辞与赋　司马相如创立的写作模式　感于哀乐、缘事而发

辞赋是汉代主要文学体裁,辞,后人一般多指为楚辞体,但《楚辞》是否称为"辞",也即"辞"是否为一种文体名称,还是有疑问的。汉人将《楚辞》称为赋,如《汉书·艺文志》将屈原、宋玉等人作品全部归入赋一类。在《史记》和《汉书》中偶有辞赋连称的,其实是偏义复词,偏在赋上。《汉书·艺文志》引扬雄的话有:"诗人之赋丽以则,辞人之赋丽以淫",这里的"诗人""辞人"之别,仍然落实在赋上,据此可见汉人其实是将辞和赋视为一种文体的。汉人辞赋不分的事实,说明两个问题:一、赋与辞关系密切,或者说是赋从辞发展而来;二、赋的独立和起源,没有明显的标志。虽然荀卿已以赋名篇,但显然荀卿五赋不能涵盖汉人观念中所有的赋体。在《汉志》里,荀赋只是四类之一,而且荀赋其实是谐隐类,与后人理解的汉赋体裁如司马相如赋不同,即使与骚体赋

也不同。又观《汉志》，在"荀卿赋"类中，有"李思孝景皇帝颂"十五篇，在"杂赋"类里有"成相辞"十一篇，"隐书"十八篇，这些在汉人眼里，都是赋体。以上的事实说明，赋在西汉时，其文体界限是不很清楚的，而不清楚的事实正说明赋体逐渐形成独立的过程。

赋的本源，最早出于《诗》之六义，此义据汉人解释是"赋之言铺，直铺陈今之政教善恶。"(《周礼》郑玄注)这是以铺陈作为赋的特征，是指写作方法而言。《国语·周语》又有"瞍赋，矇诵"的说法，韦昭注说："赋公卿列士所献诗也。"这个献诗，当指从民间所采之歌诗，未及被之管弦，故言赋，可知这个赋是一种读诗的方法。又据并列的"矇诵"，则知赋与诵又不同，当为两种方法，其内容当也不同，韦昭据《周礼》说："矇主弦歌讽诵，诵谓箴谏之语也。"但据《汉志》引刘向说："不歌而诵谓之赋"，则知这赋和诵到了后来，实际上差别已越来越小了。为什么登高能赋就可以为大夫呢？班固解释说是："言感物造耑，材知深美，可与图事，故可以列为大夫也。"这是说从登高感物而赋中，可以考知一个人的才能，可者则为大夫。然而这"登高能赋"所赋为何？是引《诗》呢？还是辞自己作？孔颖达《正义》这样解释说："升高能赋者，谓升高有所见，能为诗赋其形状，铺陈其事势也。"据此，似乎所赋者非《诗》，而是自己作辞。又据《毛诗·定之方中传》所说君子九能的话，亦可证这个登高能赋，所赋即作者自己语辞。《韩诗外传》卷七第二十五章记孔子游于景山，曰："君子登高必赋，小子愿者，何言其愿，丘将启汝。"于是子路、子贡、颜渊各为赋，此引颜渊所赋：

> 愿得小国而相之。主以道制，臣以德化，君臣同心，外内相应。列国诸侯，莫不从义向风，壮者趋而进，老者扶而至。教行乎百姓，德施乎四蛮，莫不释兵，辐凑乎四门。天下咸获永宁，蝖飞蠕动，各乐其性。进贤使能，各任其事。于是君绥于上，臣和于下，垂拱无为，动作中道，从容得礼。言仁义者赏，言战斗者死。则由(子路)何进而救？赐(子贡)何难之解？

从这个记载可以知道"登高而赋"是怎样的情形，而颜渊的赋文，的确与汉人之赋相近。研究汉赋的起源和形成，这是一则十分重要的材料。

从以上的叙述可以看出，赋本源于《诗》之六义，本是写诗的方法，后引申为诵诗的方法,再引申为赋诗,随着乐诗的分离,赋文体渐渐产生了。但在初始阶段,文体特征不明显,因此它与许多邻近文体相混,或者说,《诗经》以后,除散体文以外,一些押韵文,也都可称为赋。如"成相辞"、谐隐文、颂等。按,汉人往往以赋与颂并提,如《汉书·淮南王传》说武帝每宴见刘安,"谈说得失及方技赋颂,昏莫然后罢。"又如《枚皋传》说:"皋不通经术,诙笑类俳倡,为赋颂,好嫚戏。"这都是赋颂并提,是以颂为赋也。《史记·司马相如列传》记相如撰《大人赋》奏上,说:"相如既奏大人之颂,天子大说,飘飘有凌云之气,似游天地之间意。"这是直接以颂称赋了。又《汉书·王褒传》称:"太子(宣帝太子)喜褒所为《甘泉》及《洞箫》颂,令后宫贵人左右皆诵读之。"按王褒有《洞箫赋》,载《文选》,后人不明白汉人关于赋与颂的理解,以为王褒《洞箫赋》以外,又有《洞箫颂》,其实是误识。同样这里的《甘泉》也应是指赋,而非颂。这些文体与汉赋相比,应该说界限还是可以区别的,但像贾谊等辞一类的赋,虽与枚、马不同,但也标赋名,因此后人有以骚体赋名之的,其实亦示区别而已。

　　汉赋的代表作家是司马相如,他的创作为汉赋奠定了基本的格局,比如说主客体问答形式、前后左右各方位铺叙事物、韵散交用等等。这种格局奠定以后,就成为汉赋的标准模式,后来的作者无能出其左右者。司马相如《子虚赋》写作于汉景帝时代的梁王时,因为景帝不好辞赋,所以这种夸张的文体,没能引起天子的注意。直到汉武帝登基,这一位"内多欲而外施仁义"[29]的帝王,立刻被司马相如的大赋所吸引。当他应召回到宫廷以后,重新为汉武帝写作了专门描绘皇家宫苑事物的《天子游猎赋》。在汉武帝的影响下,宫廷中聚集了一批大赋作家,赋也专以皇家事物为主要描绘对象。司马相如的成功,究其本质是迎合了汉武帝时代的要求。汉初自推翻暴秦以来,推行休养生息的政策,积累至武帝时,国富民强[30],因此司马相如大赋那种夸张渲染、排比事物的写法,不仅符合汉武帝这位有为之君的要求,也符合整个时代的要求。司马相如赋中所描绘的事物,其实并非产自皇家宫苑,而是在皇家宫苑的题目下,概括了整个汉王朝所有的事物[31]。在《子虚上林赋》"日出东沼,入乎西陂"一段描写中,东、西、南、北四方,真实的和传说中的事物,都集于天子之上林苑,虽然夸张,却真实地反映了汉帝国物产的丰富和地域的广大。笔触至天子出猎："于是背秋涉冬,天子校猎。"极写皇帝威仪之盛,气势恢宏,都是前此的作品中所没有的。这些正是汉武帝所需要的内容和写法,同时也是正在兴盛的汉帝国在文化上的要求。应该说不论是帝王,还是普通的文人,对帝国的强盛都具有空前的自信和自豪,因此司马相如的大赋尽管在结尾有一些讽谏的话,其实并不一定是司马相如赋的主旨所在。学术界往往以扬雄对赋的意见来看司马相如,认为他的主旨也是讽谏,只不过颂的太多,才形成"劝百讽一"的结果。这其实是后人,或者说是受到了扬雄影响的后人的看法,汉武帝时代的人对他并没有批评,而是以学习的态度接受了司马相如的赋。自司马相如之后,辞赋作家纷纷进入宫廷,成为朝廷文章之士。班固《两都赋序》说:"故言语侍从之臣,若司马相如、虞丘寿王、东方朔、枚皋、王褒、刘向之属,朝夕论思,日月献纳。"又说至汉成帝时,奏御者千有余篇,可见大赋这种体裁在当时已经成为统治者"润色鸿业"的主要样式。

同样作为"润色鸿业"制度之一的文化措施,是武帝的兴乐府。乐府本是制音度曲的机关,《汉书·礼乐志》:"至武帝定郊祀之礼,乃立乐府,采诗夜诵。"前人多据此称乐府兴于武帝之世,实则秦时已有[32]。不过班固是汉人,所见文献多于后人,他在几处都说乐府兴于武帝时[33],说明武帝时乐府之盛应是前代所不可比拟的。

乐府歌诗有的是文人所造,多用为雅歌;有的从民间采来,因此这部分歌诗真实地反映了民间百姓的生活(图8-4)。

图8-4　宋郭茂倩辑《乐府诗集》书影,宋刻本,中国国家图书馆藏

班固在《汉书·艺文志》中概括为"感于哀乐,缘事而发"。这就是说汉乐府民歌都有一定的本事,非凭空而发。当然由于时代久远,这些本事都已泯灭不传了,但从歌词还是能够看出当时的社会现实。比如《妇病行》《东门行》写底层百姓生活的艰难,前者写一个妇女临死前不放心孩子,交待丈夫让他要善待,而她的丈夫因为贫穷无法赡养,在市集上见到故交不由心酸掉泪。后者写一为生活所逼迫铤而走险的人,斗中无米,架上无衣,因此歌词中的主人公拔剑出门。妻子劝他,但他表示:不行,我一定得去,现在就已经晚了,这样的日子怎么过下去啊!这些诗歌的确出自民间,连语言也都还保留了民间口语的质朴。

汉乐府在创作精神上继承了《诗经》的现实主义优良传统,以新的形式反映了汉代社会生活以及汉代社会各阶层(尤其是底层)人物的思想感情。这些作品基本都从民间采来,都是产生于现实生活之中,具有活鲜的语言、人物情态,这个创作态度和经验对后人产生了良好的影响。如建安作家以曹操为代表借古题写时事,唐代诗人白居易倡导新乐府运动,都明显是汉乐府创作精神的延续。

汉乐府的最大成就表现在它的如实反映现实生活上。从这个角度讲,汉乐府的艺术成就即其叙事艺术,包括它为突出表现人物性格所采取的手段,如语言、动作、心理活动等等;其次是叙事的章法,不仅像《孔雀东南飞》这样长篇的叙事诗,即使像《妇病行》《孤儿行》这样的短制,也都章法谨严,层次清楚,没有多余的赘笔。同时我们应该知道,汉乐府的叙事,又都是与乐府歌唱、表演的形式相关的,因此这种语言、动作、叙事的层次,都隐含有戏剧的场景在内,而与后人所写徒诗不完全相同。

汉乐府的另一个成就和影响是它使用的诗歌形式,现存汉乐府民歌,主要是杂言和五言,这对文人的写作产生了极大的影响。事实上,汉末以来,建安诸作家都是通过模拟汉乐府而进入写作的状态。他们并非为入乐而写作,因此对语言的运用,就格外地注意形式,这对杂言诗和五言诗体的建立,起到了非常大的推动作用。

第四节　诗歌繁荣的前夜

　　五、七言诗的起源　古体向近体流动　诗歌的典范——建安风骨　陶渊明与田园诗　谢灵运与山水诗　谢朓与永明体　庾信与南北文风的合流左思、鲍照：寒士诗歌传统的建立

　　作为中国古代社会主要抒写情性的诗歌体裁,五、七言诗产生于汉代。尽管在秦以前已有七言句式,但被诗人用来作为主要的发抒情性的诗歌体裁,毫无疑问晚于五言诗。五言在西汉的民谣和乐府中已经大量出现,而且显示出较高的艺术水平。虽然还未见文人自觉运用[34],但民间的广泛使用,已显示出五言体在表达情感和描摹事件上,较四言体具有更大的表现力,所含容量也更大。钟嵘《诗品序》说:"夫四言文约意广,……每苦文繁而意少,故世罕习焉。五言居文词之要,是众作之有滋味者也。故云会于流俗,岂不以指事造形,穷情写物,最为详切者邪!"虽然是南朝人的观点,但的确说明了五言诗一经产生,就迅速取代四言体的原因。五言较四言而言,虽然只多一个字,但所多的却是一个意群,这样在"指事造形,穷情写物"上就具有更广阔的空间,技巧的使用上也具有更大的自由度。钟嵘所说的"众作之有滋味者",是说五言体比四言体更具美感,这一点经当代学人的研究已经证实,认为五言体的节奏感,合于黄金分割指数,在人的心理上能够产生最大的快感价[35]。这个研究说明了为什么五言诗在古代社会中能够历千年而不衰的原因。

　　民间五言诗的传播,影响到了文人,但文人写作五言诗,已经是东汉以后了[36]。著名文学家、历史学家班固写作的《咏史》,却被钟嵘批评为"质木无文"。这说明五言体在这时还未成熟,由此也可说明班固之前,西汉的李陵等人的确写不出那样优美的五言诗。但就在东汉的顺帝以后[37],民间一下子涌出了一大批优秀的五言诗,代表作品就是被南朝梁昭明太子萧统所编《文选》收录的十九首古诗,世称"古诗十九首"。不过,同是民间作品,古诗的作者已完全不同于西汉的民谣,它其实是一群失去姓名的文人所作。古诗的艺术成

就受到历代学者、作家的高度评价,锺嵘《诗品》称它"文温以丽,意悲而远,惊心动魄,可谓几乎一字千金"。明代胡应麟《诗薮》说它"质而不俚,浅而能深,近而能远,天下至文,靡以过之"。似乎古诗一产生就达到了顶峰。从东汉古诗表现的情事看,这种赞誉丝毫不夸张。古诗的作者尽管失去姓名,但从表现的内容看,大都与作者的遭遇紧密相关。大致说来,反映了汉末失意文人求仕和求学生涯中的种种感触。这些内容集中表现为人与社会的冲突和人与自然的冲突。与社会的冲突,表现在诗人不适应变化了的社会生活和人际关系,一些昔日的"同门友",虽"高举振六翮",但却"弃我如遗迹",未能对自己有所关照,感到由衷的悲伤。由于求学和求宦,诗人远离家乡,抛妻别子,故游子思妇的悲婉,也是古诗中鲜明的主题。与自然的冲突,主要是对人生易逝,节序如流的感伤。人生脆弱,危如朝露,诗人倾吐着对生命的珍惜、热爱,和对死亡的忧惧。如何面对自己短暂的人生? 诗人们提出了修名立德和及时享乐两种解脱的方式。就中古社会思想史的发展看,这两种方式已成为一个主题,在不同的时代中一直在不断地重复。汉末文人成功地用五言诗这种新体裁,准确而全面地表现了下层人民的真实生活和情感,五言诗的表现功能和技巧充分证明了它是新生活最合适的诗歌体裁。

汉末古诗是无名文人表现个人情感的作品,当建安年间曹操等人出现后,又把这种体裁施用于社会政治的各个层面,并树立了五言诗写作的典范。这一批诗人主要有三曹和七子,他们代表的时代被称为"建安文学",所树立的典范亦被后人称为"建安风骨"。曹操是建安文学的领袖和倡导者,他继承了乐府的写作传统,以乐府旧题写他经历的时事。在他的作品中,五言诗占了三分之一。其中有写历史事件而被后人称为"汉末实录"的,也有抒发怀抱,感慨时事的。汉末大乱,群雄并起,天下扰扰,曹操怀着整顿山河,平定中国的雄心,南北征战,历经坎坷,最终平复北方,三分天下居大半,他所经历的重要事件,以及他的即时即地的感受,大都如实记录在诗歌中。他是卓越的政治家也是优秀的诗人,他的诗歌慷慨悲凉,的确如"幽燕老将,气韵沉雄"[38]。建安诗歌具有鲜明的个性和刚健的风格,曹操作出了重要贡献。

曹丕、曹植兄弟在父亲的影响下,从小就喜欢文学写作。在曹操的写作中,五言诗只占了三分之一,而在曹丕、曹植的作品中,五言诗毫无疑问是主要的写作体裁。与乃父不同的一点是,曹操所作主要是乐府,曹丕、曹植兄弟的乐府数量已逐渐减少。曹丕共存四十多首诗歌,乐府居半,曹植存诗,共约一百一十多首(其中完整的五言约五十多首),乐府仅占三分之一。由曹操而曹丕、而曹植,乐府创作减少的过程,也象征着诗歌由古体向近体流动的进程[39]。风格上也同样显示出文人化特征不断加强,曹操是古直悲凉,曹丕则是便娟婉约,一变乃父悲壮之习,至曹植更是骨气奇高,辞采华茂[40],尤其是曹植,他的创作完成了由古体向近体的转变[41],这个成就奠定了曹植在诗歌史上的地位。曹氏父子以统治者身份不仅积极参与当时还算新体裁的五言诗写作,同时他们所取得的成就也成为建安文学的代表,这无疑促进了五言诗的发展。

在曹氏父子的影响下,北方文学呈现了空前的繁荣。仅据《魏志·王粲传》记载,就有二十多位作家。这些作家往往来自不同的阵营,这是曹氏父子倡导文学的结果。随着曹操在政治上的逐步胜利,他的政权得到了巩固,当建安九年(204)攻下邺城(今属河北省临漳县内)并在此建立了大本营以后,各地文人也陆续聚集到了邺下。从建安十六年(211)开始,以曹丕、曹植兄弟为核心的文学集团便开展了大规模活动[42],其中代表作家是被称为"七子"的王粲、刘桢等人[43]。亲身经历汉末大乱的邺下诗人们,一旦置身于这样一个相对稳定、和平的邺下时期,立刻焕发了创作的热情。歌颂新事物,歌颂新生活,也歌颂带来这一切的领导者——曹氏父子。他们的诗歌充满了对生活的热爱,对前途的信心,同时也自由抒发着对建功立业的憧憬。不能简单地将这些作品看成是"怜风月,狎池苑,述恩荣,叙酣宴"[44]的粉饰太平之作。邺下诗人主要的贡献是对诗歌题材的开拓,他们将汉末以及建安前期的写作范围,扩展到赠别、公宴、咏物、从军、咏史等方面。其意义在于显示作家的视角已经转移到日常生活的普通事物上,强化了诗歌反映现实的多方面功能,诗歌的表现技巧也得到了极大的提高,这对诗歌由古体向近体的转变,起到了重要的促进作用[45]。

建安风骨是这一时期文学所具有的主要特征。建安作家亲历战乱,饱经忧患,对国家和民生深切关心,愿意为国家效力,建功立业,扬名后世。故发为笔端,多慷慨之音。无论描摹现实,还是刻画事物,他们都能直抒胸臆,语言鲜明爽朗,风格刚健,具有感人的风力[46]。建安风骨成为后人写作和批评所坚持的标准,成为中国文学批评史中重要的范畴。

建安作家奠定了五言诗的地位,晋宋以后,五言诗成为诗人主要采用的体裁,诗歌的表现功能和技巧得到了强化,同时在题材的拓展上,也愈加广泛而深入。正始作家阮籍以“咏怀”为题,开辟了哲理诗,西晋作家左思“咏史”,则选取历史事件以抒发个人情志;五言诗起始阶段,为诗人提供了广阔的创造空间。诗人们每一运思,每一笔触,都闪耀着原创的光辉。而在这一片光芒的海洋中,最为耀眼的,当然要数东晋末年的陶渊明和宋初的谢灵运。

图 8-5　明陈洪绶绘《渊明醉酒图》

陶渊明在中国诗歌史上是一个永恒的光点,他的人品和诗品,永恒地感动着一代又一代读者(图 8-5)。陶渊明生活在晋宋易代之际,政治斗争复杂而激烈,但他能够坚持个人高洁的品格,追求自身道德的完善,以其独特的个性和人格美,成为魏晋风流的代表[47]。陶渊明诗歌成就主要表现在田园题材的开创和写作上。陶渊明退隐之后,归耕田园,以饱满的热情,将他生活作息的园田,写入诗中。田园那种静穆之美,第一次通过陶渊明再现于读者面前。不仅是田园的风光,陶渊明更以笃实的态度,亲身参加劳动。他在劳动中体会到了生活的真实意义,他以浅显而又深切的语言诉说着自己的感受,他成功地将田园题材引进诗歌,为中国文学增加了新类别。

陶渊明诗自然平淡,是诗歌中至大至美的境界。这一风格的形成,是由诗人天然纯朴的审美理想、正直率真的人格和田园题材的选择三方面因素所构成。与山水的奇丽秀美不同，田园风光平淡无奇，一片农田，三两间茅屋，淡烟流水，闲花野草，乃至春种秋收，蓬麻豆麦，鸡鸣狗吠，牛羊晚归，平淡之美，需要以同样的平淡之心细细品绎。陶渊明正是这样一位诗人，他敏感地发现了田园美，并把这美的真谛如实地描绘在他的诗里。他使用富于想象性的启示性语言，白描的手法，勾画田园景物。像"暧暧远人村，依依墟里烟"[48]那样自然真切、意味无穷的诗句，显然与精巧绮丽的山水诗不同，正如后人品评的"质而实绮，癯而实腴"[49]。

陶渊明是中国士大夫精神上的一个归宿，他汲取儒家思想中对待生活的严正态度，又以道家纯任自然的思想安顿自己[50]。他那不为五斗米折腰的个性，已经成为中国士大夫精神世界的一座堡垒，用以保护自己出处选择的自由。而平淡自然也就成了他们心目中高尚的艺术境地[51]。陶渊明因为自己的人品而以一传入三史，这是历史学家对他隐士身份的界定。这当然有点贬低了陶渊明的文学地位，但从其对后世的影响看，陶渊明的确在做人的道德和修养上，为后人树立了典范。社会现实往往是复杂和残酷的，士大夫虽然"位卑未敢忘忧国"，但兼济是需要"达"的条件的，正直的知识分子，往往不容于当时恶浊的社会，而隐遁山林，无疑是中国士大夫保持个性独立的唯一选择。独善其身，保持人格的完整，不与群小同流合污，同样对中国的文化传统作出了贡献。史书列《隐逸传》，其目的也即在此。陶渊明在当时和后世备受推崇，被目为"古今隐逸诗人之宗"，以他为代表，构成了中国隐士文化的核心内容，因此，不仅在文学史上，他在思想史和文化史上也同样是影响深远的伟人。

谢灵运是古代山水诗写作的重要奠基人。山水形象早在《诗经》《楚辞》中就有表现，但只是作为比兴的手法之一，而作为一种诗歌题材出现，重要的标志是看山水事物何时开始成为人类独立的审美对象。这个时间只能是东晋时期。东晋庄园经济的发达，提供了人们亲近山水的物质条件，同时，由于东晋名士的玄学清谈，以山水体玄所开展的游乐活动，山水美意识逐渐为人们所接受，山水由最初的体玄之物，演变为人类独立的审美对象[52]。山水题材的出现，改变了诗歌言志、抒情的传统，引发了一次观念的更新，乃至促进了南朝人思维的变革。具体在诗歌中的影响，则是审美体验的深刻化、细致化，以及在此基础上对艺术方法的建设[53]。东晋时期已经产生了真正意义上的山水诗,如杨方、李颙、庾阐、谢混等[54],但以全力写作山水诗,并奠定了山水诗写作传统和方法的是谢灵运。

谢灵运对山水有着特别的审美感觉[55],他能够准确地抓住山水事物在不同时间、地点中特定的形态,并用精巧工丽的语言,形象地再现出来。谢灵运诗中的山水具有活泼清新的个性,而随着谢灵运的行踪,中古时期南方那么多不为人知的山水,因了谢灵运的描绘,而出现在世人面前。谢灵运的山水诗,如初发芙蓉,自然可爱[56],这是他建立的山水诗写作传统的核心内容。作为第一个以山水为主要写作对象的诗人,谢灵运积累了丰富而新鲜的写作经验,并且建立了山水诗写作模式,而为后人所遵循[57]。

诗歌发展至南朝,至谢灵运,已经显露了许多新体诗的特征,如音律、辞藻的要求更加强烈。清沈德潜说:“诗至于宋,性情渐隐,声色大开。”[58]魏晋时期以抒情言志为特征,南朝时则公开宣称“古情拙目”而以辞采相尚了[59]。齐永明年间,以沈约、谢朓为代表的诗人,鼓吹新变,提倡“四声八病”,写作新体诗。新体诗要求五言诗四声要调协,以取得抑扬顿挫的艺术效果。虽然当时还没有“平仄”的名称,但实际运用却暗中贯彻着平仄二元化的规则。就永明声律理论的内容看,都是对句的规定,还没有注意到篇的问题,但在实践中确乎树立了“篇”的典范。以沈约、谢朓、王融等代表作家作品为例,他们这种介乎古、近体之间的新体短制,即四、六、八、十句乃至十二、十四句等,都占一半以上[60]。五言诗至永明年间,已经走入了近体诗确立和发展的进程。谢朓是永明新变体成就最大的作家,他开辟了一个新诗天地,其创作开了唐诗发展之路[61]。谢朓诗歌在当时赢得了广泛的赞誉,时人叹为“二百年来无此诗”[62]。在题材选择上。谢朓是继谢灵运以来最有影响的山水诗人,谢灵运创立的山水诗传统,写景如初发芙蓉,自然可爱,谢朓不仅有继承,而且又有发展。他的诗清新明丽,工巧绮练,写景生动、形象。他的更大贡献是克服了谢灵运诗中情景难以会融及篇体繁芜的缺点,他比较熟练运用新体诗的技法,在精巧的自然景物描写中,融入自己的情感,获得了情景交融的境界,风格表现为清丽省净。前人称赞他的诗如“花之初放,月之初盈,骀荡之情,圆满之辉,令人魂醉”[63]。但在他的诗里,景物并不孤立,而是与诗人的情感融于一起,而这也正是谢朓山水诗建立的优秀传统。由谢混到谢灵运,再到谢朓,山水诗显示了起源、兴盛、进一步发展的三阶段进程,而这三阶段的完成,却是在谢氏家族中体现出来的,这个现象说明了谢氏家族对山水诗发展所作的贡献。

魏晋南北朝文学的成就,主要在南朝,但是北朝在魏孝文帝推行汉化以后,文明的程度不断提高,文化的发展逐渐形成了自己的特色。至北齐、北周时,文学创作也都取得了较好的成绩。比较南北朝文学的发展,大致上显现出南朝自梁中叶以后呈下降趋向,而北朝自魏孝文帝以后则呈上升的趋势[64]。南北朝虽然在政治上长期对立,但文化的交流却一直非常频繁。北朝文学前期就是在南朝文学的影响之下得到了发展,而南朝文学也从北朝文学中汲取一定的营养。郦道元《水经注》,引用大量的南朝著作,可见当时文化的传播是很正常的。南北文学各有特色,南方文学宫商发越,贵于清绮,北方文学词义贞刚,重乎气质[65],如果南北两方文化合流,势必取得辉煌的成就。庾信就是在这样的背景中出现的。

庾信生于南方,曾与其父庾肩吾以及徐摛、徐陵父子并称“徐庾”,围绕在梁太子萧纲周围,写作艳体诗,风靡一时。但当庾信于承圣三年(554)出使西魏,因江陵突然陷落而被羁留长安后,亡国之痛、羁旅之恨、乡关之思成为其作品的主要内容,诗风因而大变。庾信在南朝时已经成名,积累了丰富的文学写作经验,掌握了高度精熟的写作技巧,当他入北以后,运思用笔,描画事物,刻摹情感,都显示了与南、北双方不同的文学风貌。北方广袤的原野,苍莽雄浑的秦关陇头,都与南方草长莺飞,杂花生树不同,而诗人却能以俊俏之笔,写雄放之物事。庾信始终排斥北方文化与事物,他笔下的北方,也始终带有萧瑟和生疏感,但正是这种萧瑟、生疏,使作品自然含有一种风力。于苍健中寓流丽,南、北两方文学,都没有出现过这样的作品,所以读来是既“清新”又“老成”[66]。由南入北,屈身仕敌,庾信后半生都在羞愧、悔恨中生活,“不无危苦之辞,惟以悲哀为主”[67],是他后期真实的思想情感。庾信诗歌语言精练,用典纯熟,如入化境,一事一物,一时一地,他都可以随意地收拾入诗,恰切地表达他的羁亡之感。庾信的创作是南北文化交流背景中的产物,他入北以后的数十年间,正是北朝文学摆脱南朝文风,开始具有自己鲜明特征,并且在题材、风格等方面已显示出超越南朝文学的时候。在推动北朝文学发展以及在开启唐代文学上,庾信作出了卓越的贡献。

魏晋南北朝是门阀世族社会,世家高族不仅垄断了政治、经济上的特权,文化上也是如此,这一时期文学发展的主要脉络,基本由出身于世族的文人承担。不过在这个主流之外,左思、鲍照的创作,显示了向门阀士族制度冲击的寒士文学传统,这是魏晋南北朝文学发展中的更具思想内容和风骨的部分。

左思是齐国临淄(今山东淄博)人,家世儒学。晋武帝泰始八年(272)其妹左棻入宫纳为贵嫔,因而举家迁居洛阳。洛阳是西晋都城,尤其在太康元年(280)武帝平吴之后,自汉末以来的疆域分割重新划一,洛阳名副其实地成为全国政治、经济、文化的中心。天下俊彦咸聚于洛阳,从各地来的文人,诗酒群集,交流切磋,造成了文章中兴的太康文学盛况。左思在洛阳完成了构思十年之久的《三都赋》,这使他得到当时著名文学领袖张华的赞赏,称为"班、张之流也"[68],而名扬上都,洛阳为之纸贵。虽然如此,尽管他也能够参加某些文学活动[69],但作为寒士,始终不能进入上流社会的核心圈子,政治上得不到重用。自身的遭遇,使他对这不合理的政治制度产生了强烈的批判意识,《咏史诗》八首就是他批判社会的代表作品。

选择咏史作为现实批判的写作类型,本身就是一个创造。诗歌中写史事,班固已肇其端,汉魏时诗人如曹操、王粲、曹植等人也偶有写作,但都是以史事为主,都不像左思那样借助史事寄托咏怀。在左思这里,史事与自己紧密相联,古人的才能、情操和遭遇,都是自己感慨议论的着眼点。《咏史》八首应该是写于不同时期、不同地点,也是有不同感慨触点的一组作品,但诗人引事、议论的中心却非常集中而鲜明。在第一首中,其实并没有咏史,全诗写个人的才能和建功的抱负,表达自己"功成不受爵"的高尚情操。然而这种抱负在现实中却得不到实现的机会,所以第二首以山巅上的苗却能够荫盖涧底的茂松作比兴,得出"世胄蹑高位,英俊沉下僚"的结论。史事则引了汉代金日磾、张汤凭借门第七世不衰,以及冯唐白首却居于郎官小职之例。以下诸首也都是如此。左思以史寓今的写法,其实与咏怀一致,古今对比,以古人古事批判现实,在门阀制度刚刚得到加强的西晋,就受到了左思的强烈批评,并从此在诗歌中建立了寒士文学传统。有意思的是,左思的创作,无论是士族文人还是寒族文人,都给予很高的评价[70]。左思建立的寒士文学传统为南朝鲍照所继承,与左思一样,鲍照也具有非凡的才华,远大的抱负,但也因为出身于寒门,不被上流社会所接纳。他诗、文、赋兼擅,都有名作传世,在当时和后世都有很大的影响,杜甫就称赞"俊逸鲍参军"。但他终其一生,沉僚于下位,结果竟因统治阶级内部的争斗而死于乱兵之中。鲍照具有不平凡的志向和豪气,他对不合理门阀制度的批判,远远超过左思。在他的作品中,对士族制度的批评,随处可见。如《代白头吟》说:"直如朱丝绳,清如玉壶冰……食苗实硕鼠,玷白信苍蝇。"以青丝绳比拟自己的正直,用玉壶冰比拟自己的品操,而痛斥那帮蝇营狗苟的小人,是硕鼠,是苍蝇。在《瓜步山楬文》中,鲍照更以瓜步山为喻,说:"瓜步山者,亦江中眇小山也。徒以因迴为高,据绝作雄,而凌清瞰远,擅奇含秀,是亦居势使之然也。故才之多少,不如势之多少远矣!"心中的愤慨是形于辞表的。又如《拟行路难》其四和其六,塑造了一个备遭门阀制度压抑的寒门知识分子形象,诗中充满了对门阀社会的不满情绪和抗争精神。

南朝时期寒士文学因了左思、鲍照的创作,使我们知道了在士族文人之外寒士的心声,他们为当时社会湮没的才华,证实了那个制度的极端不合理。他们的创作,也为后来具有相同遭遇的文人,开辟了道路,从而形成中国文学史上可贵的寒士文学传统。

注　释

〔1〕　见《宋书·颜竣传》。又《文心雕龙·总术》说:"今之常言,有文有笔,以为无韵者笔也,有韵者文也。夫文足以言,理兼诗书,别目两名,自近代耳。"范文澜《文心雕龙注》,人民文学出版社,1998 年版,第 655 页。

〔2〕　《后汉书·顺帝本纪》记阳嘉元年:"初令郡国举孝廉,限年四十以上,诸生通章句,文吏能笺奏,乃得应选。"又《胡广传》记:"时尚书令左雄议改察举之制,限年四十以上,儒者试经学,文史试章奏。"关于文吏和儒生的抗争,参见《论衡·程材》。相关的论述参考阎步克:《士大夫政治演生史稿》,北京大学出版社,1996 年。

〔3〕　《三国志·王粲传》裴松之注引《典略》称繁钦"既长于书记,又善为诗赋",已显示出文和笔的明确区分。

〔4〕　《文笔式》见录于《文镜秘府论·西卷》,罗根泽《文笔式甄微》(《中山大学文史学研究所月刊》第三卷第三期,1935 年)及王利器《文镜秘府论校注》(中国社会科学出版社,1983 年)都认为出于隋人之手。引文见王利器《校注》本,第 474 页。

〔5〕　萧绎：《金楼子·立言》，《知不足斋丛书》本，清乾隆间鲍氏刻本。

〔6〕　《宋书·范晔传》载范晔元嘉元年（424）左迁为宣城太守，不得志，于是删众家《后汉书》，以为一家之作。

〔7〕　参见《汉书·严朱吾丘主父徐严终王贾传》，武帝对东方朔、枚皋等文士以俳优蓄之。

〔8〕　刘知几：《史通》卷五《载文》，浦起龙通释，上海古籍出版社，1978 年。

〔9〕　同上。

〔10〕　参见曹融南、傅刚：《论曹丕、曹植文学价值观的一致性及产生的历史背景》，载《中国古代文学理论研究》第十一辑，上海古籍出版社，1986 年。

〔11〕　姚名达：《中国目录学史》，商务印书馆，1957 年。

〔12〕　《前录序》："余少而好赋，其所尚也，雅好慷慨，所著繁多，虽触类而作，然芜秽者众，故删定，别撰为《前录》七十八篇。"

〔13〕　同〔5〕。

〔14〕　见《尚书·尧典》和《礼记·乐记》。

〔15〕　此取通行的说法。

〔16〕　钟嵘《诗品上》说古诗是"文温以丽，意悲而远，惊心动魄，可谓几乎一字千金"。《历代诗话》本，中华书局，1981 年。

〔17〕　参见张少康：《诗赋集释》，上海古籍出版社，1984 年。

〔18〕　见《诗言志辨》，载《朱自清全集》第六卷，江苏教育出版社，1990 年。

〔19〕　见萧子范《求撰昭明太子集表》、王筠《昭明太子哀册文》，分别载于《全梁文》卷二三、六五。

〔20〕　《北齐书·魏收传》："（魏）收每议陋邢劭文。劭又云：'江南任昉，文体本疏，魏收非直模拟，亦大偷窃。'收闻乃曰：'伊常于沈约集中作贼，何意道我偷任昉。'"

〔21〕　参见曹道衡、沈玉成：《南北朝文学史》，人民文学出版社，1991 年。

〔22〕　赵翼：《廿二史札记》卷一，王树民校证，中华书局，1984 年。

〔23〕　《史记》卷一四《十二诸侯年表》，中华书局，1959 年标点本，第 509—510 页。

〔24〕　关于荆轲刺秦王之事，《国策》与《史记》所记基本相符，后人因怀疑刘向撰次《国策》，在汉以后残阙，后人遂以《史记》文字补充，此节即抄录的《史记》。参见方苞《书刺客传后》，载《望溪集》卷二，《四库全书》本。但近人郑良树根据楼兰出土汉代帛书《战国策》残叶反对这一说法。说见《战国策研究》，台湾学生书局，1986 年。

〔25〕　清道光四年（1824）扶荔山房刻本。

〔26〕　《史记》卷一二三《大宛列传赞》："至《禹本纪》《山海经》所有怪物，余不敢言之也。"中华书局点校本，第 3179 页。

〔27〕《史记》卷一〇九《李将军列传》，中华书局点校本，第 2872 页。

〔28〕《史记》卷七《项羽本纪》，中华书局点校本，第 307 页。

〔29〕《史记·汲黯列传》，中华书局点校本，第 3106 页。

〔30〕《史记·平准书》载："汉兴七十余年间，国家无事，非遇水旱之灾，民则人给家足，都鄙廪庾皆满，而府库馀货财。京师之钱累巨万，贯朽而不可校。太仓之粟陈陈相因，充溢露积于外，至腐败不可食。"中华书局点校本，第 1420 页。

〔31〕参见曹道衡：《汉魏六朝辞赋》，上海古籍出版社，1989 年。

〔32〕《汉书·礼乐志》载："孝惠二年，使乐府令夏侯宽备其箫管，更名曰《安世乐》。"这说明孝惠时已有乐府令，宋人王应麟《汉书·艺文志考证》据此说"乐府似非始于武帝。"1977 年陕西秦陵附近出土的秦代编钟，上镌有"乐府"二字，说明远在秦时已经有乐府的官署了。

〔33〕参见《汉书·艺文志》《礼乐志》和班固《两都赋序》。

〔34〕传说中的李陵、苏武、班婕妤诸人诗，经历代学者考订，定为伪作。

〔35〕郑靖时认为："五言诗在吟诵的时候，分为三节，七言分为四节，都和节奏美的黄金分割指数一点六一八比一很接近，黄金分割指数，就是最能获得节奏快感的比例，所以五、七言远比四、六、八言在通读时，纯属二比一的单调节奏来得舒畅。"郑氏还引用杨国枢《中国旧诗每句字数与其快感价之关系》一文，说明诗中每句字数对人的生理所产生的"快感价"，有一定的函数关系存在。实验结果表明，以五言有最大快感价，三、四、六、七诸言次之，八、九、十诸言又次之，二言与其他诸言皆无快感差异。参见《中国诗歌研究》，台湾"中央"文物供应社，1985 年。

〔36〕陆侃如、冯沅君《中国诗史》以为第一个写作五言诗的文人是应亨的《赠四王冠诗》以及班固的《咏史》。

〔37〕游国恩主编《中国文学史》(人民文学出版社，1963 年)将这批古诗定为顺帝末年，至晚亦在献帝以前(约公元 140—190)。

〔38〕(宋)敖陶孙《诗评》语，商务印书馆《丛书集成》本。

〔39〕中古诗歌史是一个由古体向近体不断流动、发展变化的动态过程，关于此点参见傅刚：《魏晋南北朝诗歌史论》，吉林教育出版社，1995 年。

〔40〕曹氏父子诗歌风的评价，均见于钟嵘《诗品》。吕德申：《钟嵘诗品校释》，北京大学出版社，1986 年。

〔41〕林庚《中国文学简史》说："这是一个时代的事业，却通过了曹植才获得完成。"北京大学出版社，1988 年。

〔42〕邺下文学开始的时间，有不同的意见，此取建安十六年的说法。参见傅刚：《邺下文

学论略》，载《建安文学新论》，中州古籍出版社，1992 年。

〔43〕 "七子"之名，最先见于曹丕《典论·论文》，但后人以为孔融不应列入。参见高敏：《略论"建安七子"的分歧和由来》，载《郑州大学学报》1980 年 1 期。

〔44〕 《文心雕龙·明诗》，范文澜注本，人民文学出版社，1958 年，第 66 页。

〔45〕 卢照邻《乐府杂诗序》说："鼓吹乐府，新声起于邺中。"亦说明邺下诗歌具有与建安初期作品不同的特征。

〔46〕 对"建安风骨"有不同的解释，此处参考袁行霈主编《中国文学史》(高等教育出版社 1999 年版)第二卷第一章第四节"建安诗歌的时代特征"及王运熙《从〈文心雕龙·风骨〉谈到建安风骨》(《文史》1980 年 9 辑)。

〔47〕 参见袁行霈：《陶渊明与魏晋风流》，载《陶渊明研究》，北京大学出版社，1997 年。

〔48〕 《归园田居》其一，逯钦立：《先秦汉魏晋南北朝诗》卷一七，中华书局，1983 年，第 991 页。

〔49〕 苏轼：《与苏辙书》，《东坡续集》卷三，《四部备要》本。

〔50〕 胡国瑞《魏晋南北朝文学史》说陶渊明："以儒家严正的生活态度来处理自己并反抗现实，他也以道家泯绝一切事物相对界限的哲理来否定现实，并安顿自己。"上海文艺出版社，1980 年。

〔51〕 参见袁行霈主编：《中国文学史》第二卷第三章《陶渊明》，高等教育出版社，1999 年，第 84 页。

〔52〕 孙绰《庾亮碑文》说庾亮"固以玄对山水"，表明了东晋名士还立心于玄的态度，至晋简文帝说："会心处不必在远，翳然山水，便自有濠、濮间想也。"重心已转移至山水。

〔53〕 详见傅刚：《魏晋南北朝诗歌史论》第七章第一节，吉林教育出版社，1995 年，第 285 页。

〔54〕 南朝批评家认为较早写作山水诗的是殷仲文、谢混，近人范文澜认为是庾阐，但其实在他们之前的杨方、李颙有很规范的山水诗。详见傅刚：《魏晋南北朝诗歌史论》第七章第二节，第 274—278 页。

〔55〕 谢灵运《游名山志》说："山水性分之所适。"(《全宋文》卷三三)《山居赋》自注说："性情各有所便，山居是其宜也。"(《宋书·谢灵运传》)又，清人吴淇《六朝选诗定论》说："而诗中康乐，尤是慧业文人，故其留心山水，而所悟最深也。"

〔56〕 《南史·颜延之传》载："延之尝问鲍照己与灵运优劣，照曰：'谢五言如初发芙蓉，自然可爱。君诗若铺锦列绣，亦雕缋满眼。'"

〔57〕 参见宋绪连《谢灵运山水诗结构初探》，《辽宁大学学报》1986 年 5 期；周勋初《论谢灵运山水文学的创作经验》，《魏晋南北朝文学论丛》，江苏古籍出版社，1999 年。

〔58〕　见《说诗晬语》,人民文学出版社,1979 年,第 203 页。

〔59〕　沈约《报王筠书》:"古情拙目,每伫新奇。"(《梁书·王筠传》)又《报刘杳书》:"辞采研富,事义毕举,句韵之间,光影相照。"(《梁书·刘杳传》)

〔60〕　清王闿运《八代诗选》在"新体诗"一目中,即选了一些十四句的诗。

〔61〕　南宋诗人赵师秀《秋夜偶成》说:"玄晖诗变有唐风。"成书《多岁堂诗话》:"诗至齐、梁,原汉、魏,三唐一大转关处,谢诗上攀魏、晋,下开陈、隋,至清新诸什,又盛唐之嚆矢也。"

〔62〕　沈约语,见《南齐书·谢朓传》。又梁武帝萧衍说:"不读谢诗三日,觉口臭。"(《太平御览》卷三六七引《谈薮》)。

〔63〕　方东树:《昭昧詹言》,人民文学出版社,1961 年。

〔64〕　参见曹道衡:《南朝文学与北朝文学研究》,江苏古籍出版社,1998 年。

〔65〕　《北史·文苑传序》,中华书局,1974 年标点本,第 2781—2782 页。

〔66〕　杜甫《春日忆李白》:"清新庾开府。"《戏为六绝句》:"庾信文章老更成,凌云健笔意纵横。"

〔67〕　庾信:《哀江南赋序》,见(清)倪璠:《庾子山集注》,许逸民校点,中华书局,1980 年。

〔68〕　《晋书》本传,中华书局,1974 年标点本。

〔69〕　如他为贾谧讲《汉书》,又成为贾的"二十四友"之一。参见《晋书·左思传》。

〔70〕　如锺嵘《诗品》引谢灵运说:"左太冲诗,潘安仁诗,古今难比。"谢灵运出身于高级士族,他也对左思的诗十分赞赏。

第九章　艺术的全面繁荣

秦汉魏晋南北朝时期，以雕塑、绘画和书法为代表的艺术迎来了全面繁荣的新阶段，其数量之繁多、内容之丰富、技艺之水准均达到令人惊叹的地步。这种局面的形成，既是数千年中华文明积淀的结果，同时又是社会转型和思想解放的产物。在此期间，外来佛教艺术的传入，进一步丰富了中华艺术的形式与内涵，促进了人文精神的觉醒，最终导致艺术由实用而自觉的历史性跨越，从而对后代艺术的发展产生了深远影响。

第一节　艺术新局面的开辟

以人为本艺术风格的形成　走下神坛的民间艺术　佛教艺术的传入与本土化　人文觉醒与艺术的自觉

新石器时代的彩陶艺术蕴涵了一种质朴、自然之美，但所表现的题材和内容很有限。夏商周三代，文化艺术为上层统治者所垄断，在宗法制度和宗教巫术的双重作用下，青铜器多表现狞厉、神秘的神怪纹样[1]。降至战国，社会发生了大的变革，人的自身价值开始得到重视，描写人间活动的画面逐步丰富起来，风格也趋向生动活泼。经过一定时间的积淀，到了秦汉魏晋南北朝时期，中国古代艺术特别是绘画、雕塑和书法终于迎来一个光辉灿烂的时代，成为中国古代文明史上的一个亮点。

秦汉魏晋南北朝时期的艺术实物资料，今天遗留下来的只是很少一部分，即便这样，其丰富程度仍让我们目不暇接，其美轮美奂足以使我们心旷神怡。

其中,不仅有像秦始皇陵兵马俑那气势磅礴的陶塑群像、霍去病墓前那灵动自然的动物石雕、马王堆汉墓那奇幻诡谲的棺饰帛画、云岗龙门那涤荡心灵的佛陀造像、敦煌莫高窟那流光溢彩的洞窟壁画、书圣二王那飘逸洒脱的书法神品等,而且还有数量极多、内容极为丰富的画像石、画像砖、墓葬壁画、明器俑像等。此外,人们居住的宫室建筑及其装饰彩画,日常生活中使用的各种器物造型,铜器、陶器、漆器以及织物上的花纹图案,作为中国书法艺术载体的简帛、碑刻、玺印等,无不千姿百态、异彩纷呈。这些艺术物品形象地记录了那个时代人们对现实人间世界的感知领悟,对虚幻神灵世界的无限想象,同时也蕴涵着人们对美的向往和追求。

秦汉魏晋南北朝时期,中国古代艺术的内容和形式上承先秦、下启隋唐,其发展脉络经历了若干重大变化,这种变化概括起来有如下特点:一是造型艺术中以人为本艺术风格的形成;二是外来艺术的传入与本土化;三是从实用艺术向自觉艺术的转化。

如前所述,青铜器是夏商周三代最普遍、最具魅力的艺术载体,但其造型多是为祭祀祖先和神灵而制作的礼器,其表面花纹以饕餮纹为大宗更显示出神秘恐怖的氛围,显然,这是一种在宗法制度与宗教巫术主宰下的神本艺术。大约从春秋战国之际开始,随着宗法世袭等级制度的逐步解体以及人的自我价值的认知,一个显著的变化就是人的形象和人物活动画面逐渐多起来,而到了秦汉魏晋南北朝时期便成为艺术造型的主流。如墓葬中十分盛行的武士俑、文吏俑、仪仗俑、侍者俑、劳作俑、歌舞俑等明器俑像,雕塑的是现实生活中形形色色的人。地上宫室以及地下墓葬所绘制的大幅壁画则主要表现人的生活、生产场面。即便描绘神灵,也多半是拟人化的形象:如汉晋流行的西王母,已经从先秦古书中的"虎齿豹尾"转变为和蔼可亲的女性形象;华夏始祖伏羲、女娲,除了拖着长长的蛇尾外,其他与人无异;佛教造像中的佛祖、菩萨,也都是人的化身。人们将自己的形象赋予神灵,不过是人的价值、人的至尊地位的另类表现而已。

第二个特点是外来艺术形式与题材的繁荣。两汉之际佛教传入中国内地之前,中国古代艺术基本上是独立发展的。佛教传入后,不仅佛教造像、佛教洞窟壁画这些宗教艺术形式和内容逐步为人们所接受,而且慢慢渗透到世俗生活的各个层面。此外,摩尼教、祆教等也留下了艺术踪迹。佛教的内容和艺术形式是外来的,但在中国儒家主流文化的影响下也逐步中国化,从而形成具有本土特点的佛教艺术。

第三个特点是艺术的自觉。大约从东汉后期开始,特别是到了魏晋南北朝时期,传统儒家经学的衰落,玄学的兴起,导致文学的自觉和艺术的自觉。先秦两汉时期的艺术物品,尽管其中蕴涵着人们对美的追求,但为艺术而艺术、为欣赏而创作的艺术品并不多见。而东汉后期至魏晋南北朝时期则出现了专为欣赏而创作的书法作品以及书法理论,产生了像王羲之这样的书法大家;出现了文人创作的绘画和绘画理论,产生了像顾恺之这样的绘画大师。这种自觉艺术一经出现,便对中国后世艺术的发展与繁荣产生了深远影响,因而具有划时代的意义[2]。

第二节 建筑艺术的壮美与瑰丽

非壮丽无以重威　秦汉建筑的大美气象　建筑艺术的装饰美　天人合一与中国古代建筑艺术

楚汉战争结束不久(高祖八年,公元前199),萧何主持修建的长安城未央宫之北阙、东阙、前殿、武库等建筑基本落成。前殿是未央宫内的"大朝正殿",因修建得高大雄伟,刘邦见状责问,萧何的解释是:"非壮丽无以重威,且无令后世有以加也。"(《史记·高祖本纪》)所谓"无令后世有以加也"只是一种托词,刘邦子孙如汉武帝等广建宫室、大修园林,早已是有过之而无不及了。其实,历朝历代帝王无不在追求建筑规模的宏大和奢华,而秦汉更是借其一统帝国的雄厚实力,在都城、宫殿、园林、陵墓的建造方面以大为美,从而形成这一时代建筑风格的"大美气象"[3]。

秦都咸阳最初建造在渭北塬上,但到了秦统一前后,已将都城扩展至渭河以南的广大地区,并按照"法天象地"的观念规划建设,形成"渭水贯都以象天汉,横桥南渡以法牵牛"(佚名《三辅黄图》卷一)的古代东方大都会了。关于秦都咸阳及附近建筑的规模,司马迁在《史记·秦始皇本纪》中记载:"咸阳之旁二百里内,宫观二百七十,复道甬道相连,帷帐钟鼓美人充之。"《三辅黄图》卷一则说:"北至九峻、甘泉,南至长杨、五柞,东至河,西至汧渭之交,东西八百里,离宫别馆相望属也。木衣绨绣,土被朱紫,宫人不徙,穷年忘归,犹不能遍也。"[4]据多年的考古调查和发掘,秦都咸阳并无明确的大郭城范围,而是以规模巨大的朝宫、寝宫、后宫、官署等构成其中心区域,近郊远县则离宫别馆星罗棋布。而朝宫、后宫建筑中以咸阳宫、六国宫殿、阿房宫等最为著名。咸阳宫为大朝正宫,"因北陵营殿,端门四达,以则紫宫,象帝居"(《三辅黄图》卷一)。当时的许多重大政治事件,如荆轲刺秦王、焚书坑儒等皆发生于此。秦咸阳宫遗址已经发现,发掘的三处夯土高台基址皆规模宏大,主体建筑为周有回廊的三层楼台式建筑,残存的墙壁上绘制有壁画,可以想见当时之壮丽奢华。六国宫殿为后宫之一,"秦每破诸侯,写放其宫室,作之咸阳北阪上,南临渭,自雍门以东至泾、渭,殿屋复道,周阁相属。所得诸侯美人、钟鼓以充之"(《史记·秦始皇本纪》)。阿房宫在渭南上林苑中,按规划要成为秦帝国新的政治中心,达到"恢弘三百余里,离宫别馆,弥山跨谷,辇道相属,阁道通骊山八十余里,表南山之巅以为阙,络樊川以为池"的规模(《三辅黄图》卷一)。后因秦国速亡,这一蓝图并未实现,但阿房宫的朝宫建筑"前殿"等已有一定规模。"先作前殿阿房,东西五百步,南北五十丈,上可以坐万人,下可以建五丈旗。周驰为阁道,自殿下直抵南山。表南山之巅以为阙。为复道,自阿房渡渭,属之咸阳,以象天极阁道绝汉抵营室也。"(《史记·秦始皇本纪》)经考古调查,阿房宫遗址占地约15平方公里,至今保留在地面上的夯土台基还有20余处,其中以阿房宫前殿遗址规模最大。前殿基址为长方形的巨型夯土高台,东西横长约1320米、南北宽约420米,最高处距地表尚存7~10米以上。这一规模,较之史书所记还要大[5]。秦朝宫殿之瑰丽壮观,后世文人骚客每每称奇,它与秦始皇陵、秦万里长城共同构成秦代建筑的三大奇观(图9-1)。

图9-1 秦咸阳宫殿复原透视图

　　秦都咸阳在秦末大火中被焚毁殆尽，秦万里长城也因岁月沧桑而成断壁残垣，但秦始皇陵那高大的坟丘仍巍然耸立，特别是兵马俑坑以及陵园建筑群的考古大发现，让我们在两千年之后仍感悟到那种撼天动地的大美气象。司马迁在《史记·秦始皇本纪》中这样写道："始皇初即位，穿治郦山，及并天下，天下送徒诣七十万人，穿三泉，下铜而致椁，宫观百官奇器珍怪徙臧满之。令匠作机弩矢，有所穿近者辄射之。以水银为百川江河大海，机相灌输，上具天文，下具地理。以人鱼膏为烛，度不灭者久之。"秦始皇陵的地宫尚未发掘，但考古调查和发掘证实，秦始皇陵的规模和埋藏远比史书记载的更加宏大和丰富。秦始皇陵区占地达 56 平方公里，以巨大陵丘为中心，设两重城垣，形成一个南北长、东西宽、面积达 212 万多平方米的"回"字型陵园。陵园内外地面上建有巍峨壮观的寝殿、便殿、官署等建筑，地下更有数以百计的从葬坑、陪葬墓。其中，已经发掘的兵马俑坑、铜车马坑、马厩坑、石质甲胄坑、珍禽异兽坑、文官俑坑、百戏俑坑、铜鹤坑等无不规模巨大，埋藏丰富。其中的三座兵马俑坑总面积达 20780 平方米，埋藏着近万尊真人、真马般大小的兵马俑。秦兵马俑乃至都城、宫殿、陵墓建筑的高大壮美，正是皇帝所要显示的威力的象征，是庞大帝国统治者的精神支柱[6]。

　　西汉立国初期，吸取秦亡之教训，实行与民休息的政策，在都城、宫室、陵墓、园林的建筑方面有所收敛。但这只是相对而言，如初具规模的汉长安城就达 36 平方公里，其中的未央宫面积是北京明清紫禁城的五倍多，朝宫前殿同样雄伟壮丽。汉长安城的大规模增修是在汉武帝时期。汉武帝好大喜功，"土木之役，倍秦越旧，斤斧之声，畚锸之劳，岁月不息，盖骋其邪心以夸示天下也"（《三辅黄图》原序）。汉长安城的宫室建筑除未央宫外，还有太后所居的长乐宫，妃嫔所居的北宫、桂宫、明光宫等。这些宫殿加起来就占去了全城三分之二的面积[7]。遥想当年，长安都城那巍峨耸立的城墙，鳞次栉比的宫殿，车水马龙的街道、熙熙攘攘的市场，是何等的气派与繁华。不仅如此，汉武帝还在长安城西南扩建上林苑。上林苑周回数百里，苑中开凿昆明池以象征滇池，筑方丈、瀛洲、蓬莱三岛以喻仙境，苑内楼台馆阁不计其数，其中的建章宫"前殿下视未央"，其富丽堂皇甚至超过了未央宫。

　　西汉皇帝生前如此，死后的陵墓依然奢靡。位于渭北黄土原上的西汉帝陵,从东向西延绵50余公里。每座帝陵皆筑有高大的坟丘,坟丘下面建造规模巨大的地宫,内埋无数的珍宝。每座帝陵在地面还建有陵阙、寝殿、便殿等。陵园内外分布着数以百计的从葬坑,埋藏车马、人俑、畜禽俑等,象征着军队、官署、府库、仓廪。帝陵附近还有为数众多的皇亲国戚、功臣将相陪葬墓。总之,帝王们是要把生前的荣华富贵尽可能地都搬入地下,以供在死后继续享用。西汉帝陵的陵园模式直接秉承秦始皇陵而来,其规模虽不及秦始皇陵,但也十分可观。如近年做过较多调查和发掘的汉景帝阳陵,陵区占地十多平方公里,地下从葬坑多达数百个,埋藏着成千上万的人俑、动物俑、车马等[8]。

　　东汉以及魏晋南北朝时期,帝王们仍不遗余力地追求着建筑的宏大与壮丽,但终因国力不及前朝而有所逊色。这一时期,建筑装饰的华美与瑰丽当更为突出,从而奠定了中国古代建筑“雕梁画栋”装饰美的雏形。中国古代建筑讲究艺术装饰早在商周就已出现。至秦汉魏晋南北朝,不仅文献多有记载,而且保存至今的地上、地下遗迹并不少见。前述《三辅黄图》一书在描述秦代宫室建筑时提到:“木衣绨绣,土被朱紫”。汉武帝增饰未央宫:“以木兰为棼橑,文杏为梁柱。金铺玉户,华榱璧珰。雕楹玉碣,重轩镂槛。青锁丹墀,左槛右平。黄金为璧带,间以和氏珍玉。风至,其声玲珑然也。”(《三辅黄图》卷二)可见,当时的建筑装饰不仅有雕梁画栋,还铺陈丝帛绨绣,缀挂美玉金饰,侈丽无比。诚然,这样的描述出自后代文人之手,难免有附会夸张之词,但从考古发现看,这种可能性是存在的。广州南越王墓前室满绘仿丝绸图案的壁画;长沙马王堆汉墓棺椁(象征居室)上张挂和铺设大幅彩色帛画;而东汉魏晋南北朝保留至今的地面石祠堂、石阙,以及数量可观的地下画像石墓、壁画墓、画像砖墓,其华美的装饰正是生前宫室宅院的写照。此外,前述秦咸阳宫、汉长乐宫都曾发现大幅彩色壁画,其地面坚硬平滑并涂成朱色,恰是“木衣绨绣,土被朱紫”的真实反映;秦汉魏晋南北朝建筑遗址中经常出土纹饰精美的瓦当、花纹砖;中国古代建筑中的斗拱、飞檐、翘角、脊兽也已具雏形,由此可见当时建筑装饰的华丽之美。

　　中国哲学讲究“天人合一”,而中国古代建筑至迟在秦汉魏晋南北朝就已经形成了这种人与自然的和谐之美。这里,且不说皇家园林中亭台楼阁与山水池沼融为一体,即便是正式的朝宫建筑也处处体现园林化的布局。如未央宫本是大朝正宫,但宫内除有"台殿四十三"外,还有"池十三,山六"(刘歆《西京杂记》)。其中的"沧池"不仅面积大,还有明渠导引终南山之水经昆明池为其活水源头。秦汉魏晋南北朝建筑艺术人与自然的和谐美还表现在"以人为本"的建筑理念上。前面所说的宫殿、园林都是人的居住或活动场所,而陵墓则是人死后的室宅,这与西方古典建筑中神庙、祭坛类建筑发达明显不同。诚然,这一时代郊天祀地、祭祖敬神也修建了许多礼制性的建筑,但总体上与宫室建筑的规模相比远为逊色。需要说明的是,早在周代,一些重要礼制建筑如明堂、辟雍、宗庙等,既是祭祀场所,同时也是政务、居住之地,这种"人神共享"的建筑功能虽然在秦汉魏晋南北朝时期已经改变,但其中"以人为本"的建筑理念却被继承下来,形成中国古代建筑艺术的特色之一。

第三节　灿烂的汉画艺术

奇幻诡谲的马王堆汉墓帛画　绘画与雕刻相结合的画像石艺术　绚丽多彩的汉墓壁画　图画天地,品类群生

所谓汉画,除了壁画、帛画等一般意义上的绘画外,还包括平面雕刻的画像石(线刻、浅浮雕等)、画像砖(刻画或模印)在内。此外,漆器画、铜器画、陶器画、丝织品图案等也都属于汉画的范畴。两汉时期,是绘画与平面雕刻艺术灿烂辉煌的时代,其数量之繁多、内容之丰富、艺术之水准均达到令人惊叹的地步。而汉画又是佛教传入之前的中国本土艺术,远古流传下来的和新创造的众多神话、仙话在这里被表现得淋漓尽致,现实社会生活的方方面面在这里得到最充分的展示。汉画艺术不仅在中国,而且在世界艺术史上都占有突出的地位。

汉画形式多种多样,其中最为突出的是帛画、墓葬壁画、画像石和画像砖。所谓帛画,是以丝织品为载体用各种颜色绘制出的物象画。它与一般丝织品的不同之处在于,后者的花纹是织造或印染而成,多为重复出现的相似图案。

尽管丝织品花纹也属于艺术的范畴,但它是一种工艺美术,与帛画的原创性和独有性不同。迄今已经发现的战国两汉时期的帛画有二十多幅,但因有机物难以保存,多数只能观其片段。长沙马王堆一号、三号汉墓敷设在内棺棺盖上、长达两米多的彩色帛画保存完好,十分精美(彩图11)。两幅帛画内容大致相似,描写天上、人间、地府诸情景,以表达墓主人升仙进入天国的愿望。观此帛画,那神秘诡谲的艺术氛围、灵动飘逸的艺术手法给人以无限的遐想,仿佛让我们回到楚汉辞赋所描写的那个光怪陆离的神话世界,遨游于楚汉浪漫的艺术殿堂。

如果说帛画的发现数量还很有限的话,那么,壁画、画像石、画像砖则可用艺术的海洋来形容。据不完全统计,已经发掘的汉代壁画墓有四十多座,每座壁画墓的壁画面积小者数平方米,大者数十平方米。壁画墓出现于西汉中晚期,盛行于东汉,为汉代以后墓葬壁画乃至于佛教洞窟壁画的繁荣奠定了基础。

画像石是一种绘画与平面雕刻相结合的艺术。在雕刻图像之前,先用朱、墨或黄、白线条勾勒出图像的轮廓,雕刻成型后,还要在上面施以彩绘,但这种彩绘容易脱落,保留下来的不多。最近在陕北神木大保当等地新发现的一批画像石上,彩绘保留相当完好,画像的细部或不雕刻,而是用彩绘勾勒,可谓画龙点睛[9]。汉画像石的绘画与雕刻是由民间专门画师和石师来完成的。山东东阿县芗他君祠堂画像题记中,除了把雕工简称为"师"(即"石师")外,还有"画师"之称,可见参与制作画像石的艺术家有"石师"和"画师"的分工。总之,这种艺术,按成型技术来说,应属雕刻;依其整体艺术风格,又似绘画,故习惯上称之为画像石[10]。汉画像石广泛存在于汉代地下墓室、石椁、石棺,地面石祠堂、石阙、石碑等建筑上。它产生于西汉中晚期,盛行于东汉。迄今已经发现的汉代画像石墓有数百座、石祠堂二十多座、石阙三十多处,画像石总数量多达数千块。画像石盛极于汉代,魏晋南北朝及其后已比较少见,其风格和内容也发生了很大变化。

汉代画像砖有空心大砖和实心小砖两种。前者流行于西汉中原地区,后者常见于四川东汉墓中。空心大砖一般宽约半米,长度多在一米以上,其上或刻画或模印物像。实心小砖一般40厘米见方,镶嵌于墓室墙壁上。

图9-2 陕西神木大保当东汉墓彩绘画
像石

汉代墓葬壁画、画像石、画像砖题材
内容大致相似。但壁画、画像石的每一
单位(墓葬、祠堂等),其内容和布局多有
完整的构思,犹如连环画一样,系统表达
墓主人和亲属的美好意愿。东汉王延寿
所作《鲁灵光殿赋》曾详尽而生动地描绘
了鲁国灵光殿壁画的情景:

> 图画天地,品类群生,杂物奇
> 怪,山海神灵,写载其状,托之丹青,
> 千变万化,事各缪形,随色象类,曲
> 得其情。上纪开辟,遂古之初,五龙
> 比翼,人皇九头。伏羲鳞身,女娲蛇
> 躯。鸿荒朴略,厥状睢盱,焕炳可
> 观。黄帝唐虞,轩冕以庸,衣裳有
> 殊,下及三后,淫妃乱主,忠臣孝子,
> 烈士贞女。贤愚成败,靡不载叙。
> 恶以诫世,善以示后。

鲁国灵光殿可能为西汉鲁国的宗庙,其
壁画内容与汉代墓葬壁画、画像石墓、画
像石祠堂较为相似(图9-2)。但东汉和
西汉有一定的差别。西汉时期多描绘天
象神话,如太阳三足乌、月亮蟾蜍、星辰
云气、伏羲、女娲、各种仙禽神兽等,并有
墓主驱鬼升仙的场景。其构图飘逸灵
动,极具浪漫色彩。如著名的洛阳卜千
秋壁画墓:墓室顶部以日象、月象、云气、
伏羲、女娲等构成天国氛围,女墓主手捧

图9-3　洛阳卜千秋墓墓顶壁画

三足乌乘三头凤,男墓主持弓乘蛇,皆闭目飞行;墓主之前有西王母侍女迎接、方士导引,九尾狐、朱雀、飞龙、枭羊等仙禽神兽随同墓主飞行(图9-3)。此外,还在墓门上额绘有人首鸟身的司命之神句芒像;后壁山墙正中绘打鬼的方相氏,及可辟邪的青龙、白虎等。整个画面从东到西,将墓主企求死后升仙进入天国的愿望表现得惟妙惟肖。大约从西汉晚期开始,汉画题材开始发生变化,进入东汉时期,宣扬儒家思想的历史人物和历史故事,如忠臣义士、孝子烈女等;反映墓主仕途经历、享乐生活的内容,如车马出行、庄园府第、家居宴饮、乐舞百戏等,显示大道升平的祥瑞图像,如嘉禾、比目鱼、连理枝等占有更大的篇幅,给人以重返人间的感觉。河北安平逯家庄壁画墓规模宏大,由八十多辆车组成的大幅车马出行行列,显示墓主人生前显赫的地位。一幅庄园建筑图,表明墓主人想要把生前的财富带入死后的世界。然而,东汉壁画墓、画像石墓、画像祠堂中神话题材以及表现西王母仙人世界及墓主升仙的场景仍颇为常见。在这里,现实与幻想融为一体,人间与天国完美结合,从而形成一个形象的天人合一的宇宙世界。

　　汉画无论是描绘天国仙境,还是表现人间世界,同样是龙腾凤舞、鸟飞鱼跃、车行马啸、鹿奔犬走,充满着动与力的宣泄,人与神的和谐。可见,汉画艺术具有现实主义与浪漫主义双重特点[11]。

第四节 魏晋南北朝绘画与画论

以书法为骨干，以诗境为灵魂 宣物莫大于言，存形莫善于画 由技而艺
绘画艺术的自觉

绘画是"中国艺术的中心"，宗白华先生将其定义为"以书法为骨干，以诗
境为灵魂"[12]，可谓切中肯綮。因此作为一种将生命、生活审美化的结晶的中
国画之产生必有相对坚实的基础，必有相对漫长的过程。以往治中国画史的
学者，从伏羲画八卦，或从考古发现的仰韶彩陶溯源，虽失之牵强或偏颇，但可
以肯定的是此种见解意识到了中国画渊源之深厚。晚近一些学者复把目光不
约而同地投向庄严神秘而繁缛富丽的商周青铜器花纹，或绘技趋精、题材丰富
的东周帛画及线刻铜器纹饰，以至西汉帛画、壁画、画像石、画像砖及文献记载
的"云台二十八功臣名将图"，甘泉宫天地、太一诸神图等宫廷壁画之类，则更
进一步从广度和深度上支持着此种认识。然而这些都还不能称为严格或典型
意义的中国画，因为这类图画的价值和意义并不在于图画形式本身，其基本功
能主要在于实用，正如汉王延寿《鲁灵光殿赋》所谓"恶以诫世，善以示后"，魏
曹植《画赞序》所谓"存乎鉴戒"，以及唐张彦远《历代名画记》所谓"成教化，助
人伦"。但中国画的一些基本特征，诸如尚简、线条表现、重神似、写意等，已初
步奠定。而上述所谓"存乎鉴戒"，追求社会意义于图画之外，也成为中国画的
一种附属特征而一以贯之地被传承下来。因此我们把这一阶段称为中国绘画
的发端时期。郑午昌《中国画学全史》所谓"实用"和"礼教"时期；傅抱石《中
国绘画变迁史纲》所谓"文字画"及"初期绘画"时期；徐复观《中国艺术精神》
所谓"抽象画和写实精神时期"，当正是基于这样一种基本认识而做出的有意
义的画史分期。

中国绘画实现由技而艺的历史性跨越需要特定的社会人文环境，取决于
创作主体精神的开放和思想自由，取决于相当程度的人文觉醒并由此导致的
艺术的自觉。

魏晋南北朝是中国历史上实现这一过渡的伟大时代，它"最富于智慧、最浓于热情"[13]，玄、道、释"三教圆融"，相互渗透影响，人文精神进一步发育，人们获得了前所未有的心境自由。于是"汉代之齐家治国，期致太平，而复为魏晋之逍遥游放，期风流得意也。故其时之思想中心不在社会而在个人，不在环境而在内心，不在形质而在精神……其期望在超世之理想，其向往为精神之境界，其追求者为玄远之绝对，而遗资生之相对。"[14]由此形成一种新的社会风尚，激发起人们在现实生活中对艺术美的探求，而"宣物莫大于言，存形莫善于画"。于是绘画便成为魏晋士人美化现实，或曰把生命与生活审美化的重要手段，成为追求审美价值、寄托情感因素的形而上的艺术活动，"成为活泼泼的生活的表现，独立的自我表现"[15]。总之，我们有理由赞成如下论断："可以说，绘画虽有很古的历史，但绘画的自觉，绘画的艺术自律性的完成，却不能不说是自魏晋时代开始。"[16]

魏晋时代中国画终于以一种全新的面貌卓然登上中国文化艺术舞台，开创了中国画史的崭新阶段，其重要标志有如下五端：

第一，出现大量画家，且师生传授昭然有序。此时以画家名世的名士不胜枚举，诸如"独高魏代"的曹髦，作有《狮子击象图》的嵇康，善画佛像的晋明帝司马绍，"过江后为晋代书画第一"（张彦远《历代名画记》）的王廙，以及大画家顾恺之等。

第二，人物画重在或妙在传神。虽然"存乎鉴戒"的画作依然大量存在，但由人物鉴赏之风所致，已开始特别地注重刻画人物的品性，通过形表现所画人物之神，来决定其意味和价值。邓以蛰《画理探微》称此时人物已"由生动入于神"，重在"人物内性之描摹"。同时佛教人物画也不再只是单纯地宣扬教义，而是带有明显的个人精神超脱的意味。并开始向世俗化方向发展，出现世俗人物画，如顾恺之作谢安像、桓玄像等。

第三，绘画题材大为扩展。花鸟画已露端倪，更重要的是山水画已开始从人物画背景的地位提升起来，渐以成为独立的画种，诸如曹髦《黄河流势图》、司马绍《轻舟迅迈图》、戴逵《吴中溪山邑居图》、戴勃《九州名山图》、顾恺之《庐山图》等。同时山水画专论也应时而生，如宗炳《画山水序》、王微《叙画》及梁元帝《山水松石格》等。这显然是受佛教"寄灭尘食"教理及老庄崇尚自然、清静无为思想影响,随山水诗的兴起而出现的特有现象。

第四,绘画技术进步。此时艺术家特别强调"笔妙墨精","调墨染翰,志存精谨"(姚最《绘画品录》),"格体精微,笔无妄下"(谢赫《古画品录》),说明中国画已由两汉之粗疏、简略入于精致。在重气韵的同时,注重骨法,极力追求形式美,这是中国画技术渐趋成熟的标志。谢赫《古画品录》评价卫协"古画皆略,至协始精,……六法之中,迨为兼善。虽不该备形似,而妙有气韵。"技法由疏旷到精微,从简约高古到追求气韵风神,表明魏晋绘画在两汉基础上的重大进步。

第五,绘画理论著作正式诞生。绘画理论是绘画艺术发展到一定阶段的产物,是艺术自觉的重要成果和直接体现。魏晋南北朝绘画理论著作主要有王廙《与王羲之论画》、顾恺之《论画》和《画云台山记》、宗炳《山水画序》、王微《叙画》、谢赫《古画品录》以及姚最《续画品录》等。

开创并确立魏晋一代新画风,并集中代表魏晋南北朝绘画时代风貌的则是此时涌现出的与先前画工判然不同的诸多画家,其中具有划时代意义的代表性人物是曹不兴、卫协、顾恺之、陆探微和张僧繇。

曹不兴,亦名弗兴,三国吴吴兴人,以画冠绝一时,尤善人物。其所创佛教人物画样式,史称"曹家样",并因此被誉为"佛画之祖"。他曾画"五十尺绢画一像,心敏手疾,须臾立成,头面手足,胸臆肩背,无遗尺度"(张彦远《历代名画记》卷五),可知曹不兴画尚有两汉简约遗风。《历代名画记》卷四载,孙权曾使其画屏风,不小心"误落笔点素,因就成蝇状。权疑其真,以手弹之"。则又可知曹不兴已由简疏渐入精谨。其弟子卫协,被葛洪称之为"画圣",谢赫《古画品录》对其推重有加。可见卫协继承乃师而又有所发展,从而实现了中国画由简入精的重要变革。

如果说曹不兴是开创魏晋新画风之第一人,那么顾恺之则是将此新风确立并使之得以重大发展的具有里程碑意义的大画家。顾恺之,字长康,晋陵无锡人。《晋书》卷九二有传。出身于江东世族,曾官参军和散骑常侍等。《晋书》本传称:"俗传恺之有三绝:才绝、画绝、痴绝。"可见顾恺之已完全不同于先前画工,而是一位博学多才,文艺双馨、执着而又机敏诙谐的艺术家。正是其才其痴成就了其画。故东晋世族领袖谢安说:"顾长康画,有苍生来所无"

(张彦远《历代名画记》)。史传顾恺之师法卫协,而"矫然独步,别开生面。"他笔下画迹虽仍以佛画、人物画为主,但"格体精微",其线条"如春蚕吐丝","紧劲联绵","笔意如春云浮空,流水行地,皆出自然"(汤垕《画鉴》),达到了前无古人的境界,从技术到意境使中国画艺术得以全面提升。同时,顾恺之还独出机杼,将自己的艺术实践经验加以总结、提炼,开中国画论之先河。

顾恺之中国画的最大贡献是所谓"传神",即追求人物形体之上的"神韵"。史传他画人物长时间不点眼睛,人问其故,他说:"四体妍蚩,本无关于妙处。传神写照,正在阿堵中"(《世说新语·巧艺》)。为人画扇,作嵇、阮,像不点睛,恐"点眼睛便欲语"。画裴楷像,"颊上益三毛",曰"益三毛如有神明,殊胜未安时"(《世说新语·巧艺》)。可见顾恺之善于抓人物的特点以表现其神情和性格。而要达到"传神",当然需要相当精确的形体描绘。这里我们可从传世唐宋摹本《女史箴图》《洛神赋图》(图9-4)和《列女仁智图》看到其精练娴熟的技法。因之我们说顾恺之人物画是中国画技术走向成熟的标志。

图9-4　东晋顾恺之《洛神赋图》(局部)

陆探微是宋齐间画家,亦擅人物画。《唐朝名画录》称其"人物画极其妙绝。"谢赫评价陆画是"穷理养性,事绝言象。"张怀瓘评价陆画"参灵酌妙,动与神会,笔迹劲利如锥刀焉。秀骨清像,似觉生动……若对神明"(张彦远《历代名画记》引)。可知陆探微在顾恺之笔法紧劲联绵的基础上更趋于劲健,刻画人物趋于清癯硬朗,这与当时社会审美意趣正相吻合。故张怀瓘《画断》称"象人之美……陆得其骨",可谓恰如其分。而张彦远《历代名画记》则仍把陆与顾归为一路,"所谓笔迹周密也"。可知陆探微步武顾恺之,继承了曹不兴、卫协以来精微细谨画风,而进一步发展创新,从而确立了他在画史上的卓荦地位。

张僧繇与顾恺之、陆探微并称"南朝三杰"。张僧繇,梁时吴人,历任武陵王国侍郎、直秘阁知画事以及右军将军、吴兴太守等。其佛教人物画风格独具,被誉为"张家样",名重一时。张僧繇对中国绘画的突出贡献是吸收借鉴了印度佛教绘画的色彩晕染方法,创造出所谓"凸凹花"画法,以表现物象的立体感。后世传花鸟画"没骨法"由他所创,可知其对后世绘画影响之深远。张怀瓘称张僧繇"象人之美"而"得其肉",很可能与此画法有关。其次,张僧繇一改顾陆以来所谓"密体"传统,创立一种疏朗凌厉的风格。张彦远《历代名画记》称其"笔才一二,象已应焉。离披点画,时见缺落,此虽笔不周而意周也。"而其笔法则"一点一画,别是一巧,钩戟利剑森森然",似乎使我们窥见初唐欧阳询书法笔意,是可知张僧繇借鉴了书法之用笔,因而提高了笔墨线条的质感,并由此形成自己独特的疏朗画风。而此特征又并非两汉简疏画风之重复或回归,而是在顾陆基础上的一种合乎中国画发展规律的变革。因此我们也不妨说,张僧繇是援书法入国画,而使中国画获得重要发展的第一人。

魏晋南北朝画作由于时代久远,大多无存。几件所谓传世品均为唐宋人临摹之作,其价值自然不可低估,因此前贤时哲无不格外珍视,因而已有充分之阐说,这里不拟重复。我们认为足以引起重视的当是考古发掘所见绘画材料。这些画作虽然未必是当时社会上层主流画家所为,但毕竟从一个侧面反映或体现出魏晋南北朝时期绘画的一定风貌或时代特征,而较之上述唐宋摹本也更为真实,因此可以弥补画史记载之所阙。

考古发掘所见魏晋南北朝时期的绘画材料主要有两大类:一是墓葬壁画,二是佛教石窟壁画及造像。后者留待下节论述。关于墓葬壁画主要有两种类型:其一为描绘,或砖或石;其二为模印或刻印,为拼镶砖画。后者发现相对较少,计有南京万寿林、西善桥,丹阳胡桥和建山,常州田舍村,邗江酒甸等东晋至南朝墓葬[17]。题材是青龙、白虎、仙人、仙草和所谓"七贤与荣启期"八俊图以及仪仗、鼓吹等。

墓葬壁画比较重要的有辽宁辽阳棒子屯二号墓,南雪梅村一号墓和甘肃嘉峪关新城及酒泉等地一批魏晋壁画墓[18];辽宁北票西官营子冯素弗墓,朝鲜黄海北道冬寿墓,新疆吐鲁番哈喇和卓及甘肃酒泉、敦煌等地一批十六国时期的壁画墓;河南孟津北陈村王温墓,河北磁县大冢营间叱地连墓和湾张大墓,山西太原王郭村娄睿墓和大同石家寨司马金龙墓,宁夏固原深沟村李贤墓等北朝壁画墓;江苏镇江池南山、南京铁心桥、河南邓县学庄、福建闽侯南屿官山、云南昭通后海子等东晋至南朝壁画墓等[19]。墓葬壁画的题材主要是四灵、飞仙、瑞兽、仙草及与墓主人生前有关的车马、武士、鼓吹以及神仙、孝子图等。

魏晋南北朝墓葬壁画无论刻印、描绘,总的特点是造型相对简练,疏于细部刻画;构图活泼、鲜明,趋于生活化;色调明快,朴素率真。虽然技法尚较幼稚,但其艺术性是不容置疑的。然而无论稚拙的技法还是简疏的画风,都与传世画作有明显的差距。考其原因,无疑是由墓葬的性质及其绘画的体裁以及载体所决定的。

画论对于我们考察魏晋南北朝时期绘画有着更为重要的意义。因为画论是当时绘画艺术实践的理论总结或理性升华,是当时艺术家智慧的结晶,而且较之画迹保存也相对完整。

顾恺之不仅是独步一时的绘画大师,同时也是一位具有深识卓见的艺术理论家。如上述传世的顾氏画论二种,即《论画》和《画云台山记》,可视为其理论代表作。顾恺之最重要的理论贡献是提出"以形写神"和"迁想妙得"的理念,这实际上是中国画实现由实用到艺术质的飞跃的理论标志。从此中国画已不再只是"存乎鉴戒",不再只是某种善恶的概念化身,而是真正心灵的和精神的艺术表现。其次,顾恺之特别强调画家必须要有丰富的学识,要做到"人心之达"和"贵观于明识"。由此便把画家与画工或画匠明确区别开来,而强调学识素养正是中国画的基本要求。

宗炳《画山水序》是中国绘画史上第一部山水画论,其价值主要在于进一步深化了"以形写神"的艺术命题和创造性地提出绘画透视法则。特别强调"山水质有而趣灵","山水以形媚道",因此须"应目会心","澄怀味象",这样才能"神超理得",才能把握山水的精神和本质特征,才能最终表现山水。而山水画的根本作用在于"畅神"。宗氏山水画理论对后世影响之深刻是显而易见的。

王微《叙画》则主要论证了两个问题,即"画之情"和"画之致"。前者实际是讲山水画的根本属性和特征。"一管之笔,可以拟太虚之体,可尽寸眸之明"。"望秋云,神飞扬,临春风、思浩荡。虽有金石之质,珪璋之琛,岂能仿佛之哉",强调了山水画的独特美感效应。后者主要是讲山水画的具体创作,主张以"灵动为用器","非独依形为本,尤须心运其变",同样是申明了"以形写神"的艺术主题。

谢赫《古画品录》是中国画史上最早的绘画品评著作。其最重要的贡献是提出所谓气韵生动、骨法用笔、应物象形、随类赋彩、经营位置和传移模写等六法。此六法既是绘画创作的主要理论法则,又是绘画品评的基本标准。特别是将"气韵生动"列于首位,认为气韵乃绘画的灵魂所在,这在中国绘画史上产生了极其重要的影响。至于姚最《续画品录》除有补正谢书之功外,重要贡献是明确提出"心师造化"说。"心师造化"正是中国画乃至中国艺术的基本追求和最高境界。

第五节　传统雕塑艺术的魅力

气势磅礴的秦兵马俑群塑　姿态万千的百戏汉俑艺术　自然灵动的霍去病墓石雕　富丽堂皇的青铜造型艺术

在秦始皇陵兵马俑发现之前,人们对中国古代雕塑的认识多停留在云冈、龙门那些大型佛教造像之上,而对佛教传入之前中国传统雕塑艺术关注较少。秦兵马俑的发现改变了世人的看法,原来在两千多年前的秦代就已经出现了如此规模和如此生动的大型陶塑群像。

其实,秦兵马俑的出现并不是偶然的,中国大地上雕塑艺术有着悠久的历史和传承。辽宁牛河梁新石器时代红山文化大型女神塑像、浙江良渚文化精美的兽面玉雕、商周时期花纹繁缛的青铜重器、三星堆古蜀文明的面具铜像、战国中山王墓的错金虎鹿,这许许多多精美的雕塑艺术品无不闪烁着中华先民的睿智,承载着美的传统。总之,当艺术的积淀和历史的契机成熟时,秦兵马俑这样的大型雕塑群像也就随之而产生了。

秦始皇凭借其强大的经济和军事实力建立了大一统的中央集权帝国,为了显示"千古一帝"的威严,更为了在死后依然拥有至高无上的权力,将一支强大的军队纳入地下自然必不可少。此外,当人殉已成为历史的陈迹后,人们以为俑像替代生人则可达成同样的效果,并且模仿得越是逼真,便越具有生者的活力。秦陵兵马俑之所以有那么多的数量,形体又似真人真马般高大,雕塑得又是那样的栩栩如生,也就不难理解了。

秦兵马俑坑总面积达两万多平方米,从已经揭露的情况估算,三个俑坑埋藏有战车一百三十余乘,驾车的陶马五百余匹,骑兵的鞍马一百一十六匹,车兵、骑兵和步兵俑七千多尊(图9-5)。这些兵马俑按照真人真马般大小塑造,它们步伍严整,排列有序,组成浩浩荡荡的大型军阵,是秦国"带甲百余万、车千乘、骑万匹"强大军队的缩影。兵俑手执实战兵器,或站立,或跪射,或御车,或牵马,虽静犹动,似乎只要一声令下,即刻呼啸而出。秦陵兵马俑作为秦国军队的象征,首先需要表现军队的威武雄壮和步调齐整,因而更多显示的是一种整体的美、宏大的美、力量的美。那十百为群、万千成阵的千军万马,凝聚着

图9-5　秦始皇陵一号兵马俑坑全景

图 9-6 秦俑面部特写

振山摇海之力,给人以心灵的强烈震撼。但秦俑又是若干艺术家一个一个单独塑造出来的,其原形取材于秦军将士的形象,来源于生活的真实(图 9-6)。因此,在不破坏主题精神的前提下,也突出了个性的美,塑造出不同身份、不同年龄、不同姿态、不同性格特点的多种人物形象。秦俑细部刻画得非常成功,从发型、冠饰、眉毛、胡须到所穿的战袍、铠甲、行滕、踏鞋,无不细致入微。陶马的首、尾、躯干,肌丰骨劲,四肢棱角分明,显得十分神骏。秦兵马俑是写实的,但也恰当地运用了夸张和概括的艺术手法,把圆雕、浮雕、线雕、彩绘有机地结合起来,取得了雕塑与彩绘相得益彰的艺术魅力。秦俑大型群塑,在艺术风格和艺术技巧上都开创了新的境界,形成了雕塑艺术的民族风格[20]。在秦兵马俑发现之前,人们对希腊、罗马雕塑情有独钟,而秦陵兵马俑则带给人们一种全新的、具有东方色彩的艺术享受。

秦陵兵马俑是一座雕塑艺术的宝库,但这样的雕塑在秦始皇陵附近地下陪葬坑中还有多处,如早已闻名遐迩的铜车马,还有近年新发现的文官俑、百戏俑等。其中的百戏俑均赤裸上身,下着短裙,或扛鼎,或角抵,或口技,姿态各异,造型独特,一反兵马俑凝重之氛围,而给人以清新的生活气息。

秦俑之后,两汉魏晋南北朝乃至以后的历朝历代都十分流行俑像陪葬,就质地而言有陶俑、木俑、石俑、铜俑、铅俑、三彩俑等,就题材而言有兵马俑、仪卫俑、侍者俑、百戏俑、奴仆俑、仙人俑、镇墓俑以及形形色色的动物俑等。这些俑像个体大小虽无法与秦俑相比,但内容更加广泛、表现力更为丰富,其中不乏极具艺术魅力的佳品(彩图12)。

秉承秦始皇陵的埋葬制度,西汉皇帝、诸侯王乃至一些大臣的陵墓中也有大量的兵马俑或仪卫俑、侍者俑随葬。汉景帝阳陵从葬坑多达数百座,其中埋藏的兵马俑、侍者俑的数量甚至比秦始皇陵还多,但个体一般只有七八十厘米高。这些陶俑原来穿有丝绸、皮甲之类的衣物,而今已经腐朽不存,出土时多成为裸体。阳陵陶俑身材修长,人体比例掌握得比较准确,面相也显得安详、和谐。此外,阳陵从葬坑中还埋藏有多达数万的猪、牛、羊等家畜俑。阳陵之外,江苏徐州狮子山楚王陵从葬坑中也发现数千尊小型兵马俑;徐州北洞山楚王墓甬道小侧室安放有数百彩绘仪卫俑;咸阳杨家湾大墓从葬坑中出土了三千多尊高约七八十厘米的彩绘骑兵和步兵俑。这些兵马俑,仪卫俑虽不如秦俑那样高大,但也气势不凡,别具韵味。不过,这些高等级墓葬中成千上万的明器俑像,大都是模制而成,虽然也辅助以手工刻画和彩绘,但难免有雷同之感。相反在一般汉墓中,因为俑的数量相对较少,则往往为手工雕刻或捏塑而成,其艺术性似更胜一筹。这同汉画一样,真正的艺术根源来自于民间。这些民间雕塑俑像中,最为成功者当推姿态万千的百戏俑。所谓百戏,包括了舞蹈、奏乐、杂技、角抵、说唱等多种表演形式在内。如济南无影山西汉墓中出土的百戏彩绘陶俑,在一块长方形的陶版上塑造了奏乐、杂技、舞蹈以及旁观者共十多人,表演者动感十足,欣赏者神情专注,再加上绚丽的彩绘,堪称是一件难得的雕塑艺术佳作。东汉时期的四川、云贵一带墓葬中常见一种说唱俳优俑,这种俑往往采用极度夸张的手法,将民间说唱艺人的形象塑造得惟妙惟肖。如成都汉墓中的一件击鼓说唱俑,上身赤裸,手舞足蹈、张口吐舌,挤眉弄眼,十分滑稽可爱(图9-7)。

魏晋南北朝是一个战乱频繁的年代,南北长期分裂,文化有所差异。北方多武士、骑兵、仪卫等俑像,他们或执坚披锐,或金革甲骑,给人以凛然的战士形象;南方则秀骨清像,与当时玄学影响不无关系。总之,这个时代俑像制作精美,手法细腻,有许多独到之处。

秦汉魏晋南北朝时期,地下随葬俑像十分盛行,而墓葬地上部分也流行大型石圆雕,代表了另一种粗犷的、威严的美。霍去病是汉武帝时期战功卓著的

图 9-7　四川成都天回山出土的东汉击鼓说唱陶俑

青年将军,死后陪葬茂陵。其坟冢象征祁连山形,坟冢上下矗立着数十尊大型
动物石圆雕,有跃马、伏虎、卧牛、蹲象、奔豕、立熊等,其中以"马踏匈奴"最为
有名(图 9-8)。这些石圆雕,大都借助石材的原形,以简练的手法勾画轮廓,关
键部位画龙点睛,人工痕迹不显,却成就灵性十足的艺术造型。霍去病墓动物
石雕题材受到北方草原文化的直接影响,其风格质朴而简约,给人以自然天成
的艺术享受。霍去病墓动物石雕尽管在中国雕塑史上占有重要地位,但由于
当时坟墓前还不流行石雕像,致使霍去病墓开创的艺术风格未能传承下去。
大约比霍去病墓晚了两个世纪,也就是东汉中后期大墓坟前神道两侧立石阙、
列雕像才逐渐流行起来,但题材风格则已大变。降至六朝隋唐宋元明清,墓前
石雕群像逐步形成制度,成为帝王贵胄陵墓前必需的配置。东汉大墓前石雕
多以天禄、辟邪配对,或有石狮、石虎、石人等。天禄、辟邪原形是中亚所产狮
子,添上翅膀成为有翼神兽,其形象如同汉画风格,以动感见长。魏晋南北朝
大型陵墓前石雕集中于南朝,亦为天禄、辟邪、麒麟、狮子等。这些石兽均为整

石雕成,高大威猛,气宇轩昂,但略显敦厚呆板,与汉代动感十足的雕刻属于不同的艺术风格(图9-9)。

在雕塑造型艺术中,青铜器是颇为独特的一类。中国古代青铜文明的鼎盛期是在夏商周三代,但秦汉时期仍然取得了辉煌的成就,特别是在青铜器的装饰艺术方面,可以说达到了古代世界的高峰[21]。秦汉以后,瓷器等成为生活用器的主流,青铜器从此失去往日的光辉而退居次要地位。

图9-8　西汉霍去病墓前马踏匈奴石雕

如前所述,三代青铜器多是为祭祀祖先和神灵而制作的礼器,其装饰纹样以饕餮纹为大宗,显示出神秘恐怖的氛围。这种情况自春秋末年开始发生变化,降至秦汉,写实的人物、动物造型和纹样大量涌现,青铜器的种类与造型更加贴近生活,尤其是错金银、鎏金银、镶嵌、刻纹、漆绘等铜器新工艺的流行,使得青铜器变得富丽堂皇,美不胜收。

秦汉青铜造型艺术中,有关人物的造型数量并不多。《史记·秦始皇本纪》说秦并

图9-9　南朝梁萧景墓前石辟邪

天下："收天下兵,聚之咸阳,销以为钟镰,金人十二,各重千斤,置宫廷中。"这一组青铜巨像早已不存,但秦始皇陵铜车马之御手俑也是青铜制作,虽然只有真人的一半大小,但借此也可领略一下秦代青铜人像的风采。汉代则常见一种"羽人"铜俑,其修眉长发、耳大下垂、体生羽毛,是当时神仙思想的反映。

秦汉青铜工艺中,马的塑造十分突出。秦始皇陵铜车马按真车真马的二分之一缩制而成,车的每一细小零件皆仿真制作,并辅以大量的金银装饰及彩绘,可谓极尽工巧之能事;铜马如同陶塑马俑一样,无论是形体还是细部刻画,都惟妙惟肖(图9-10)。此外,陕西兴平茂陵从葬坑出土的西汉鎏金大铜马、广西贵县凤流岭西汉大铜马、四川绵阳何家山东汉崖墓大铜马,则各具特色。然而,汉代最经典的铜马出自甘肃武威雷台东汉墓,人们习惯称之为"马踏飞燕"。作品整体造型为一凌空飞奔的骏马,马三蹄腾空,一蹄踏燕,借飞燕之疾速而衬托骏马之神驰,整个作品洋溢着灵动、劲健之气。

生活用器是秦汉青铜器中的主要种类,主要包括铜容器、铜镜、铜灯、铜熏炉等。容器类有鼎、壶、钫、盆、尊等,除当时大量生产的素面铜器外,那些装饰华丽的错金银铜容器、鎏金铜容器、漆绘铜容器、细线纹铜容器等高级青铜器

图9-10　秦陵一号铜车马,陕西临潼秦始皇陵西侧出土

中,具有美学价值的青铜艺术品绝不在少数。如河北满城西汉中山王刘胜墓鎏金银蟠龙纹壶、陕西右玉鎏金浮雕动物纹铜尊、广西贵县罗泊湾汉墓漆绘人物花纹铜盆等,都是其中的精品。而秦汉青铜器中,灯的种类最为丰富,且造型奇巧,装饰华美。铜灯中有人物灯、雁足灯、水禽灯、连枝灯、树形灯、盒形灯。河北满城西汉中山王后窦绾墓出土的鎏金"长信宫灯"为一宫女托灯形象,灯的照光可转动调节方向,宫女袖道则是排烟通路,不仅精巧实用,且通体鎏金,华丽无比(彩图13)。同墓出土的"朱雀灯",灯体为一展翅欲飞的朱雀,足蹬蟠龙,喙衔灯盘,动感十足。江苏邗江东汉墓出土的错银牛灯,造型神似。秦汉铜器中,还有一类居家熏香的常用器具——博山炉也制作的极为考究。其炉盖一般铸成参差错落、重叠起伏的山峦状,其间饰以珍禽、异兽、仙人和云气纹样。陕西兴平茂陵附近出土的鎏金竹节博山炉、满城西汉中山王刘胜墓出土的错金银博山炉,造型别致,通体鎏金错银,显得极为富丽堂皇。

　　以上所说的秦汉青铜器都是中原作品,而秦汉时期周边少数民族则有自己独特的青铜文化,其中以云南滇池区域青铜文化最具代表性。滇池周围青铜文化高度发达,其中各式各样的贮贝器、透雕牌饰、生产工具、兵器独具特色。贮贝器盖上雕塑成群的人物、动物,表现祭祀、纳贡、战争、生产等活动,物像纷繁众多,布局错落有致。

第六节　佛教雕塑与洞窟壁画艺术

外来宗教与本土思想的融合　"秀骨清像"与"褒衣博带"　"晕染"技法的出现　佛教艺术本土化的完成

　　两汉之际佛教传入中国,很快就被统治者用于"敷导民俗",得到大力提倡和扶植。伴随着佛教信仰的扎根、蔓延,顶礼膜拜的寺院、石窟应运而生,并以此为依托产生了独特的雕塑和壁画等佛教艺术,这些具有宣教功能的艺术,关注着更广泛的社会群体,也必然体现着当时普遍的审美情趣、社会生活和艺术取向。南北朝政治上的分隔未能阻止文化上的相互影响,在共同的发展趋势下,佛教艺术又表现出地区的特色和艺术家独特的追求,至今仍保存在各地的石窟,便是这一时代艺术风貌的直接反映。

新疆塔里木盆地北沿大量的石窟群中,古龟兹境内的克孜尔石窟具有代表性,也表现出浓郁、鲜明的地方特色。这些洞窟分布在峭壁上,大多凌空开凿。以"管弦伎乐,特善诸国"的龟兹文化体现于壁画艺术中。龟兹流行小乘佛教,故事画题材丰富,如 17 窟有 43 幅在菱形格内描绘的本生故事,用线条勾勒轮廓,晕染表现物体的明暗,颜色深重,基调偏冷,对比鲜明。在艺术形式上采用线条和晕染结合的手法,在中国传统绘画中不见,显然来自中亚西亚的影响。

敦煌莫高窟号称中国石窟之冠,创建于前秦建元二年(366),以后历代续凿,层层叠叠地分布在鸣沙山东麓。在目前编号的 493 个洞窟中,属于北朝时期的洞窟三十多个,一种是中心柱窟,即在窟内有渊源于印度、象征佛塔的中心柱。窟顶呈前后两面坡式,有凸起的椽子和檐枋,完全是中国传统的屋顶。一种是佛殿窟,正壁有安置佛像的佛龛,窟顶呈四面坡的覆斗形,高大的空间,颇似一座帷帐[22]。外来宗教与中国传统的相会,最终以巧妙的融合形式出现,这在敦煌石窟艺术中表现得十分明显。北朝的造像主尊有单身的交脚佛、坐佛、释迦多宝、交脚菩萨、思维菩萨,也有一佛二菩萨的组合。北魏佛像面型长圆,神情肃穆庄严,身穿从印度照搬过来的祖露右肩的袈裟,衣纹是在贴泥条上加刻线条,较晚的出现直平阶梯式装饰。西魏的佛像体形修长,面相清瘦,袈裟变成了中国式肥大的衣袍。这一变化并非佛教艺术审美理想的转变,而是现实生活起更大的作用。晋宋时期,顾恺之和陆探微是中古画家的代表,在人物形象的塑造上"陆得其骨,顾得其神"[23]。重在神、骨的"秀骨清像"成了当时审美观念在艺术造型中的追求,并从南方传到北方,再西渐敦煌。

敦煌壁画的内容更为丰富,较早的佛传、本生、因缘故事选取最有代表性的情节,用一两幅画面独立表现,后来人物、情节增加,场面变大,便采用了中国传统的长卷式横幅或对称的构图。大面积的故事画中,"舍身饲虎","须达拏太子本生"(图9-11),属常见的布施、施舍题材。"微妙比丘尼因缘",主要讲轮回报应、宣扬孝道,描绘曲折离奇的情节,寓说教于故事中。有的洞窟顶部还画出伏羲、女娲、东王公、西王母、飞廉、开明、玄武、阿修罗等,多是中国本

图 9-11　须达拏本生，敦煌四二八窟东壁北侧壁画

土传说中的一些神仙、瑞兽，将中国传统的忠孝思想、神仙信仰等与佛教有机地结合，形成了中国佛教美术独特的情调，又借用中国的传统形式加以表现，使外来宗教适应了中国人的口味。佛教绘画表现的是精神信仰，施主们祈福还愿的目的使一些题材反复出现，但在施主指定的题材中，艺术家并不一定按旧的粉本复制，常常进行创造性地发挥，抓住故事中最精彩的瞬间，试图在细节描绘上表现耐人寻味的意境，从而导致敦煌壁画表现形式上的丰富多彩。如同克孜尔石窟一样，敦煌壁画人物描绘也使用了晕染法，在中国传统绘画用线条生动地勾勒对象形态的基础上，又增添了外来绘画强调对象体积感的晕染方法，加强了绘画的表现力。其熟练程度表明，已不是传统技法与外来技法、传统形式与外来题材的勉强拼凑。

　　在敦煌，无论是塑像还是壁画，都突破了佛教美术的形式与内容的限制，曲折地反映着现实生活。那些彩塑菩萨含蓄的美和会心的笑，深刻地表现了女性特有的庄重，佛的面貌也带有超然的睿智，眉眼的微妙动态表现了宁静与安详的心境。可见人物形象、服饰、景物是按照当时的风土人情来描绘的，体现了"以形写神""气韵生动"的艺术原则。

　　莫高窟以东重要的石窟群是云冈石窟。公元 398 年，北魏定都平城（今大同），开始接触中原地区的佛教，还开通了凉州以及龟兹等西域佛教艺术东传的通道，使平城成为最大的佛教中心，并且第一次由国家主持营建了大规模的石窟。云冈石窟多是仿照印度供教徒修习的草庐建筑形式,平面呈马蹄形或椭圆形,穹隆顶。令人惊叹的是巨大的造像。在最早由北魏佛教领袖昙曜为皇室开凿的五个洞窟内;以过去、当今和未来三世佛为主像(图9-12)。造型身躯高大,面相丰圆,鼻高,眉眼细长,主像释迦牟尼蓄有八字胡须,这是印度造像的特点。所穿服装一种是袒右肩,一种是通肩。袒右肩的服装,里边穿内衣,外披袈裟。内衣一般有方格纹,袈裟边缘雕联珠纹和折带纹。菩萨像一般是圆脸,短身,头戴宝冠,裸上身,胸佩项圈、短璎珞、蛇形饰。下着大裙,戴臂训、手镯。这种菩萨装饰也是当时印度贵族的装饰。《魏书·释老志》记载中亚、西域的一些国家的僧人带来了画像粉本[24],北魏灭北凉时,又把北凉的高僧、工匠掳掠来,因此早期云冈石窟造像来源复杂,衣着厚重、衣纹凸起、身躯魁伟的佛像,反映犍陀罗和中亚地区的服饰和造型特征。但挺秀、劲健、浑厚、朴实的风格,既不同于凉州,也不同于犍陀罗,而是在融合各造像基础上产生出的独特的新样式。

　　稍晚一些是孝文帝时期开凿的石窟,造像呈现出造型清秀、雍容华贵、雕饰绮丽的风格。云冈石窟乃至整个北方石窟的中国化,也就从这个时候开始了。洞窟的建筑形式不再流行印度草庐式的做法,代之以竹木构形式的汉式楼阁、殿堂样式。造像题材开始多样化,除了佛、菩萨、弟子外,新出现了供养人行列。佛和菩萨的面相一般丰瘦适宜,表情温和恬静。一些释迦、多宝穿上了褒衣博带式服装。菩萨不仅戴了宝冠,还出现了一种华鬘冠,服饰出现了被帛。供养人所穿服装也为宽博的汉式服装。这一时期汉文化因素的急剧增长,是北魏汉化改革的直接反映。孝文帝推行的一系列汉化改革政策中,服装改革是重要一项,汉人士大夫褒衣博带式的服装,由皇帝带头穿着,并用行政命令加以推行。现实生活与人们欣赏品味必然给艺术家的创作带来影响,于是引起了云冈石窟造像服装的转换。不仅如此,孝文帝定都平城后期,佛教非常注重义理,来自佛教义理较发达的东部和南方地区的影响,充实了北魏佛教的内涵,也给石窟造像增添了新的内容。在日益追求瑰丽的趋势下,清秀成为推崇的形象,衣纹雕刻采用较深的直平阶梯式技法,增强了作品的立体感和现实感。装饰性的花纹带越来越复杂,仅忍冬纹就分缠枝环形忍冬、套圭忍冬、波状忍冬等多种。孝文帝迁都洛阳后,云冈的大窟开凿减少,新开的中、小窟

图 9-12　云冈石窟第二十窟主佛三世佛及东立佛

龛从东往西布满崖面。汉化因素的增长和西方因素的削弱,使中国佛教艺术出现崭新的面貌。洞窟内的佛像和菩萨像面形消瘦,发展为"秀骨清像",并成为北魏后期造像的显著特点。

中原地区北魏佛教艺术中,龙门窟龛开凿最盛。酝酿形成在云冈石窟北魏后期的"秀骨清像",婉雅俊逸式的造像也在龙门发扬光大。大小龛内的造像以出色的技巧雕刻出消瘦型的形象。根据《魏书·释老志》记载,龙门宾阳洞开凿"准代京灵严寺",即按云冈样式造像,洞窟前壁是富有绘画性的浮雕,"维摩变"中的维摩具有文人气质,反映了现实生活中贵族文人的精神面貌。还有著名的"帝后礼佛图"[25],构图巧妙地处理了错综复杂的人物之间的关系,注重捕捉那种虔诚、严肃、宁静的活动与心境,表现出静穆而又行进的活动状况,代表了当时绘画艺术的发展水平。

宾阳洞、莲花洞窟顶部藻井为重瓣大莲花,四周环绕伎乐,是北魏艺术中精美的创造。莲花充分发挥了雕塑的特点,极富真实感。飞天的姿态轻盈,裳带飘扬,用简练、概括的手法表现了优美的运动轨迹,仿佛衣服、云彩随着天女飞升而流动翻飞。宾阳洞窟外门侧两边还有高肉雕的力士,怒目蹙眉,挥掌握拳,透过衣饰显露出厚重的体质,展示出健劲有力的躯体。

南朝兴建寺院和造佛像也很盛行,但石窟数量不多。南京栖霞山的龛像中有的开凿于南齐时代,梁代又加修佛像和菩萨。浙江新昌宝相寺窟龛,前接木构殿阁,龛内大佛原是南朝时期所造。这两处龛像虽经历代重新装凿,仍可见原来的基本面貌。萧梁时曾有"五十年中江表无事"的时期[26],社会风尚变化,造型艺术上是张僧繇画派流行,其风格是"像人之妙,张得其肉"[27],即变清瘦为丰壮。四川成都万佛寺梁纪年石刻造像体现了张僧繇为代表的南朝新风,它也影响到了中原造型艺术。

南北朝时期中国佛教艺术是完成了本土化的第一个进程,在这个进程中体现出中国传统艺术对外来艺术的巨大融合和改造能力。与汉代粗放写意的壁画雕塑相比,魏晋南北朝出现的是一种清新、优美、浪漫的风格(图9-13)。云冈石窟之初造像伴随北魏的汉化改革,穿上了褒衣博带的服装,面容、形体也由雄豪逐渐向清秀转变。清秀形象的形成源自南朝文化的北渐。魏晋南北朝时,理想的人格是睿智的内心和脱俗的风度,士大夫阶层以人要消瘦、衣要宽肥为美，"秀骨清像，似觉生动，令人懔懔若对神明"[28]，神情奕奕，飘逸自得是理想美的境界，因此成为各地普遍追求的时尚和造型艺术的特征。随着张僧繇画派的出现和影响，造型艺术又兴起一股新风，简洁丰壮、"骨气奇伟"的风格开始流行，并为隋唐艺术的崛起奠定了基础。

除了依附在石窟内的造像和壁画，还有大量单体造像，山东青州龙兴寺的发现最为重要[29]。青州出土的这批造像主要是北朝作品，犹以北齐时期的最为精美。佛像以弥勒、释迦牟尼为多，身着贴体薄透袈裟，衣纹简洁，展现出一种圆润光洁和充满活力的躯体。菩萨像衣服轻纱透体，装饰精细繁缛，面目丰满、柔姿绰态。青州先后隶属南朝和北朝，也是南北交通枢纽，各地丰富多彩的造型艺术成就交织地出现在这里。佛像通体不刻或简刻衣纹的做法，在印度笈多艺术中常见，似乎受其影响，而涂金施彩也可能与南朝艺术有关。

北齐佛教造像创作闻名于世的首推曹仲达。唐张彦远说："曹仲达本曹国人也，北齐最称功，能画梵像。"[30]其艺术风格被后世称为"曹衣出水"，所画人物"其体稠叠而衣服紧窄"，表现薄质贴身衣服上的褶纹，仿佛从水中出来。曹仲达带有异邦色彩的风格，与中原传

图9-13 山东青州龙兴寺出土的北朝贴金彩绘菩萨像

统美术相互融合,创造出受欢迎的"曹家样",对当时的审美和造型艺术产生了很大的影响。青州的北齐雕刻艺术独具一格,衣服轻薄贴体,恰如"曹衣出水",形象自然而写实,虽然没有大的动态,却可以体察到人物的活力,在疏简平淡中透露出内在气质。菩萨虽然眼微眬,面微笑,祥和虔静,却不似贵妇人,其现实感是优美而神圣的,令人敬仰。

第七节　书法艺术与书论

表达最高意境与情操的民族艺术　　汉魏精神与书艺自觉　　书法盛世,名家辈出　　自然天成,洒脱俊逸

书法是中国文化的产物,是一种"表达最高意境与情操的民族艺术"[31],是中华民族对世界艺术宝库的一个伟大贡献。

书法属于表现型艺术,它是在汉字之具有先天丽质的形体结构的基础上,凭借最少的物质材料,以抽象的线条和相对简单的技术和形式来启示一定的生命意义,抒发一定的情感因素,而最终实现其特殊的审美价值。由于书法并非世间某些具体物象的写照、模拟或象征,而是一种纯粹的形而上表现,是形式美与情感因素的直接结合,因此不仅深受国人的尊崇和喜爱,同时也赢得了世界性的艺术认同。

书法是一种高度自觉、高度自由和高度发展的特殊艺术。因此它不是也不可能是随汉字的产生而产生的,也就是说汉字的产生不等于书法的产生。书法必然是在汉字发展到一定阶段,在特定的人文环境下,适应某种特定的社会需要而产生的。这种特定的发展阶段和人文环境是什么呢?我们认为是"两玄相应"[32]。其一玄是玄学的萌芽和发展,也就是由日趋昏暗的官僚专制统治所导致的两汉儒学(经学)式微,而渐向魏晋玄学转化;其二玄是汉字形体结构的玄化,即汉字的象形性基本泯灭,线条高度净化,汉字的形体结构演变过程基本完成,并终于获得了最稳定的结构——真书。于是书法便正式脱离汉字的日常实用性书写,升华为一种艺术。而这种升华则是以日常书写字体(非正

体)——行书以及今草所引发的,这可以由东汉赵壹《非草书》一文所披露的现象得到证实。当然,纸的普及和最终取代简牍作为书写材料以及书写工具定型于毛笔及其书写技巧臻于成熟,也是书法产生所不可忽视的重要物质基础。

然而书法作为一门自觉、高深而独特的艺术,其产生必然不是一朝一夕所能完成,之前必然有一个相对漫长的准备和孕育过程。如果说东汉时期是中国书法的滥觞或发轫期,那么我们就可以把东汉之前称之为书法的准备和孕育期。也许有人会提出质疑,古来所乐道的李斯、秦刻石、秦书八体、王莽六书等如何理解? 其实这一切均属于汉字形体演变或文字改革,以及汉字使用在不同物质载体之上体势的不同表现等方面的问题,与艺术本无直接关系。只是由于其中所含之艺术性为后世所珍视和师法,于是才先后进入书法创作领域,而由字体升华为书体。

如果我们大致推定一下书法艺术产生的具体时间,那就是东汉中叶以降。东汉中叶以降书法正式登上中国文化的历史舞台的重要标志有二:其一是涌现出一批真正意义的"善书"者,即书法家;其二是首次出现关于书法的论述,即书论。自兹书法正式进入正史,《后汉书》等首次出现某某"善书""工书""善书艺""能书""善史书"和"善于草书"等记载。如《和帝本纪》载:"(帝)后聪慧,善书艺。"《宗室四王三侯列传》:"(北海王刘睦)善史书,当世以为楷则。及寝病,明帝驿马令作草书尺牍十章。"见于文献记载的东汉书法家有杜度、崔瑗、蔡邕、张芝、张昶、师宜官等。

此时出现的书学论述主要有崔瑗《草势》和赵壹《非草书》,以及蔡邕《篆势》《九势》《笔论》等。《草势》提出书法"方不中矩,圆不副规,抑左扬右……志意飞移……状似连珠,绝而不离……机要微妙,临时从宜",强调汉字书法并非单纯的静止的抽象笔画,而是有动势,能抒发感情的。《非草书》严格说来并非书论,但除了记载有当时文人"直以为杜、崔之法""竞习草书"已蔚成风气,社会出现一种书法审美风尚这一重要史实外,还提出一些很有价值的书学观点,诸如"书之好丑,在心与手","博学余暇,游心于斯"等。

除《篆势》外,蔡邕的几篇文章均见于较晚的一些论述,或疑非蔡邕所作,或认为加入了后人一些观点。但其所论之精,对后世影响之大是不容否认的。如《九势》曰:"夫书肇于自然,自然既立,阴阳既生,形势出矣。藏头护尾,力

图9-14 郃阳令曹全碑拓本(局部)

在其中,下笔用力,肌肤之丽。故曰:势来不可止,势去不可遏。惟笔软则奇怪生焉。"既强调"书势"、强调"力",尊尚"阳刚之美",也同时重视"形"。"藏头护尾"及"上皆覆下,下以承上""左右回顾"等论点都成为书法结体的重要法则。又如《笔论》所说:"书者,散也,欲书先散怀抱,任情恣性,然后书也。"首次涉及书法艺术的功能问题,这在书法史上有其奠基性意义。

此外,东汉中叶以降发生的一个重要社会现象也不容忽视,即建碑之风大盛。许多所谓"门生""故吏"争相为其府主歌功颂德,树碑立传。这当然是政治昏暗,士人不满现实而寄情冥幻的直接反映。然而由于大多碑文出之有相当素养和书法造诣的文人之手,虽不能像后世唐碑那样直视为书法作品,但其中所含的艺术审美价值却显而易见。因此我们完全可以将此视为书法发轫之另一标志。在我们今天已不可能见到东汉书法墨迹的情况下,汉碑就可以同汉简等一样成为考察当时书法特征的重要材料(图9-14)。

古人云:"晋尚韵,唐尚法,宋尚意。"这是对书法产生之后历代书法风格特点的高度概括。那么东汉时期即书法艺术滥觞或初生时期的基本时代特征是什么呢? 我们可以用"质朴刚正,简练厚实"八字来大致概括,如果浓缩为一个字,那只能是"质"。

"汉末魏晋六朝是中国政治上最混乱,社会上最苦痛的时代,然而却是精神上极自由,极解放,最富于智慧,最浓于热情的时代。"[33]这是美学家宗白华对三国两晋南北朝社会人文背景的精彩概括。此间约近四百年,政治昏暗,皇权堕落,基本处于分裂状态,是我国历史上突出的多国多君时代。同时社会动荡,战争频仍,南北民族大迁徙,又促成国内各民族、各种社会制度和生产方式的大交融。由于政治多元,权力分散,思想禁锢已不复存在,文人学士的思想获得空前的自由。而日益发展的地主庄园又为他们提供了十分优裕的物质条件。于是,魏晋文人学士,终于冲破两汉经学的束缚而以一种新的思维、新的世界观和人生观来观察社会、探讨人生哲理;于是,人文精神进一步发育,思想和学术大开放,儒学、玄学、道教、佛教相互渗透、影响,终于酿成比春秋战国百家争鸣更广范围、更深层次的思想大解放局面;于是,思辨性很强的玄学哲学诞生了,建安文学和抒情诗出现了,谢灵运的山水诗,陶渊明的田园文学,顾恺之的人物画等都先后放射出奇光异彩;于是,书法艺术在东汉中叶发轫之后鸿钧独运,终于确立了其在中国文化舞台上的独特地位,飘然进入一个辉煌灿烂的时期。

魏晋文人学士在如此精神自由、艺术自觉的特定时代,以充沛的精力投入追求书艺之美,自觉"寓性情、襟度、风格"于其中,饱蘸浓墨,纵情挥洒,似于不经意之中创造出了极其赏心悦目的风韵,由此达到了中国书法的一种极致。其基本的时代风格特点只能是一个"韵"字,展开来就是"自然天成,洒脱俊逸"。

可资研究此时书法状况的文献记载很多,传世或出土的碑版、简书等实物标本也远非前代可比。首先碑刻材料为其大宗,诸如三国魏传出于钟繇或梁鹄之手的《受禅表》《公卿上尊号奏》和《孔羡碑》;吴《封禅国山碑》《天发神谶碑》;西晋《皇帝三临辟雍碑》;东晋《爨宝子碑》及 20 世纪出土的王兴之等墓志;南朝宋《爨龙颜碑》、梁《瘗鹤铭》等;北朝《嵩高灵庙碑》《石门铭》(图 9-15)、《郑文公碑》《张玄墓志》及龙门二十品等。

其次晚近出土的竹木简及纸文书材料,即楼兰和敦煌等地发现的一批墨迹。诸如"景元四年简""为世主"残纸、《急就章》残纸、"济逞楼兰白书"、《老子道德经》抄本等。这些是我们考察魏晋时期书法的宝贵的第一手资料。

当然真正称得上书法作品的,对后世影响最大的还是魏晋士人的手札墨迹及其复制件——帖。诸如三国魏钟繇《墓田丙舍帖》《宣示表》《贺捷表》;吴

图9-15　北魏《石门铭》清初拓本,故宫博物院藏

皇象《急就章》；西晋索靖《月仪帖》和陆机《平复帖》等,以二王诸帖为代表的东晋法帖则构成其中最经典和精彩的篇章。如王羲之真书《乐毅论》和《黄庭经》,王献之真书《洛神赋》,王羲之行书《兰亭序》,分别被称为"三希"之一的王羲之《快雪时晴帖》和王献之《中秋帖》,还有王珣《伯远帖》、智永《千字文》等。这些手札书翰虽多为后世翻刻本,但都成为后世书法创作的永恒典则和不祧法本。

魏晋南北朝之所以被称为书法盛世,其最主要的还是在于此间涌现出了不计其数、而为后世宗法甚至顶礼膜拜的书法家。著名的如三国魏钟繇、胡昭、梁鹄、韦诞、吴皇象,西晋卫觊、卫瓘、卫恒、索靖,东晋王廙、卫铄、王羲之、谢安、王献之、王珣,南朝羊欣、王僧虔、智永等。当然其中最为后人推崇的还是钟繇和王羲之、王献之。

钟繇(151—230),字元常,颍州长社(河南长葛)人。《三国志》卷一三有传。魏明帝时封为定陵侯,加授太傅。唐张怀瓘《书断》称其"真书绝世,刚柔备焉,点画之间多有异趣,可谓幽深无际,古雅有余,秦汉以来一人而已"。钟繇在书法史上的主要贡献是使真书书法基本定型,其笔下的真书已基本打破隶书规矩,形体基本呈正方,笔画改波势为平出,去掉蚕头磔尾,方圆兼施,并在章法上一改隶书字远行近的特点,从而为书法家提供了远比篆隶广阔的创作空间。故《宣和书谱》称其:"备尽法度,为正书之祖。"

王羲之(321—379),字逸少,琅琊临沂人,《晋书》卷八○有传。官至东晋右军将军,会稽内史。王羲之为书法史上最伟大的书法家,史称"书圣"。张怀瓘《书断》称其"草、隶、八分、飞白、章、行,备精诸体,自成一家。千变万化,得之神功。自非造化发灵,岂能登峰造极"。又评其书法是"天资自然""道微而味薄","理隐而意厚"(张怀瓘《书议》),"进退宪章,辉文含质,推广履度,动必中庸,真气绝伦,妙节孤峙"(张怀瓘《书断》),可谓推崇备至。

王羲之对中国书法的贡献主要有三点:其一完善真书书体。在钟繇等书家基础上,进一步变化体势,改善笔法,使之"一形而众相,万字皆别"(张怀瓘《书断》)。其二确立行书书体。他从当时风行的尚玄尚简的观念出发,损益变革行书笔法,摒弃隶书遗意,方圆、曲直、藏出、起伏、迟急并用,从而创造出最宜抒发情感因素,流美捷便,极富韵致的行书书体(图9-16)。其三发展了草书书体。继承张芝今草草法,去除章草余味,使之更为流畅,更富变化,又比章草易读易识,"传志意于君子,报款曲于人间"(萧衍《草书状》)。

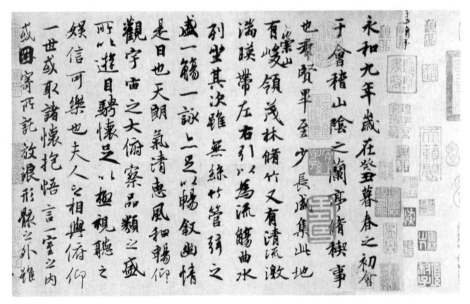

图9-16　晋王羲之《兰亭序》神龙本,故宫博物院藏

王献之(344—386),字子敬,官至中书令,故史称"大令"。张怀瓘《书议》称其"无藉因循……挺然秀出,务于简易,情驰神纵,超逸优游,临事制宜,从竟适便,有若风行雨散,润气开花,笔法体势之中,最为风流者也"。宋以后对其

评价益高。如果说其父书风"自然含蓄",有如"清风朗月",那么小王书风则更为外拓开放,"天资特秀","志在惊奇",有如"神骏"(张怀瓘《书估》)。王献之在书法史上的主要贡献即创制"非草非行,流便于草,开张于行"的行草书(即破体)书体。同时小王用行书笔法写真书,使之更具动势,也是为后人所特别推重的。

魏晋南北朝为书法盛世,还表现在书学论著的大量出现。有明确记载并传世的约有二十余种。诸如西晋杨泉《草书赋》、成公绥《故笔赋》、卫恒《四体书势》、索靖《草书状》、刘劭《飞白书势》,东晋卫铄《笔阵图》、王羲之《论书》《题卫夫人〈笔阵图〉后》《书论》《用笔赋》,南朝虞龢《论书表》、羊欣《采古来能书人名》、王僧虔《论书》《书赋》《答齐太祖论书启》《笔意赞》、萧衍《古今书人优劣评》《观钟繇书法十二意》《草书状》《答陶隐居论书》、袁昂《古今书评》、庾肩吾《书品》、萧子云《论书启》、庾元威《论书》和智永《题王右军〈乐毅论〉》,北朝江式《论书表》、古今王愔《文字志目》、颜之推《颜氏家训·杂艺》等。其大致可分为书赋、书论和史传品评三类。其中最重要的是卫夫人《笔阵图》、王羲之《论书》诸文,羊欣《采古来能书人名》、萧衍《书评》诸文,王僧虔《论书》《笔意赞》和庾肩吾《书品》。各类书论的大量出现是艺术自觉,中国书法确立并走向成熟的标志。

上述书论体现和代表了当时社会的基本审美情趣。其主要之点是在崇尚自然的同时,强调情理统一;在主张"势和体均"的中和之美的同时追求清远旷达;在注重神采韵味的同时,提倡功力"本领",推崇形式美;在求"笔力惊绝"的同时,更讲究"藏骨抱筋,含文包质"的内在风骨。当然这一切无不建立在魏晋南北朝士人对艺术审美本质及其规律认识的长足进步的基础上。他们已开始更多地把书法与人联系起来,从人的形象、气质、精神等各方面探讨书法与人的审美关系。如钟繇提出"流美者人也"的著名论断(元刘有定《衍极语》引),庾肩吾提出"书品"概念等。

而为达到上述目的或标准,在魏晋诸多书论中,还总结提炼出许多关于用笔、结字和章法的基本原则或法式。如钟繇提出"用笔者天也"(陈思《秦汉魏四朝用笔法》);卫夫人提出"三端之妙,莫先乎用笔",强调用笔为三端(笔端、舌端、锋端)之首要,并强调"意前笔后者胜"(《笔阵图》);王羲之指出"心意者将军也,本领者副将军也"(《题卫夫人〈笔阵图〉后》),"每书欲十迟五急,十曲五直,十藏五出,十起五伏","存筋藏锋,灭迹隐端"(《书论》),反对"孤露形影","出其牙锋"(《笔势论》),要求结字"有偃,有仰,有欹,有侧,有斜"(《书论》),追求章法错落有致,"字字意别,毋使相同"(《书论》),不能千篇一律,"状如算子"(《题卫夫人〈笔阵图〉后》)。这些无疑直接开启了唐人"尚法"之先河。

注　释

〔1〕　李泽厚:《美的历程》(修订插图本),天津社会科学院出版社,2001 年。参见该书第二章,第47—64 页。

〔2〕　参考李泽厚、刘刚纪主编:《中国美学史》(第 1、2 卷),中国社会科学出版社,1984、1987 年;叶朗:《中国美学史大纲》,上海人民出版社,1985 年。

〔3〕　参考仪平策:《中国审美文化史·秦汉魏晋南北朝卷》,山东画报出版社,2000 年。

〔4〕　(汉末魏初)佚名撰,何清谷校注:《三辅黄图校注》,三秦出版社,1995 年。

〔5〕　王学理:《咸阳帝都记》,三秦出版社,1999 年。

〔6〕　陕西省考古研究所等:《秦始皇帝陵园考古报告(1999)》,科学出版社,2000 年。

〔7〕　中国社会科学院考古研究所编著:《汉长安城未央宫》,中国大百科全书出版社,1996 年。

〔8〕　陕西省考古研究所编:《汉阳陵》,重庆出版社,2001 年。

〔9〕　陕西省考古研究所、榆林市文物管理委员会办公室编著:《神木大保当》(汉代城址与墓葬考古报告),科学出版社,2001 年。

〔10〕　俞伟超:《中国画像石概论》,载《中国美术分类全集·中国画像石全集》,山东美术出版社,2000 年,第 1 卷第3—27 页。

〔11〕　李泽厚:《美的历程》(修订插图本),参见该书第四章(楚汉浪漫主义),天津社会科学院出版社,2001 年,第112—133 页。

〔12〕　宗白华:《论中国画法的渊源与基础》,《美学散步》,上海人民出版社,1981 年,第102 页。

〔13〕　宗白华:《论〈世说新语〉和晋人的美》,《美学散步》,第 177 页。

〔14〕　汤用彤:《魏晋玄学与文学理论》,《理学、佛学、玄学》,北京大学出版社,1991 年,第317 页。

〔15〕　宗白华:《中国美学史中重要问题的初步探索》,《美学散步》,第 29 页。

〔16〕　徐复观：《释气韵生动》，《中国艺术精神》，华东师范大学出版社，2001年，第94页。

〔17〕　见《南京六朝墓清理简报》，《考古》1959年5期；《西善桥南朝墓及其砖刻壁画》，《文物》1960年8、9期合刊；《江苏丹阳县胡桥，建山两座南朝墓葬》，《文物》1980年2期；《江苏常州南郊画像、花纹砖墓》，《考古》1994年12期；《江苏邗江发现两座南朝画像砖墓》，《考古》1984年3期。

〔18〕　见俞伟超：《跋朝鲜平安南道顺川群龙凤里辽东城冢调查报告》，《考古》1960年1期；张朋川：《河西出土的汉晋绘画简述》，《文物》1978年6期。

〔19〕　参见杨泓：《美术考古半世纪·魏晋南北朝美术考古》相关注释，文物出版社，1997年。

〔20〕　参见袁仲一：《秦始皇陵兵马俑研究》，文物出版社，1990年。

〔21〕　参见俞伟超：《秦汉青铜器概论》，载《中国美术分类全集·中国青铜器全集》，文物出版社，1998年。

〔22〕　马世长：《敦煌莫高窟》，《中国佛教石窟考古文集》，觉风佛教艺术文化基金会，2001年，第215—225页。

〔23〕　张彦远：《历代名画记》卷六引唐开元年间张怀瓘的评论，人民美术出版社，1983年。

〔24〕　《魏书·释老志》记载，"太安初（455年），有师子国胡沙门邪奢遗多、浮陀难提等五人，奉佛像三，到京都。皆云，备历西域诸国，见佛影迹及肉髻，外国诸王相承，咸遣工匠，摹写其容，莫能及难提所造者"。

〔25〕　这两块艺术品"皇帝礼佛图"在美国纽约市艺术博物馆，"皇后礼佛图"在美国堪萨斯城纳尔逊艺术馆。

〔26〕　《周书》卷四一《庾信传》，中华书局，1971年标点本，第736页。

〔27〕　张彦远：《历代名画记》卷七，第150页。

〔28〕　张彦远：《历代名画记》卷六引张怀瓘语，第127—128页。

〔29〕　杜在忠、韩岗：《山东诸城佛教石造像》，《考古学报》1994年5期。中华世纪坛艺术馆、青州市博物馆：《青州北朝佛教造像》，北京出版社，2002年。

〔30〕　张彦远：《历代名画记》卷八，第157页。

〔31〕　宗白华：《中西画法所表现的空间意识》，《美学散步》，第116页。

〔32〕　张辛：《中庸精神与中国书法》，《魏维贤先生70华诞纪念文集》，北京大学出版社，2000年，第157页。

〔33〕　同注〔13〕，第177页。

第十章　科学技术体系的形成和发展

秦汉时期,随着大一统帝国的建立,中国古代自然科学的主要学科大致都形成了自己的体系,各种生产技术也趋于成熟,从而为后世科技发展奠定了基本方向。魏晋南北朝时期,尽管战乱频仍,但科学技术的一些领域仍然在秦汉的基础上取得了进一步的成就。

第一节　天文历算

言天三说:盖天、宣夜与浑天　历法制定与天文观测　《九章算术》与刘徽注　祖冲之父子的数学成就

在绝大多数人类文明的历史上,天文学都是最早得到发展的自然科学学科之一。中国古代天文学在经历了长期萌芽、演进的过程后,在汉代形成了完整的体系(彩图14)。与西方天文学相比,中国传统天文学具有注重实用技术的特点,但在天体理论方面也很早就进行过探索。到东汉为止,"言天者有三家,一曰盖天,二曰宣夜,三曰浑天"(《晋书·天文志》),分别就宇宙结构问题作出了自己的一套解释。

盖天说的系统记载见于约公元前1世纪成书的《周髀》(后世称为《周髀算经》)。上古时期已有"天圆地方"、天在上地在下的早期盖天说,《周髀》将其发展为"天象盖笠,地法覆盘"的新理论。虽然仍是天上地下,但天和地并非平面,而是两个拱形。天穹形如斗笠,大地则像一个倒扣的盘子,天比地高出八万里。北极是天的最高点,日月星辰都附在天上,绕北极平转。《周髀》的理论虽比早期盖天说有很大进步,但仍与越来越细致的天文观测记录不符,东汉以下渐趋衰微。

宣夜说的代表人物是东汉前期的秘书郎郤萌,《晋书·天文志》转引了一段由郤萌进行总结的宣夜说理论。宣夜说认为"天了无质",并不存在有形质、有大小的天。人们所看到的蓝天,仅仅是视觉上的错觉,如同"旁望远道之黄山而皆青,俯察千仞之深谷而窈黑",实则"青非真色,而黑非有体也"。日月星辰"自然浮生虚空之中",在"气"的作用下悬浮并运动,并没有一个固体的"天壳"或"天球"来约束它们。宣夜说打破天的界限,主张宇宙无穷,描绘出一幅天体在无限空间中自然分布与运动的图景,这在人类认识史上具有重大意义。但它主要是一种思辨性的论述,未能对天体运动规律作出更具体的说明,缺乏应用价值,因此没有对以后的天文学发展产生主导影响[1]。

浑天说是"言天三家"中影响最大的一派。先秦名家学者惠施曾模糊地提出大地呈球形的猜测[2]。西汉学者落下闳、鲜于妄人、耿寿昌、扬雄都主张浑天说而反对盖天说。东汉张衡作《浑天仪图注》,系统地阐述了浑天说的思想。其中以鸡蛋为例说明天地结构:"浑天如鸡子。天体圆如弹丸,地如鸡中黄,孤居于内,天大而地小。天表里有水,天之包地,犹壳之裹黄。"按照浑天说的描述,地球的外围是天球,它围绕地球自东向西旋转,日月星辰附丽于天球,各有自己的运行轨道,一半时间位于地平线以上,另一半时间则转到地平线以下。浑天说在宇宙结构方面属于"地球中心论",就理论而言不如宣夜说正确,但在当时情况下能够比较完善地解释天体运行情况,满足观测天象的需要,故而压倒盖天说、宣夜说而主宰了中国古代的天文观测事业。

张衡(78—139),字平子,南阳人。他在总结浑天说理论的同时,还对以浑天说为理论基础的古代天文演示仪器浑天仪(亦称浑象)进行了改进。张衡制造的浑天仪,类似于现代天文教学使用的天球仪。它将日、月、星辰、赤道(地球赤道外扩到天球上的轨道)、黄道(太阳在天球上视运行的轨道)都设置在一个象征天球的圆球面上,用以演示日月星辰的运动轨迹和方位,帮助人们直观、形象地了解天体运动的规律。张衡使用计时漏壶漏水为原动力,通过机械装置带动浑天仪与天体视运动同步运行,这样就使观测者能够不受时间限制,随时了解当时的天象。在白天可以看到月亮、星辰的运行位置,阴天和晚上也能掌握太阳的踪迹。张衡著有天文学专著《灵宪》，认为在"天球"以外仍有"未之或知"的空间，"未之或知者，宇宙之谓也，宇之表无极，宙之端无穷"，与宣夜说的宇宙无限思想有相通之处。他指出了月亮本身不发光、反射阳光的道理，并进而对月食发生的原因作出了正确解释。张衡是中国古代以博学著名的学者。除天文学成就外，他还制造了报告地震的地动仪（详见后文），著有数学专著《算罔论》（已佚），其诗、赋创作在文学史上也具有很高的地位。

中国古代天文学发展的主要动力，是观象制历的需要。对历代王朝来说，制定历法具有两大重要意义，一是指导农业生产，合理安排农事，二是预测天象，为政权的"天命"提供依据（图10-1）。因此中国古代的制历工作，不仅受到王朝特别的重视，其具体工作内容也比西方复杂得多。如陈遵妫先生所指出："西洋所谓改历，只是就年月日的配合加以改良而已，其他部分不作为改历的目标。中国古代的改历

图 10-1　西汉神爵三年（公元前59）历谱木简，敦煌出土

则不同，除了改变年月日推算所必须的天文常数外，同时还要深入到日月食和行星运行等问题。所以中国古代颁布的历书，不独明示气朔的位置，通常还要网罗日月五星的各种问题。"[3]这种内容包罗较为广泛的历法，在汉代开始形

成体系,并在魏晋南北朝有进一步的发展。

中国传统历法的制定,兼顾到地球绕太阳运转的周期(一回归年、表现为春夏秋冬四季的轮回)和月亮圆缺变化的周期(一朔望月),因此是一种阴阳合历。春秋后期到战国,各诸侯国行用的历法有六种,分别称为黄帝历、颛顼历、夏历、殷历、周历、鲁历。这六种历法不仅都是阴阳合历,而且所确定的回归年长度均为 $365\frac{1}{4}$(365.25)日,因此它们又被称为古四分历。它们在调节回归年与朔望月的关系方面均采取 19 年置 7 闰月的方法,一朔望月的平均数值为 29.530851 日。但在规定历法起算年份(称历元)和每年开始月份(称岁首)上,各有不同。秦并天下,统一使用颛顼历,以十月为岁首。到汉武帝时,颛顼历长期行用,累积误差渐大,遂征募民间天文学家二十余人,经过一番辩论、比较和实测检验,制成新历《太初历》。《太初历》在几个方面对以后的历法有深远影响。一是以正月为岁首。二是制定了以无中气的月份作为闰月的置闰原则[4]。三是包容了日食、月食周期和金、木、水、火、土五星各自会合周期等重要天文数据,成为一部综合性的天文学年历。《太初历》原著已失传,但基本内容被西汉末年刘歆改编为《三统历》,保留在《汉书·律历志》当中,是现在所能见到最古老的一部完整历法。

东汉前期,一些学者通过天文观测发现了"月行当有迟疾""月道有远近"(《后汉书·律历志》)的现象,亦即月亮视运动的不均匀性。月亮运行到离地球最近的近地点时,运行速度最快,而这个近地点在黄道(月亮运行轨道)上的位置又是处于变化之中的,每绕地球一次,近地点前进三度。经过九年以后,这个近地点在黄道上前进一圈,又回到原来的位置。东汉后期的天文学家刘洪将这一成果用于历法编纂,制定了《乾象历》。《乾象历》计算出月亮从近地点运转到下一次近地点(称为一个近点月)的时间为 27.553359 日,而且首创了对月亮运动不均匀程度进行计算的数值表(称为月离表)。刘洪进一步发现:日、月运行轨道(白道和黄道)不在一个平面上,中间有六度夹角,因此并不是每次日月合朔都会发生交食。他经过测算指出:只有在合朔时月亮离黄、白道交点不超过 15 度半,才会发生日食,从而第一次提出了"食限"问题(月食的情况也相仿)。上述研究大大提高了推算日、月食的精确度。刘洪还将此前365.25日的回归年数值修正为 365.2462 日。但这部比前人更加精密的《乾象

图 10-2　东汉圭表,测定节气的仪器,江苏仪征石碑村出土,
南京博物院藏

历》在东汉后期的混乱局面下,并未获得行用(图 10-2)。

魏晋南北朝时期,天文历法工作有两大重要成就,一是岁差的发现,二是太阳、五星视运动不均匀性的发现。

地球是一个椭圆的球体,赤道部分较为突出,两极部分略显扁平。由于太阳、月亮和行星对赤道突出部分的摄引,致使地球在公转、自转的同时,自转轴本身也有缓慢的位置变化,大约经 25800 年回旋一周。这一缓慢变化反映到天文观测上,表现为太阳经历了一个回归年、即从一年冬至到下一年冬至以后,并未回到原点,而是略微偏西。与此相对应,其他恒星的位置都有所东移。这一微小移动值,就是岁差。古人对岁差已有感觉,但直到大约公元 330 年,东晋天文学家虞喜才就此作出明确的表述。虞喜指出:太阳在恒星间运行一周天,并不等于冬至交替一周岁,"天为天,岁为岁"(《新唐书·历志》),并且给出了每 50 年冬至点西移一度的岁差值。此后学者继续对岁差进行研究,南朝刘宋时科学家祖冲之正式将其引入了自己编制的《大明历》。《大明历》所定回归年数值为 365.2428 日,精确度比刘洪《乾象历》又有提高。

太阳、五星视运动的不均匀性,是由北魏、北齐间天文学家张子信发现的。张子信在北魏末年避乱隐居在一个海岛,专心致志地观测天象三十余年,发现"日月交道,有表里迟速,五星见伏,有感召向背","日行在春分后则迟,秋分后则速"(《隋书·天文志中》)。他推算了二十四节气时太阳实际运行速度与其平均运行速度的差值,也给出了调整偏差正确计算五星位置的"入气加减"

法,均对后代的历法制定工作有重大影响。另外,张子信还在刘洪提出"食限"的基础上,进一步发现月亮视差问题对日食有影响作用,并提出了相应的定量计算方法。

中国古代数学的起源也相当早,而且与天文学有着一定的互动关系。西汉盖天说代表著作《周髀》,就用很大一部分篇幅阐述数学。书中在讨论测量太阳高远问题时,提出了勾股定理的一般形式,另外还使用相当复杂的分数运算、开平方、等差级数等手段解决古四分历当中的计算问题。三国时期,赵爽为《周髀》作注,使用"借形论数"即借助于对图形的割补和拼凑来推导数量关系的方法,为勾股定理提供了严谨的证明。到唐代,《周髀》被列入数学教科书《算经十书》,故而后人称之为《周髀算经》。

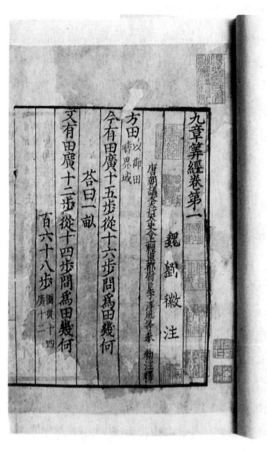

图10-3 《九章算术》书影

真正标志着中国古典数学体系形成的著作是《九章算术》,它也是中国古代第一部完整地流传至今的数学专著(图10-3)。关于《九章算术》的成书年代,长期存在争论。现在看来,它可能不是一人一时之作,而是经多人之手方才成书[5]。其基本内容的定型,至迟应在公元前1世纪的西汉中期[6]。《九章算术》汇集了246个数学应用题及其解算方法,分为九章。第一章"方田",是与田亩丈量有关的面积、分数问题;第二章"粟米",是以谷物交换为例的各类比例问题;第三章"衰分",是按比例分配和等差数列的问题;第四章"少广",是开平方和开立方的问题;第五章"商功",是与土方工程有关的体积计算问题;第六章"均输",是与合理摊派劳役、税收有关的加权比例等问题;第七章"盈不足",是通过两次假设求解二元问题的一类特殊算法;第八章"方程",是求解线性方程组的问题;第九章"勾股",是与勾股定理有关的测量应用问题。《九章算术》囊括了初等数学中的大部分内容,在分数四则运算、比例算法、开方、解方程、正负数运算等许多方面都居于当时世界领先地位。它开创了中国古典数学重视应用计算的传统,被尊为"算经之首",在中国数学史上的影响至为深远。

不过另一方面,由于《九章算术》是以问题集的形式编纂的,其叙述体例基本上是举出问题,给出答案,然后介绍运算方法,文字相对来说比较简略,没有对有关运算方法进行进一步和更加系统的理论概括。这一缺憾在曹魏末年刘徽为《九章算术》作注后,得到了较好的弥补。刘徽的生平事迹,史料中反映很少,只知道他大概是淄乡(今山东邹平)人,生活于 3 世纪。刘徽在《九章算术注》的序文中指出:"事类相推,各有攸归。故枝条虽分而同本干者,知发其一端而已。"本着这一思想,他对《九章算术》中的运算方法进行了系统整理和论证。其论证从经过严密定义的数学概念入手,既运用由"枝条"到"本干"的归纳法概括出一般性原理,又运用由"本干"到"枝条"的演绎法解析原理内在的逻辑依据,并将其推广到相关的其他问题,从而对中国古典数学的理论建设作出了重大贡献。在《九章算术注》中,刘徽提出了不少自己创造性的见解,解决了一些《九章算术》没有涵盖的复杂运算问题,也纠正了其中的一些错误。

南朝祖冲之、祖暅父子继刘徽之后,在数学研究上取得了新的突破。祖冲之(429—500),范阳遒县(今河北涞水)人,出生于建康(今江苏南京)。历仕宋、齐,官至长水校尉,曾制订《大明历》。他最著名的成就,是对圆周率值的推算。古人很早就开始探讨推算圆周率值的方法。刘徽在《九章算术注》中创立"割圆术",在圆内作内接正多边形,用正多边形的面积推算圆周率的不足近似值,继而推算圆周率的过剩近似值。他指出:多边形的边数越多,其面积与圆面积越接近,当边数无限增多,就几乎与圆面积相等了。是所谓"割之弥细,所失弥少,割之又割,以至于不可割,则与圆周合体而无所失矣"。用这种方法,刘徽将圆周率的不足近似值推算到 3.14(或 157/50)。祖冲之在此基础上,经过进一步的大量复杂运算,推出了精确度大大提高的圆周率不足、过剩近似值,为 3.1415926 < π < 3.1415927。他还给出了圆周率的两个近似分数值,分别为"约率"22/7,"密率"355/113。上述小数近似值和密率分数近似值的精确度,过了一千多年才被西方数学家超越。

祖冲之与他的儿子祖暅还致力于解决球体积计算问题。刘徽曾经设想,在一个正方体内作纵横两个内切圆柱,两圆柱的公共部分称为"牟合方盖",其内再作一个内切球,则"牟合方盖"与其内切球的体积比例为 4/π。但他未能找到"牟合方盖"体积的计算方法。祖氏父子从计算正方体内除去"牟合方盖"的剩余部分"方盖差"体积入手,正确地求得了"牟合方盖"体积算法,进而得出球体积计算公式。在推导这个公式的过程中,祖暅明确表述了"幂势既同,则积不容异"的原理,意即二立体等高处截面积恒相等,则二立体体积相等。这一原理被后人称为"祖暅公理",在西方直到 17 世纪才有人提出。史载祖氏父子著有一部数学专著《缀术》,内容十分精深,"学官莫能究其深奥"(《隋书·律历志》),在唐代被用作官办算学教材,学习时间长达四年。可惜这部著作现在失传,以致祖氏父子在数学上的造诣,今人已经无法全部了解。

第二节 中医药学体系的奠定和发展

《内经》的中医理论 《神农本草经》与《难经》 "医圣"张仲景与"神医"华佗 魏晋南北朝的中医药学

中国古代科学的各个分支,绝大部分已与西方传入的近代科学相融会。只有中医药学是例外,它作为一个学科体系,其生命力和持久价值已经得到两千余年的实践检验,同时直到今天仍然保持着浓厚的中国传统色彩,可以说是中国古代科技文明中的一个奇迹。它用阴阳五行学说来说明人体生理现象和病理变化,阐明其间的关系,并将生理、病理、诊断、用药、治疗、预防等问题结合在一起,形成一套整体观念和独特理论。这套理论体系,大体在战国时期开始产生,到了汉代完全奠定,魏晋南北朝则有进一步的充实和发展。

图 10-4　明嘉靖赵府居敬堂刻本《黄帝内经素问》书影

　　具体地说,中医学与中药学既存在密切联系,又有着各自的发展线索。标志着中医学理论形成体系的著作是《内经》。《内经》全名《黄帝内经》,书中假托黄帝与其臣子岐伯、雷公等问答之语,因而得名。全书共 18 卷,162 篇,分《素问》和《灵枢经》(古称《针经》)两部分(图 10-4)。《内经》并非一人一时之作,有不少战国时期的内容,也有魏晋人屡入的个别段落,但其基本面貌的定型应当是在西汉[7]。《内经》对中国古代早期医学理论与实践进行了系统总结[8],对后代中医的发展产生了极为重要的影响,历代尊为医学经典之首,并被翻译或节译为日、英、德、法等多种外国文字。它所建立的理论体系包括了以下重要方面:

　　一、整体观念和阴阳五行理论。《内经》将人体看作一个有机的整体,同时人又是自然界整体的一部分。因此治疗时不能头痛医头、脚痛医脚,而是要从人身整体,乃至外部自然环境的角度出发,把握疾病的原因和本质,针对不同情况辨证施治。它又用阴阳对立转化以及五行相生相克的道理来解释人的生理、病理问题,从而提出以平衡阴阳、协调五行为目的的相应治疗法则。这都是中医学最基本的理论基础。

二、脏腑经络学说。根据整体观念,《内经》认为人的脏腑虽功能各异,但又有内在的密切关系。同时,它们与外在器官组织也有着分别相对应的关系。这些关系是通过经络联系形成的。经络是人体运行气血的道路,干线为经,支线为络。在病理状况下,它们起到传递病邪、反映病变的作用。因此在治疗方法上,《内经》非常重视针灸手段,对联接经络的肤表穴位施行针灸,即可通过经络传递治愈或控制脏腑的病情。

三、病因学说。《内经》认为人的病因主要源于几个方面:一是"外感六淫",即外部自然环境的影响;二是"内伤七情",即自身情绪的失控或异常变化;三是"饮食劳伤",即卫生保健方面的失误。上述分析应当说是相当完备的,特别是注意到精神因素在疾病发生过程中的作用,在医学心理学方面进行了初步探索。

四、预防与诊断。《内经》提出"治未病",强调以预防和早期治疗为主的医疗思想,同时十分重视发挥人体内部机制和抵抗力的作用。诊断方面详细论述了望、闻、问、切四种中医传统诊断方法,并注意几种诊断方法的综合使用。

与《内经》在中医学上的地位相类似,《神农本草经》是中药学方面最古老的经典。它虽托名上古"三皇"之一的神农,实际上也不是一时一人所作,而是在从战国到秦汉许多医药学家长期搜集材料、整理编纂的基础上形成的。其成书年代,主要有西汉和东汉前期两种代表性意见。原书已佚,现有多种辑本,以清人孙星衍、孙冯翼的三卷辑本和日本人森立之的四卷辑本为佳[9]。书中共收载药物 365 种,其中植物药 250 余种,其余为动物药和矿物药。因大部分为植物药,故名"本草","本草学"也就成为后代中药学的代称。在药物分类方面,《神农本草经》采取的是上、中、下三品分类法。其中上品药 120 种,一般是无毒或毒性较小的补养类药物;中品药 120 种,或有毒或无毒,多为兼具补养、攻治功效;下品药 125 种,有毒,效用以攻治疾病为主。这种分类法明显是受到了神仙家或方士的影响。书中对于每种药物的描述比较详细,涉及性味、主治、生长环境、采集时间、加工方法等,其主治或适应的病症共达 170 余种。书中另有序录一篇,集中论述药物学原理,包括主药与辅助药"君、臣、佐、使"的角色理论及其配伍禁忌原则,"五味""四气"等对不同药性的概括,服药剂型、时间等具体用药方法。总体药理与具体药物并论,反映出中药学已经初步形成了自己的体系。

　　大约在东汉,还出现了一部托名战国名医秦越人(扁鹊)的中医理论著作《难经》。《难经》篇幅仅 11700 余字,基本内容是针对《内经》的有关论述提出 81 个问题("难"),用问答形式加以阐发。据后世学者的整理,81 难可以区分为脉诊、经络、脏腑、疾病、腧穴、针法六方面的问题,在中医基础理论和临床经验方面均有不少创见,对《内经》颇有补充。如论诊脉取"寸口"(手腕桡动脉搏动

图 10-5　河南南阳张仲景墓园出土的针灸陶人

处)、论脏腑以肾为"命门"的观点,均对后代中医产生了重大影响。

　　无论《内经》《神农本草经》还是《难经》,都是假托古人的著作。东汉末年张仲景的《伤寒杂病论》,则是中国古代第一部有明确作者的医书,而且这部书在中医药学史上的地位,足堪与前三书并列而无愧。张仲景,名机,以字行,南郡涅阳(今河南南阳)人,少年习医。汉献帝建安(196—220)初年,疾疫流行,人口锐减。张仲景的家族在不到十年中,死去三分之二,其中大部分是患伤寒病(指从发热开始的急性传染病)不治。仲景因而发愤钻研医道,博览古代医籍,参以个人临床体会,撰成《伤寒杂病论》16 卷。此书不久亡佚,经后人搜集整理,分编为《伤寒论》和《金匮要略》两部书,前者论述伤寒病,后者论述其他内、外、妇科杂症(图 10-5)。

　　《伤寒杂病论》在《内经》的基础上更加系统地论述了中医的辩证施治方法,即充分运用望闻问切等诊断手段,对病人复杂的症候进行综合分析,然后

根据相应的治疗原则确定如何治疗。如对伤寒病,即归结为太阳、阳明、少阳、太阴、少阴、厥阴六大症候群,各有一组比较突出的临床症状。这些临床症状,具体而言又有阴、阳、表、里、寒、热、虚、实八种表现形式,称"八纲"或"八证(症)"。八纲之中,以阴、阳为总纲,凡里、寒、虚症通常是阴病,表、热、实症通常是阳病。八纲的作用,以阴阳辨识疾病属性,以表里确定病变部位,以虚实说明正邪气消长,以寒热区分病态表现。经过这样细致的分析,可以对许多复杂病症作出全面系统的认识,有的放矢地进行治疗。书中总结了多种中医治疗原则,后人将其归纳为汗、吐、下、和、温、清、补、消"八法",针对不同病情施用或兼用。《伤寒杂病论》收录了300多个药方,其中有不少是张仲景新研究出来的复合方剂。除汤剂外,又有丸、散、膏、酒、醋、洗、浴、熏、滴耳、灌鼻、灌肠等各种剂型。因此后世医家也尊张仲景为方剂学之祖,将他记录的药方称为"经方"。与理论著作《内经》《难经》和药典《神农本草经》相比,《伤寒杂病论》更多地论述临床实践问题,在中医治疗学方面做出了突出贡献,张仲景也被后人尊为"医圣"。

与张仲景同时代,还有另外一位著名医学家华佗。华佗,一名旉,字元化,沛国谯(今安徽亳县)人(图10-6)。长期在民间游历行医,后因得罪权臣曹操,下狱被杀。根据史书记载,他曾经成功地实施腹腔肿瘤切除和肠胃部分切除吻合一类相当大的外科手术,成功手术的关键,是使用了麻醉剂"麻沸散"[10]。这是世界上最早采用麻醉术的记载,但可惜"麻沸散"配方已经失传。华佗重视医疗体育,曾模仿虎、鹿、熊、猿、鸟五种动物的姿态,创造了一套保健运动体操"五禽之戏"。他在望诊、脉诊、针灸、方药等方面也都有精深造诣,社会上长期流传着他治病救人的神奇故事,有"神医"之美誉。

魏晋南北朝时期,在医药学上成就较大的医家有王叔和、皇甫谧、葛洪和陶弘景。

王叔和,名熙,以字行,高平(今山东济宁东南)人。旧说为西晋太医令,后来的研究则认为他应当生活在曹魏初年,时代与张仲景相衔接,甚至可能曾经受学于张仲景[11]。张仲景《伤寒杂病论》散佚后,主要就是经由他的搜集整理,才分为两部书流传至今的。王叔和自己对医学的贡献,以《脉经》一书为主。《脉经》10卷97篇,对前代医著医家的脉诊论述进行了系统的总结和发

图 10-6 安徽亳州华佗故居

挥,是现存最早的中医脉学专著。书中列举 24 种临床脉象,描述每种脉象的具体特征,将它们区分为八种基本类型,进而分析脉象与病人身体状况、疾病症状的对应关系,基本上符合现代医学对人体血液循环系统特性的认识。王叔和的研究推动了脉学的发展,促使它形成中医诊断学当中一个相对独立的分支。

皇甫谧(215—282),字士安,安定朝那(今宁夏固原)人,生活于曹魏至西晋初年,著有现存最早的中医针灸学专著《针灸甲乙经》。《针灸甲乙经》全称《黄帝三部针灸甲乙经》,取材于《素问》《针经》(《内经》的两个组成部分)以及《明堂孔穴针灸治要》(已佚)三部古代医书,除其重复,以类相从,纂集而成,共 12 卷 128 篇。前 6 卷为中医基础理论与针灸学的基本知识,后 6 卷为临床治疗方面的内容。书中在总结前代成果的基础上多有创见,如记述人体 348 个穴位,比《内经》所记多出 188 个。创立分部依线检穴的方法,划出人体不同部位的 35 条线路,以此确定穴位位置,并详述针刺深度、留针时间和艾灸时间,具有重要的临床指导意义。

东晋南朝时期,道教逐渐兴盛,很多道教信徒沉溺于炼丹以求长生,促进了中国古代化学的发展。其中一些人在医药学上也颇有造诣,葛洪和陶弘景就是这方面的代表人物。葛洪(约 283—363),字稚川,号抱朴子,丹阳句容(今属江苏)人,生活于西晋后期到东晋前期,著述甚富,且通医术。他认为当时社会上流传的医方类书籍卷帙繁重,内容芜杂,不便应用,因此先撰写《玉函方》100 卷,又在此基础上精加选拣,成《肘后卒救方》三卷。书名"肘后",意取简明切于实用,且所需药物常见易得。除药方外,也载录了一些简明无危险的灸法等其他治疗手段。而在论述病因、诊法时,亦颇有发前人所未发之处。作为一部富有普及意义、实用价值较高的医方书,《肘后卒救方》曾在后世长期广泛传播[12]。

陶弘景(456—536),字通明,丹阳秣陵(今南京)人,生活于南朝宋、齐、梁三代。学识渊博,虽隐居山中,而名为当世所重,人称"山中宰相"。魏晋以来,药物学不断发展,不少人对《神农本草经》进行增补,但体例驳杂不纯,且多有疏误。陶弘景作《神农本草经集注》,系统地总结了这方面的成果。《集注》共记载药物 730 种,比《神农本草经》原书多出一倍。在药物分类方面,改变《神农本草经》的上、中、下三品分类法,根据药物自然属性分为玉石、草木、虫兽、米食、果、菜、有名未用七大类,更加合理,后代本草类书籍的药物分类法,基本在此基础上衍化而出。在注文当中,对于药物性能、用药方法等有重要的发挥。书共七卷,今仅存序录一卷,其基本内容散见于唐以下的本草学著作。

第三节　农业科学的进步

从垄作法到代田法　《氾胜之书》与区田法　月令体农书《四民月令》
农村百科全书《齐民要术》

官僚制统一帝国的建立,推动了农业生产的发展。西汉农业经济在战国、秦的基础上,达到了中国古代的第一个高峰。农业史专家指出,西汉时期是"我国作物生产飞跃发展的时代,也是我国农学取得辉煌成就的时代。一般作物栽培的基本原理和技术措施,大部分是在这时期具备了;通过精耕细作以取得单位面积高额丰产栽培的科学基础,也是在这个时期奠定的"[13]。除生产工具改进、生产规模扩大之外,以耕作技术为核心的农业科学知识,此后一段时期逐渐积累,也取得了明显的进步,这些进步集中地反映在几部农书当中(详下)。

中国古代农耕很早就开始采用垄作耕种法,一块耕地分为若干长条形的垄台和垄沟,亦分别称为上垄、下垄。战国时期,已有人注意到在耕作时利用上、下垄的地形特征,提出高田旱地种下垄以保墒防旱,低田湿地种上垄以排水防涝[14]。汉武帝在位末年,搜粟都尉赵过推广"代田法",是对垄作耕种法的创造性发展。其法,"一亩三畎(畎),岁代处,故曰代田","播种于畎中,苗生叶以上,稍耨陇(垄)草,因隤其土以附苗根,……苗稍壮,每耨辄附根,比盛暑,陇尽而根深,能风与旱,故儗儗而盛也"(《汉书·食货志上》)。代田法的技术要点,在于先种下垄,以上垄土培根,使得作物深植,抗旱抗风,生长茂盛。同时也使得上下垄定期互换,轮番利用,轮番休闲,充分发挥地力。这样,就明显提高了单位面积产量,比一般平地耕作每亩可增产一斛以上(图10-7)。此法在关中、河东等西北干旱地区尤为见效,"民皆便代田,用力少而得谷多"(《汉书·食货志上》)。

时间稍晚的农学家氾胜之又提出一种更先进的耕作技术区田法。氾胜之,汉成帝时曾任议郎,在关中地区教民种田。《汉书·艺文志》于诸子农家类下著录《氾胜之》18篇,后人习称为《氾胜之书》。此书久已散佚,仅片断见于他书征引,现代学者在清人基础上辑得两种辑本,并作考释[15]。这也是现存最早的中国古代农学专著。氾胜之在书中托名古代贤臣伊尹提出区田法,实际上应当是对当时尖端耕作技术的总结。"区"指洼穴,"区田"即指在穴中播种,具体有两种形式。一种为带状区田。将长十八丈(宽四丈八尺)的一亩土地均分为十五町,每町长四丈八尺,町间留十四条一尺五寸宽的行道。町内每隔一尺,挖一条一尺宽、一尺深的沟,在沟中点播作物。另一种为方形区田。在土地上挖均匀分布的坑,作物点播在坑内,坑的大小、深浅、距离,随土地质

图 10-7　内蒙古和林格尔东汉墓农耕壁画,二牛一人式耕作方法

量、作物品种等因素而异。区田法的田间布置十分细致,在小片土地上深耕细耱、等距密植,对拌种、除草、施肥、浇灌等环节都有很高要求,是一种园艺式的耕作方法,比代田法实施范围更小,精耕程度更深。它能够更大地提高单位面积的粮食产量,而且方形区田还可以施用于山地、坡地等不宜连片种植的地方,扩大了土地利用范围。由于这种耕作方法技术含量很高,又须耗费大量的人力物力,因此较难在大的范围内普遍推广,此后主要只是作为小面积丰产实验的特例而存在。但它开辟了在人多地少条件下精耕细作、少种多收的思路和方法,在农学发展史上的意义是巨大的。

　　辑本《氾胜之书》还包括其他一些重要内容。在耕作原则方面,指出"凡耕之本,在于趋时、和土、务粪泽、早锄获"。"趋时"就是合理掌握耕作时间,抢墒保墒,不误农时。"和土"就是平整土地,破碎土块,保持土壤松软细密。"务粪泽"即施肥和灌溉,关于施肥记载了基肥、种肥、追肥的不同方法,关于灌溉专门论述了水温调节和地下灌溉的问题。"早锄获",及时锄地是为了除草和防止水分天然蒸发,及时收获是为了避免落粒、发芽和减少不利天气造成的损失。在具体农作物方面,列举了包括粮食、油料、纤维、蔬菜等在内十余种作物的栽培技术,分别说明各自的一些关键环节,如小麦的穗选留种方法,桑树的桑苗截干方法,等等。在种子处理上,记载了"溲种法",即用动物骨头加附子、蚕粪等煮汁,浸泡下播前的种子,以达到防虫、抗旱、吸取肥料的作用。总的来看,《氾胜之书》对西汉时期的北方旱作农业技术进行了前沿性的总结,颇受后人重视。而它的写作体例,也对以后各代的综合性农书有着重要影响。

东汉时期,出现了一部以时令为纲的农书《四民月令》。与《氾胜之书》相似,它也是全书散佚,由今人在清代以来学者的基础上辑得两种辑本[16]。《四民月令》作者崔寔(103?—170),涿郡安平(今属河北)人,出身于官僚世家,曾任太守、尚书等职,著有指陈时弊的《政论》。儒家经书《礼记》中有《月令》篇,按月叙述天子、百官所应履行之事。崔寔《四民月令》叙述的则是以农为主的一般百姓日常生产、生活情况,开创了中国古代"月令体农书"这一体裁。东汉是大地主自然经济田庄发展的时代,《四民月令》以此为背景,从一个田庄的角度出发,记载其从正月到十二月的例行活动,包括耕地、播种、分栽、耘锄、收获、储藏等一系列农事安排,较系统地总结了当时的农业生产知识。虽然也记载了其他活动,但农事居于核心地位。书中不少地方论及农业技术,如稻秧移栽、果树压条繁殖,都属于先进的生产经验。另外,还第一次记述了植物性别与繁育的关系。书中有大量篇幅反映了田庄的农业经营情况,如多种作物栽培、农产品加工销售等等,因此它不仅是一部单纯的农书,也是一部农业经营管理手册。

北魏贾思勰《齐民要术》是现存最早而且完整的中国古代农书。贾思勰,生活于北魏末年,曾任高阳太守,其余事迹不详。《齐民要术》分 10 卷,92 篇,卷首另有作者所撰《序》和《杂说》。全书共约 11 万字,其中正文约 7 万字,注释约 4 万字。据贾思勰自己在序中介绍,《齐民要术》参考、征引了大量古代典籍。今人统计其引书有名可考者(包括《氾胜之书》《四民月令》在内)150 余种,无考的又有数十种。其余的材料来源,还包括农谚、实地调查资料和个人实验心得。是所谓"采捃经传,爰及歌谣,询之老成,验之行事"。在写作内容上,"起自耕农,终于醯醢,资生之业,靡不毕书"。是一部以农为主,兼及副、林、牧、渔业的农村生产百科全书。具体而言,卷一至卷二总论农作物耕种,以及一些具体粮食、纤维、油料作物的栽培。卷三为蔬菜。卷四为木本作物栽种法和果树。卷五为林木、染料作物。卷六为畜牧、养鱼。卷七至卷九为食品酿造、加工、烹调、贮藏和农家手工业。卷一〇为外国物产。全书论述次序,基本上依据每个项目在当时农民生产、生活中的重要性前后排列,结构严谨,脉络清楚,全面、系统地总结和反映了公元6世纪以前中国北方的传统农学成就。

《齐民要术》深入探讨了黄河中下游地区旱地农业的耕作特点和抗旱保墒问题,在总结前人经验的基础上,提出了一系列耕作技术原则,在耕、耙、耱、锄、压等技术环节和农具操作运用方面进行了系统归纳,对秋耕、春耕的基本措施、若干重要作物的播种量、播种时间以及不同土质、墒情下的相应播法,都作了比较详尽的论述。在合理利用土地和改良土壤方面,对当时已经出现的换茬轮作方法进行了总结,即依据作物特性在同一块土地上依次换种不同的作物,以节省农时,充分利用地力。讨论轮作问题时,《齐民要术》特别强调了绿肥作物与一般作物的轮作,使土地用、养结合,为农业连续增产开辟了新途径。对各类农作物的不同品种,《齐民要术》详加记载,如关于粟就介绍了86个品种。对作物不同、品种各自的品质、特性,以及如何因地制宜进行栽培管理,都有比较详细的分析。在种子处理方面,总结了一套比较完善的选种、留种和良种繁育方法。在林业方面,总结了果树和其他林木培育、扦插、压条、嫁接等技术要领与基本原理。在畜牧业方面,总结了家畜选种、育种、饲养管理、防病治病、畜产品加工等重要经验。《齐民要术》作为中国传统农学的一部经典著作,不仅对后代农书产生了重要影响,而且很早就传到日本等国,后来又被译为英、德等西方文字,在世界范围内受到农业科学家的高度重视(图10-8)。

图10-8 日本藏古写本《齐民要术》

第四节 机械技术的新创造

张衡制造地动仪 水碓、水排与水磨 灌溉工具翻车 指南车与计里鼓车

机械是由若干通过组装能够彼此相连运动的机件构成、服务于生产或生活的较复杂工具。秦汉魏晋南北朝时期,在机械技术方面有不少重要的发明,充分体现了时人的聪明才智。

东汉中期张衡制造的地动仪,运用地震波传送的原理来测定地震发生及其方向,是中国古代科技史上一项非常重要的发明。它在机械制造方面应用了水平摆惯性和杠杆传动原理,构思十分巧妙。中国是一个多地震的国家,自古以来积累了大量的地震记录,但对地震发生的起因,却有种种迷信的看法。张衡在东汉朝廷中长期担任太史令的职务,除记录天象外,也掌管记载各地上报的地震资料。经过长期研究,他在汉顺帝阳嘉元年(132)制成了用于测定地震的地动仪[17]。《后汉书·张衡传》记载其形制说:"以精铜铸成,员径八尺,合盖隆起,形似酒尊,饰以篆文山龟鸟兽之形。中有都柱,旁行八道,施关发机。外有八龙,首衔铜丸,下有蟾蜍,张口承之。其牙机巧制,皆隐在尊中,覆盖周密无际。如有地动,尊则振龙,机发吐丸,而蟾蜍衔之。振声激扬,伺者因此觉知。虽一龙发机,而七首不动,寻其方面,乃知震之所在。验之以事,合契若神,自书典所记,未之有也。"现代科技史专家王振铎通过长期研究,复原了这件仪器[18](图10-9)。地动仪内部结构,中间的"都柱"实际上是一个大的倒立水平摆,其重心高于摆动中心。"旁行八道"是控制都柱运动方向的装置,有八条滑道,分别位于都柱的东、南、西、北、东北、东南、西南、西北八个方向。"牙机巧制"是仪器内部的一套杠杆传动系统。地震发生之时,都柱受到地震波的惯性影响,发生倾斜,向震源方向的滑道运动,通过杠杆传动触使这一方向外部的龙首张嘴,龙首中的铜球落入下面的蟾蜍口中,观测者就会知道这一方向发生了地震。它的原理与近代地动仪大体一致,而发明早于西方同类仪

图 10-9　张衡地动仪模型

器一千七百余年。顺帝永和九年(138)陇西发生地震,地动仪作出了测定,而京城洛阳并无地动感觉,"学者咸怪其无征"。几天后地震报告送到,大家才"皆服其妙"。这也是世界上第一次被测定的地震。

汉代在利用自然原动力方面有一些重要的机械发明,其中主要是利用水力,有水碓、水排,魏晋时期又出现了水磨。

一、水碓,碓是春米工具。水碓大约出现于两汉之际。东汉初年桓谭的《新论》,有"复设机关,用驴骡牛马及役水而春"的记载。桓谭说,上古的春用手操作,后来发展为脚踏,"利十倍",至于利用畜力或水力,"其利乃且百倍"。东汉魏晋时期,水碓十分普及。《资治通鉴》卷七八魏元帝景元四年(263)十月纪事中提到了水碓。胡三省注云:"为碓,水侧置轮,碓后以横木贯轮。横木之两头,复以木长二尺许交午贯之,正直碓尾木。激水贯轮,轮转则交午木戛击碓尾木而自春,不烦人力,谓之水碓。"[19]其构造,主要是一个立式水轮,水轮的横轴上穿有若干根短横木,与轴成直角。水力转动水轮,带动短横木旋转,连续拨打碓尾木,使碓不断起落,从而完成春米任务。水轮大小、轮轴长短、短横木和碓尾木的多少,取决于水流量大小和水势的高低。这需要掌握一定的流体力学知识,往往还需要对地理环境进行一定的改造。

二、水排,即用于冶铸的水力鼓风机。古代冶铸所用鼓风设备,起初是人工操作的风箱,耗费人力巨大,十分不便。东汉初年,南阳太守杜诗制造了水排。《后汉书·杜诗传》称其"善于计略,省爱民役,造作水排,铸为农器,用力少,见功多,百姓便之"。李贤注:"冶铸者为排以吹炭,今激水以鼓之也。"东汉末,韩暨担任监冶谒者一职,将原来冶炼时使用的马排(畜力鼓风机)和人排改为"因长流为水排",结果"计其利益,三倍于前"(《三国志·韩暨传》)。这与杜诗所造水排,应为同一类机械。根据元代农学家王祯的研究,古代水排有两种式样:立轮式和卧轮式。立轮式水排的构造,与水碓大体相同。卧轮式水排相对复杂一些。在一根竖轴的上下两端各安装一个大型卧轮,下面的是主动轮,上面的是从动轮。从动轮旁边用传动皮带连接一个鼓形小轮,小轮上安装曲柄,连接连杆、往复杆。水流冲击下面的主动轮,带动从动轮旋转,从动轮又带动鼓形小轮高速旋转,通过曲柄、连杆将圆周运动变为往复杆的直线往复运动,拉动风箱木扇,"排随来去,扇冶甚速,过于人力"[20]。

三、水磨,磨亦称硙,用来磨面,与碓同为中国古代重要的粮食加工工具。利用水力磨面,就史料来看可能始于曹魏。当时的著名发明家和机械制造家马钧曾经用水力运转一套木偶玩具"百戏","以大木雕构,使其形若轮,平地施之,潜以水发焉",上面的木偶人在水力推动下自行动作,其中就有"舂、磨"(《三国志·杜夔传》注引傅玄《马钧传》)。这虽然只是玩具,但很可能反映出水磨已在现实生活中出现了。南朝祖冲之曾造"水碓磨"(《南齐书·祖冲之传》)。北魏崔亮在西晋杜预的启发下制造了"水碾磨数十区,其利十倍,国用便之"(《魏书·崔亮传》)。北魏末人杨衒之追忆洛阳景明寺一带的繁华情况说:"碾硙舂簸,皆用水功"(《洛阳伽蓝记》卷三《景明寺》)。可见当时利用水力的粮食加工机械已经比较普及。根据后代人的描述,水磨运转主要使用卧轮,其制造应当受到了卧轮式水排的启发[21]。

这一时期,有一些重要的机械发明属于传动机或传动机件的范围。其中,包括属于链条传动的翻车,以及属于齿轮系传动的指南车、计里鼓车。

翻车,亦称踏车或龙骨车,是中国古代常用的灌溉工具。在翻车以前,古人主要使用桔槔和辘轳进行灌溉。前者利用杠杆和坠石的作用,后者利用轮轴原理,都只是间歇性地提水,效率较低。《后汉书·张让传》:"令毕岚……作翻车、渴乌,施于桥西,用洒南北郊路,以省百姓洒道之费。"这是东汉后期灵

图10-10 翻车(龙骨车)模型,产生于东汉,三国时期经马钧改进,得到广泛应用

帝时的材料。李贤注:"翻车,设机以引水。渴乌,为曲筒以气引水上也。"一般认为,渴乌是利用虹吸管原理引水的一种设施。此时的翻车,是与渴乌配合使用,用来喷洒道路的,但已具备了灌溉的原理。曹魏时,马钧正式制造了灌溉用的翻车(图10-10)。《三国志·杜夔传》注引傅玄《马钧传》:"居京都,城内有地可以为园,患无水以灌之。乃作翻车,令童儿转之,而灌水自覆,更入更出,其巧百倍于常。"根据元人王祯《农书》、清人麟庆《河工器具图说》的描述,翻车的构造,主要是一个长形木槽。槽的一端安装一个较大的带齿轮轴,轴的两端装有可以踩动的踏板。槽的另一端是一个比较小的齿轮轴。两个齿轮轴之间,是用木板叶连接起来的一组木链条。灌溉之时,将小齿轮轴一端放在河中,大齿轮轴一端架在岸上,人踩动大齿轮轴上的踏板,带动木链条循环往复运动,刮水而上。由于它是连续提水,灌溉效率较高,而且使用方便,因此很快就得到普遍使用。此时的翻车使用人力,唐宋以下,又出现了利用畜力、风力、水力的翻车。

指南车和计里鼓车是中国古代著名的自动机械,它们的制造都利用了齿轮系传动的原理。指南车是用来判定行进方向的,"设木人于车上,举手指南,车虽回转,所指不移"(《宋书·礼志五》)。传说它的发明者是黄帝或周公,实际上其出现年代最早可能是在西汉[22]。此后不断有人制造,而制造技术又多次失传。《宋书·礼志五》称东汉张衡曾经制造过指南车。曹魏明帝时,发明家马钧曾与大臣高堂隆、秦朗就指南车问题展开辩论。后二人认为古书中有关指南车的记载是虚构之说,马钧亲手造出指南车,驳得他们哑口无言。宋武

图 10-11　指南车模型,三国时期马钧造,后成为
皇帝仪仗的组成部分

帝刘裕虏获后秦的指南车,已是"有外形而无机巧"。刘宋末年,科学家祖冲之奉命改造其中机械,恢复了"圆转不穷而司方如一"的功能(《南齐书·祖冲之传》)。不过关于它的具体制造方法,直到赵宋时期才有记载保留下来。其结构,主要是在车厢内部设置一套可自动离合的齿轮传动机构。出发前使车上木人手指指向南方,途中偏离南向,向左(东)转弯,车辕前端左移,后端即向右(西)移,将右侧传动齿轮放落,带动木人下的大齿轮右转,恰好抵消车子左转的影响,使木人手指南方不变。车向右转,同样使左侧齿轮带动大齿轮左转相同的度数。向正前方(南)行驶时,车轮则与齿轮系分离。这样无论车行方向如何变化,木人手臂永远指向南方(图 10-11)。

　　记里鼓车可以根据车轮转动距离自动报出车行里程,在古籍中常与指南车并称,发明年代和外形也与指南车接近。《晋书·舆服志》:"记里鼓车,驾四,形制如司南(即指南车),其中有木人执槌向鼓,行一里则打一槌。"《宋书·礼志五》亦谓其"制如指南(车),其上有鼓,车行一里,木人辄击一槌"。根据赵宋时人的制造记录,记里鼓车的技术要点在于一套减速齿轮系统,车轮的运转通过这套系统逐一传递到各个齿轮上,而转速逐渐变慢。车每行一里,齿轮系统的最后一个齿轮正好旋转一周,遂牵引木人手臂击槌一下,从而巧妙地起到了计程的作用。

第五节　造纸技术的发明与改进

　　植物纤维纸的出现　蔡伦改进造纸术　用纸的普及　纸与造纸术的外传

　　指南针、造纸术、印刷术、火药,是中国古代举世闻名的四大发明,也是中华民族对人类文明的伟大贡献。四大发明之中,造纸术发明的时代最早,并且有明确的史料记载。《后汉书·蔡伦传》:"伦乃造意,用树肤、麻头及敝布、鱼网以为纸。元兴元年(105)奏上之,帝(东汉和帝)善其能。自是莫不从用焉,故天下咸称'蔡侯纸'。"由此后人多认为造纸术是在东汉中期由蔡伦发明的。但20世纪的考古发掘证明,造纸术的发明时间可能要前推到西汉。

　　《后汉书·蔡伦传》在记述蔡伦造纸之前说:"自古书契多编以竹简,其用缣帛者谓之为纸。"表明"纸"的概念出现更早一些。古人用缣帛作为书写工具的史料很多,通常并不称为纸,称纸者,是指制造丝棉时的副产品丝絮片。纸字偏旁为系部,即源于此。许慎《说文解字》解释纸字:"纸,絮,一苫也。从系,氏声。"《汉书·外戚传》提到西汉成帝的妃子赵昭仪写过一封"赫蹄书"。根据诸家注解,所谓"赫蹄"就是丝絮纸。这种丝絮纸的成分是动物纤维,与蔡伦所造植物纤维纸并非一事。但即使是植物纤维纸,在西汉也已经出现了。1933年,考古学家在新疆罗布淖尔的汉代烽燧遗址发现了一片麻纸,伴出物有西汉宣帝黄龙元年(公元前49)的木简。1957年,西安东郊灞桥西汉墓出土一些古纸残片,据鉴定为麻纸,推定年代不晚于汉武帝元狩五年(公元前118)。此后1973—1974年在内蒙古额济纳旗居延肩水金关遗址,1978年在陕西扶风县中颜村汉代窖藏遗址,1979年在甘肃敦煌马圈湾汉代烽燧遗址,1986年在甘肃天水放马滩汉代墓葬遗址,都发现了西汉植物纤维纸片。特别值得注意的是天水放马滩出土的纸片,上面有黑色线条,一些学者认为它是一张西汉地图的残片[23](图10-12)。学术界对这些纸片的确切时间、性质、用途等问题尚存在一些争议,但西汉已有植物纤维纸,基本上可以肯定。

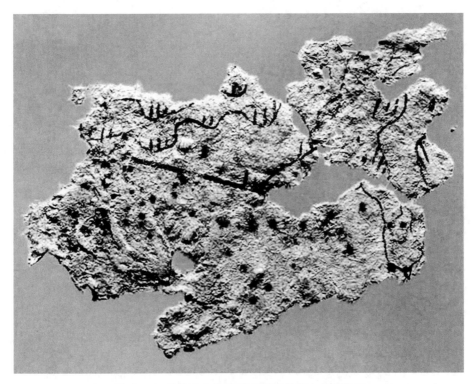

图 10-12　甘肃天水放马滩五号汉墓出土的纸地图

　　蔡伦,字敬仲,桂阳(今湖南耒阳)人,东汉前期宦官。侍从皇帝,参与机密,以功封龙亭侯。他虽然不是造纸术的唯一发明者,但在改进和推广造纸技术方面作出了巨大贡献,是不容否认的(图 10-13)。蔡伦曾兼任尚方令一职,主管制造御用刀剑及宫中器物,"莫不精工坚密,为后世法"(《后汉书·蔡伦传》)。造纸术的改进,就是他在尚方令职务上取得的成就。改进的方面,首先是扩大了造纸原料范围。《后汉书》本传提到蔡伦造纸所用原料,包括树皮、麻头、破布和渔网。其中用树皮造纸是蔡伦的创造,开拓了一个崭新的原料领域,使得纸的产量、质量均有明显提高,被誉为"造纸技术史上一项重大的技术革命"[24]。树皮所造纸称为皮纸或楮纸,在后代成为纸的主流,以致"楮"字常被用为纸的同义语。用麻头、破布(当时的布专指麻布)、渔网造纸,则充分利用了废旧麻类材料,既增加了材料来源,又降低了原料成本。其次,原料种类的增加对造纸工艺提出了更高的要求,使其更为完善。如以鱼网为原料,须将

图 10-13　陕西洋县龙亭镇蔡伦墓

网结捣碎脱色，因此就要用碱液蒸煮。用树皮造纸，也需经沤制脱胶以后，再经碱液蒸煮脱去木素等杂质。在制浆方面，不再是自然沤制成浆，而要由人工舂捣成浆。这样，切料、沤煮、舂捣、抄提的传统造纸工序，大体上已完全齐备。此前的纸基本上是纺织业中漂絮沤麻的副产品，经过蔡伦的改进，造纸才开始脱离纺织业，逐渐发展为一门独立的手工业。到东汉末年，已经出现了专工造纸的名匠。唐张怀瓘《书断·能品》记载："左伯，字子邑，东莱人。……擅名汉末，尤甚能作纸。汉兴用纸代简，至和帝时蔡伦工为之，而子邑尤得其妙。"又引南齐萧子良《答王僧虔书》云："左伯之纸，妍妙辉光。"可知东汉末年的造纸技术发展到了比较高的水平。

　　由先秦到两汉，书写的主要材料是竹木简和绢帛。竹木简笨重，绢帛昂贵，用作书写材料都有明显的缺点。造纸术的发明，开启了书写材料的新领域。在蔡伦以前，造纸质量不佳，用于书写只是偶尔为之；蔡伦以后，用纸作为书写材料的记载大大增多。用纸书写的普及，则是在魏晋南北朝。西晋文学家左思创作《三都赋》，"豪贵之家竞相传写，洛阳为之纸贵"（《晋书·左思传》）。同时代人傅咸作《纸赋》称颂纸的优点说："夫其为物，厥美可珍。廉方有则，体洁性真。含章蕴藻，实将斯文。取彼之弊，以为此新。揽之则舒，舍之则卷。可屈可伸，能幽能显。""鳞鸿附便，援笔飞书，写情于万里，精思于一隅。"《太平御览》卷六〇五引《桓玄伪事》，记载东晋末年桓玄篡位期间规定："古无纸，故用简，非主于敬也。今诸用简者，皆以黄纸代之。"这样就在制度上确认了纸作为书写工具的地位。20 世纪，考古工作者在西北地区多次发现魏

晋时期的纸写本,包括佛经残卷和《三国志·吴书》残卷等。1964 年在新疆吐
鲁番还发现了迄今所见最早的纸本绘画,长 106.5 厘米,高 47 厘米,用六张纸
联成,绘画了一个地主庄园的生活状况。这一时期的造纸技术也有新的发展。
在品种方面,开发了用藤制造的藤纸。工艺方面,开始使用活动帘床抄纸器
(纸模),提高了工效,抄纸薄而匀,且有固定规格。为杀虫防蛀,纸张多用黄檗
(黄柏)染为黄色,其法亦称为"潢纸"。北魏贾思勰《齐民要术》中,即有"染潢
及治书法"的条目,叙述染纸的技术要领。不加染治的白纸,可以达到很高的
光洁度。梁元帝萧绎有《咏纸》诗专咏白纸:"皎白犹霜雪,方正若布棋。宣情
且记事,宁同鱼网时?"

　　纸张和造纸术在世界范围内的传播,经历了一段过程,其中造纸术比纸张
本身传播要迟缓一些。据日本史籍《日本书记》记载,应神天皇十六年(405,东
晋安帝义熙元年),百济国博士王仁将纸写本《论语》《千字文》带到日本。这
是纸张传入日本的最早记载,而在此之前,纸张无疑已经传到朝鲜半岛了。约
4 世纪末,东晋僧人摩罗难陀渡海至百济,将造纸术传授给当地人民。到日本
推古天皇十八年(610,隋炀帝大业六年),朝鲜僧人昙征又将造纸术传到日本。
朝鲜、日本的造纸术发展很快,它们造的一些名纸,在唐宋时期又曾向中国输
出,受到中国士大夫的称誉。唐高宗、武后时期,僧人义净赴印度求法,在回国
后所撰《南海寄归内法传》和《梵文千字文》中,提到了印度的纸及其梵文译
名,说明至迟到 7 世纪末,纸张已经传入印度[25]。

　　由于"丝绸之路"贸易的活跃,魏晋南北朝时期,西域、波斯等地已开始用
纸。到唐代,大食(阿拉伯)帝国兴起,与唐形成对峙。唐玄宗天宝十载
(751),两国在中亚怛罗斯(今哈萨克斯坦江布尔城)大战,唐军战败,两万余
人被俘。俘虏中有一些造纸工匠,造纸术因而传入阿拉伯地区。此后几百年
内,大食帝国境内创建了许多造纸工厂,生产出大批纸张,并逐渐传入欧洲和
非洲。12 世纪以下,欧洲各国也相继开始造纸。在用纸以前,欧洲主要的书写
材料是羊皮。印制一部《圣经》,要耗费羊皮三百多张,价格昂贵,一般人难以
使用。纸与造纸术的传入,则大大改善了文化传播的条件,推动了西方文明的
进步。美国学者德克·卜德评价说:"纸对后来西方文明整个进程的影响,无
论怎样估计都不会过分。"从这个意义上讲,"世界受蔡侯(伦)的恩惠要比受

许多更知名的人的恩惠更大"[26]。

注 释

[1] 宣夜说在东汉以后的一些时期也有新的发展。三国时吴人杨泉著《物理论》,其中说:"夫天,元气也,皓然而已,无他物焉。""夫地有形而天无体,譬如灰焉,烟在上,灰在下也。"杨泉还进一步认为银河、恒星也都是由气体形成的。他说:"气发而升,精华上浮,宛转随流,名之曰天河,一曰云汉,众星出焉。"宋末元初的无神论思想家邓牧,也对宇宙无限思想进行过比较精辟的论述。

另外,与宣夜说相近似,东汉还曾出现另外一种虽然先进但却仅属于思辩论述、未受到后人充分重视的思想,那就是地动说。其材料主要见于纬书。《春秋元命苞》:"天左旋,地右动。"《尚书考灵曜》:"地常动不止,譬如人在舟中而坐,舟行而人不觉。"

[2] 《庄子·天下》引用惠施的话说:"南方无穷而有穷。"又说:"我知天下之中央,燕之北、越之南是也。""天与地卑。"这些话只有从大地球形的角度理解,才能讲通。

[3] 陈遵妫:《中国古代天文学简史》,上海人民出版社,1955年,第23页。陈遵妫先生还进一步评论说:"中国古代天文学史,实际上可以说就是历学史。中国古代在天文学上的贡献,可以说以历学方面最多,换一句话来说,在历学方面,世界上当以中国为最有研究的国家,而贡献也最大。"见同书第19页。

[4] 所谓中气,指的是二十四节气中第二、四、六……等十二个双数节气。古历置闰原则不一,往往简单将闰月放在一年的最后,导致月份与季节变化有时不能对应。自《太初历》开始,每个中气都有固定的对应月份,如雨水在正月、春分在二月等等,没有中气的月份则作为闰月。这使得季节和月份的配置更加合理。

[5] 《周礼·大司徒》提到古代贵族子弟教学课程中有"九数"一项。根据东汉初年郑众的说法,"九数"名目大部分与《九章算术》的篇目相对应。1983年湖北江陵张家山出土的西汉竹简中,有一部抄于西汉初年的《算数书》,其内容与《九章算术》颇多相近之处,有些标题和算题甚至完全一致。

[6] 参阅杜石然等:《中国科学技术史稿》上册,科学出版社,1982年,第183页;刘钝:《大哉言数》,辽宁教育出版社,1993年,第14—15页。

[7] 关于《内经》成书年代,历来众说纷纭,现取学术界较多见的一种看法。赵璞珊《中国古代医学》(中华书局,1983年,第43页)认为,"《内经》绝大部分是战国以至秦汉间人不断共同创造的"。贾得道《中国医学史略》(山西人民出版社,1979年,第48页)

也说,"把本书(指《内经》)看成是从战国到西汉的医学总汇是大致可信的"。刘长林则在进行了更具体的分析后指出:"《内经》编纂成书的时间可能大体在西汉中期或晚期。"(参阅刘长林:《内经的哲学和中医学的方法》,第一章《内经形成的年代》,科学出版社,1985 年)

〔8〕 在《内经》之前,已经出现过不少医书。《内经》中引用了《五色诊》《揆度》《奇恒》《脉经》《脉变》等 20 余部今已亡佚的古代医学著作。1973 年长沙马王堆汉墓出土的帛书《五十二病方》《足臂十一脉灸经》《脉法》和 1983 年江陵张家山汉墓出土的竹简《脉书》,其成书年代都早于《内经》,有不少内容为《内经》所继承和吸收。

〔9〕 参阅薛愚主编:《中国药学史料》,人民卫生出版社,1984 年,第 90—93 页。

〔10〕 《后汉书·华佗传》:"若疾发结于内,针药所不能及者,乃令先以酒服麻沸散,既醉无所觉,因刳破腹背,抽割积聚。若在肠胃,则断截湔洗,除去疾秽。既而缝合,傅以神膏,四五日创愈,一月之间皆平复。"见中华书局,1965 年标点本,第 2736 页。

〔11〕 参阅贾得道:《中国医学史略》,第 112 页,赵璞珊:《中国古代医学》,第 61—62 页,以及杜石然主编《中国古代科学家传记》上集(科学出版社,1992 年)中《王叔和》一篇(鄢良撰)。

〔12〕 《肘后卒救方》三卷,共收方 86 首。南朝陶弘景将其并为 79 首,新增 22 首,共 101首,仍为三卷,更名《肘后百一方》。金朝杨用道又以《百一方》为纲,将宋人唐慎微《证类本草》中的一些药方作为"附方"列入,重新分为八卷,更名《广肘后备急方》,流传至今。

〔13〕 中国农业科学院、南京农学院中国农业遗产研究室编著:《中国农学史(初稿)》上册,科学出版社,1959 年,第 162 页。

〔14〕 《吕氏春秋·任地》:"上田弃亩,下田弃畎。"《庄子·让王》司马彪疏:"垄上曰亩,垄中曰畎。"参阅郭文韬编著:《中国古代的农作制和耕作法》,农业出版社,1981 年,第 178—179 页。

〔15〕 石声汉:《氾胜之书今释(初稿)》,科学出版社,1956 年;万国鼎:《氾胜之书辑释》,中华书局,1957 年。

〔16〕 石声汉:《四民月令校注》,农业出版社,1965 年;缪启愉:《四民月令辑释》,农业出版社,1981 年。

〔17〕 《后汉书·张衡传》:"阳嘉元年,复造候风地动仪。"学者对这句话有两种不同理解,一种意见认为"候风地动仪"是地动仪的全名,另一种意见则认为候风仪、地动仪是两件不同用途的仪器。

〔18〕 参阅王振铎:《张衡地动仪的复原研究》,载《文物》1963 年 2、4、5 期。

〔19〕 用戴念祖标点。参阅戴念祖:《中国力学史》,河北教育出版社,1988 年,第 275—276 页。中华书局点校本《资治通鉴》此处标点不尽准确。

〔20〕 王祯《农书》卷二〇《农器图谱·利用门》。参阅杨宽:《中国古代冶铁鼓风炉和水力冶铁鼓风炉的发明》,载李光璧、钱君晔编:《中国科学技术发明和科学技术人物论集》,三联书店,1955 年。

〔21〕 参阅戴念祖:《中国力学史》,河北教育出版社,1988 年,第 281—289 页。

〔22〕 参阅刘仙洲:《中国机械工程发明史》第一编,科学出版社,1962 年,第 100 页。

〔23〕 这种看法还不能完全确定。有学者认为纸上的线条只是水迹。参阅杨巨中:《中国古代造纸史渊源》,三秦出版社,2001 年,第 68—69 页。

〔24〕 潘吉星:《中国造纸技术史稿》,文物出版社,1979 年,第 44 页。

〔25〕 参阅季羡林:《中国纸和造纸法输入印度的时间和地点问题》,载季羡林:《中印文化关系史论文集》,三联书店,1982 年。

〔26〕 德克·卜德:《中国物品西传考》,载《中国文化》第二辑。转引自张岱年、方克立主编:《中国文化概论》,北京师范大学出版社,1994 年,第 176 页。

第十一章　社会生活

　　秦汉魏晋南北朝时期民族关系的空前融合,政治格局的不断变化,文化交流的日益广泛,反映到当时的社会生活中,就是在前代的基础上,出现了更为丰富多彩的新面貌。

第一节　多姿多彩的衣食住行

绚丽多彩的服饰　日益丰富的饮食　风格各异的居住　四通八达的交通

　　衣、食、住、行是社会生活中的四个重要方面。这四个方面在秦汉时期都有重大的发展,使古代中国人的生活文明走上了一个新的阶段。

　　中国向以"衣冠王国"著称于世。服饰具有生理与文化的双重功能。在远古时代,服饰主要是为了御寒、防暑、护体和遮羞,生理方面的功能相对强些;进入文明时代后,服饰常被用来区分等级、职业、民族、年龄和性别,并出现了服饰的审美价值日益上升的趋向,这说明随着时间的推移,服饰的文化功能越来越发达。

　　秦汉魏晋南北朝时期人们的服饰较前代更为绚丽多彩。关于这一时期人们服饰的状况,不仅在有关文献中不乏记载,而且在近年来考古发现的壁画、帛画、画像砖、画像石和陶俑上也可窥其大概。

　　当时人的服饰常因场合和环境的不同而有所不同,如祭祀时应穿祭服,上朝时应穿朝服,参加葬礼时应穿丧服,结婚时应穿婚服,平常则穿常服。同时,也常因等级和职业的不同而有所不同。一般说来,皇帝和皇后的服饰端庄华贵,武士的服饰威武壮观,仕女的服饰以高髻、穿花襦和褂裙曳地为特征,文吏的服饰以束带、穿裤裙和戴冠帻为特征,农民的服饰以束髻、穿草鞋和短袖长襦为特征,市民的常服以包发巾、加抹额、穿襜褕和束大带为特征,厨役的服饰以扎带、着裤、穿襦裤和戴小帽为特征,劳役人的服饰以束发、穿衫裤和加臂褠为特征[1]。当然,不同的个体会有差异,不同的地区和民族会有差异,同一个体在不同的季节和场合也会有差异。

帽在这一时期称作"头衣",具体说来,又有冠、冕、弁、巾和帻的区别。由于冠、冕、弁都是上层男子平时所戴的头衣,所以有时又统称为冠(图11-1)。据《礼记·曲礼》载,男子在 20 岁时应举行冠礼,表明已长大成为成年人。冠礼是男子一生中的重要转折,仪式一般都比较隆重。关于秦汉时期的冠,《后汉书·舆服志》记载得比较详细,共提及 19 种名目,有所谓冕冠、长冠、皮弁冠、爵弁冠、通天冠、进贤冠等。魏晋以来略有变化,传世帛画、壁画及出土陶俑中,漆纱笼冠十分常见。

冠原是加在头顶的发罩,主要用来约束发髻,所以并不需要将头顶全部罩住,只是在冠圈上有一根较窄的冠梁,从前到后经过头顶。这与现代的帽子很不相同。此外在功能上也与现代帽子有所区别,即冠不着重于实用而着重于礼仪,所以《礼记·冠义》说:"冠者礼之始也。"戴冠是上层男子的特权,下层

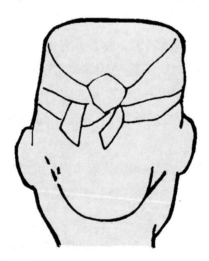

图 11-1　重庆巫山出土的东汉陶俑头摹本,有
清晰的巾子扎束形式

男子不能戴冠,只能戴巾或帻。秦代百姓常以三尺黑布巾包头,所以又称之为黔首。帻原本只是包发的头巾,后来演变为便帽的样子。但将帻纳于冠下,使之成为冠的衬垫物的作法,似滥觞于西汉。许慎《说文解字》将"帽"字解释为"小儿及蛮夷头衣也"。看来,在东汉时期,这种罩住头顶的"帽"还很难登大雅之堂。不过魏晋时期"帽"的应用已有扩大的趋势,著名隐士管宁居家时就常头戴皂帽。至南北朝时期,纱帽则成为上层社会兴用的服饰,皇帝着白纱帽,官员则戴乌纱帽。纱帽的出现使得"冠""帽"的形制与功能渐趋混淆,人们在口头上已经不再刻意区分了。

这一时期上衣的种类繁多,不仅存在颜色、图案和质地上的不同以及长衣和短衣、内衣和外衣、单衣和夹衣的不同,而且也随地位和职业的不同而有所差异(彩图15)。当时最为端庄华贵的上衣是帝王和大臣所穿的冕服。冕服的形制如冕冠一样,尊卑有别,颜色和图案(章纹)大不相同。上衣中的长衣包括袍服、禅衣和襜褕等,短衣包括襦、袭、衫和褠等。其中袍服、襦、袭和褠是有里的夹衣,而禅衣、襜褕和衫是无里的单衣。在秦都咸阳的遗址发掘中曾发现已经炭化的丝绸衣服一包,其中既有单衣,也有夹衣和绵衣,只是其具体形制已难搞清。魏晋南北朝大体上沿袭上述的服制,不过随着时代的发展呈现出一些新的特色,同时也融入了一些胡服的因素。值得一提的是魏晋以来形成的"褒衣博带"的服饰风尚。这一风尚直接肇始于魏晋名士的衣着喜好,他们以此来标榜自身的脱俗(图11-2)。此风一起,众相效仿。我们从晋代画家顾恺之的传世作品及敦煌壁画中可以看到不少此类服饰的表现。此外,"裲裆"也是这一时期新流行的服装。刘熙《释名·释衣服》曰:"裲裆,其一当胸,其一当背也。"类似于现代的背心或马甲。这一服饰大概是受北方少数民族的影响。在南北朝时,男女皆可把裲裆衫作为普通服装穿用。

这一时期的下衣如笼统说来称作"裳",即所谓"上衣下裳"。具体说来,则有裈、袴、裙、蔽膝等的差别。袴即裤子,主要是搭配短衣来穿戴的。一般来讲,男子之袴有裆,女子之袴无裆。汉代妇女中还曾一度流行着有裆的"穷袴",当然其范围仅局限于宫中及官宦之家,民间女子经常穿的则是裙。《汉乐府·陌上桑》即称"缃绮为下裙,紫绮为上襦"。裈是"最亲身者"。裤筒比较短,一般到小腿的上下,合裆,腰间有带子相互系牢。将裈直接穿在外面的,多

图 11-2　褒衣博带,龙门宾阳中洞北魏浮雕《礼佛图》摹本

是普通劳动者。西汉司马相如卖酒时便穿的是"犊鼻裈"(图 11-3)。上襦下裤的主流搭配传至魏晋,渐为当时盛行的"裤褶"所代替。"裤褶"最初源于北方游牧民族,其样式本来是左衽、小袖,裤腿较瘦。不过在传入中原后多有变异。我们在现存壁画、画像砖石及陶俑等形象中所见的大多是右衽、大袖,裤筒也相当肥大。因裤筒肥大,为方便行动,多在膝盖处用绳或带扎起,使下部成喇叭状,极富特色。可以说这是南北服饰文化相互融合的结晶。

　　鞋的式样在秦汉时期就已经非常丰富了。当时有履、鞜、靸、不借、舄、屐等称呼。履是以丝、麻、皮为面料之鞋的泛称,供人们在正式场合穿用。《释名》曰:"履,礼也,饰足所以为礼也。"但有时又特指丝履,即由丝锦缝制成的鞋子,舒适华美,往往为贵妇人穿用。马王堆一号汉墓就出土有轪侯夫人的青丝履。鞜则为生皮制作的履,为士兵或北方人穿用(图 11-4)。皮制鞋中头部深、底部平浅者为靸。不借即普通人穿用的麻鞋,"其贱易得,人各自有,不须假借,因为名也"。舄为朝仪时穿用,特点是在锦缎面料的履下加厚木底。朝鲜乐浪彩箧塚中曾出土一双保存完好的舄。屐则为木屐,下有两齿,"可以步泥而浣之"[2]。大概是因为屐比较轻便,不受场地拘束,又适合外出远行,很快便流行开来。《续汉书·五行》记:"延熹中,京都长者皆着木屐;妇女始嫁,至作漆画五采为系。"《后汉书·戴良传》:"(戴)良五女并贤,每有求姻,辄便许

图 11-3 穿犊鼻裤的汉代人物

嫁,疏裳布被,竹笥木屐以遣之。"至魏晋南北朝,贵族中尤其风行着屐。《宋书·武帝本纪》称武帝刘裕"性尤简易,常著连齿木屐"。《颜氏家训》中也提到当时贵族子弟多着跟高齿屐。东晋南朝时,还有一种供人们出行时穿用的鞋称"屩",是用麻、草、藤等制成,普通劳动者和士兵多着此装。而北朝在这一时期则主要着靴,与今天的中、高筒靴比较类似。这主要是受北方游牧习俗的影响,北齐时尤为风行,文武官民皆可穿用,妇女也有着靴的。

古人将袜子称足衣。这一时期人们穿着的袜子多用丝帛、麻布或皮革等制成,有一尺来高,袜口缝有带子,用于系牢。因古礼有入门脱履的规定,所以袜子对上层社会来讲是很重要的。

中国的饮食习俗源远流长,丰富多彩,是中华文明的重要组成部分。它的存在、发展和传播为整个世界文明作出了令人瞩目的贡献,也常被国人引以自

图11-4　新疆尼雅遗址出土的魏晋时期皮鞋
复原图

豪。如孙中山先生在《建国方略》中指出:"我中国近代文明进化,事事皆落人之后,惟饮食一道之进步,至今尚为文明各国所不及,中国所发明之食物,固大盛于欧美,而中国烹调法之精良,又非欧美所可并驾。至于中国人民饮食之习尚,则比之今日欧美最高明之医学卫生家,所发明最新之学理,亦不过如是而矣。"

秦汉魏晋南北朝时期的饮食在前代的基础上进一步丰富化和多元化,不仅宫廷饮食和贵族饮食继续改善,而且平民饮食也日益丰富。《盐铁论·散不足》在对比秦汉饮食与先秦饮食的不同时,曾对秦汉饮食的变化情况作过比较详尽的描述,其中列举了食肆流行的二十款时尚之食,种类、样式十分齐全。魏晋南北朝则较之秦汉更有发展,大量饮食文化书籍(如《食疏》《崔氏食经》《食馔次第法》等)的出现即是一个很好的例证。

中国古代的饮食具有一套比较严密的等级区别和礼仪规定,人们往往通过饮食活动来辨别君臣、尊卑和长幼等(图11-5)。如《礼记·礼器》说:"礼有以多为贵者,天子之豆二十有六,诸公十有六,诸侯十有二,上大夫八,下大夫六"。《礼记·乡饮酒义》说:"乡饮酒之礼,六十者三豆,七十者四豆,八十者五豆,九十者六豆,所以明养老也。"乡饮酒是乡人以时会聚饮酒之礼,在这种宴会上,最为恭敬的长者,也只能享受六盘菜的礼,只相当于一个下大夫平日生活水平,而且平民所享受的这种礼,在实际生活中也未必能够真正落实。另据考古工作者用碳十三测定古代墓葬中出土的人体骨骼,发现不同阶层的人

图 11-5　汉代画像砖进食图

由于饮食不同,骨骼中的成分就不同,证明了贵族菜肴是以肉类为主,平民菜肴则以蔬菜为主,不同阶层的食谱分化极为显明[3]。

　　贵族们在举行宴会时,往往还伴以乐舞百戏来助兴(图 11-6)。如《汉书·张禹传》载:张禹的弟子戴崇位至少府九卿,"禹将崇入后堂饮食,妇女相对,优人管弦铿锵极乐,昏夜乃罢。"再如山东沂水出土的一块画像石,中部刻绘着对饮的主宾,他们高举着酒杯互相祝酒。面前摆着圆形食案,案中有杯盘和筷子。主人身后还立着掌扇的仆人在小心侍候。画像石两侧刻绘的便是乐舞百戏场景,使宴会显得隆重而热烈。又如成都市郊出土的《宴饮观舞》画像砖,中间置樽、盉、杯、勺和饮食之器。后面男女二人共席,席前置案,正在宴饮观舞。右边舞者长袖翩跹,左边一人屈身伸掌、拍鼓为节。左后二人,其一抚琴伴奏,另一人为舞者伴唱。

　　内蒙古和林格尔汉墓的前室南北两耳室和中耳室,绘有许多厨炊、宴饮和

图 11-6　四川出土汉代画像砖宴饮图

进食场面,并画着管理膳馐、祭祀的供官掾史,充分反映了死者生前"临渊钓鱼,放犬走兔","煎炙齐和,穷极五味"的奢侈生活。这座墓中画有大小厨房五个,饮食场面比比皆是。一座墓中能有这么多的厨房是已发现的汉墓中所罕见的。在各厨房灶、井附近有众多的男奴女婢,忙着汲水、涤器、加薪、切肉、酿造、击牛、宰羊、解兽、炙燔、烹饪等,正为男女主人准备丰盛的美餐,死者真算得上"钟鸣鼎食,侍妾满前"之家,其饮食的丰盛不亚于王侯。厨房内悬挂着兽头、鱼、肉、鸡、肺、肝、肠、雉、兔等鲜腊食物,各种肥美的肉食无所不备。厨房旁有饲养鸡、鹅、鸭等禽舍及供鸡栖的高树,以备随时宰杀和食用。厨房内陈放着釜、食案、碗、列鼎、尊、盒、钵、镂、盆、瓮、勺及满盛耳杯的厨架。食具内盛满各种各样的鱼、肉,以候迎主人享用,男女奴仆正忙着向主人进奉酒食。

宴饮时也常伴有乐舞百戏,有女艺人、男艺人和乐队为之助兴[4]。

　　魏晋南北朝时期的上层社会愈加腐朽,不仅极尽奢靡,更常现攀比之风。晋武帝曾至王济家,所上饮食皆用琉璃器盛放,味道十分甘美,一问才知道,皆以"人乳蒸之"。北齐勋臣子弟韩晋明"好酒诞纵,招引宾客,一席之费,动至万钱,犹恨俭率"[5]。当然,这种现象也并不完全是门阀士族为满足口舌之欲而起,因为对美食之品评也是衡量家世高下的标准之一,"三世长者知被服,五世长者知饮食"之说正是这个道理。

　　当时人每日进餐的次数在不同的阶层中有所不同。皇帝的进餐次数按礼制为每日四次,即平旦食、昼食、晡食、暮食。《白虎通》载:"平旦,食少阳之始也。昼,食太阳之始也。晡,食少阴之始也。莫〈暮〉,食太阴之始也。"贵族的进餐次数为每日三次,如《汉书·淮南厉王传》载,汉文帝时淮南王刘长因谋反而获罪徙蜀,朝廷特许他全家"皆日三食,给薪菜盐饮食器席蓐","肉日五斤,酒五斗"。一般人的进餐次数则为每日二次,据《睡虎地秦墓竹简》中的《传食律》和《仓律》所示,大多数人都是早晚各一餐。居延汉简中"朝三升,莫(暮)三升"的记载和《礼记·丧大记》中"朝一溢米,夕一溢米"以及《汉书·晁错传》中"人情一日不再食则饥"的说法也反映了当时一般人每日两餐的情况。[6]

　　在秦代,南方的主食以稻为主,而北方的主食以粟为主。粟是黍和稷的总称。早在春秋战国时期,粟就是产量最大也是秦人最常吃的食品。秦穆公时,晋国大旱,向秦借粮,秦"与之粟,以船漕车转,自雍相望至绛"。另据《睡虎地秦墓竹简》中的《仓律》所载,当时栎阳粮仓储粮"二万石一积",咸阳粮仓储粮"十万石一积"。其中仅粟一种就分为黄、白、青三项不同加工种类收藏。秦国粟量之多可见一斑。秦人对麦的种植不感兴趣,因此,麦子的种植和食用远没有粟普遍。以至到了西汉中期,仍然是"关中俗不好种麦"。

　　在汉代,黄河中下游地区以种植大小麦为最多,其次是粳稻和粟类;北方草原地区以种植荞麦、高粱为主;西北高原地区以种植粟类为主;长江流域及其以南地区,以种植水稻为最多。这种因地理气候的差异而形成的几个不同作物区,至迟在西汉时期就已经形成了。各作物区种植的主要谷类成为各作物区人民的主食来源。

汉代的饼是面食的通称,凡以面粉加工的食品,在汉代都是以饼为名。各种饼的区别,往往由其加工方法或附加原料来确定,如蒸成的馒头和包子等叫蒸饼,水煮的面条和面块等称为汤饼,烧成的大饼叫烧饼或炉饼,油炸的叫油饼,加有芝麻的叫麻饼等。古籍中有关饼的记载首见于《三辅旧事》。汉代人所食面饼,最常见的当为汤饼和蒸饼。汤饼为水煮的面片和面团,或者是将蒸饼掰碎后再煮而成,现在的陕西人称为"泡馍"。当时的蒸饼未经发酵,食后不易消化。由于汉代以前中国就有了不下数千年历史的蒸食技术,所以面食很容易发挥甑蒸的长处而得以迅速发展,馒头便成了北方人的主食之一,尤其是南北朝时掌握了发酵的技术以后更是如此。有人认为,这个传统直到今天仍然是中国与西方饮食相区别的因素之一。西方蒸技晚出,烤技发达,同样是面食,西方却以烤法见长,制出了面包。这一蒸一烤,甚至可以看作东西方饮食文化的一个重要分水岭(图11-7)。[7]

魏晋南北朝时期常见的饭有麦饭、粟饭、稻米饭等。麦饭即大麦米所做之饭。《南齐书·刘怀慰传》载:刘怀慰任齐郡太守时,郡中有人送一斛新米给他。刘怀慰拿出自己所食的麦饭对他说:"且食有余,幸不须此"。《梁书·武帝纪》载,萧衍父亡,其在服期之内不吃稻米,只吃大麦,每天只吃两镒。魏晋南北朝时期所见之饼,种类繁多,《晋书·何曾传》载:"……每燕见,不食太官所设,帝辄命取其食。蒸饼上不坼作十字不食。"《荆楚岁时记》载:"六月伏日,并作汤饼,名为辟恶饼"。《齐民要术》中有"作烧饼法":"面一斗,羊肉二斤,葱白一合,豉汁及盐,熬令熟,炙之,面当令起。"(图11-8)

以上讲的主要是主食的情况。这一时期的副食也是比较丰富的。如芋头、小豆、菱角、葫芦、黄瓜、菠菜、蕹菜、枣、香橙、橘子、柿子、梨、梅子、杨梅、李子、橄榄、木瓜、西瓜等蔬菜和水果在出土墓葬材料中都有反映。肉类食品也颇多。除六畜中的猪、狗、羊、鸡、鸭、鹅之外(因牛马为役畜,所以很少食用),兽类如鹿、獐、兔、鼠、狼,禽类如雉、雁、鹄、鹤、鸠、鸽、麻雀、鹌鹑、鹧鸪、凫,水生如鲂、鲤、鲫、鲈、鳝、鳆、鳜、白鱼、索鱼、鲍鱼、鳅、鳖、青蛙、蟹、螺、蚌、贝、蛤等都进入了人们的餐桌。晋朝沈莹在所著的《临海水土异物志》中记载南方渔产品达九十余种,其中还包括乌贼、比目鱼、琵琶鱼和井鱼。调味品的种类也在逐渐增多。此时,豉已经成为家庭必备食品,这在《史记》《汉书》中有记载,

图 11-7　山东诸城出土汉代画像砖庖厨图

图 11-8　汉代北方的谷仓明器

居延、敦煌简牍中也有多例；张骞通西域后，胡葱、胡蒜、茴香等得以引入；汉代《食经》有"作大豆千岁苦酒法"，说明此时人们已经掌握了造醋的技术，因此崔寔才会讲农历四五月间为造醋的好时机，而至北魏，《齐民要术》所记造醋法已达18种之多；汉代岭南人已会制造蔗糖，见于杨孚《异物志》；贾思勰还为我们留下了一种当时的复合调料"八和齑"的配方，其作用类似现在的"十三香"。此外，这一时期的烹饪技术也已经十分完善了，《齐民要术》中就详细记载了炙、炮、煎、炸、缹、烩、蒸、煮、烧、炖等多种方法。多样的烹饪方法使菜肴花样翻新，梁武帝就曾经讲过"变一瓜为数十种，食一菜为数十味，不变瓜菜，亦无多种，以变故多"。这里，一种菜可以做成数十味佳肴。

居住是社会生活的重要环节和表现形式。从文献记载看，这一时期的住宅上承春秋战国，变化不是太大，体现出某种相对的稳定性，正所谓"两汉堂室犹存周制"，"东汉末期建筑犹未尽变旧法"，所以有人在论及这一时期居住状况时，往往以主要是反映春秋时期居住状况的《仪礼》的有关记载为依据（图11-9）。但《仪礼》所反映的情况具有阶层与空间的局限性，它主要涉及的是士大夫阶层住宅中的有限空间，即《仪礼》所言进退揖让之节，仅限于门堂房室之间，后儒绎经为图，其言宅第亦止于门、寝二者。然此特大夫、士住宅之一部耳，决难概其全体。何者，一家之中，有父子，有兄弟，父子兄弟又各有其配偶，子息繁滋，非东房、西室所能容。而厨、厕、仓、厩、奴婢之室，又皆生活所需，势所必具，决难付诸阙如。凡此数者，其配列结构之状，无关昏丧诸礼，皆十七篇所未言也。故昔儒据礼经释门寝，其劳固不可没，居今日而治建筑历史，则难举门寝而忘全局。且住宅者人类居住之所托，上自政治、宗教、学术、风俗，下逮衣服、车马、器用之微，罔不息息相关，互为因果。自应上溯原始居住之状以穷其源，下及两汉宅第以观其变，旁征典章器物以求其会，而实物之印证，尤有

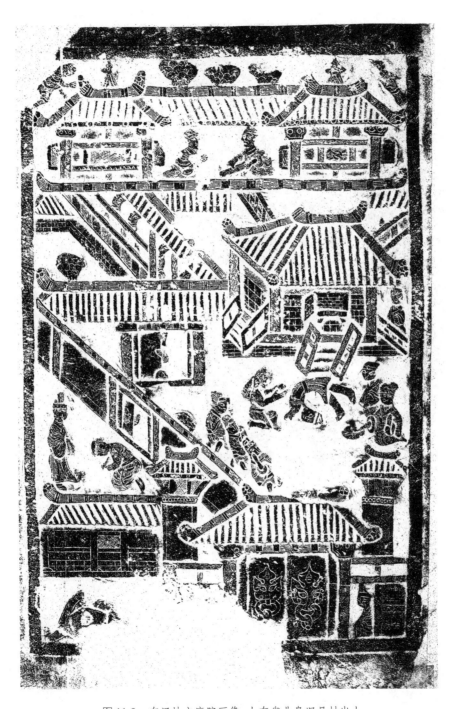

图 11-9　东汉地主庭院画像,山东省曲阜旧县村出土

图 11-10 东汉彩绘陶仓楼,河南焦作出土

侯乎考古发掘之进展,未能固步自封,窥一斑而遗全豹焉。"[8]

因此,在论及这一时期居住状况时,应将文献记载与考古材料有机地结合起来。近年来在考古发掘中所发现的大量遗址、画像砖、画像石、陶屋及其他随葬品等(图 11-10),为我们全面而正确地认识这一时期的居住状况提供了丰富的形象资料。

这一时期的庭院式住宅种类众多,五花八门,既有方形、长方形之分,也有一字形、曲尺形、三合式、四合式、日字形之分,但其基本结构大多是一堂二内,即三间住宅中一间为堂、二间为室,并且都带有庭院,当然面积大小存在差别。

这一时期的庭院式住宅,在住宅平面和立面的处理方法上,小型住宅比较自由,中型以上住宅则有明显的中轴线,并以四合院为组成建筑群的基本单位。后者主要是以围墙和廊屋包围起来的封闭式建筑,从汉代到清末,不但住宅如此,宫殿庙宇及其他建筑也大都如此。这使得它们的外观比较简单,而内部以院落为中心的各种房屋的空间组合,以及若干院落的联系调合与变化自然成为艺术处理的主要对象。在技术方面,战国时期已使用小砖。汉代使用砖墙的更多,屋檐结构为了缓和屋溜与增加室内光线的缘故已向上反曲,成为屋角反翘的主要原因。这说明汉族住宅甚至整个汉族建筑的许多特征,在两汉时期已经基本上形成了[9]。

当然，贫民的居住条件十分简陋，一般没有庭院。如《东观汉记》载："李恂坐事免，无田宅财产，居山泽，结草为庐。"又载："迁下邳相，邻国贫民来归之，茅屋草庐千户。"《后汉书·逸民列传》载："台修隐于武安山，凿穴为居。"又载："矫慎隐遁山谷，因穴为室。"《宋书·王玄谟传》叙玄谟攻滑台时，因城内多茅屋，故有人建议用火攻。

秦汉时期盛行神仙方士之说，根据"仙人好楼居"的说法，统治阶层追求仙居生活的建筑环境，因此楼阁式住宅应运而生。当时人对大自然充满着崇拜与向往，凭高远眺也是一种特有的审美趣好，加上居住的需要，安全的需要，军事的需要等，高层楼阁建筑形成热潮。

西汉的楼阁一般采用井幹式，即主要是用大木实叠而成。东汉的楼阁一般采用构架式，斗拱的使用也比较普遍化和多样化。高层木构楼阁上的平坐和出檐皆由起悬挑作用的斗拱支撑，斗拱已经是整座建筑物的有机组成部分。在四川三台郪江崖墓中发现的一种斗拱颇具特色，它的拱从栌斗的前后左右四个方向伸出（只雕了前左右三方，后部因不在视觉范围内，所以省略未刻，实际上应是四面相同），其上托斗子，斗子上再承梁枋。这种斗拱宋人称之为"斗口跳"，它是目前发现的汉代斗拱中仅有的一例。值得注意的是，在该斗拱的栌斗之上刻有一圆柱的形象，说明该墓所模仿的木构建筑应是内立中柱的多层楼阁，上层的柱子应插在下层立柱的栌斗之上。这种建楼立柱的方式在宋人《营造法式》中称之为"叉柱造"[10]。而在东汉陶楼上表现出来的逐层施柱、逐层收小减低、逐层或隔层出檐或装平坐等手法，使楼阁外观稳中含变，虚实相生，成为我国古代木构楼阁此后长期遵循的建筑形式[11]。北魏永宁寺九层木塔也是这种手法的典型代表。

"干栏"即考古学与民族学中所谓"栅居"，一般用竖立的木桩（柱）构成底架，建成高出于地面的居室。过去只在出土的铜鼓图案中得见干栏图案。干栏的历史记载最早见于《魏书》和《北史》。现在在汉画像石、画像砖里可见其典型表现，时间上早于《魏书》《北史》，形式上比铜鼓图案更为逼真，是民族史上的珍贵资料。干栏式建筑的历史渊源由来已久。考古学资料表明，新石器时代早期就出现了干栏式建筑。《北史·蛮僚传》说："依树积木以居其上，名曰'干栏'"。说明它是从远古的巢居方式演变而来的。

从广州汉墓出土的汉代陶屋看,当地的干栏式住宅的结构比较简朴,其平面布置都有一定的局式。结构分上下二层,底层四周用矮墙围绕,构成一个方形的"基座",有的施以斗拱,正面安设楼梯,供登降之用,整个底层都是用作饲养家畜的圈栏,在背面墙根处多数都辟有一个窦洞,以便牲畜进出。这种结构比在四川汉画像砖上所见下层只有支柱而不用围墙的栅居式房屋,在使用上是较为进步的。上层的面积约占底层的三分之二,高架于"基座"的前部,其平面分为横长方形和曲尺形两种,屋顶采用悬山式,正面开门,屋背有小窗。门的位置以居中者多,也有偏于一侧的,门旁还有直棂和菱形的窗穴,这是广州出土的两汉陶屋、陶仓中最常见的一种窗槅形式[12]。

西南地区值得提及的是四川省内江市东汉崖墓画像石上所表现的干栏式住宅。内江位于川南,秦汉时属"西南夷"边沿之地,又处于巴蜀两地接合部位,居住的少数民族特别多。由于炎热、多雨潮湿,为了通风、采光和防兽、防盗,利用当地丰富的竹、木资源,构筑成楼下架空的干栏式房屋。如今云、贵地区瑶族、傣族的竹楼,苗族的"吊梯"等皆具干栏特征,是古代干栏的标本。其楼上面设有宽敞的前廊,是为了扩大使用空间,增加采光,有利于通风散热。走廊后面为"祭所"和"寝"室。楼下架空,对防潮湿、防兽、防盗等有益。

对于干栏的地方民族特点、建筑形式及其优越性能,古人早已作过考查,古文献上不乏记载,如《旧唐书·南蛮西南蛮列传·南平僚传》认为,南平僚住地"土气多瘴疠,山有毒草及沙虱、蝮蛇。人皆楼居,登梯而上,号为'干栏'。"

在属于北方地区的江苏铜山也发现了一幅刻划干栏式建筑的石刻画,这是在众多的徐州石刻画建筑图像中唯一的有关干栏式建筑的画面。从画面上看,住宅下用柱子、栌斗和一斗二式斗拱架空。这座干栏式建筑估计不会像西南少数民族地区那样因多瘴气、毒蛇、毒虫而建造的,该建筑物的位置可能临水或者就在水面上。总之是为富豪们追求享乐而设计建造的[13]。

成书于秦或汉初的《山海经》从某种角度反映了当时人们眼界的开阔,他们不仅足迹遍及大江南北,甚至开始涉足海外。秦汉帝国的建立,进一步促成了以城市为中心的道路交通体系的建立,天南地北,皆可见官吏、旅人、商贾等奔忙的身影。三国鼎立以来,道路为之隔塞,然而区域交通却因此而有了繁盛的可能。尽管通隔交杂,兴衰错落,羁旅之路却别有风采。

秦汉时期政治上的统一为水陆交通的发达创造了有利的客观条件,所以当时的水陆交通比分裂的春秋战国时期要发达得多。驰道是秦汉时期陆路交通网的主干,可通向全国各主要城市。驰道于秦始皇二十七年(公元前220)开始修建。早期的驰道以秦的都城咸阳为中心,延伸到全国各地,其分布区域是:"东穷燕、齐(今河北省、山东省广大地区),南极吴、楚(今江苏省、安徽省和湖北省)","西至临洮、羌中(今甘肃省、青海省一带),北据河为塞",并沿阴山至辽东(今辽宁省辽阳县北)。这样就把战国时代诸侯列国的都城用驰道连接起来,加以完善和扩建,进一步打通了通向中南、西南和东北地区的道路,从而构成了通向全国主要城市的干线道路网。

西汉以长安为中心的主要驿道把当时有名的都会都连接起来,如号称五都的洛阳、邯郸、临淄、宛(今河南南阳)、成都以及番禺(今广州)等,都有驿道通达(彩图16)。路上车马杂沓,货物转运,给当时社会经济的发展创造了有利的条件。除了大都会之外,全国各地区、各城市之间也有大道相连,构成了以长安为中心的西汉陆路交通网。1973年在湖南长沙马王堆三号汉墓出土了一幅标有道路的彩色地图,这幅地图96厘米见方,比例相当于1∶180000,准确地描绘了现今湖南、广东、广西三省交界地区的陆路交通和河流、城镇等。由此可见西汉初边远地区交通之一斑。

丝绸之路正式开通于西汉时期,是当时贯穿中亚最长的一条道路,也是世界上横贯欧亚大陆最长的一条国际道路。它自长安起,南路经狄道(今甘肃临洮)、金城(今甘肃永靖西北)、令居(今甘肃永登西北);北路经平襄(今甘肃通渭西北),渡祖厉河,入河西走廊至玉门关和阳关以后,即分为南北两道。南道经塔里木盆地东端的鄯善(古楼兰国),沿昆仑山北麓西行至莎车越过葱岭,通至中亚的大月氏国,再通至安息国(今伊朗之哈马丹城)。北道经车师前王庭(今新疆吐鲁番),再沿天山南麓西行至疏勒(今新疆疏勒县),由疏勒西出葱岭,可通至中亚的大宛(今乌兹别克斯坦费尔干纳),还可通至撒马尔罕等地。

东汉时期的陆路交通在西汉的基础上进一步发展,汉光武帝时修建了飞狐道、交趾道,汉章帝时开通了零陵桂阳峤道。此外,汉明帝时还对褒斜道进行了大规模的扩建工程。据《开通褒斜道石刻》记载:修路刑徒2690人,实用工数达

766800 多工,修建道路 258 里(合今 108 公里),桥阁 633 间,大桥 5 座。此外还有邮亭驿置等建筑物 64 所。耗用工程费用合 1499400 多斛粟(王昶《金石萃编》卷五)。从此,巴蜀与关中的交往愈加通畅。

　　魏晋南北朝时期的战乱与割据在很大程度上打断了陆路交通的一体化趋势,栈道被毁,旧有的道路因缺少维护而渐失作用,原为交通枢纽的中心城市因战乱而衰败,各政权间的边界也成为交通的无形的阻隔。不过新的政治格局也同样带来了新的陆路交通格局。这一时期先后形成了邺城、成都、建康、平城等一批新兴城市为中心的交通网络,并且,区域内次要道路地位得以抬升。如建业在汉时仅只是丹阳郡一县,然而经三国吴及西晋开发,地位迅速提升,左思在《吴都赋》中写道:"于是乐只衍而欢饫无匮,都辇殷而四奥来暨。水浮陆行,方舟结驷。唱棹转毂,昧旦永日。"又如,北魏都平城之际,为图南进,曾经营井陉路、沙泉路、河西猎道、灵丘道等。此外,北方一度出现的统一政局还给昔日的交通枢纽带来了新的生机,旧有地位得以恢复。《晋书·苻坚载记上》曰:前秦苻坚统一北方后,长安再度成为北方的政治中心和交通枢纽。时称"关陇晏清,百姓丰乐,自长安至于诸州,皆夹路树槐柳,二十里一亭,四十里一驿,旅行者取给于途,工商贸贩于道。"

　　秦代的海上交通相当发达。据《史记·东越列传》,秦始皇二十六年(公元前 221),秦灭六国后不久即平闽越,置闽中郡。同书《主父偃传》载:"使尉屠睢将楼船之士南攻百越。"这次战役规模很大,据《淮南子·人间训》载,大军分五路南进,其中一路由海道直取番禺。《史记》的《秦始皇本纪》《封禅书》和《淮南衡山列传》所载的徐福东渡之事,也显示了当时海上交通的发达。

　　汉代的海上交通进一步发展。元封二年(公元前 111)至三年间,汉武帝遣楼船将军杨仆率船军五万人,东渡渤海,平定朝鲜,于其地置乐浪、临屯、玄菟、真番四郡。汉代自在岭南设置南海、苍梧、郁林、合浦、交趾、九真、日南七郡后,它们的贡献都从海道而来。东汉末年以来的战乱并未废止海上交通。当时名士管宁、邴原等东渡辽东避难就是经由海路。这一时期南方政权也通过海路与辽东或朝鲜诸政权取得联系与交流。此外,吴孙权曾派卫温浮海求夷洲及亶洲,还曾派朱应等去林邑、扶南等南海诸国。两晋以后,远航渐少,然而近海的商贸来往却并未中断。《宋书·蛮夷传》称"舟舶断路,商使交属",

图 11-11　东汉陶船,广东广州出土

当然,其中不乏朝贡者(图 11-11)。

　　这一时期远洋的交往也很突出。自安息兴起于西亚后,陆路交通受到阻碍,这时中国和大秦都在设法利用海路继续进行贸易。如公元 97 年汉朝西域都护班超曾派甘英出使大秦,至条支西海(波斯湾)为海水所阻而还。公元166 年,罗马帝国(大秦)皇帝安敦遣使者到汉朝日南郡徼外向朝廷赠送象牙、犀角、玳瑁作为礼物,东、西两大文化古国建立了友好关系。到公元 226 年,"有大秦贾人字秦论来到交趾",并北上建业谒见吴大帝孙权。除与大秦的联系之外,文献材料中也有中国船只远航波斯湾及幼发拉底河等处的记载[14]。

　　秦汉时期的内河交通也很发达。据《史记·陈丞相世家》《汉书·武帝纪》和《东观汉记》等古籍记载,黄河、湟水、滇水、漓水和巴蜀之水皆可行船。而行船最为普遍又不大受旱、雨季影响的长年水道,当推长江中下游及相关水系。如《汉书·高帝纪》:"悉发关中兵,收三河士,南浮江汉以下。"《后汉书·第五伦传》:"拜会稽太守……坐法征,老小攀车叩马……不得前。……阴乘船去。"除利用天然河道之外,当时还开凿人工河渠以利通航和漕运。武帝时,漕渠"通,以漕,大便利"(《史记·河渠书》)。东汉光武帝"穿阳渠,引洛水为漕,百姓得其利"(《后汉书·张纯传》)。汉明帝时"遣将作谒者王吴修汴渠,自荥阳至于千乘海口"(《后汉书·明帝纪》)。魏晋以来,分裂政权为自身的发展需要,也十分勉力于沟渠的开凿。南方破岗渎的开凿,沟通了太湖流域水系与建业的联系,北方白沟、利漕渠、平虏渠、泉州渠等的开凿,沟通了中原南北交

图 11-12　北齐陶牛车,1995 年山西太原出土

通。这些建设不仅提高了各国的物资储运能力,促进了地方经济的繁荣,也为以后我国运河体系的形成打下了很好的基础。

交通离不开车马舟船,这一时期的各类交通工具也是别有特色的。不同于春秋战国时代车在战场上的广泛应用,秦汉以来,车辆更多地被用于载乘和运输。当时拉车的畜力主要以牛马为主,牛车称"大车"(图 11-12),而驷马车则称"小车"。此时,立乘高车已不多见,多为坐乘之"安车"。从车箱的的形制上来看,又可将车分为轺车、轓车、轩车、辎车、辀车、辇车等多种。轺车即可"四向远望之车",以敞露为特点。轓车与轺车类似,只不过多一车耳,装在车辎上部用以遮住车轮顶部的挡泥板。轩车则是外加装饰的轺车。辎车、辀车与轺车相对,均为车箱掩闭之车。辎车多用于载装贵重物品,辀车则妇女乘坐为多。辇车与驾牛的大车相同,车箱上装有卷篷,只是以马为畜力而已,也常为妇女乘坐。

这一时期,车舆的乘坐有很严格的等级制度。不过,几百年间,制度却也并非一贯,常常为世风所左右。如轺车在汉代是使用相当广泛的一种车辆,多为中下级官员使用,汉画像中也多见。魏晋以降却有所变化。西晋傅玄撰《傅子》中就提到:"汉世贱轺车,而今贵之"[15],风气为之一转。至东晋南朝,三公也乘轺车了。又如,驾牛的大车在汉代往往为平民所乘。因此地位较低的商人便只能乘牛车。然而至东汉末,牛车却渐渐走入上层。《晋书·舆服志》云:"古之贵者不乘牛车,……其后稍见贵之。自(汉)灵、献以来,天子至士庶遂以为常乘。"至南北朝几成惯例,只是达官贵人所乘牛车完全不似民间驾牛之柴车,装饰极为华贵。此外,晋代上层社会还一度盛行乘羊车。史载:晋武帝好色,"掖庭殆将万人,而并宠者甚众。帝莫之所适,常乘羊车。恣其所之,至便宴寝。"(《晋书·后妃传》)

除车马之外,陆上的交通工具还包括舆轿、辇、鹿车等。车马适于平原,舆轿则适于山地。《汉书·严助传》有"舆轿而隃(逾)岭"的说法。从云南晋宁石寨山滇人贵族墓葬所出的贮贝器上可以看到舆轿的实际形制。魏晋南北朝时期,舆轿不仅仅被用于爬山逾岭,还成为上层贵族的日常代步工具,且出现了八扛舆、板舆、襻舆、篮舆等不同形制变化。辇即为人力车。鹿车也即俗称的独转车,据研究,诸葛亮所创"木牛流马"实即鹿车改造而成。

船舶作为水路交通的工具起源较早。以楫拨水前进是中国早期船只主要特色,并以此类船只为主体行于内陆水面。这一时期墓葬所出明器木船或陶船多属此类。当然,出于战争的需要,规模宏大的楼船又常常成为统治者夸耀武力的象征,这样的事例屡见于文献。《汉书·食货志下》:汉武帝在昆明池训练水军,"治楼船,高十余丈,旗织加其上,甚壮。"《水经注·江水三》也提到吴孙权造船,"名之为长安,亦曰大舶,载坐直之士三千人,与群臣泛舟江津。"海船的建造在这一时期也不逊色。1974 年在广州曾发现一处规模巨大的汉代造船厂遗址,其中 2 号船台可以建造宽 6—8 米,长 20—30 米,载重量达 50—60 吨的木船,显然是用于航海的。这种船上应装有风帆,故而《释名》中提及"随风张幔"的帆和挂帆用的桅。魏晋南北朝时期虽无实物证据,但从当时海外联系的频繁可以推知,海船的建造技术当比汉又有进一步的发展。整体而言,这一时期,南北方的造船业都很发达,所以北方政权才能够组织强大的船队与南方相抗。不过南方还是要略强于北方。所以隋在灭陈后,曾马上下令:"吴越之人,往承弊俗,所在之处,私造大船。因相聚结,致有侵害。其江南诸州,人间有船长三丈以上,悉括入官。"(《隋书·高祖纪》)

第二节　家庭与宗族

盛世汉朝的个体家庭社会　和平、动荡、分裂中的宗族势力

秦汉时期的家庭规模一般为"五口之家"。如《汉书·食货志》引晁错说:"今农夫五口之家,其服役者不下二人,其能耕者不过百亩,百亩之收不过百

石。"从官方的户口统计资料中,也可看出秦汉时期的家庭规模约为"五口之家",如汉平帝元始二年(公元2年)每户平均4.87口;汉光武帝中元二年(57)每户平均4.91口;汉安帝延光四年(125),每户平均5.05口;汉桓帝永寿三年(157)每户平均5.29口。从有关秦汉时期的某些考古材料中,同样可看出秦汉时期的家庭规模约为"五口之家",如1974年在湖北江陵凤凰山汉墓中出土了一批简牍,体现的是西汉文帝、景帝时期的情况。据裘锡圭的释文,A类竹简(郑里廪簿)涉及25户,其中一户只有劳力数,不见人口数,所以无统计意义,其余24户共有110口,每户平均4.58口[16]。

"五口之家"是典型的以夫妻为主的核心家庭,以这样家庭组成的汉代的最基层的组织"里"有着很强的地缘意味。正因为如此,汉代政府可以把"里"中的民户分成"什""伍",相互扶持,相互监督,从而带来十分稳定的社会秩序。

齐家、治国充分体现了家庭与国家的密切关系。齐家、治国是"修齐治平"即修身、齐家、治国、平天下的中间两个环节,"修齐治平"在中国古代素被儒家经典所高度重视,并向为人们视作安身立命的圭臬。如《礼记·大学》:"古之欲明明德于天下者,先治其国;欲治其国者,先齐其家;欲齐其家者,先修其身;欲修其身者,先正其心;欲正其心者,先诚其意;欲诚其意者,先致其知;致知在格物。物格而后知至,知至而后意诚,意诚而后心正,心正而后身修,身修而后家齐,家齐而后国治,国治而后天下平。"可见,在"修齐治平"四者中,修身是基础。而在齐家、治国、平天下三者中,则齐家又是基础。它不仅是检验修身成功与否的第一步,而且是修身向治国、平天下扩展的必由之路。

在中国古代人的观念中,只有善于齐家者才善于治国与平天下。如《墨子·尚同》下:"治天下之国若治一家。"《礼记·大学》:"其家不可教,而能教人者无之,故君子不出家而成教于国。"汉代匡衡《论正家疏》说:"室家之道修,则天下之理得。"又引"传曰:正家而天下定矣"。东汉荀悦《申鉴·政体》说:"问明于治者其统正,万物之本在身,天下之本在家,治乱之本在左右,内正之而四表定矣。"因为齐家是治国的基础,家庭与国家具有某种相通之处,所以,有人把治家当作国家治理,如汉代李通"居家如官廷"。冯良"遇妻子如君臣"。

汉代"以孝治天下",即运用原本属于家庭伦理的孝来治理国家。有人认为,儒家的整个思想体系及修身、齐家、治国、平天下的宏伟蓝图是以"孝"为本。汉代帝王除高帝刘邦、光武帝刘秀外,自西汉惠帝、东汉明帝以下,帝王谥号无不标以"孝"字。对此,颜师古说:"孝子善述父之志,故汉家之谥,自惠帝以下皆称孝也。"颜师古所据似为《礼记·中庸》:"夫孝者善继人之志,善述人之事"。又《汉书·霍光传》的解释是:"汉之传谥,常为孝者,以常有天下,令宗庙血食也"。而《后汉书·荀爽传》的解释是:"汉为火德,火生于木,木盛于火,故其德为孝"。

在"以孝治天下"的思想指导下,汉代以举孝悌、孝廉为选拔官吏的方式之一。有关规定和材料不仅见之于文献,也见之于汉碑等文物。黄留珠在《两汉孝廉制度考略》中,根据汉代历朝有关举孝廉的规定,推算出西汉自武帝元光元年(公元前134)以后,每年举孝廉约为206人,如此则西汉共举孝廉32000人;东汉以和帝永元年间的两次诏令为界,之前每年举孝廉约为189人,之后每年举孝廉约为228人,如此则东汉共举孝廉42000人。

汉代之所以"以孝治天下",重要原因之一是孝属于一种扩展性和伸缩性极大,层次性、适应性和开放性颇强的伦理规范,具有始于家庭而扩向社会的重要特点。如孔子说:"夫孝,德之本也,教之所由生也。""入则孝,出则弟,谨而信,泛爱众"。"孝以事亲,顺以听命,措诸天下,无所不行"。可见孝作为伦理道德的起点,作为"众善之始",存在一个由内及外、由亲及疏、由近及远、由小及大的推行过程。推行到最后,几乎是无所不包、无所不在。如《礼记·祭义》:"夫孝,置之而塞乎天地,溥之而横乎四海,施诸后世而无朝夕。"

若干血缘关系相近的家庭组成宗族。班固《白虎通》卷三说:"宗者何谓也?宗者尊也,为先祖主者,宗人之所尊也。……族者何也?族者凑也,聚也,谓恩爱相流凑也。上凑高祖,下凑玄孙。一家有吉,百家聚之,合而为亲,生相亲爱,死相哀痛,有会聚之道,故谓之族。"可见,宗族虽同样是由上至高祖、下至玄孙的各代父系成员组成,但强调的是聚居群处及相互扶助。秦汉以来形成的宗族与西周时的宗族不同,宗子不再是必然的政治权势的代表,而仅是族内的最高权威。这意味着族权与政权的分离。正因为如此,《白虎通》才将"长和睦""亲九族"作为讨论的主题。东汉文献《四民月令》按照一年十二个月的次序,记载了一个典型宗族对族内事务有秩序、有计划的安排,反映出了宗族的主要职能。

秦汉时期有很多聚族而居的情况。《四民月令》一书中有大量关于宗族生产情况的记载。族长握有管理和监督生产的权利。又如《后汉书·樊宏传》记樊重"性温厚,有法度……其营理产业,物无所弃,课役童隶,各得其宜,故能上下戮力,财利岁倍。至乃开广田土三百余顷"。

族长如果不满意宗族成员的生产活动,可以加以鞭笞。如仲长统在《昌言》中说:"稼穑不修,桑果不茂,畜产不肥,鞭之可也;椓落不完,垣墙不平,扫除不净,笞之可也。此督课之方也。"

汉代乡官的名称也可从一个侧面反映汉代宗族与生产的关系。汉代乡官有三老、孝悌、力田等,其中孝悌掌管伦理道德和社会风尚,力田掌管农业生产,二者都是汉代统治者新命名的。将本属宗族伦理的孝悌与本属农业生产领域的力田排在一起,这在一定程度上反映了宗族与农业生产的密切联系。侯外庐等在《中国思想通史》第2卷中指出:"农客的宗族血缘,更巩固了农业与手工业相结合的自然经济。'领客''宾客''宗部'和'部曲',就是以宗族的血缘关系作为纽带,而又束缚于土地的。中国劳动力的丰厚源泉,既然以这种宗族制为基础,那么我们就知道统治阶级为什么把'孝悌'与'力田'相互关联起来了。"

秦汉时期十分注重宗族成员间的互相救助,特别是经济上的互相救助。如《后汉书·任光传》载,任隗"所得奉秩,常以赈恤宗族,收养孤寡。"《后汉书·张纯传》载,张奋"常分损租奉,赡恤宗亲,虽至倾匮,而施与不怠。"

在某些典型的宗族中,这种互相救助常在春秋两季定期举行,如《四民月令》:"三月,……冬谷或尽,椹麦未熟,乃顺阳布德,振赡匮乏,务先九族,自亲者始。""九月,……存问九族孤、寡、老、病不能自存者。分厚彻重,以救其寒。"

如果族人中有丧葬大事,就更重视对丧家的赈施。这种赈施经常是由族长亲自召集族人扶助丧家,如《四民月令》:"同宗有贫窭久丧不堪葬者,则纠合宗人,共兴举之。"《后汉书·独行列传·刘翊传》:"乡族贫者,死亡则为具殡葬。"

如果遇到灾荒之年,宗族内的经济救助则更为经常,如《后汉书·方术列传》:"(廖扶)逆知岁荒,乃聚谷数千斛,悉用给宗族姻亲,又敛葬遭疫死亡不

图 11-13   晋纸画墓主生活图,新疆吐鲁番阿斯塔那 13 号墓出土

能自收者。"《三国志·司马朗传》:"时岁大饥,人相食,朗收恤宗族,教训诸弟,不为衰世解业。"

宗族成员对共同祖先的祭祀是维系宗族存在的重要方式之一。如《汉书·游侠传》载西汉齐人楼护为谏大夫,出使郡国,"过齐,上书求上先人冢,因会宗亲故人,各以亲疏与束帛,一人散百金之费"。墓祭除了同宗外,或有异姓宾客、姻亲、故人参加,如《四民月令》:"后三日,祀冢,事毕,乃请召宗、亲、婚姻、宾旅,讲好和礼,以笃恩纪。"(图 11-13)

祭祀祖先时族长主祭,族人按序排列,气氛比较谐和。《四民月令》载:"及祀日,进酒降神。毕,乃家室尊卑,无小无大,以次列坐于先祖之前,子、妇、孙、曾各上椒酒于其家长,称觞举寿,欣欣如也"。

祭祀祖先的重要目的是慎终追远、奉行孝道。如果子孙做了某些愧对祖先的事情,则往往会感到无脸祭祀祖先。如《汉书·韦玄成传》载,列侯韦玄成因遭"有司劾奏","削爵为关内侯。玄成自伤贬黜父爵,叹曰:'吾何面目以奉祭祀!'"

在汉代宗族中有共同的族人会议。《东观汉记·张表传》:"宗人亲厚节会饮食宴"。宗族族人在固定节日里共同举行宴饮,实际是一种定期举行的族人会议。族人会议对宗族极为重要,因为族中的大事一般都要在族人会议上商议。《三国志·程昱传》载,东汉末年,程昱"宗人奉牛酒大会",程昱在会上向族人表示了自己退官的要求。族长不仅主持族中祭祀,召集族人会议,而且常用族规约束族人,甚至可以支配族人的财产。

宗族职能被逐步强化后,宗族愈加成为一个相对独立的、自给自足、功能健全的社会单位。这一点在新莽动乱的年代得到了验证:许多宗族聚堡自守而得以保全。

秦汉时期尽管宗族与政权已经分离,但宗族结构在各阶层中差别极大,下层平民一般很少具有比较完整的宗族结构,而上层贵族和官僚则大多具有相对典型和完善的宗族结构,并与中央政府或地方政权存在程度不同的直接或间接联系。东汉政府组成成分中的强宗豪族特色进一步放大了这一趋势。"四世三公"现象的频现,似乎暗示着宗族与政权再度重合的可能。

魏晋以来的分裂与动乱是地方豪强大族肆意扩张的结果,同时也为这种独特社会组织形式提供了必要的表现场所和发展空间。因而这一时期的宗族也形成了不同于其他时代的特色。

在战乱和流徙的苦难生活中,人们经常受到死亡的威胁,求生存的强烈欲望,使他们认识到只有组织起来,发挥集体力量,才有可能战胜天灾人祸,从而求得生存。作为社会组织最理想的纽带,便是同宗血缘关系,因而这个时期宗族组织比较兴盛。同时在北方少数民族统治区域内,汉人为反对阶级和民族的双重压迫,流徙到外地的人民要建立新的立脚点,需要共同应付与当地土著民户之间的各种矛盾,这些因素也助长了宗族势力的发展。魏晋之际士族制度形成后,维护士族政治特权的九品中正制,以及维护士族经济特权的占田荫客制,促进了士族宗族势力发展到顶峰[17]。这样一种发展态势导致南迁的人口以独特的侨置州郡的方式得到安置,北方则出现了宗主督护制这种另类的行政区划单位。宗族势力不仅得到了政权的默认,与之相伴的政治、经济、法律等状况及社会观念也随之发生了不小的变化。从政治上来讲,族姓已经成为政治前途的必然象征,大族子弟可以不凭事功便可平步青云。东晋门阀政治的形成是这一表征的极端体现。经济上,出现了广占山泽的士族庄园,其规模及自足性已远非东汉豪族所能比。原有的宗族成员间相互救助的观念已经强化为"通财"意识。如毛玠"赏赐以赈施贫族,家无所余"(《三国志·魏书·毛玠传》)。正因为如此,宗族成员数世同居共财,为世所重,成为时代风尚。法律上,一人犯法,诛及宗族的事情极具普遍性。文化上,形成了固化的、带有垄断性的家世与门风。还有诸如士庶不同席、士庶不通婚等清规戒律,则反映了特权者在观念上维护士族尊贵及纯洁性的强烈要求。

当然在这"身"与"族"密不可分的宗族主流之外,还有众多的客户及奴婢等。他们虽大多并无宗族的身份,但在门阀势力强大的时代,不得不依附于各宗族而存活。随着南北朝末期至隋唐之初士族的衰落,这些被吸附于士族宗族的个体民户迅速成为均田制下的编户齐民。于是家庭与宗族再次回归常态,这也为隋唐盛世打下了良好基础。

第三节 内容丰富的岁时娱乐

从《淮南子·天文训》看二十四节气 完善于东汉的十二生肖 迷信、娱乐并重的传统节日 走入俗世的娱乐活动

二十四节气("春雨惊春清谷天,夏满芒夏暑相连。秋处露秋寒霜降,冬雪雪冬小大寒。")是我国古代天文学家和劳动人民在农业生产实践中发现、创造的,反过来它又服务于农民的耕耘、播种和收获等农事活动,因而推算并预报二十四节气一直是我国农历的一项不可缺少的重要内容。

现行二十四节气的全部名称见于《淮南子·天文训》,为冬至、小寒、大寒、立春、雨水、惊蛰、春分、清明、谷雨、立夏、小满、芒种、夏至、小暑、大暑、立秋、处暑、白露、秋分、寒露、霜降、立冬、小雪、大雪。而《天文训》所使用的是秦汉之际的颛顼历。因此,可以认为,现行二十四节气是战国时代关中地区劳动人民的创造,由颛顼历的作者进行总结与综合,成为历法中的一个部分。

二十四节气的制度和其他的划分法相比,有它的优越性。

一、每个季节都有六个节气,每个月有两个节气,比较整齐。齐国的三十个节气就只能是春、秋两季各八个节气,夏、冬两季各七个节气;就每个月而言,有六个月是两个节气,有六个月是三个节气,极不整齐。在二十四节气制度中由于两个节气的时间长度大于一个朔望月,因而可能出现有的月只有一个节气的现象。但这种现象正好可以被利用来作为阴阳历中需要安插闰月的一个标志。

二、它比较全面、细致地反映了一年中主要的气候现象。八节气制度只能反映四季的变迁。三十节气制度虽然有比较细致的特点,却不如二十四节气反映得全面。例如,二十四节气中夏至之后有小暑、大暑,到立秋之后又是处暑,全面反映了暑天的起伏。而三十节气中只有大暑、中暑、小暑,只反映了暑气减退的一面。又如,三十节气中把整个冬季从始寒到大寒,用了五个节气来反映寒冷的变化,看上去很细致。但是,二十四节气中在冬至之前有小雪、大雪,冬至之后有小寒、大寒,既反映了寒冷的进退,又反映了冬季的降雪,远比三十节气要全面。至于二十四节气中的谷雨、小满、芒种等与农事有关的节气更是体现了这个制度和农业生产的密切关系。

二十四节气的这些优越性从一个侧面反映了秦国地区农业和农业科学技术发展得远较六国为快的事实。正因为如此,随着秦始皇统一六国,颛顼历成为颁行全国的统一历法,二十四节气也就为全国人民所接受。《淮南子》是对汉初以前知识与思想进行整合的作品,它所记载的二十四节气正好反映了这一事实。

生肖指的是人出生年的属相,一共有十二个,通称十二属相,分别用十二种动物来代表。同时,十二生肖也是一套纪年的符号系统。生指出生年,肖是肖似。所肖或所属则是十二种动物,它们依次为:鼠、牛、虎、兔、龙、蛇、马、羊、猴、鸡、狗、猪;配上十二地支,便成为子鼠、丑牛、寅虎、卯兔、辰龙、巳蛇、午马、未羊、申猴、酉鸡、戌狗、亥猪。此即所谓生肖或属相。每个人都可以按自己的生年找到自己的生肖或属相(图 11-14)。

生肖之所以为数十二,是源于中国古代的干支纪年法。古人以天干、地支相配纪年;天干即甲乙丙丁戊己庚辛壬癸,地支即子丑寅卯辰巳午未申酉戌亥。十天干与十二地支相配,成为一个甲子周期。一甲子六十年。其间又以十二年为一周期,用地支来表示,附以动物,即成为鼠年、牛年、虎年、兔年、龙年、蛇年、马年、羊年、猴年、鸡年、狗年、猪年。

十二生肖源于何时,今已难于细考。较早记载见于《诗经》,《小雅·车攻》说:“吉日庚午,既差我马。”又《礼记·月令·季冬》也说:“出土牛,以送寒气。”较完整的生肖之说则见于东汉王充的《论衡》。其《物势》和《言毒》篇计

图 11-14　唐代十二生肖俑

有十一种生肖之名，即"寅，虎也。戌，犬也"，"丑禽牛，未禽羊也"，"午，马也。子，鼠也。酉，鸡也。巳，蛇也。亥，豕也。申，猴也"，"卯之兽兔"。另一位东汉学者所撰《吴越春秋》中又有"关东辰，其位龙"之语，恰补上《论衡》所缺之龙，凑足了十二生肖。而其时蔡邕《月令论》谓："十二辰之会，五时所食，必家人所畜之物。"王充和蔡邕记载十二生肖的文字虽简单，但字里行间显示在他们生活的时代，十二生肖早已广泛流传。

1975 年，湖北云梦县睡虎地十一号秦墓出土一批竹简。这批秦简里有《日书》两种，甲种《日书》背面的《盗者》一节载有十二生肖。秦简的记载中，十二地支齐全，除了辰一项原简漏抄生肖外，其余十一项均标有生肖："子，鼠也。丑，牛也。寅，虎也。卯，兔也。辰，巳，虫也。午，鹿也。未，马也。申，环也。酉，水也。戌，老羊也。亥，豕也。"

1986 年 4 月出土的甘肃放马滩秦简甲种《日书》中也有十二生肖的简文："子，鼠矣。丑，牛矣。寅，虎矣。卯，兔矣。辰，虫矣。巳，鸡矣。午，马矣。未，羊矣。申，猴矣。酉，鸡矣。戌，犬矣。亥，豕矣。"

两种秦简《日书》所记生肖与《论衡》记载、现今流行的说法不同。这说明了在流传过程中生肖的发展与变化。由于在东汉时期生肖已经发展得很完善，并且广泛地溶于民间生活，因而获得长久的生命力，至今是中华文化汪洋中永不干涸的一滴。

生肖习俗不仅汉族有,少数民族也有。《新唐书·黠戛斯》记载:"黠戛斯国以十二物纪年,如岁在寅,则曰虎年。"甚至有人以为汉族的生肖纪年源于北方少数民族。清人赵翼在《陔馀丛考》中说:"盖北俗初无所谓子丑寅之十二辰,但以鼠牛虎兔之类分纪岁时,浸寻流传于中国,遂相沿不废耳。"直到今天,各兄弟民族都流传着自己的生肖,如蒙族是虎、兔、龙、蛇、马、羊、猴、鸡、狗、猪、鼠、牛;傣族是鼠、牛、虎、兔、龙、蛇、马、羊、猴、鸡、狗、象;黎族是鸡、狗、猪、鼠、牛、虎、兔、龙、蛇、马、羊、猴,等等,与汉族的十二生肖大同小异。这里面很难说究竟谁先谁后,更多的可能,乃是各族文化的交流与融合孕育出了十二生肖。

中国古代的"节"与我们今日所言的"节日"有所不同,早先它更多的还是与季节、节气的对应,而很少纪念的意味。当时的人不满足将对气候、物候的研究仅用于节气的确定,他们更乐于把这些经验上升为天人感应的理论。因此,皇帝每每于冬夏两至时刻亲御前殿,合八能之士,候气定律,一切都谨慎小心,好像这与江山社稷的灾福祸祥、治乱兴衰默契相关(参见《续汉书·律历志》);太史每年要据星历推度时节禁忌,申令各界参照执行(从居延所出别火诏书可见一斑);节日时不时会有不欢之虞,东晋南朝便发生过几起因天象变异而停止元日朝会的事情(《宋书·礼志》)。这一时期的节日确实是迷信与娱乐相混杂的。以下试就几个典型的例子加以说明。

除夕与元旦,就是延续至今的春节,俗称过年。这一时期,除夕与元旦最突出的特点是带有浓厚的巫术和宗教色彩,并随之产生了一系列的年节风俗娱乐活动:贴门神的风俗,出现了最著名的两位门神神荼和郁垒。现在还能见到出土的汉代画像石墓墓门上所绘刻的神荼、郁垒形象。后来渐渐发展到在一块桃木板上写二人的名字,称为桃符,以驱邪除妖。驱傩也是除夕活动中的一项重要内容。在汉代,驱傩仪式较先秦有了很大的发展,不仅规模宏大,而且有了固定的程式。这种风俗一直延续到宋代,并向戏剧方面发展。元旦放爆竹是为了驱邪镇恶,祝福一年的吉祥如意。之后,全家敬神祭祖,再饮椒柏酒,预祝人们在新的一年里身体健康。然后喝桃汤,魏晋以后,改为饮屠苏酒,以避瘟疫。

　　元宵节起源于汉代。汉武帝时,亳人谬忌奏请祭祀泰一神(即太一神),并称泰一是天神之最贵者。汉武帝在甘泉宫建了一座太一祭坛,上供太一神,汉武帝对之虔诚祭祀,形成了正月十五非常隆重的祭神场面。从黄昏开始,通宵达旦,用盛大的灯火祭祀,从此形成了正月十五张灯结彩的习俗。东汉,佛教传入中国以后,其大明灯火光明法王的燃灯法会随之传入。汉明帝敕令正月十五佛祖神变之日燃灯,以表佛法大明。此后,道教又把正月十五称为上元,说这一天是天官的圣诞日,因此元宵节又称上元节。到了魏晋南北朝时期,元宵节又增添了灯节祭门神、祀蚕神、迎紫姑的风俗。

　　农历三月上旬的第一个巳日称为上巳。每年的三月上巳日,女巫在河边举行仪式,为人们除灾去病,希冀人们延年益寿。人们也纷纷到水边祭祀,并且用浸泡了香草的水沐浴,以祛除疾病和不祥,史书称之为禊或祓禊、祓除。而在桃红柳绿、万物复苏的春天,人们把祓禊和踏青结合起来,使这个节日增添了健康、快乐的气氛。东汉郊游踏青色彩日益浓厚,人们已不再举行祓禊仪式。每到三月上巳节,官民同到水边"洗濯祓除"。《后汉书·周举传》记永和"六年三月上巳日,(梁)商大会宾客,宴于洛水。"魏晋南北朝时期固定为三月三日,踏青游乐之风更盛。南朝梁简文帝有"都人野老,云集雾会"之句(《三日曲水诗序》)。又由于"巳"有子嗣之意,而春季又是万物孕育萌发的时节,所以选择此日祈求子嗣。因此也允许青年男女谈情说爱,野合不禁。

　　一般节日都因欢乐喜庆而渐成风气,而唯独寒食之节屡遭禁止,这主要是因为寒食禁火是其主要的风俗活动,迷信色彩极浓。东汉时,人们常常将这一习俗与春秋时期介子推的传说联系起来。介子推为晋公子重耳(后来的晋文公)随从,重耳流亡期间,介子推割肉食主,忠心不贰。而重耳回国即位后,介子推却辞功隐居山中养母。晋文公为感谢其义行用焚山之法强逼他出山受赏,介子推坚辞不出,抱木死于火海。晋文公万分悲痛,遂规定每年此时,家家禁绝烟火,吃寒食。到了唐代,寒食与清明渐渐合而为一,转向为墓祭的节日。寒食三日,人们以干饭、醴酪为食,即晋人孙楚《祭子推文》所称"黍饭一盘,醴酪二盂"。

　　五月最重要的节日当属端午。端午节起源于先秦时期,但当时不仅称谓纷繁,而且习俗各异。秦汉以后,端午节的风俗逐渐融合为一,但其巫术宗教色彩仍很浓重。当时端午风俗仍以祛病禳灾为主。《风俗通义》云："五月五日要以五色彩丝系臂辟兵及鬼，令人不病温。"同时，还要采艾饮菖蒲酒、雄黄酒，以驱邪防病。吃粽子和赛龙舟是端午节的重要习俗，早已流行，并且有多种不同的传说。随着历史的变迁，汉末魏晋以后，把五月五日作为屈原逝世的纪念日得到了人们的公认，这种说法一直沿袭下来。

七夕，即每年的农历七月初七。东汉时期已有关于七夕的故事，如后来之乞巧节、女儿节或少女节等。七夕正值夏季，夏夜纳凉让人们将眼光投向了头顶的两颗亮星——牵牛与织女，并将人间的男耕女织附会其上。早在先秦，就有许多有关牵牛星、织女星的记载，而且织女星已被人格化，成为女性祈福的对象，希望上天能给自己带来灵巧的双手和聪慧的心灵。汉代彩女在七夕这天"穿七孔针于开襟楼"（《西京杂记》），后来的月下穿针乞巧正是滥觞于此。秦汉以后，祈福的内容又有了进一步的发展。人们渴望美好的爱情。因此，牛郎织女七夕相见的故事，开始注入了节日的内容。由于人们对牛郎织女相爱而又被阻隔的同情，就愈发关注他们一年一度的相会，七夕之夜纷纷出门"坐看牵牛织女星"，并用五色线结"相连爱"，以表示把七夕看成爱情节。随着这一节日的日渐流传推广，祈福的内容更扩展为乞子、乞富等等。《风土记》载："七月初七日，其夜拜而愿，乞富、无子乞子，唯得乞一，不得兼求，三年乃得。"除此之外，七夕还有晒棉衣、晒书之俗。像晋代的郝隆，在七夕时见邻人晒物品，便袒腹而卧，说是晒书。

重阳节是农历的九月九日。九为阳数，日月都逢九，故称重阳。西汉时已有对此时令的关注了。《西京杂记》提到宫中"九月九日，佩茱萸，食蓬饵，饮菊华酒，令人长寿。菊华舒时，并采茎叶杂黍米酿之，至来年九月九日始熟，就饮焉。故谓之菊华酒。"可见，当时已有了佩茱萸、饮菊花酒等习俗，但求驱疫延年。而东汉费长房的故事中又有了登高的习俗。桓景随费长房学道。某日，费长房告诫桓景，其家九月九日将有灾，令其速回，并让桓氏全家以内盛茱萸的口袋系臂，出外登高饮菊花酒。桓景照做，后果然灵验，登高归家，鸡犬尽死。（《续齐谐记》）此时这一节日的巫术色彩很浓。魏晋南北朝时期，这一习俗进一步发展，不仅见于官方庆典，而且更广泛地见于民间活动中。《荆楚岁时记》载："九月九日，四民并籍野饮宴"。娱乐的目的更强了。

　　这一时期的节日风俗带有浓厚的迷信色彩,随着历史的发展,节日中进行的娱乐活动日渐增多,节日也变得欢快愉悦了。

　　战国以降,祭祀中巫者的舞蹈、典礼中庄重的乐歌、乡射时象征性的竞技,俱已走入了寻常百姓家,抛去身份的束缚和仪式的烦琐,逐渐转化成为上至达官、下至平民均喜闻乐见的各种娱乐活动,借此调剂平淡的生活和排遣胸中的郁闷,怡身悦心,享受人间乐趣。这一时期的娱乐活动可谓丰富多彩,呈现出一派俗世景象。

　　这一时期的竞技游戏主要有投壶、蹴鞠、六博、樗蒲、围棋等多种。

　　投壶起于先秦礼制。《礼记·投壶》云:"投壶之礼,主人奉矢,司射奉中,使人执壶。主人请曰:'某有枉矢哨壶,请以乐宾。'宾曰:'子有旨酒嘉肴,某既赐矣,又重以乐,敢辞。'主人曰:'枉矢哨壶,不足辞也,敢以请。'宾曰:'某既赐矣,又重以乐,敢固辞。'主人曰:'枉矢哨壶,不足辞也,敢固以请。'宾曰:'某固辞不得命,敢不敬从?'"这种投壶,有娱乐之名,而实为礼仪修养的培养。不过,战国以降,投壶渐现娱乐之实,至两汉,已成为王公大臣宴饮时的主要娱乐活动之一。其规则即大家轮流投矢(或筹)入壶,投中少者罚酒。《西京杂记》记汉武帝时有郭舍人颇善投壶之技。南阳所出汉画像石也有投壶图,生动地反映了当世酒宴娱乐的情景(图 11-15)。魏晋南北朝以来,投壶的流行范围愈加广泛,技巧与花样也有了进一步发展。《颜氏家训》中提到:"投壶之礼,近世愈精。古者,实以小豆,为其矢之跃也。今则唯欲其骁,益多益喜。"甚至还有耽于此技而误事的。《南史·柳元景传》记:"齐竟陵王尝宿晏,明旦将朝见,(柳)恽投壶枭不绝,停舆久之,进见遂晚。"

　　如果说投壶之戏还主要集中在上层社会,那么蹴鞠则是起于下层的娱乐活动。据《西京杂记》记载,汉高祖之父徙居长安后常郁郁不乐,皆因"平生所

图 11-15　汉画像石投壶图,河南南阳沙岗店出土

图 11-16 河南灵宝县张家湾汉墓出土的绿釉六博双弈俑

好,皆屠贩少年,酤酒卖饼,斗鸡,蹴鞠,以此为欢"。可见,自秦时,民间便多以此为乐了。《汉书·霍去病传》颜注称:"鞠以皮为之,实以毛,蹴蹋而戏也。"这种活动,简单易行,故入汉以后,流传愈广,宫庭之中、贵人之家也以此为乐。而且在汉代,蹴鞠还曾被作为练兵的手段。刘向《别录》云:"蹋鞠,兵势也,所以练武士,知有材也,皆因嬉戏而讲练之。"至三国乱世,更推动了这一活动的普及。《太平御览》卷七四五引《会稽典录》:"三国鼎峙,年兴金革,士以弓马为务,家以蹴鞠为学。"

这一时期还有各类博戏。在秦汉,以六博最为盛行。六博用具包括博局、棋子和箸三部分组成(图 11-16)。博局又称曲道,上有按枰盘格局画出的 TLV 形格道,用于行棋,棋子为对博双方各六枚。箸类似于现在的骰子,投箸于方枰,根据结果决定行棋的步数。因一套博具中有六根箸,故称六博。这种娱乐方式在两汉士民中颇受青睐。《史记·滑稽列传》讲:"若乃州闾之会,男女杂坐,行酒稽留,六博投壶。"魏晋以降,樗蒲流传甚广。樗蒲的玩法比六博要复杂,且有多种玩法。大致是双方各执马、矢两种棋子,投掷五木,根据所得齿数,或策马过关,或挥卒围截,最后决出胜负。樗蒲之戏在魏晋南北朝各阶层都十分盛行,不过因其愈具赌博色彩,远离此道有之,欲废绝者也有之。《太平御览》卷七五四引《江蕤别传》云:"蕤年十一,始学樗蒲。祖母为说往事,有以博弈破显废身者。于是即弃五木,终身不为戏。"东晋时庾翼为整齐风俗,曾下令禁断除围棋外的一切博戏。

棋类游戏在这一时期也开始兴起,围棋即较流行者之一。春秋时,文献已有关于围棋的记载。《西京杂记》记:"杜陵杜夫子善弈棋,为天下第一。人或讥其费日,夫子曰:精其理者,足以大裨圣教"。不过,从河北望都出土的东汉石围棋盘来看,当时的棋局为纵横十七道。东汉马融有《围棋赋》,从中可以体会到比较成熟的布局战略。魏晋南北朝时期,围棋之风更盛。曹操与孙策就都酷爱围棋。阮籍更是下棋成癖。当时还按九品官人法,将棋艺分为九品。南朝梁甚至还举行全国比赛。此风之兴,对唐宋有很大的影响。

在节令里,观赏各类技艺的表演也是当时常见的娱乐方式。汉代的百戏即十分著名。

汉代的百戏艺术,在继承和发展我国古代传统技艺的同时,又吸收了中外各族的杂技幻术,因此取得了重大发展。汉代的百戏艺术受西域各国,特别是受大秦的影响最为显著。大秦在西汉称为黎轩,即罗马共和国。据《汉书·张骞传》记载,武帝时,大宛诸国使节随汉使来到长安,"以大鸟卵及黎轩眩人献于汉。"东汉安帝时,大秦的魔术团又随掸国使者前来朝贺,表演了吐火、易牛马头、跳丸等许多杂技幻术。内传的杂技甚为丰富,有"安息五案",安息即今伊朗;有"都卢寻橦",爬竿的杂技在春秋时称为"侏儒扶卢",到汉代,称为"都卢寻橦","都卢"为南洋之国名,可以想见汉代的爬竿技艺必然与都卢国有密切关系;有"水人弄蛇",弄蛇是印度所擅的杂技,很可能是从印度传来的。此外,西域传来的节目以幻术最多。西域技艺的东来,汉人兼收并蓄的态度,有利于百戏体系的形成。

东汉杂技更为繁盛,开始把"角抵诸戏"称为"百戏"。《后汉书·安帝纪》载:延平元年十二月"罢鱼龙曼延百戏",是百戏之名的最早记载。其盛况可从张衡《西京赋》里窥见一斑。张衡关于百戏的描写,虽托言汉武故事,但此赋作于武帝去世的百年之后,若作者本人未看过杂技表演,是难以描写得如此生动具体的。所以实则反映了他所处的东汉时代百戏的盛大规模。他在赋中罗列了各项百戏节目,有"乌获扛鼎""都卢寻橦""冲狭燕濯""跳丸剑""走索""总会仙唱""东海黄公"以及幻术驯兽表演。《西京赋》中所描写的"角抵妙戏",较之西汉元封三年的大角抵,可以说在节目品种、技巧质量和演出规模上都有了很大的发展。在艺术处理上已日渐成熟,在演出形式上也日趋完整,初步形成了百戏艺术的系统。

汉代画像砖石上保留极为丰富的汉代百戏演出的形象资料。山东沂南北塞村东汉墓壁上的巨幅雕刻《百戏图》，就是一幅极为宏伟、艺术性很高的图像。此图从左至右可分为四个部分：第一部分是表演"跳丸弄剑""载竿"和"七盘舞"节目的，载竿技巧高超，一人额顶十字长竿，上有三小孩作倒垂翻转表演。跳七盘舞者袖带飞舞，飘曳潇洒。第二部分是乐队，有磬、钟、建鼓、琴、埙、排箫等各种乐器，共15人演奏，可见当时之盛况。第三部分是"刀山走索"和"鱼龙曼衍"之戏，前者极为惊险，一人立在刀尖朝上的绳索间拿顶倒立，两端还各有两人在索道上相对表演，一位手挥流星锤，一位双手执戟。后者气魄宏伟，有人扮的鱼、孔雀之形。第四部分是"马戏"和"鼓车"表演，马上或作倒立，或玩耍流星，人欢马跃；鼓车更是隆隆如闻其声，一人在竿上作柔术表演，技巧极为高超。这幅巨型雕画，使我们看到一场十分生动而规模盛大的杂技演出，设想当时的真人演出场面，该是多么宏伟壮观。

百戏是一种以杂技为中心汇集各种表演艺术如幻术、俳优戏、角抵、驯兽等于一体的新品种。在百戏的表演中，非常重视音乐的配合。百戏是用俗乐伴奏的，它广泛流行于民间，与俳优歌舞杂奏，合称为散乐。东汉时每年正月接受朝臣和蛮、貊、胡、羌朝贡，举行朝贺之礼，都要在德阳殿前作"九宾散乐"，演出各种杂技、幻术等节目。庞大的乐队场面，钟鼓交作，管弦齐鸣，衬托出丰富多彩的百戏节目，使全场充满了欢乐愉快的气氛（图11-17）。

魏晋南北朝的百戏与汉代相比也不逊色。如晋代陆翙《邺中记》载："（石）虎正会，殿中作乐，高絙、龙鱼、凤凰、安息王案之属莫不毕备，有额上缘

图11-17 山东沂南东汉画像石刻《乐舞百戏图》

橦,至上鸟飞,左回右转,又以橦著齿上,亦如之。"傅玄《西都赋》中也有"乃有材童妙妓,都卢迅足,缘修竿而上下,形既变而景属,忽跟挂而倒绝,若将坠而复续,虬萦龙蜒,委随纤曲,抄竿首而腹旋,承严节之繁促"的精彩描绘。

注　释

〔1〕　谢国桢:《两汉社会生活概述》,陕西人民出版社,1985 年。

〔2〕　史游《急就篇》颜师古注,《丛书集成初编》,中华书局,1985 年。

〔3〕　蔡莲珍、仇士华:《碳十三测定和古代食谱研究》,《考古》1984 年 10 期。亦可参考张雪莲、王金霞、冼自强、仇士华:《古人类食物结构研究》,《考古》2003 年 2 期。

〔4〕　盖山林:《和林格尔汉墓壁画》,内蒙古人民出版社,1978 年。

〔5〕　《北齐书》卷一五《韩轨传附子晋明传》,中华书局,1972 年标点本,第 200 页。

〔6〕　韩养民等:《秦汉风俗》,陕西人民出版社,1987 年;孙机:《汉代物质文化资料图说》,文物出版社,1991 年。

〔7〕　王仁湘:《民以食为天——中国饮食文化》第 1 册,台湾中华书局,1990 年。

〔8〕　刘敦桢:《大壮室笔记》,《中国营造学社汇刊》3 卷 3 期,1932 年 9 月。

〔9〕　刘敦桢:《中国住宅概说》,《建筑学报》1956 年 4 期。

〔10〕　孙华:《三台郪江崖墓所见汉代建筑形象述略》,《四川文物》1991 年 5 期。

〔11〕　孙机:《汉代物质文化资料图说》,文物出版社,1991 年。

〔12〕　广州市文管会:《广州出土汉代陶屋》,文物出版社,1958 年。

〔13〕　吴曾德:《汉代画像石》,文物出版社,1984 年。

〔14〕　张星烺:《中西交通史料汇编》第三编第五章,《阿拉伯人关于中国之记载》,中华书局,1977 年。

〔15〕　严可均:《全上古三代秦汉三国六朝文·全晋文》卷四九,中华书局,1958 年影印本。

〔16〕　也有的学者根据其他释文,认为 24 户共有 112 口,每户平均 4.67 口。

〔17〕　朱大渭等:《魏晋南北朝社会生活史》,中国社会科学出版社,1998 年,第 39 页。

彩 图 目 录

插 图 目 录